U0510540

欧盟教育质量
与质量保证

Education Quality and Quality Assurance
in the European Union

李志涛　著

中国社会科学出版社

图书在版编目（CIP）数据

欧盟教育质量与质量保证 / 李志涛著. -- 北京：
中国社会科学出版社，2025.5. -- ISBN 978-7-5227
-5213-6

Ⅰ. G649.5

中国国家版本馆 CIP 数据核字第 2025S6A787 号

出 版 人　赵剑英
责任编辑　朱亚琪
责任校对　周　昊
责任印制　戴　宽

出　　版　中国社会科学出版社
社　　址　北京鼓楼西大街甲 158 号
邮　　编　100720
网　　址　http://www.csspw.cn
发 行 部　010-84083685
门 市 部　010-84029450
经　　销　新华书店及其他书店

印　　刷　北京明恒达印务有限公司
装　　订　廊坊市广阳区广增装订厂
版　　次　2025 年 5 月第 1 版
印　　次　2025 年 5 月第 1 次印刷

开　　本　710×1000　1/16
印　　张　27.5
插　　页　2
字　　数　411 千字
定　　价　148.00 元

凡购买中国社会科学出版社图书，如有质量问题请与本社营销中心联系调换
电话：010-84083683
版权所有　侵权必究

前　　言

当前中国教育已经进入了以提升质量为重点的内涵式发展阶段，国家"十四五"规划和 2035 年远景目标纲要提出要"建设高质量教育体系"；党的二十大报告提出要"加快建设高质量教育体系，发展素质教育"①。高质量发展是当前中国教育发展的时代要求和内在需求。教育高质量发展既要立足本土，体现中国特色；也要放眼全球，研究借鉴国际经验。欧盟作为一个汇集众多发达国家的区域性政治和经济联盟，在推进欧洲一体化进程中，从政策和法律文本、经济社会整体规划、教育与培训战略框架等各级层面，将提高成员国教育和培训质量作为其战略优先事项。欧盟通过与成员国建立的"开放式协调机制"，在教育领域发起并推动了一系列改革倡议和行动计划，以此加强教育政策引领，提升欧盟国家的整体教育质量和全球竞争力。为了保持和提高教育质量、实现国家质量目标，欧盟在各级各类教育中积极倡导并加强质量保证，质量保证对于确保欧洲教育与培训系统满足利益相关者的质量要求发挥了重要作用。欧盟发展优质教育和加强教育质量保证的政策方法对于中国新时期建设高质量教育体系不仅具有理论参考价值，而且具有现实借鉴意义。

本书以欧盟为研究主体，而英国作为欧盟前成员国，于 2020 年正式

---

① 习近平：《高举中国特色社会主义伟大旗帜 为全面建设社会主义现代化国家而团结奋斗——在中国共产党第二十次全国代表大会上的报告》，人民出版社 2022 年版，第 34 页。

脱离欧盟,但由于英国在教育质量保证方面比较先进,本书也将英国纳入研究对象。此外,根据实际,补充了一些国家的经验做法,如土耳其、北马其顿共和国等。主要包括以下方面:(1)欧盟发展优质教育的法律基础、政策路径和主要措施;(2)欧盟加强教育质量保证的政策框架、路径方法和实施机制;(3)欧盟发展优质教育的政策措施和质量保证的"欧洲经验"对中国建设高质量教育体系的理论参考和现实借鉴。笔者在写作过程中参阅了欧盟大量原始文献,包括欧盟出台的政策文件、研究报告、法律文本以及建议、决议、结论、磋商或其他工作文件,结合笔者2016年随北京教育科学研究院培训团赴德国海德堡大学培训期间对德国教育质量保证、教育评估与监控、教育认证体系等进行的考察和调查,获得欧盟及其重要成员国——德国教育质量评估和质量保证的第一手资料。同时梳理、分析国内研究现状,关注欧盟教育质量和质量保证政策方法的本土化借鉴研究。研究在聚焦欧盟的同时关注国家案例,重点选取德国、法国、意大利、荷兰、芬兰、瑞典等国家为个案,总体方法与个体实践相结合,通过案例分析使研究具体化并为研究提供相关佐证。

本书探讨了欧盟如何以"开放式协调方法"作为政策治理工具和行动计划的推进机制,在一种"软"法律框架下促进优质教育发展的政策路径与治理逻辑,以及为确保和提高各级各类教育质量而制定的质量保证框架、方法、程序。在此基础上,为新时期中国建设高质量教育体系从提高并保持教育质量角度提出了一个分析框架,包括高质量教育指标体系和基准、学生发展关键能力框架、教育范式转型、教育国际化等,同时探讨建立有中国特色的教育质量保证模式、方法路径、实施机制。本书的学术创新包括研究方法和研究成果两方面。在研究方法上,沿着概念、理论→政策、措施→方法、实践→经验、借鉴的技术路线,聚焦欧洲以及欧盟的教育质量和质量保证,将理论研究、政策研究、方法研究、借鉴研究四位一体结合起来,提升研究的学术性、政策性、方法性、实践性。在研究成果上,重点对欧盟的教育质量政策和质量保证方法进行了全面、系统的研究,涵盖教育质量的重点领域以及基础教育、高等教育、职业教育与培训、教师教育、幼儿教育和保育等各级各类教育，注重体系的完整性和逻辑的严密性。本书力图为教育科研工作者、教育管理者、各级各类学校校长和教师等教育实践工作者呈现欧盟的教育质量政策、措施和质量保证理论、实践、方法，为构建有中国本土特色的高质量教育体系和质量保证体系提供研究基础和实践参考，在各级各类教育中促进"质量文化"的生成和发展，为高质量教育体系建设筑牢认知和行动基础。

由于教育质量是一个多维的概念，各国基于各自的国情、文化传统、社会制度、教育制度会形成不同的教育质量观，各级各类教育质量的内涵和质量保证的特征也存在差异，对欧盟教育质量政策和各级各类教育质量保证的研究具有一定的复杂性和挑战性，加之笔者的水平有限，本书肯定有诸多不足和局限性，对本书中存在的问题，恳请读者批评指正。

李志涛

2024 年 12 月

目　　录

第一章

欧盟发展优质教育的政策与措施

20 世纪 80 年代以来，质量、质量保证和质量管理已经成为欧洲各种组织和机构关注的焦点。此时期欧洲企业开始采用全面质量管理（TQM）的概念和方法来满足顾客期望的质量水平并持续改进他们提供的产品和服务质量，类似的质量运动开始渗透其他领域，包括服务部门。自 20 世纪 90 年代初以来，人们越来越关注教育和培训的质量问题。欧盟在推进欧洲一体化进程中，从政策法律文本、经济社会整体规划、教育与培训战略框架等各级层面，将提高成员国教育和培训质量视为优先关注的政治事项。提高教育和培训系统质量不仅是欧盟的内在权能，而且是推进欧洲一体化进程的现实需要。欧盟通过与其成员国建立的"开放式协调机制"，在教育领域发起并推动了一系列改革倡议和协调行动，在教育理念引领、教育质量评估指标和基准制定、人员国际流动与合作、教育数字化等方面发挥了重要作用，以此提升欧洲教育的质量和竞争力。

第一节　欧盟教育质量的政策内涵和法律基础

质量保证（Quality Assurance，QA）政策与方法是保持和提高教育质量、实现国家质量目标的重要手段。在推进欧洲一体化进程中，欧盟国家在高等教育和职业教育与培训（VET）领域已广泛开展质量保证。在基础教育、教师教育以及幼儿教育和保育（ECEC）领域，质量保证相对来说是一个较新的概念。总体而言，教育与培训的质量保证指涉及规划、实施、评估、报告和改进质量的活动，实施这些活动的目的是确保教育和培训（包括教学内容、课程、学习成果的评估和验证等）满足利益相关者期望的质量要求。质量保证有助于更好地匹配教育与培训的供给和需求，它涵盖宏观（教育系统）、中观（教育机构）和微观（教学过程）层面。①

一　欧盟教育质量的政策内涵

教育质量保证涉及 3 个方面的核心要素：第一，对于如何界定教育质量，不同国家、组织或机构、研究者对教育质量有不同的理解，不同教育领域的质量有不同的含义，相应的质量保证政策和方法也存在差异；第二，教育质量保证的目的是使教育的内容、过程、结果等满足利益相关者的要求；第三，教育质量保证涉及规划、实施、评估、报告、改进等一系列活动。"教育质量"是目的，"保证"是手段和要达到的结果。因此，准确理解教育质量是制定质量保证政策的前提。

（一）教育质量：机构和专家视角

质量被认为是一个多维的、相对的和与环境相关的概念，因此不可能给出适合所有情况的唯一定义。按照国际标准化组织（ISO）的解释，质量指事物满足外在和内在需求的能力的所有特征或一组固有特性满足要求的程度。关于教育质量，不同的国家、机构或组织、学者以及不同教育阶段对其含义有不同的理解。在现代质量方法和概念出现之前，教育和培训界已经形成了自己的质量传统。教育和培训质量的不同观点可以归纳如下：（1）从教学或教育学的角度看，教育质量被视为教学和学习过程的优化；（2）从宏观经济角度看，教育质量被视为教育和培训成本的优化；（3）从社会或社会学的角度看，教育质量被视为对社会教育

---

① Cedefop, *Glossary：Quality in Education and Training*, Luxembourg：Publications Office of the European Union, 2011.

需求响应的优化；（4）从客户角度看，教育质量被视为需求的优化；（5）从管理角度看，教育质量被视为教育组织和过程的优化。上述观点的排列顺序在一定程度上反映了过去几十年来许多欧洲国家对教育质量理解重点的转移，体现了教育质量内涵的相对复杂性。一些国家的法律支持这样的观点，即教育和培训的质量必须与 3 个用户群体的价值观、目的和目标相关联——学生、劳动力市场购买者和整个社会。由于这些群体有不同的期望和需求，政治目标最终往往成为衡量质量的标尺，试图精确定义教育和培训的质量会导致政治讨论和选择。①

在基础教育领域，欧盟层面没有关于教育质量的统一界定，大多数欧盟国家也没有关于基础教育质量的具体定义。各国对基础教育质量有不同的理解，具体来说涉及以下 4 个维度，不同国家的教育质量包含了全部或其中几个方面：（1）质量体现为关键能力的实现或学生学习成果。国际学生评估测试（如 PISA）凸显了国家内部和国家之间的成就差距，越来越多的国家从实现关键能力或学习成果方面理解教育质量。（2）质量体现为教育公平和包容。优质学校教育的目标不仅包括确保学生在学习成果方面发挥他们的学术潜力，还包括减少教育过程和结果中的不平等，从而确保以公平的方式提供均等机会。（3）质量即实现卓越的学校教育。有质量的教育保证所有学生和学校参与者能够充分发挥他们的潜力，而不仅仅是达到最低标准。（4）质量即帮助学生实现积极目标。教育质量也被理解为学校教育如何为年轻人就业或完成中学教育过渡到高等教育做好准备。②

在高等教育领域，哈维（Harvey）和格林（Green）提出了理解质量的多维视角：（1）质量即卓越（最高标准），认为质量就是提供与众不同的、有特色的产品和服务，具有高标准的高等教育机构就是有质量的机

---

① Cedefop, W. Van den Berghe, *Indicators in Perspective：The Use of Quality Indicators in Vocational Education and Training*, Publications Office, 1998.

② European Union, "Comparative Study on Quality Assurance in EU School Education Systems", https：//op. europa. eu/en/publication-detail/-/publication/1428f97f-b048-4465-8f5b-36e920875ce4/language-en/format-PDF/source-251735512.

构；（2）质量即符合标准，这一观点源于制造领域的质量控制法，"标准"指预定的规格或期望，若机构达到了预定标准，就可以认定它为有质量的机构；（3）质量即目标适切，认为质量与产品或服务的目标有关，"目标"可以由高等教育机构自己制定，也可以由政府或利益相关者来制定；（4）质量即达到机构既定目标的有效性，这种理解认为一个高质量的机构是指能够明确陈述自身的目标和任务并且能够有效完成任务的机构；（5）质量即对用户明确或潜在需求的满足，作为"目标适切"方法的一种形式，这里的"目标"指用户的需求和满意度。哈维和格林对高等教育质量的各种不同定义都作了区分和探讨。① 由于高等教育是一个多维的概念，涵盖了高等教育的所有功能和活动，包括教学、科研、服务、师资队伍、基础设施、学术环境等，人们基于不同的视角会形成对高等教育质量的不同认识和观点。此外，高等教育的不同发展阶段以及各国的国情、文化传统、社会制度、教育制度的差异也会导致形成不同的教育质量观。②

在职业教育与培训领域，对质量的理解包含以下一些重要的观点：质量即卓越和与众不同；质量可以衡量特性（面向产品的质量）；质量即符合规范（面向过程的质量）；质量即满足客户期望；质量即最佳效益/成本比（价值方法）。在现代质量运动中，关于质量的最后3种观点占主导地位：符合规范、顾客导向和最佳价值，它们可以用"切合目的"（Fit for Purpose）来概括。为了实现特定成果的质量，需要确保前面过程的质量，这方面的两个重要概念是设计质量和一致性质量。设计质量指满足特定职业、技能或工作要求的培训规格（课程是否适合和相关），一致性质量指培训提供者交付课程和满足规范的能力（提供者表现是否良好），在这一层面，质量保证和质量控制机制发挥着重要作用。③

---

① 吴岩主编：《国际高等教育质量保障体系新视野》，教育科学出版社2014年版，第15—17页。

② 马健生等：《高等教育质量保证体系的国际比较研究》，北京师范大学出版社2014年版，第10页。

③ Cedefop, W. Van den Berghe, *Indicators in Perspective：The Use of Quality Indicators in Vocational Education and Training*, Publications Office, 1998.

从机构和专家观点以及欧盟国家对教育质量的理解可以看出，总体上教育质量反映教育过程和结果表现出的"优异""卓越""符合规范""达成目标""满足需求"等关键特征。

（二）学校教育质量：学生视角

学生是教育活动的主体，学生的评价或感受是衡量学校教育质量的重要方面。为了反映学生视角对学校教育质量的评价，欧洲教育经济学专家网络（EENEE）在 2021 年 5 月向欧盟委员会提交的《欧洲的学校生活质量和学生成绩》报告中提出了一个分析框架，用于衡量欧洲学生对其学校生活质量的主观感受。该框架基于学校生活质量的社会学视角，利用现有概念和测量工具，构建了衡量学校生活质量的多维结构，并且使用参加 PISA 2018 评估的 189468 名欧盟学生与学校相关的幸福感数据，测算了 15 岁学生在各个维度对学校生活质量的评价值，分析了学校生活质量与学生学业成绩的相关性。该报告认为，学校不仅是一个学术环境，而且是一个动态的学习、社交和情感环境，学生在其中生活并发展认知和情感。学校生活质量（Quality of School Life，QSL）反映了学校的态度或情感氛围，即学生对幸福感和满意度的感知，由学校相关因素和学生的教育经历决定。[①] 已有文献表明，学校生活质量在提高学生的积极性和努力程度、学生的情绪、行为和认知参与、学习表现和成就方面起着至关重要的作用。

1. 欧洲学校生活质量的 6 维结构

EENEE 的报告认为，学校生活质量是一个多维结构，反映了学生的幸福感和对学校生活的满意度，由学校相关因素和学生参与学校生活获得的经验决定。研究表明，学校生活质量在提高学生的学习积极性和学业成就方面发挥着至关重要的作用。欧洲学校生活质量分析框架涉及以下 6 个维度：学生对于学业为他们未来教育和就业提供潜在机会的感受；

---

① Directorate-General for Education, Youth, Sport and Culture (European Commission), European Expert Network on Economics of Education (EENEE), *Quality of School Life and Student Outcomes in Europe*, Luxembourg: Publications Office of the European Union, 2021.

学生在学习中的自我效能感和成就感；学生从老师那里获得学术和社会情感支持的感受；学校合作学习氛围；在学校的安全体验；对学校的整体归属感。上述 6 个维度具体体现为机会、成就、教师、合作、安全、归属感 6 个方面。基于上述 6 个维度，通过从 PISA 2018 学生问卷中选择 29 个与之相关的项目，EENEE 构建了欧洲学校生活质量的 6 维结构（表 1-1）。

表 1-1　　　　　　　　　　欧洲学校生活质量的 6 维结构

维度	衡量的目标	PISA 测评相关的项目
机会 （Opportunity）	衡量学生认识到学校生活对未来教育和工作前景重要性的感受	在学校努力学习会帮助我找到一份好工作/在学校努力学习很重要/在学校努力学习会帮助我进入一所好的大学
成就 （Achievement）	衡量学生对学习和有意义成就的自我效能感	我通常都能以某种方式应对挑战/我觉得我一次可以处理很多事情/我为自己完成了一些事情而感到自豪
教师 （Teachers）	衡量学生对来自教师的教学和个人支持、关注、理解、鼓励、启发的感受	我觉得老师理解我/老师让我对自己在课程学习中表现出色的能力充满信心/老师倾听我的观点/老师的热情鼓舞了我/老师在教学中表现出了乐趣/老师根据班级需要和知识调整课程/当学生有困难时，老师会提供个别帮助
归属感 （Belongingness）	衡量学生与学校的联系感和被学校接受的感觉或疏离、孤立、孤独感	我在学校感到孤独/我在学校感到尴尬和格格不入/我在学校感觉自己像个局外人（或被排除在外）/我在学校很容易交到朋友/其他学生似乎很喜欢我/我觉得我属于学校
合作 （Cooperation）	衡量合作精神和学生在学校感受到群体学习互动的重要性和价值	学生似乎都认为相互合作很重要/学生似乎在相互合作/学生似乎重视合作/学生觉得他们被鼓励与他人合作
安全 （Safety）	衡量学生对学校环境中情绪和身体安全的感受	我受到其他学生的威胁/我被其他学生击打或推搡/其他学生拿走或破坏了属于我的东西/其他学生散布关于我的坏谣言/其他学生取笑我/其他学生故意把我排除在外

资料来源：Directorate-General for Education, Youth, Sport and Culture（European Commission），European Expert Network on Economics of Education（EENEE），*Quality of School Life and Student Outcomes in Europe*，Luxembourg：Publications Office of the European Union，2021.

2. 学校生活质量与学生学业成绩呈现正相关

利用 PISA 2018 测评数据，采用里克特 4 级量表计算每个国家学校生活质量 6 个维度的量表分数（1—4 分），分数越高表明学生对学校生活质量的体验有更积极的看法。在控制了学生性别和社会经济背景后，研究发现学校生活质量对 15 岁欧盟学生的学业成绩有显著的影响。在学校生活质量所有 6 个维度中，相应 QSL 量表的较高值均与较高的 PISA 阅读考试成绩有关。这表明，如果学生有更积极的被接受和喜欢的感觉，体验到更多支持、理解和鼓励的教学方式，接触到更合作的学习环境，发现学校与他们未来的教育和职业更相关，在课堂上感到安全并相信自己有能力完成学业，则无论其性别和家庭情况如何，往往都有更高的学业成就。尽管由于国家及其学校之间的文化差异使学校生活质量 6 个维度的影响呈现不同模式，但在大多数欧盟国家，提高学生对安全、成就和教师支持的感受最有可能提高他们的整体学业成绩。

3. 提高学校生活质量应作为国家和欧盟层面教育政策的一部分

QSL 数据表明，欧洲学生对学校生活质量的整体满意度较高。然而在一些国家，与人际互动相关的两个维度——师生关系和学习合作——存在大量负面的主观反应，需要采取政策干预措施。报告认为，为了提高学校生活质量，需要进一步开展合作学习的教学实践，通过共享活动促进学生的交流和互动、发展关键的社交和情感技能；采用不同的形成性评估策略，提升师生互动的质量和学生的成就感；鼓励学生参与合作的课外活动，使学生获得归属感和建立更好的人际关系；支持鼓励学生参与学校决策过程，解决学生的疏离感，增强学生与学校的关联感，改善师生关系；为教师提供充分的职前和在职培训，提高教师在课堂管理、教学、鼓励学生参与、成功实施包容性和参与式教育实践等方面的能力。[1]

---

① Directorate-General for Education, Youth, Sport and Culture（European Commission），European Expert Network on Economics of Education（EENEE），*Quality of School Life and Student Outcomes in Europe*，Luxembourg：Publications Office of the European Union，2021.

鉴于学校生活质量对学业成绩的积极影响，该研究为理解教育质量提供了一个新的视角，学校生活质量更关注作为教育对象的学生的自我感知和评价。学校生活质量分析框架为政府的政策干预措施提供了有价值的信息，因此欧盟提出将提高学校生活质量作为国家和欧洲层面教育政策的一部分，通过增强 QSL 的不同方面，可以为整个欧洲学校教育的有效性和效率带来持久的改善。实施各种干预措施——特别是建立学生对学校强烈的认同感和归属感、提供支持性和激励性学习环境以促进讨论和合作学习实践、赋权学生积极调节其学习行为及增强他们的主人翁意识、构建支持机制以提高学生在学校应对挑战的能力和自信心、减少学校的欺凌和暴力等，可能对学生的学业完成率和教育成就产生巨大的附加值。同时，以改善学校生活质量为重点的国家政策需辅之以全面的学校战略和结构化措施，并通过收集可靠的信息来支持正在进行的改进努力。

二　欧盟发展优质教育的法律基础

1991 年 12 月 11 日，欧共体马斯特里赫特首脑会议通过了建立欧洲经济货币联盟和欧洲政治联盟的《欧洲联盟条约》（Treaty on European Union），[①] 1992 年 2 月 7 日，《欧洲联盟条约》在荷兰的马斯特里赫特签署，该条约于 1993 年 11 月 1 日生效，"欧盟"正式诞生。鉴于欧洲层面的教育质量保证始于 20 世纪 90 年代，与欧盟成立的时间大体吻合，本书重点聚焦欧盟成立以来的教育质量政策和质量保证方法。

（一）法律赋权：法律赋予欧盟促进成员国优质教育发展的责任

《欧洲联盟条约》和《里斯本条约》（Lisbon Treaty）是欧盟历史上两个重要的法律文本。《欧洲联盟条约》确立了欧共体建立政治联盟和经济

---

① 又称《马斯特里赫特条约》（Treaty of Maastricht）。1991 年 12 月 9—10 日，在荷兰的马斯特里赫特（Maastricht）举行的第 46 届欧共体首脑会议通过并草签了《欧洲经济与货币联盟条约》和《政治联盟条约》，统称《欧洲联盟条约》。1992 年 2 月 7 日，欧共体 12 国外长和财政部长在马斯特里赫特正式签署了该条约。

与货币联盟的目标与步骤，宣告了欧盟的正式诞生。2007 年 12 月签署的《里斯本条约》取代已经失败的《欧盟宪法条约》，解决了欧盟制宪危机，为欧盟的机构改革以及欧洲一体化进程铺平了道路。《欧洲联盟条约》和《里斯本条约》作为奠定欧盟政治基础及规范欧盟机构运行的两个重要的法律文件，对欧盟教育行动的基本准则、教育行动目的、教育行动方法和程序等均作出了规定。

《欧洲联盟条约》和《里斯本条约》均赋予了欧盟促进各成员国优质教育发展的责任。《欧洲联盟条约》第 126 条规定，共同体在完全尊重成员国在教学内容和教育体制的组织等方面的责任以及完全尊重各成员国的文化及语言多样性的同时，应通过鼓励成员国间的合作，以及必要时通过支持并补充成员国间的合作行动，为优质教育的发展作出贡献。[①] 该条款规定欧盟作为一个经济和政治联盟，有责任和义务帮助提高其成员国教育与培训系统的质量，这为欧盟制定提高教育质量的政策和行动计划奠定了法律基础。《里斯本条约·欧洲联盟运行条约》第 165 条重申了这一原则。该条约进一步规定，欧盟作为国家间政治、经济联盟，一方面有促进成员国教育发展的责任，另一方面则明确欧盟在教育领域的责任主要是促进优质教育的发展、提高成员国教育的质量。各国对本国的教育发展与组织形式等承担责任，欧盟的职责主要在于促进成员国教育质量的提高。

（二）行动基础：欧盟对教育的参与和干预主要是支持、协调或补充性的

《里斯本条约》进一步规定了欧盟的权能范畴和领域，根据《里斯本条约·欧洲联盟运行条约》，欧盟的权能分为 4 类，即专属权能、共享权能、政策协调权能以及采取支持、协调和补充行动的权能。其中专属权能是欧盟在某一特定领域专门享有的权能，只有欧盟可在此领域进行立法及通过具有法律约束力的法令，欧盟享有专属权能的领域包含关税同

---

① 欧洲共同体官方出版局编：《欧洲联盟条约》，苏明忠译，国际文化出版公司 1999 年版，第 48 页。

盟、共同商业政策等 5 个领域；共享权能是欧盟与成员国共同享有的权能，在此领域欧盟与成员国均可进行立法和通过具有法律约束力的法令，共享权能涵盖内部市场、环境等 11 个领域；政策协调权能指欧盟在某些领域可以进行政策协调，但不具有立法权，所通过的文件不具有法律约束力，《里斯本条约》规定欧盟可以在经济政策、就业政策、社会政策领域进行协调；采取支持、协调和补充行动的权能指欧盟在某些领域可以采取支持、协调和补充成员国的行动，但不能取代成员国在这些领域的权能。《欧洲联盟运行条约》第一部分第一编第 6 条规定，欧盟在包括"教育、职业培训、青年和体育运动"在内的 7 个领域有"采取行动支持、协调或补充成员国的行动"的权能。[①] 因此，欧盟在教育领域的参与和干预主要是"支持、协调或补充成员国的行动"，"并不因此取代成员国在这些领域的权能"。基于各国对自身教育的主体责任，欧盟对成员国优质教育的促进作用主要是支持、协调或补充性的，这成为欧盟制定教育政策和采取教育行动以及制定工作计划时遵循的基本指导原则。

为了体现辅助性、支持性、补充性等原则，2000 年里斯本欧洲理事会确定了一种适用于教育和培训领域的政治协调新方法——"开放式协调方法"（Open Method of Coordination，OMC）作为政策治理工具和行动计划的主要实施机制，通过帮助成员国逐步制定自己的政策实现欧盟提出的主要目标。在实际运作中，除了明确界定的权能领域，欧盟还在成员国之间政治合作的基础上，在教育和培训领域发起了众多倡议，这些倡议并非以欧盟指令的形式提出，而是采取建议、决议、结论、磋商或其他工作文件的形式，发挥欧盟在教育与培训领域的影响力。欧盟的开放式协调方法被描述为"传播最佳实践、实现与欧盟主要目标更大程度趋同的一种手段"，它可以被看作一种"软"法律，作为一种政府间决策形式，不会导致具有约束力的欧盟立法措施，也不要求欧盟国家引入或修改其法律。开放式协调方法最初是在 20 世纪 90 年代作为就业政策和卢

----

① 《欧洲联盟基础条约：经〈里斯本条约〉修订》，程卫东、李靖堃译，社会科学文献出版社 2010 年版，第 58—60 页。

森堡进程的一部分创建的，当时欧盟经济一体化正在快速推进，但欧盟国家不愿给予欧洲机构更多权力。2000 年开放式协调方法被定义为里斯本战略的一个工具，该方法为欧盟国家之间的合作提供了一个新框架，在这种方法下，在属于欧盟权限范围的领域里，如就业、社会保护、教育、青年和职业培训，欧盟国家的政策可以指向某些共同的目标。欧盟各国相互评估（同行审查），欧盟委员会的作用仅限于监督。在具体运作中，欧盟开发了实施该方法的若干工具和手段，包括：共同确定和界定要实现的目标；共同建立测量工具（统计、指标、准则）；共同建立用于比较欧盟国家表现的基准以及交流经验、传播最佳做法等。开放式协调方法为欧盟制定优质教育政策以及促进成员国之间的合作提供了行动基础。

（三）目标指向：发展教育的联盟维度，加强成员国之间的教育合作与交流

《里斯本条约》还进一步规定了欧盟教育行动的目的。根据《里斯本条约·欧洲联盟运行条约》第三部分第十二编第 165 条，联盟行动的目的在于：（1）发展教育的联盟维度，特别是通过成员国语言的教学和传播达到这一目标；（2）通过在学术方面承认文凭和学习期限来鼓励学生与教师的流动；（3）促进教育机构之间的合作；（4）就成员国教育制度所共有的问题开展信息和经验交流；（5）鼓励开展青年及社会教育培训者之间的交流，鼓励青年参与欧洲的民主生活；（6）鼓励发展远程教育。[①] 该条约第 166 条对职业培训领域欧盟行动的目的也作出了规定，强调青年人的流动、教育或培训机构与企业之间的合作以及成员国之间的信息和经验交流。欧盟教育行动的目的实际上反映了其发展优质教育的手段和方式：在欧洲一体化背景下加强欧盟层面教育政策的统筹和协调，构建各级各类教育的"欧洲维度"；加强和促进成员国之间、机构之间、教师和学生之间、联盟和成员国与第三国及有关国际组织之间的交流与合作，包括鼓励学生与教师在欧盟国家之间流动、促进教育机构之间的

---

① 《欧洲联盟基础条约：经〈里斯本条约〉修订》，程卫东、李靖堃译，社会科学文献出版社 2010 年版，第 110—111 页。

合作、加强成员国教育信息共享和经验交流以及鼓励青年及社会教育培训者之间的交流等。

《里斯本条约》为欧盟一体化奠定了政治基础，也为欧盟教育政策的发展创造了有利的平台和政治条件。在教育政策重点和优先事项方面，欧盟作为国家间联盟，不承担教学内容和教育体制组织等方面的责任，普及和发展教育事业首先是各成员国自身的责任，欧盟的职责是在《欧洲联盟条约》和《里斯本条约》赋权的范围内，努力促进各成员国教育质量的提高。其方法是在尊重各成员国的文化及语言多样性的同时，通过鼓励成员国之间相互合作，在必要时通过支持并补充成员国间的合作行动，为优质教育的发展作出贡献。欧盟作为超国家层面的政治和经济联盟的属性决定了其教育政策的重点是以自身的支持、协调和补充行动促进成员国优质教育的发展，以提高教育质量为政策核心。

第二节　欧盟提高教育质量的政策措施

提高教育和培训系统质量不仅是欧盟的内在权能，也是欧洲经济、社会发展和推进一体化进程的现实需要。为了应对经济、社会发展对欧洲的挑战，2010 年 3 月欧盟委员会发布的《欧洲 2020 战略》（Europe 2020 Strategy）制定了智能型增长、可持续增长和包容性增长 3 大战略优先任务，强调教育和创新对社会经济发展的引领作用，要真正让知识和创新成为经济增长的源泉，从而实现欧洲经济的转型。为实现智能型增长，欧盟提出要大力提高教育质量，以此促进整个欧盟的知识创新和知识转移。此外，《里斯本条约》加快了欧洲政治经济一体化进程，在教育政策领域，欧盟试图通过区域国际教育合作和教育人口流动、强调教育的"欧洲维度"来培养欧洲公民，使学生获得欧洲社会所需要的能力。从博洛尼亚进程提出的建设"欧洲高等教育区"到哥本哈根进程规划建设"欧洲终身学习区"，再到提出"欧洲教育区"建设愿景和行动计划，欧盟不断加强对教育事务的参与力度，在推进欧洲教育一体化进程中扮演重要角色。推进欧洲教育的一体化和加强人员流动需要整体提升欧盟成员国的教育质量、促进成员国之间相互承认学术或专业资格、加强相互信任、消除人员流动的障碍，为教育一体化创造条件。

《欧洲联盟条约》和《欧洲联盟运行条约》规定了欧盟发展优质教育的责任以及为此采取的重点行动。欧盟在教育领域的重点行动包括：发展教育的联盟维度；鼓励学生、青年、教师的流动；促进教育机构之间的合作以及成员国之间的信息和经验交流；鼓励发展远程教育。为了改善和提高成员国的教育质量、实现"教育和培训系统成为世界教育质量的参照系"这一目标，欧盟在进入21世纪后出台的3个面向未来10年的教育发展战略规划①中，均将"提高教育和培训的质量与效益"纳入重要战略目标。此外，欧盟制定监测战略目标实现进度和成员国进展的教育质量指标和量化基准；制定终身学习关键能力框架，推进以能力为导向的教育；促进成员国之间的人员流动与机构合作，提高教育质量和竞争力；将教育数字化转型作为改善教学成果、提高教育质量和包容性的重要手段。

一　制定教育质量评估指标和监测基准

提高教育质量是欧盟重要的政策目标和教育优先事项。为了实现欧盟提出的教育发展目标、评估成员国教育与培训体系取得的进展，欧盟不仅制定评估教育质量的指标体系，而且提出了具体的量化基准，作为评估监测教育质量的重要手段。《里斯本战略》实施以来，为了实现2010年教育发展的三大战略目标，欧盟逐步建立并完善监测实现里斯本教育和培训目标进展情况的核心指标，同时建立教育和培训欧洲平均表现的参考水平（欧洲基准），用于监测《欧洲教育和培训合作2020战略框架》和《欧洲教育和培训合作战略框架（2021—2030年）》战略目标的实现程度和成员国教育系统取得的进展。

---

① 包括《教育和培训2010年工作计划》《欧洲教育和培训合作2020战略框架》和《欧洲教育和培训合作战略框架（2021—2030年）》。

（一）制定评估教育质量的指标体系

在欧盟的政策推动下，各成员国将提高教育和培训质量作为政治优先事项。首先，高水平的知识、能力和技能被认为是积极的公民身份、就业和社会凝聚力的最基本条件；其次，鉴于劳动力市场政策和工人在欧洲联盟内的自由流动，高质量的教育至关重要。为了加强欧洲一级在教育质量领域的合作，欧盟启动了学校教育质量评估试点项目，该项目于1997—1998年在全欧洲101所中学实施。1998年6月，在布拉格举行的欧盟和11个成员国教育部部长以及作为观察员参加的3个中东欧国家教育部部长会议强调了在质量评估领域进行合作的必要性。会议决定成立一个由各国专家组成的工作小组，就学校教育质量标准制定若干指标或基准，以便对欧盟各国的教育体系进行评估。1999年2月，一个由26个欧洲国家的专家组成的工作小组正式成立。同年6月，该小组向布达佩斯欧盟教育部部长会议提交了关于"欧洲教育质量指标"的报告。根据学校教育质量评估试点的结果，2000年1月，欧盟委员会向欧洲议会和欧盟理事会提交了关于欧洲学校教育质量评估合作的建议书。2000年5月，欧盟委员会教育和文化总司在《欧洲学校教育质量报告》中提出了学校教育质量评价的16项指标。[①] 这16项指标涉及4个领域：（1）学习成就，包括数学素质、阅读素质、科学素质、信息技术素质（ICT）、外语学习、学会学习、公民教育7个指标；（2）教育成功和过渡，包括辍学率、高中教育完成率和高等教育参与率3个指标；（3）教育监测，包括学校教育评价和父母参与2个指标；（4）教育资源和结构，包括教师教育和培训、学前教育参与率、每台计算机服务学生人数和生均教育支出4个指标。《欧洲学校教育质量报告》是欧盟委员会对2000年3月23—24日在里斯本举行的欧洲理事会特别会议的首次回应。里斯本欧洲首脑会议承认教育和培训在通过发展知识经济实现充分就业目标方面的

---

① European Commission Directorate-General for Education and Culture, *European Report on the Quality of School Education: Sixteen Quality Indicators*, Luxembourg: Office for Official Publications of the European Communities, 2001.

重要作用。欧洲理事会明确指出，需要制定可量化的目标、指标和基准，作为比较最佳做法的手段以及监测和审查所取得进展的工具。欧盟开发的 16 项学校教育质量指标不仅成为成员国评估其学校教育发展状况的重要依据，也是欧洲各国制定教育政策的参考指标。

2002 年，欧盟委员会成立了由来自 31 个欧洲国家的专家、国际组织代表及利益相关方组成的 8 个工作小组，同时成立了一个教育指标和基准工作小组。通过广泛征询意见，在欧盟已有的"学校教育质量评估指标"基础上，工作小组于 2003 年确定了 8 个关键教育领域的 29 项指标，包括：教师年龄（小学、中学 50 岁以上教师的百分比）、年轻人的数量、学生与教师的比例、高中教育完成率、阅读能力低的学生百分比（PI-SA）、15 岁学生的阅读成绩（PISA）、15 岁学生的数学成绩（PISA）、15 岁学生的科学成绩（PISA）、低素养人群的教育和培训参与率、MST（数学、科学、技术）注册学生的比例、MST 毕业生占所有毕业生的百分比、高等教育 MST 毕业生总数、每 1000 名居民中的科学技术硕士毕业生人数、公共教育支出、教育机构的私人支出、企业继续职业培训支出、每个学生在教育机构的总支出、与国内生产总值相比每个学生在教育机构的总支出、25—64 岁人口中参与终身学习的比例、企业的继续职业培训参与率、培训机构的继续职业培训参与率、15—24 岁学生的教育参与率、18—24 岁人口中辍学者的比例、学生学习外语的人数分布、每个学生学习外语的平均数量、教师和培训者的内/外流动性、伊拉斯谟学生和莱昂纳多学员的内/外流动性、不同国籍高等教育学生占所有注册学生的百分比、在国外注册的学生百分比。该套指标的特色是注重以大型国际认知能力水平测试（如 PISA）结果作为反映教育质量的代理指标，除学前教育外涵盖各级各类教育系统，突出欧盟特色，如语言学习和流动性指标。欧盟委员会运用该套指标进行了 2004 年、2005 年和 2006 年为期 3 年的教育质量进展监测，并发表了相应年度的进展报告。

在 2003 年制定的欧盟教育与培训系统监测 29 项指标的基础上，为更好体现教育目标、促进欧盟教育整体发展，2007 年 2 月 21 日，欧盟委员会发布了《监测里斯本教育与培训目标进展的指标和基准统一框架》，将29 个指标进行了调整、补充与合并，提出 20 项核心指标。① 该指标体系围绕欧盟提出的 8 个关键政策领域②来构建，20 项指标包括学前教育参与率、特殊教育、辍学学生、阅读、数学和科学素养、语言能力、信息技术能力、公民能力、学会学习的能力、青年人高中阶段教育完成率、学校管理、学校作为多功能的地方学习中心、教师和培训师的专业发展、教育和培训系统的分层、高等教育毕业生、高等教育学生跨国流动、成人参与终身学习、成人技能、人口受教育水平、教育和培训投入以及教育和培训的回报。同年 5 月 25 日，欧盟理事会通过了《关于监测里斯本教育与培训目标进展的指标和基准框架的结论》，对欧盟委员会提出的 20 项指标进行了调整，最终确定了 16 个核心指标。③ 这 16 个指标根据内涵、定义以及成熟度分为 4 种类型，涵盖了从学前教育到终身学习、关键能力和素养、教师专业发展及教育与培训投入在内的整个教育系统，是对欧盟教育与培训系统的全方位监测指标。④

（二）制定监测教育质量的量化基准

在构建教育质量指标的基础上，欧盟还通过对其中一些重要的、可

---

① European Commission, "Communication from the Commission a Coherent Framework of Indicators and Benchmarks for Monitoring Progress Towards the Lisbon Objectives in Education and Training", https：//op. europa. eu/en/publication – detail/–/publication/e0b27b34 – 8a3b – 46e1 – 8df6 – 6906b72531dc.

② 8 个政策领域是：提高教育和培训的公平性；提高教育和培训的效率；使终身学习成为现实；年轻人的关键能力；使学校教育现代化；职业教育和培训现代化（哥本哈根进程）；高等教育现代化（博洛尼亚进程）；就业能力。

③ Council of the European Union, "Council Conclusions of 25 May 2007 on a Coherent Framework of Indicators and Benchmarks for Monitoring Progress Towards the Lisbon Objectives in Education and Training", https：//op. europa. eu/en/publication–detail/–/publication/fc3183f4–0910–4d31–b0c4–9b86e663c99c.

④ 4 种类型及指标分别是：（1）内涵明确且可以利用现有数据进行监测的指标：学前教育参与率、辍学学生、阅读、数学和科学素养、青年人的高中教育完成率、高等教育毕业生、成人参与终身学习、高等教育学生的跨国流动、人口受教育水平；（2）基本上可以依据现有数据但定义仍需进一步澄清的指标：特殊教育、ICT 技能、教育和培训投入；（3）仍处于与其他国际组织合作开发过程中的指标：公民技能、成人技能、教师和培训者的专业发展；（4）仍处于开发过程中并将基于新的欧盟调查的指标：语言能力、学会学习的能力。

量化的指标进行目标设定，制定教育指标的具体量化"基准"（Benchmarks），以此监测欧盟和成员国教育与培训系统的表现和进展、考察各成员国的教育质量状况、衡量各成员国对欧盟提出的战略目标的达成度。为了实现《里斯本战略》提出的在 2010 年使欧洲"成为世界上最具竞争力和最有活力的知识型经济体，实现可持续经济增长，创造更多更好的就业机会，增强社会凝聚力"目标，欧盟各国元首和政府首脑在终身学习的总体原则范围内，商定了欧洲教育和培训系统的共同目标，在 3 个战略目标中确定了 13 个具体目标，并为每个目标列出了一些需要解决的关键问题和一个指示性指标清单，用于通过"开放式协调方法"衡量其执行情况。由欧盟委员会和理事会通过的关于教育和培训系统目标的详细工作方案规定了如何使用指标衡量进展以及使用基准确定具体目标，并交流经验和进行同行审查以学习良好做法。2002 年 11 月 20 日，欧盟委员会通过《欧洲教育与培训基准：里斯本欧洲理事会后续行动》文件，提出了有关欧盟教育与培训系统质量监测的 5 个基准的建议，涉及辍学者、数学和科学以及技术专业的毕业生、完成高中教育的人口、关键能力、终身学习 5 个指标，具体表现为到 2010 年：（1）与 2000 年相比，所有成员国将辍学生比率至少减半，以实现欧盟平均 10%或更低的目标；（2）与 2000 年相比，成员国数学、科学、技术专业毕业生的性别失衡程度至少减轻一半，同时确保毕业生总数显著增加；（3）25—64 岁至少接受过高中教育的人口平均比例达到 80%或更多；（4）阅读、数学和科学素养成绩不佳的 15 岁学生百分比至少减半；（5）工作年龄人口（25—64岁年龄组）参与终身学习的比例至少达到 15%，且所有国家均不低于 10%。[①] 在《里斯本战略》的背景下，欧盟理事会同意建立一系列欧洲平均表现参考水平，同时考虑到各成员国起点不同，平均表现参考水平将用作监测"欧洲教育和培训系统目标后续行动详细工作方案"执行情况的工具之一。2003 年 5 月 5 日，欧盟理事会通过的《欧洲教育和培训平

---

① Commission of the European Communities, "European Benchmarks in Education and Training: Follow-Up to the Lisbon European Council", https://op.europa.eu/en/publication-detail/-/publication/79ccf687-192d-4351-b061-941b4aebc881.

均绩效参考水平（基准）的结论》批准了欧盟委员会提出的 5 个基准的
建议并作适当调整。结论提出，到 2010 年，辍学者比例基本不变，不超
过 10%；数学、科学和技术专业毕业生总数至少增加 15%，同时降低性
别不平衡的程度，在总数上设定了明确的基准，这是因为欧盟要成为世
界上最具活力和竞争力的知识型经济体，需要足够的科学专家；完成高
中教育的人数比例有所提高，至少 85% 的 22 岁年轻人应该完成高中教
育，因为成功参与以知识为基础的社会需要中等教育提供的基础，不仅
是为了成功进入劳动力市场，也是为了让学生获得高等教育提供的学习
和培训机会；与 2000 年相比，欧盟 15 岁阅读能力较差的学生比例至少下
降 20%；成年劳动年龄人口（25—64 岁年龄组）参与终身学习的比例至
少达到 12.5%。[1] 阅读素养、终身学习两项指标基准有所降低。

　　2009 年 5 月，欧盟理事会通过了《欧洲教育与培训合作 2020 战略框
架》，同时批准了欧洲平均表现参照水平（欧洲基准），作为监测实现战
略目标取得的进展和促进基于证据的政策制定的手段。[2] 2020 年教育基准
在"教育和培训 2010 年工作计划"采用的基准基础上作了以下调整：
（1）增加了学前教育的指标，2020 年学前教育（4 岁至义务教育开始年
龄）参与率要达到 95%，突出学前教育的重要性，强调幼儿早期教育是
日后教育成功的基础，特别是对于来自弱势背景的儿童；（2）去掉了
"高中教育完成率"指标；（3）将"阅读能力低下的 15 岁学生比例至少
下降 20%"改为"阅读、数学和科学成绩不佳的 15 岁学生比例低于
15%"，指标中增加了数学和科学素养，统称为基本技能，使得学生关键
能力的监测内容更为全面；（4）早期离校生比率指标从不超过 10% 调整
为低于 10%，确保尽可能多的学生完成教育和培训；（5）将"数学、科
学和技术毕业生人数总数至少增加 15%"改为"30—34 岁人口受过高等

---

[1]　Council of the European Union, "Council Conclusions of 5 May 2003 on Reference Levels of European Average Performance in Education and Training", https://op.europa.eu/en/publication-detail/-/publication/35b8e2a0-a9c3-4b9b-8654-9a9c74ef2603.

[2]　Council of European Union, "Council Conclusions of 12 May 2009 on a Strategic Framework for European Cooperation in Education and Training ('ET 2020')", https://op.europa.eu/en/publication-detail/-/publication/f349e9ff-9cb8-4f73-b2f6-0a13452d22b4.

教育的比例至少达到 40%", 更加注重高等教育的普及水平;(6)"成人参与终身学习的比例"从 12.5% 提高到至少 15%。与 2010 年基准相比, 2020 年基准不仅在指标设置上有所变化, 而且指标的目标基准都有所提升, 反映出欧盟更加重视提高公民的阅读基本技能和数学、科学、技术等关键能力, 着力构建从学前教育到高等教育、职业教育的终身教育体系, 实现高质量、创新和包容性的教育和培训, 以此支持高质量的就业机会, 为实现高水平的可持续、知识型经济增长奠定基础。

欧盟理事会《关于欧洲教育区及之后(2021—2030 年)教育与培训合作战略框架的理事会决议》制定了 2021—2030 年欧洲教育和培训合作新战略框架, 在 2025 年建立欧洲教育区、支持成员国教育和培训系统的进一步发展是 2021—2030 年新战略框架的总体政治目标。为了监测新战略目标的实施状况, 欧盟制定了 2021—2030 年教育和培训的关键指标和欧盟层面的目标, 用于衡量欧洲层面取得的总体进展、展示已经取得的成就, 并促进和支持教育和培训系统的发展和改革。欧盟层面教育和培训平均表现的参考水平包括 7 个具体目标, 其中 2025 年要实现的目标有 2 个、2030 年目标为 5 个。到 2025 年的 2 个目标是:(1)职业教育与培训应届毕业生在学习和培训期间受益于基于工作的学习的比例至少达到 60%;(2)至少 47% 的 25—64 岁成年人在过去 12 个月内参加过学习。到 2030 年要实现的 5 个目标分别是:(1)阅读、数学和科学成绩不佳的 15 岁学生比例低于 15%;(2)计算机和信息素养成绩不佳的八年级学生比例低于 15%;(3)至少 96% 的 3 岁至义务教育开始年龄的儿童接受幼儿教育和保育;(4)教育与培训中的辍学率低于 9%;(5)25—34 岁受过高等教育的人口比例至少达到 45%。① 与 2020 年基准比较, 2030 年基准中去掉了"终身学习"指标, 增加了"计算机和信息素养成绩不佳的

① Council of the European Union, "Council Resolution on a Strategic Framework for European Co-operation in Education and Training Towards the European Education Area and Beyond (2021-2030)", https://op.europa.eu/en/publication-detail/-/publication/b004d247-77d4-11eb-9ac9-01aa75ed71a1.

八年级学生比例"指标，其他 4 项指标除"阅读、数学和科学成绩不佳的 15 岁学生比例"外，另外 3 项指标的基准均有所提高。欧盟 2010 年、2020 年、2030 年教育与培训基准如表 1-2 所示。

表 1-2　　　　欧盟 2010 年、2020 年、2030 年教育与培训基准

2010 年基准	2020 年基准	2030 年基准
●平均辍学率不超过 10%； ●数学、科学和技术毕业生人数至少增加 15%，同时降低性别失衡程度； ●22 岁人群高中教育完成率至少达到 85%； ●阅读能力低下的 15 岁学生比例与 2000 年相比至少下降 20%； ●成年人口（25—64 岁年龄组）参与终身学习的平均比例至少达到 12.5%。	●教育与培训中的辍学率低于 10%； ●阅读、数学和科学成绩不佳的 15 岁学生比例低于 15%； ●30—34 岁人口受过高等教育的比例至少达到 40%； ●至少 95% 的 4 岁至小学教育起始年龄的儿童接受幼儿教育； ●平均至少 15% 的成年人参与终身学习。	●阅读、数学和科学成绩不佳的 15 岁学生比例低于 15%； ●计算机和信息素养成绩不佳的八年级学生比例低于 15%； ●至少 96% 的 3 岁至义务教育开始年龄的儿童接受幼儿教育和保育； ●教育与培训中的辍学率低于 9%； ●25—34 岁受过高等教育的人口比例至少达到 45%。

资料来源：根据欧盟相关政策文件整理。

　　提高教育质量是欧盟教育政策的优先点和目标取向，制定评估教育质量的核心指标和量化基准是欧盟促进成员国提高教育质量的重要手段。同时，通过系统收集和分析国际可比数据、定期监测实现既定目标的状况，可以衡量欧洲层面战略实施的总体进展，为循证决策提供证据。进入 21 世纪以来，欧盟为落实《里斯本战略》《欧洲 2020 战略》《联合国可持续发展战略》等经济、社会发展战略，在教育领域制定并实施了 3 个面向未来 10 年的中长期发展战略规划，在战略实施过程中构建了监测战略目标进展的关键指标和量化基准。这些指标和基准为监测教育目标的实现进展和评估成员国教育质量提供了可测量、可比较的标准，对推进欧盟层面教育目标的实现和促进成员国教育质量提升发挥了积极作用。构建教育质量评估指标并制定欧盟层面的目标基准成为欧盟推进教育发展战略、提高整体教育质量的重要政策手段和治理工具，对于实现"使

欧洲教育成为世界教育质量的参照系"目标，进而实现欧盟整体战略提出的"促进经济增长、实现充分就业、增进社会聚合、提高欧盟竞争力"等经济社会发展目标作出了积极贡献。

二 制定终身学习关键能力框架

20 世纪下半叶的发展为欧洲带来了根本性的社会和经济变革，全球化及其在文化、政治、经济和环境领域的表现是这一转变背后的主要力量。科技进步，特别是信息技术的进步促进了国际融合与合作，也加剧了国际竞争。为了提高应对国际新秩序挑战的能力，同时维护和提高其社会经济标准，欧洲国家将知识视为推动经济增长的最宝贵资源，知识被认为是个人和职业发展的驱动力。当人们获得知识、学习技能并将其转化为有价值的能力时，不仅会刺激经济和技术进步，而且个人会从中获得满足感和幸福感。欧洲国家越来越关注识别知识、技能、能力和态度，使其公民能够在新兴的知识驱动型社会中发挥积极作用。面对欧盟扩大、人口老龄化、移民增加、职业道路日益复杂、失业率居高不下以及相关的社会排斥风险，欧洲国家开始仔细研究成年人未来需要具备的关键能力。欧盟认为，为了使年轻人做好准备应对信息社会的挑战，并从信息社会提供的机会中获得最大利益，教育应培养学生在一生中成功参与社会至关重要的能力，即关键能力。培养学生的关键能力是优质教育的重要特征。

(一) 关键能力的概念探讨

在试图厘清关键能力的概念之前，首先应理解知识和能力。牛津英语词典将知识定义为"对事物、状态等或人的认识的事实"，专门知识被定义为"如何做某件特定事情的知识"。其他文献通常将事实知识或信息称为"知道什么"，将操作知识或技能称为"诀窍"。Lundvall 和 Johnson (1994) 区分了对知识经济非常重要的 4 种类型的知识：知道什么 (Know-What)、知道为什么 (Know-Why)、知道如何 (Know-How) 和知道谁 (Know-Who)。在一个创造、传播和获取事实性知识的速度越来越快的世界里，人们对记忆知识的需求正在下降。相反，人们需要适当的工具来选择、处理和应用应对不断变化的就业、休闲和家庭模式所需的知识，因此教育越来越倾向于发展能力而不是教授事实知识。

社会学、教育学、哲学、心理学和经济学领域的许多专家都试图定义能力的概念，他们的努力受到其教育和文化背景以及语言渊源的影响。除了文化和语言的影响，关键能力的定义取决于提供定义的人的科学背景和社会角色。《世界全民教育宣言：满足基本学习需求》（世界教育大会，1990）为理解关键能力提供了一个起点，其第 1 条第 1 款规定："每个人——儿童、青年和成人——都应能够从旨在满足其基本学习需求的教育机会中受益。这些需求既包括基本的学习工具（如读写能力、口头表达能力、计算能力和问题解决能力），也包括人类生存、开发全部能力、有尊严地生活和工作、充分参与发展、提高生活质量、做出明智决定以及继续学习所需的基本学习内容（如知识、技能、价值观和态度）。"[1] 以增强欧洲竞争力为重点的欧洲工业家圆桌会议（2001）期望"新欧洲人"不仅拥有技术技能，还应具备作为员工和公民的企业精神。在这种情况下，企业家精神被理解为培养创造力、创新、灵活性、团队合作和求知欲的能力。实际上，大量文献分析的结果是"关键能力"的概念没有统一的定义。尽管专家对这一术语有不同的概念和解释，但大多数专家都同意，要使能力获得"关键""核心""基础"或"基本"等属性，它就必须对于任何个人和整个社会都是必要的和有益的。它必须使个人能够成功融入众多社会网络，同时在熟悉以及新的和不可预测的环境中保持独立和个体有效。由于所有环境都可能发生变化，因此关键能力必须使人们能够不断地更新他们的知识和技能，以便跟上最新的发展。确定关键能力的第一个标准是必须对所有社会成员都具有潜在的益处，它们必须与所有人群相关，无论性别、阶级、种族、文化、家庭背景或母语如何；第二个标准是它们必须符合有关社会的伦理、经济和文

---

[1] European Commission, European Education and Culture Executive Agency, *Key Competencies: A Developing Concept in General Compulsory Education*, Brussels: Eurydice, 2002.

化价值观和习俗；第三个标准是应用关键能力的环境，不能只考虑特定的生活方式，而应考虑公民在其一生中会遇到的最常见和最可能的情况。

长期以来，欧洲普遍认为掌握 3 个 "R" —阅读（Reading）、写作（Writing）和算术（Arithmetic）是成功成年生活的必要条件，但不是充分条件。这些技能被认为是所有未来学习的基础，但它们只是通常被称为读写能力和计算能力的关键能力领域的一部分。《教育和培训系统的未来具体目标》报告（欧洲委员会，2001）指出："确保所有公民达到可操作的识字和算术水平是优质学习的一个基本前提。这些是所有后续学习能力以及就业能力的关键。"另外引起广泛关注的一组能力是通用技能，也称为独立于学科的能力或横向能力，它们不局限于任何特定学科，可以应用于整个学科领域和环境。一些突出的通用技能包括沟通、解决问题、推理、领导力、创造力、激励、团队合作和学习能力。近年来在终身学习的背景下，后者引起了人们极大的兴趣。在发生深刻的经济、政治和社会变革时，公民需要根据新出现的需求保持和更新他们的基本知识和能力。除了技能和知识，态度是能力的第三个定义特征。牛津英语词典将态度定义为 "代表感情或观点的固定行为或方式"。在教育背景下，态度与个人能力最密切相关，如好奇心、动机、创造力、质疑精神、诚实、热情、自尊、可靠性、责任感、主动性和毅力。

（二）欧洲终身学习关键能力参考框架的出台

2000 年 3 月，里斯本欧洲理事会得出结论，欧洲战略框架应将通过终身学习提供的新基本技能定义为欧洲应对全球化和向知识型经济转型的关键措施，强调人力资源是欧洲的主要资产。里斯本欧洲理事会呼吁成员国、欧盟理事会和欧盟委员会建立一个欧洲框架，界定 "通过终身学习提供的新基本技能：信息技术技能、外语、技术文化、企业家精神和社会技能"[①]。2001 年 3 月的斯德哥尔摩欧洲理事会确认了上述议题的重要性，并将提高基本技能、信息通信技术和数学、科学和技术确定为

---

① Council of European Union, "Lisbon European Council 23 and 24 March 2000: Presidency Conclusions", https://www.europarl.europa.eu/summits/lis1_en.htm.

优先领域。委员会为上述 3 个优先领域中的每一个领域设立了一个由成员国指定的专家工作组。在 2001 年秋季和 2002 年春季的一系列会议之后，基本技能小组提出了以下 8 个主要领域的关键能力：母语交流；外语交流；信息通信技术（ICT）；数学、科学和技术方面的计算和能力；创业；人际关系和公民能力；学会学习；通识文化。2002 年 3 月的巴塞罗那欧洲理事会重申，欧盟呼吁在基本技能领域采取进一步行动。外语和数字素养被列为值得更多关注的两项关键能力。理事会宣布支持从小教授外语，并为中学生普遍引入互联网和颁发计算机用户证书。此外，理事会呼吁促进教育的欧洲维度并在 2004 年之前将其纳入基本技能工作。欧盟委员会通讯《使欧洲终身学习区成为现实》[①] 和随后《2002 年 6 月27 日理事会关于终身学习的决议》[②] 将提供"新的基本技能"确定为优先事项，并强调终身学习必须涵盖从学龄前到退休后的学习。

欧盟理事会 2004 年 11 月通过的关于教育的更广泛作用的报告强调，教育有助于维护和更新社会中的共同文化背景，并有助于促进基本的社会和公民价值观，例如公民身份、平等、宽容和尊重，在所有会员国都面临如何应对日益增长的社会和文化多样性问题的挑战之际，这一点尤为重要。2004 年马斯特里赫特职业教育与培训研究表明，新工作所需的教育水平与欧洲劳动力所达到的教育水平之间存在显著差距。这项研究表明，超过三分之一的欧洲劳动力（约 8000 万人）是低技能的，而估计到 2010 年几乎 50% 的新工作将需要高等教育学历，略低于 40% 的工作需要高中学历，只有大约 15% 的工作适合那些受过基本教育的人。2005 年通过的关于实现里斯本教育与培训目标进展情况的报告显示：在降低 15岁学生阅读识字率低的百分比以及提高高中教育完成率方面没有取得进

---

① European Commission, "Communication from the Commission-Making a European Area of Life-long Learning a Reality", https：//op. europa. eu/en/publication - detail/-/publication/474b8cd7 - 3a99 -4dc2 - b296 - e8f2db48ae1b.

② Council of the European Union, "Council Resolution of 27 June 2002 on Lifelong Learning", https：//op. europa. eu/en/publication - detail/-/publication/0bf0f197 - 5b35 - 4a97 - 9612 - 19674 583cb5b.

展；在减少提前辍学生方面虽然取得了一些进展，但按照此前的速度仍然无法实现 2003 年 5 月理事会提出的 2010 年欧洲参考水平（基准）。

2004 年通过的欧盟理事会和欧盟委员会关于 2010 年教育与培训工作计划的联合报告强调了确保所有公民都具备作为会员国终身学习战略一部分所需能力的必要性。为了鼓励和促进改革，报告建议制定欧洲共同的参考和原则，并优先考虑关键能力框架。2005 年 3 月，布鲁塞尔欧洲理事会结论所附的《欧洲青年公约》（The European Youth Pact）强调需要鼓励发展一套共同的核心技能。2005 年 6 月，欧洲理事会批准的 2005—2008 年增长和就业综合指导方针强调使年轻人具备必要的关键能力并提高教育水平，《就业指南》（Employment Guidelines）特别呼吁将更好地识别职业需求和关键能力作为成员国改革计划的一部分，调整教育和培训系统以应对新的能力要求。

全球化加速使欧盟面临新的挑战，每个公民都需要广泛的关键能力，以适应瞬息万变和高度互联的世界；教育在社会和经济方面具有双重作用，在确保欧洲公民获得必要的关键能力以使他们能够灵活地适应这种变化方面发挥着关键作用，特别是确保那些由于个人、社会、文化或经济环境造成教育劣势的群体获得平等机会以满足学习者的不同需求。为了支持和补充成员国的行动，确保其教育和培训系统为所有年轻人发展足以让他们适应成年生活并为进一步学习和工作奠定基础的关键能力，2006 年 12 月 18 日，欧洲议会和欧盟理事会通过了《关于终身学习关键能力的建议》。建议书提供了一个终身学习关键能力的欧洲通用参考框架，主要目标是：（1）确定和定义知识社会中个人成就、积极公民、社会聚合和就业所必需的关键能力；（2）支持成员国开展工作，确保在初始教育和培训结束时年轻人的关键能力水平发展到足以让他们适应成年生活并成为进一步学习和工作生活的基础，并且成年人能够在他们的一生中发展和更新他们的关键能力；（3）为政策制定者、教育提供者、雇主和学习者提供欧洲层面的参考工具，以促进国家和欧洲层面的努力，实现共同商定的目标；（4）为 2010 年教育与培训工作计划和欧盟教育与培训计划内欧盟层面的进一步行动提供框架。① 各成员国应使用《终身学习的关键能力——欧洲参考框架》作为参考工具，制定为所有人提供关键能力的战略，作为其终身学习战略的一部分。

在欧洲终身学习关键能力参考框架中，能力被定义为与外部环境相适应的知识、技能和态度的组合，关键能力则是实现个人成就和发展、积极的公民身份、社会包容和就业所需的能力。该参考框架提出了 8 项关键能力：（1）母语交流；（2）外语交流；（3）数学能力和科学技术基本能力；（4）数字能力；（5）学会学习；（6）社会和公民能力；（7）主动性和创业精神；（8）文化意识和表达。这些关键能力被认为同等重要，每一项都可以为知识社会中的成功生活作出贡献；同时能力之间存在交叉和相互联系，一个领域的关键能力支持另一个领域的能力，如语言、读写、算术和信息通信技术等基本技能是学习的重要基础，学会学习能力支持所有的学习活动。整个参考框架中应用了许多主题，包括批判性思维、创造力、主动性、解决问题的能力、风险评估、决策制定和情感管理等。

（三）欧洲终身学习关键能力参考框架的发展

2006 年《终身学习的关键能力——欧洲参考框架》自通过以来，成为欧盟成员国发展以能力为导向的教育、培训和学习的重要参考文件。几乎所有国家都制定了在教育和培训中发展关键能力的措施，这些措施在规模、与现有教育和培训系统的关系以及概念方面各不相同，具体取决于该国在采用关键能力框架之前的情况，大体上分为 4 种类型：（1）利用该框架直接改革教育和培训系统。欧盟半数国家进行了广泛的改革，明确将框架作为一种组织结构来发展关键能力，各国称其改革"基于""面向"或"受到"关键能力框架的启发。这些范围广泛的改革有的涉及

---

① Council of European Union, European Parliament, "Recommendation of the European Parliament and of the Council of 18 December 2006 on Key Competences for Lifelong Learning", https://op.europa.eu/en/publication-detail/-/publication/0259ec35-9594-4648-b5a4-fb2b23218096.

教育和培训的所有部门（如西班牙、捷克、保加利亚等），有的仅涉及义务教育（如法国）。2006 年，西班牙出台了新的教育组织法，将关键能力纳入西班牙小学、中学、职业教育和培训以及成人教育的全部课程。它确定了青年人在义务教育结束时应具备的 8 项能力，并明确以欧盟建议中规定的能力为基础，旨在适应西班牙教育系统的特殊环境。法国《学校定位法》宣布了一个共同的能力基础，该基础参考了欧洲在建立关键能力框架方面的工作。法国"竞争力协会"的 7 项能力与欧洲框架几乎一致，并确定了所有年轻人在义务教育结束时必须获得的普通或职业教育和培训的基础。（2）使用关键能力框架对教育和培训改革进行微调。一些国家（比利时、希腊、匈牙利等）在其教育制度中引入了与关键能力框架相关的创新元素，利用该框架明确改革的优先事项和缩小提供关键能力方面的具体差距。比利时 2006 年启动的瓦隆马歇尔计划（瓦隆未来优先行动计划）包括一系列旨在提高某些领域关键能力的措施，如语言能力、电子学习行动计划和支持措施，包括教师培训和建立培训结构，以促进先进技术方面的资源和学习。（3）引入与关键能力框架某些方面一致的改革。一些国家（爱尔兰、荷兰、英国等）引入了支持在某些领域提供关键能力的改革，尽管使用了不同的术语。在荷兰，小学和中学低年级学生要培养的关键能力在成绩目标中作出了规定，这些目标与欧盟的关键能力有很大重叠。自 2006 年以来，特别关注连续的、跨部门的学习进程，并参考实施水平，更准确地界定儿童于小学结束时在语言和算术方面应该达到的目标，在 2500 所小学以跨学科技术、数字能力和创业计划的形式开展科学和技术方面的具体工作。（4）在通过关键能力框架之前已经实行与该框架一致的国家改革。一些国家（德国、丹麦、芬兰等）在采用该框架之前，已经在基于能力的方法基础上实行了改革。基于能力的课程在这些国家已经实施多年，因此没有被重新定义为新的措施。如丹麦政府的全球化战略以 2005 年开始的工作为基础，于 2006 年启动了对所有课程科目的目的和目标审查。这项工作先于关键能力框架展开，与框架方法完全一致。① 总体上，在超过四分之三的国家中，关键能力框架对国家政策或措施的制定产生了直接影响。在国家改革与框架之间的联系不太明确的国家，具体的创新与框架一致，改革更明确地受到国家研究或发展的启发，而非欧洲层面的工作。

随着时间的推移和形势的发展，各岗位对能力的要求也发生了变化，越来越多的工作被自动化取代，技术在工作和生活的各个领域发挥着更大的作用，人们需要适当的技能和能力来维持当前的生活水平、支持高就业率并提升社会凝聚力。为了适应不断变化的世界，创业、社会和公民能力、问题解决能力、批判性思维、合作能力、创造力、计算思维、自我调节能力等比以往任何时候都更加重要。与此同时，经济合作与发展组织（OECD）的国际学生评估计划（PISA）和成人能力国际评估计划（PIAAC）等国际调查表明，欧盟国家中基本技能不足的青少年和成年人比例一直很高。2015 年，约五分之一的学生在培养充分的阅读、数学或科学技能方面存在严重困难；在一些国家，多达三分之一的成年人只具备最低水平的识字和算术技能；44% 的欧盟人口数字技能低，19% 的人口不具备数字技能。因此，对基本技能的投资变得比以往任何时候都更加重要。在此背景下，欧洲新技能议程（A New Skills Agenda for Europe）宣布对 2006 年关于终身学习关键能力的建议书进行审查，承认投资于技能和能力以及对关键能力进行修订和更新是促进欧洲的教育、培训和非正规学习的首要任务。②

2018 年 5 月 22 日，欧盟理事会通过了《关于终身学习关键能力的建

---

① European Commission, "Commission Staff Working Document-Accompanying Document to the Communication from the Commission to the European Parliament, the Council, the European Economic and Social Committee and the Committee of the Regions - Key Competences for a Changing World", https: //op. europa. eu/en/publication - detail/-/publication/66224df5 - 19a5 - 426a - bf63 - 881c1e8 c8da5.

② Directorate-General for Employment, Social Affairs and Inclusion (European Commission), European Commission, "Communication from the Commission to the European Parliament, the Council, the European Economic and Social Committee and the Committee of the Regions a New Skills Agenda for Europe Working Together to Strengthen Human Capital, Employability and Competitiveness", https: // op. europa. eu/en/publication-detail/-/publication/c861f839-2ee9-11e6-b497-01aa75ed71a1.

议》，取代欧洲议会和欧盟理事会 2006 年 12 月 18 日关于终身学习关键能力的建议书，提出了新的欧洲终身学习关键能力参考框架。新框架基于《欧洲社会权利支柱》提出基本原则，即"每个人都有权接受优质和包容性的教育、培训和终身学习，以保持和获得使他们能够充分参与社会并在劳动力市场成功转型的技能"，以及"每个人都有权获得及时和量身定制的援助，以改善就业或自主创业前景，包括获得求职、培训和重新资格认证支持的权利"。该框架定义的关键能力旨在为实现更平等和民主的社会奠定基础，同时响应包容性和可持续增长、社会凝聚力和民主文化进一步发展的需要。在新的参考框架中，能力被定义为知识、技能和态度的组合，① 关键能力则指所有人实现个人成就和发展、就业、社会包容、可持续生活方式、在和平社会中成功生活、注重健康的生活管理和积极的公民意识所需要的能力。关键能力从终身学习的角度进行构建，贯穿从幼儿到成年生活的所有阶段，并在所有环境的正规、非正规和非正式学习中获得，包括家庭、学校、工作场所、邻里和其他社区。新框架确定了对公民个人成功、健康和可持续生活方式、就业能力、积极的公民身份和社会包容至关重要的 8 项关键能力：（1）读写能力；（2）多语言能力；（3）数学能力和科学、技术、工程能力；（4）数字能力；（5）个人、社交和学习能力；（6）公民能力；（7）创业能力；（8）文化意识和表达能力（见表 1-3）。② 在新的欧洲终身学习关键能力中，除数字能力、文化意识和表达能力与 2006 年框架的关键能力相同外，其他 6 项能力在名称及具体内涵上均有所变化，以适应信息化时代和欧洲经济社会发展对公民关键能力的要求。为了培养欧洲公民当前和未来所需的关键能力，欧盟鼓励成员国努力提供高质量的幼儿教育和保育、改善学

---

① 其中，知识由已经确立并支持对某一领域或主题的理解的事实、数字、概念、思想和理论组成；技能指为执行过程和利用现有知识实现结果的能力；态度表现为对想法、人或情况采取行动或作出反应的倾向和心态。

② Council of European Union, "Council Recommendation of 22 May 2018 on Key Competences for Lifelong Learning", https://op.europa.eu/en/publication-detail/-/publication/6fda126a-67c9-11e8-ab9c-01aa75ed71a1.

校教育并确保优秀的教学，进一步发展初始和继续职业教育与培训，加速高等教育实施现代化。

表1-3　　　　欧洲终身学习的8项关键能力（2018年）

关键能力	定义	与该能力相关的		
		基本知识	技能	态度
读写能力	以口头和书面形式，跨学科和环境使用视觉、声音/音频和数字材料，识别、理解、表达、创造和解释概念、感受、事实和意见的能力	阅读和写作知识以及对书面信息的良好理解，因此要求个人具备词汇、功能语法和语言功能的知识	在各种情况下进行口头和书面交流的技能，以及区分和使用不同类型资源，搜索、收集和处理信息，使用辅助工具表达自己的口头和书面论点	对批判性和建设性对话的态度、对审美品质的欣赏以及对与他人互动的兴趣
多语言能力	适当有效地使用不同语言进行交流的能力	了解不同语言的词汇和功能语法，以及对主要语言交互类型和语言记录的认识	理解口语信息，发起、维持和结束对话以及阅读、理解和起草文本的能力，根据个人的需要，达到不同语言的熟练程度	对文化多样性的欣赏、对不同语言和跨文化交流的兴趣和好奇心
数学能力和科学、技术、工程能力	数学能力是发展和运用数学思维和洞察力以解决日常生活中的一系列问题的能力；科学能力是利用所采用的知识体系和方法论（包括观察和实验）来解释自然世界的能力和意愿，以发现问题并得出基于证据的结论；技术和工程方面的能力是应用知识和方法来响应感知到的人类需求	数学知识包括对数字、度量和结构、基本运算和基本数学表示的扎实知识，对数学术语和概念的理解，以及对数学可以提供答案的问题的认识；科学、技术和工程知识包括自然界的基本原理、科学概念、理论、原理和方法、技术和产品与过程，以及对科学、技术、工程和自然界中人类一般活动的影响的理解	个人应具备在家庭和工作的日常环境中应用基本数学原理和过程的技能，以及遵循和评估一系列论点的技能；科学、技术和工程技能包括将科学理解为通过特定方法进行调查的过程，包括观察和受控实验、使用逻辑和理性思维来验证假设的能力以及在与新的实验结果相矛盾时放弃自己信念的准备	对数学的积极态度是基于对真理的尊重并且愿意寻找原因并评估其有效性；对科学、技术和工程的态度包括批判性欣赏和好奇心的、对伦理问题的关注以及对安全和环境可持续性的支持

续表

关键能力	定义	与该能力相关的		
		基本知识	技能	态度
数字能力	自信、批判和负责任地使用和参与数字技术，用于学习、工作和参与社会	了解数字技术如何支持沟通、创造力和创新，并意识到它们的机会、局限性、影响和风险；了解不断发展的数字技术背后的一般原理、机制和逻辑，以及不同设备、软件和网络的基本功能和用途	使用、访问、过滤、评估、创建、编程和共享数字内容的能力	以反思和批判但又好奇、开放和前瞻性的态度来看待数字技术和内容，以合乎道德、安全和负责任的方式使用数字工具
个人、社交和学习能力	反思自己、有效管理时间和信息、以建设性方式与他人合作、保持弹性和管理自己的学习和职业的能力	了解不同社会和环境中普遍接受的行为准则和沟通规则，以及健康的思想、身体和生活方式的相关知识	识别自己的能力、专注、处理复杂性事务、批判性反思和做出决策的能力	对个人、社会和身体健康以及终身学习的积极态度，以及合作、自信和正直的态度
公民能力	基于对社会、经济、法律和政治概念和结构以及全球发展和可持续性的理解，作为负责任的公民去充分参与公民和社会生活的能力	与个人、群体、工作组织、社会、经济和文化有关的基本概念和现象的知识	与他人有效参与共同或公共利益的能力，包括社会的可持续发展	参与各级民主决策和公民活动的意愿，包括支持社会和文化多样性、性别平等和社会凝聚力、可持续生活方式、促进和平和非暴力文化、尊重他人隐私的意愿以及对环境负责
创业能力	根据机会和想法采取行动，并将其转化为社会价值的能力	了解在个人、社会和专业活动中将想法转化为行动的不同背景和机会，以及其产生的原因	建立在创造力之上，包括想象力、战略思维和解决问题的能力，以及在不断发展的创造性过程和创新中的批判性和建设性反思	主动性和能动性、前瞻性，勇于实现目标并坚持不懈

续表

关键能力	定义	与该能力相关的		
		基本知识	技能	态度
文化意识和表达能力	理解和尊重如何在不同文化中以及通过一系列艺术和其他文化形式创造性地表达和交流思想	了解当地、国家、地区、欧洲和全球文化及其表达方式，包括语言、遗产和传统以及文化产品，并了解这些表达方式如何相互影响以及影响个人的想法	表达和解释具象或抽象的想法、经验和情感的能力，以及在一系列艺术和其他文化形式中的行为能力	对文化表达的多样性以及对知识和文化所有权采取合乎道德和负责任的态度，对文化表达的多样性持开放和尊重的态度

资料来源：Council of European Union，"Council Recommendation of 22 May 2018 on Key Competences for Lifelong Learning"，https：//op. europa. eu/en/publication－detail/－/publication/6fda126a－67c9－11e8－ab9c－01aa75ed71a1.

（四）在终身学习关键能力参考框架下推进以能力为导向的教育

关键能力是学习者从小就需要在整个生命中发展的知识、技能和态度的动态组合。终身学习关键能力框架是欧洲教育和培训体系向能力导向转变的一个促进因素，高质量和包容性的教育、培训和终身学习为所有人提供发展关键能力的机会。欧盟成员国采用各种不同的方法来指导和支持学校中以能力为导向的教育，一些国家制定了国家战略，以支持在欧洲参考框架下关键能力的发展。

第一，在教育、培训中推广各种学习方法和环境，促进学生关键能力的获得。例如，跨学科学习不仅可以丰富学习方式，还可以加强课程中不同学科之间的联系，并在所教授的内容与社会变革和相关性之间建立牢固的联系；探究式、项目式、混合式、艺术和游戏式学习等学习方法可以提高学习动机和参与度；科学、技术、工程和数学（STEM）领域的实验学习、基于工作的学习和科学方法可以促进一系列能力的发展；社会和情感学习、艺术、促进健康的体育活动，以及支持健康意识、面向未来和体育锻炼的生活方式，可以促进基本技能的获得和更广泛的能力发展；通过鼓励学习者、教育工作者和学习提供者使用数字技术来改进学习可以提高学习者的数字能力。所有学习者，包括那些面临不利条件或有特殊需要的学习者，可以在包容性环境中获得充分支持，以发挥他们的教育潜力，这种支持包括语言、学术或社会情感支持、同伴辅导、课外活动、职业指导或物质支持。通过加强教育和培训机构与学习环境之间的合作，包括与商业、艺术、体育和青年社区、高等教育或研究机构之间的跨部门合作，可以有效促进学习者的能力发展。

第二，为教师和其他教育人员（包括家庭）提供支持，发展以能力为导向的教学方法。将以能力为导向的教育、培训和学习方法纳入初始教师教育和持续专业发展，帮助教育人员改变其环境中的教与学，提高实施能力导向教学方法的能力。通过工作人员交流和同行学习，以及通过网络、协作和实践社区，在组织学习方面提供灵活性和自主性的同行咨询，支持教育工作人员在其特定情况下制定以能力为导向的方法。向教育人员提供帮助，以创造创新做法、参与研究和适当利用包括数字技术在内的新技术，在教学和学习中采用以能力为导向的教学方法。为教育人员提供指导，使用专业知识中心、适当的工具和材料，改进教学方法和实践。

第三，加强能力发展的评估和验证，支持和进一步发展在不同环境中获得的关键能力。关键能力描述可以转化为学习成果框架，通过适当的工具补充适当的水平，用于诊断性、形成性和总结性评估和验证。可以运用数字技术捕捉学习者进步的各个方面，包括创业学习。根据欧盟理事会关于验证非正规和非正式学习的建议，可以制定不同的方法来评估非正规和非正式学习环境中的关键能力，包括雇主、指导从业者和社会伙伴的相关活动，这些活动对每个人都适用，尤其对于低技能的个人，以支持他们进一步学习。

三　促进人员流动与机构合作

在欧盟政策文件中，"流动"指在另一个成员国度过一段时间，以便增进学习、工作、其他教学活动或相关的行政活动体验，并酌情辅以东道国语言或工作语言学习的预备课程或复习课程。① 欧盟认为，人员的跨国流动有助于丰富不同的民族文化，使有关人员提高自己的文化和专业知识，并使整个欧洲社会从中受益。② 《欧洲联盟运行条约》第 165 条规定，通过在学术方面承认文凭和学习期限来鼓励学生和教师的流动、促进教育机构之间的合作。③ 为达到教育和培训目的而加强欧洲的人员流动和交流在实现里斯本目标（到 2010 年使欧洲成为最具创新和竞争力的知识型经济体）方面发挥着关键作用，包括公共当局在内的所有利益攸关方需要加大对欧盟内部流动性的支持，以提高欧洲教育和培训系统的质量和有效性。博洛尼亚进程的目标是建立一个欧洲高等教育区，促进学生、教师的流动性和提高高等教育质量是该进程的核心目标。职业教育与培训领域的哥本哈根进程的目的是创建一个欧洲终身学习区，以提升学生和教师流动性、提高认可资格和能力方面的透明度，加强机构间的合作。欧盟倡议各成员国在政府间合作的框架内努力提高自身教育质量和竞争力，特别是促进流动性、确保资格认可和质量保证。④

（一）欧盟促进流动与合作的政策动因

欧盟认为，学习流动⑤可以使教育与培训系统和机构更加开放、更加

---

① Council of the European Union, European Parliament, "Decision No 1720/2006/EC of the European Parliament and of the Council of 15 November 2006 Establishing an Action Programme in the Field of Lifelong Learning", https: //op. europa. eu/en/publication－detail/－/publication/e94e41b2－bcf7－4447－83d5－b5ac87c8065e/language-en/format－PDF/source－295373442.

② Council of the European Union, European Parliament, "Recommendation of the European Parliament and of the Council of 10 July 2001 on Mobility Within the Community for Students, Persons Undergoing Training, Volunteers, Teachers and Trainers", https: //op. europa. eu/en/publication－detail/－/publication/547785cf－f8bf－4777－92d1－31d145798191/language－en/format－PDF/source－295374295.

③ 《欧洲联盟基础条约：经〈里斯本条约〉修订》，程卫东、李靖堃译，社会科学文献出版社 2010 年版，第 111 页。

④ Committee on Budgets (EP Committee), Committee on Culture and Education (EP Committee), European Parliament, "The Bologna Process and Student Mobility European Parliament Resolution of 23 September 2008 on the Bologna Process and Student Mobility", https: //op. europa. eu/en/publication-detail/－/publication/30bbfe8e-c307-4ada-b57b-f8058134dcd2.

⑤ 学习流动是指为获取新知识、技能和能力而进行的跨国流动，是青年人加强未来就业能力以及跨文化意识、个人发展、创造力和积极公民意识的基本方式之一。它可以采取培训、学徒、青年交流、志愿服务、教学或参与职业发展活动的形式，也可以包括准备活动，如语言培训等。

国际化、更有效率，它还可以通过建立知识密集型社会来增强欧洲的竞争力。流动本身不应被视为目的，而应被视为加强欧洲公民意识和竞争力、扩大和丰富年轻人的培训和经验、丰富他们的多面性和提高就业能力以及通过语言技能和接触其他文化发展跨文化理解能力的首选手段。[①]
2008 年 5 月 22 日，欧盟理事会和成员国政府代表在理事会会议上就通过教育和培训促进创造力和创新得出的结论强调，多样性和多文化环境可以激发创造力。欧盟理事会 2009 年 11 月 26 日关于教师和学校领导专业发展的结论承认，各级教学人员可以从增加学习流动性和网络化中获得更大的益处。[②] 因此，学习流动性被广泛认为有助于通过获得关键技能和能力（尤其是语言能力和跨文化理解，以及一般的社会和公民技能、创业精神、解决问题的技能和创造力），增强年轻人的就业能力。除了为有关个人提供宝贵的经验，学习流动性还有助于提高整体教育质量，特别是通过教育机构之间更密切的合作。此外，它有助于强化欧洲身份和公民意识。[③]

促进跨境学生流动一直是欧洲教育政策的基本支柱，欧盟重视学生流动，为跨文化和社会融合铺平道路。海外学习经历通常被认为是拓宽学生思维、超越其学术范式以及发展欧洲身份和国际理解的决定性因素。在教育期间出国学习一段时间可以发展和提高个人、社会和专业技能。关于个人技能，研究发现，学习流动性与积极成果有关，如未来流动性、收入和较低的失业率；关于专业技能，在国外接受结构化的高等教育可以提高多种能力，如外语技能，这是个人适应全球化经济和劳动力市场

---

① Council of the European Union, "Conclusions of the Council and of the Representatives of the Governments of the Member States, Meeting Within the Council of 21 November 2008 on Youth Mobility", https：//op. europa. eu/en/publication－detail/-/publication/6c0955ed－3350－4c31－9d14－32437c8df66c/language-en/format-PDF/source-295375114.

② Council of the European Union, "Council Conclusions of 26 November 2009 on the Professional Development of Teachers and School Leaders", https：//op. europa. eu/en/publication-detail/-/publication/b5a1ab2b-e5e3-45e0-af4c-a8632ebe66b3/language-en/format-PDF/source-295490947.

③ Council of the European Union, "Council Conclusions on a Benchmark for Learning Mobility", https：//op. europa. eu/en/publication-detail/-/publication/ea5b970a-bdb6-4212-b432-90e36f0accc0/language-en/format-PDF/source-295491070.

的关键；在社会技能方面，学习流动性增强了跨文化理解和公民技能，对于减少社会不平等和追求包容性增长非常重要。此外，学习流动在机构和国家层面有积极成果。首先，国与国之间的学生交流增加了学术机构和学校之间的合作机会，有助于建立更加统一的欧洲身份。其次，接收国际学生是招募来自不同背景的高技能移民的一种方式，提高了教育系统的成本效益。在过去几十年里，促进学生流动一直是欧洲政治议程的一个主要焦点。欧盟不仅提出了保持和促进整个欧洲学习流动性的战略目标和具体基准，而且制定了政策和方案举措来实现这些目标（如欧洲 2020 战略、伊拉斯谟+计划等）。提高学生流动性不仅是欧洲高等教育区的核心目标，也是欧盟高等教育现代化议程的主要政策重点。根据经合组织 2018 年的数据，在过去几十年中，全球高等教育领域的外国学生人数呈爆炸式增长，从 1999 年的 200 万人增加到 2016 年的 500 万人。2016 年，在经合组织成员国高校中，约有 350 万名国际或外国学生，其中约一半人在欧盟国家。

欧洲青年流动是欧洲正规、非正规或非正式教育和培训合作的核心组成部分，也是构建知识型欧洲的一个重大挑战，有助于培养青年对欧洲的归属感、促进社会和职业融合，以确保欧洲经济在全球化环境中的竞争力。流动关系到所有欧洲的年轻人，无论他们是学童、学生、学徒、志愿者、教师、年轻研究人员、培训员、青年工人、企业家还是劳动力市场上的年轻人。欧盟建议，每个年轻人都应该有机会以工作的形式参加某种形式的流动，无论是在学习期间还是在培训期间。接受普通教育或职业教育与培训的学生都应有机会在学校学习期间参加流动计划；接受高等教育的学生都应该有机会在国外学习、培训或工作一段时间。应鼓励高等教育机构在第一（学士）或第二周期（硕士）将流动期作为学位课程的一部分，大幅增加职业教育与培训背景下的流动机会。在 2010 年 3 月 3 日题为《欧洲 2020——欧洲智能、可持续和包容性增长战略》的通信中，欧盟委员会将发展基于知识和创新的经济（"智能增长"）列为其优先事项之一，并强调了一项旗舰倡议——"青年在行动"（Youth on the Move)，以提高欧洲高等教育机构的绩效和国际吸引力，并通过促进青年的流动性和改善他们的就业状况，提高欧盟各级教育和培训的整体质量，将卓越和公平结合起来。

欧盟还重视加强教师、培训者和其他教育人员的流动性。欧盟认为，跨国流动有助于教师广泛能力的发展。同龄人之间的观点和经验交流、教师和培训者之间的密切合作，以及在国外的学习或工作经验，可以极大地促进各级教育和培训中教师和培训者的专业发展。对于实习教师和未来的教师和培训者来说，跨国流动有助于促进他们的个人和学术发展、培养他们的自信心，有助于丰富他们的专业实践和教学知识、提升技能、适应性以及就业能力和促进职业发展，有助于改善其所在机构以及更广泛的教育和培训系统的教学实践，有助于增强教师职业的吸引力。此外，教师和培训者在欧洲范围内的流动有利于改善国家教育和培训系统，因为它加强了教师和培训者的创新和反思实践的能力，能更好地满足学习者的需求；它通过流动期间和之后形成的纽带，帮助教师和培训者培养对欧洲教学和学习社区的归属感，从而对整个教育和培训系统产生影响；此外，流动性作为一种强大的学习体验，可以对未来以及在职的教师和培训者产生潜在的影响。因此，教师和培训人员的流动是欧盟成员国之间就彼此的教育和培训系统建立信任、加强合作和促进相互理解的一个重要因素，它是培养共同的欧洲价值观以及促进多种语言和多元文化发展的关键。①

（二）欧盟促进流动与合作的政策措施

欧洲旨在促进学生流动性的具体措施始于 1987 年的"欧洲青年 I"（Youth for Europe I）计划，该计划促进了青年人在欧共体内的交流。1998 年，由法国、意大利、英国、德国 4 国教育部部长签署的《索邦宣

---

① Council of the European Union, "Council Conclusions on Enhancing Teachers' and Trainers' Mobility, in Particular European Mobility, During their Initial and In-Service Education and Training", https：//op. europa. eu/en/publication-detail/-/publication/25baec55 - c10f - 11ec - b6f4 - 01aa75ed 71a1/language-en/format-PDF/source-295491411.

言》呼吁欧洲国家提高教学和学习的流动性，开展更加紧密的合作。此后欧盟加强了提高高等教育学生流动性的政策。1999 年，29 个欧洲国家启动了博洛尼亚进程，该进程的目标是到 2010 年建立一个欧洲高等教育区，包括推动高等教育改革、消除学生和教师流动的剩余障碍以及提高欧洲高等教育的质量、吸引力和竞争力，学生的流动性和教育质量是博洛尼亚进程的核心要素。2000 年 3 月 23—24 日在葡萄牙里斯本召开的欧洲理事会特别会议认识到消除障碍和促进流动的紧迫性，并在其结论中请理事会和委员会"在 2000 年年底之前，通过最大限度利用现有的共同体计划（苏格拉底计划、莱昂纳多·达·芬奇计划、青年计划）、消除障碍以及在承认资格以及学习和培训时间方面的更大透明度，确定促进学生、教师以及培训和研究人员流动的手段"。2000 年 12 月 14 日欧盟理事会和成员国政府代表关于流动性行动计划的决议批准了一项行动计划，以界定欧洲的流动性并使其民主化、促进适当的筹资形式、增加流动性并改善学习流动性条件。[1] 在里斯本战略背景下，《教育和培训 2010 年工作计划》提出欧盟教育与培训系统发展的三大战略目标和 13 个具体目标，其中第三个战略目标"向更广阔的世界开放教育和培训系统"包含"增加流动性和交流"和"加强欧洲合作"两个具体目标。在"增加流动性和交流"目标下，将向个人以及教育和培训机构提供最广泛的流动机会，并减少流动的剩余障碍；监测整个欧洲流动的数量、方向、参与率以及质量；促进对流动期间获得的能力的验证和认可；提高欧洲教育和培训在世界上的存在感和认可度，以及对其他地区学生、学者和研究人员的吸引力。2001 年 7 月 10 日欧洲议会和欧盟理事会关于学生、受训人员、志愿者、教师和培训人员在共同体内流动的建议要求成员国采取适当措施消除流动的障碍，通过建立一个专家组，为学生、受训人员、

---

① Council of the European Union, Representatives of the Governments of the Member States (The Member States), "Resolution of the Council and of the Representatives of the Governments of the Member States, Meeting Within the Council of 14 December 2000 Concerning an Action Plan for Mobility", https://op. europa. eu/en/publication-detail/-/publication/8c6f95e7-4c35-4a12-ab20-2031608 bdd0a/language-en/format-PDF/source-295492118.

志愿者、教师和培训人员的学习流动提供便利。① 2006 年 12 月 18 日，欧洲议会和欧盟委员会关于共同体内部教育和培训跨国流动的建议制定了《欧洲流动质量宪章》（European Quality Charter for Mobility），为青年人或成年人的正规和非正规学习以及个人和职业发展而进行的流动提供指导，以确保高质量的流动，并促进流动各个方面的质量保证。② 2008 年 11 月 21 日理事会和成员国政府代表关于青年流动的结论要求成员国为所有青年扩大流动范围，提供关于现有流动计划的更好信息，简化程序、拓宽青年流动的资金来源并使之多样化，将教育和培训《欧洲流动质量宪章》所载原则应用于所有形式的青年流动。③

欧盟委员会 2009 年制定的《欧洲教育与培训合作 2020 战略框架》（ET 2020）提出了 4 个战略目标，以支持欧洲国家教育体系的改善，其中之一是"使终身学习和流动性成为现实"，在学习流动性方面，将"逐步增强学习者、教师和教师培训者的流动性，以便使出国学习——无论是在欧洲还是在更广阔的世界——成为常规而不是例外"④。2009 年 4 月，博洛尼亚进程下发布的鲁文/新鲁文公报确立了高等教育中学习流动性的

① Council of the European Union, European Parliament, "Recommendation of the European Parliament and of the Council of 10 July 2001 on Mobility Within the Community for Students, Persons Undergoing Training, Volunteers, Teachers and Trainers", https：//op. europa. eu/en/publication - detail/-/publication/547785cf- f8bf - 4777 - 92d1 - 31d145798191/language - en/format - PDF/source - 295374295.

② Council of the European Union, European Parliament, "Recommendation of the European Parliament and of the Council of 18 December 2006 on Transnational Mobility Within the Community for Education and Training Purposes: European Quality Charter for Mobility (Text with EEA relevance)", https：//op. europa. eu/en/publication - detail/-/publication/759d5f22 - b2e1 - 481f - b3f9 - e5186 3b03752.

③ Council of the European Union, "Conclusions of the Council and of the Representatives of the Governments of the Member States, Meeting Within the Council of 21 November 2008 on Youth Mobility", https：//op. europa. eu/en/publication - detail/-/publication/6c0955ed - 3350 - 4c31 - 9d14 - 32437c8df66c/language-en/format-PDF/source-295375114.

④ Council of the European Union, "Council Conclusions of 12 May 2009 on a Strategic Framework for European Cooperation in Education and Training ('ET 2020')", https：//op. europa. eu/en/publication-detail/-/publication/f349e9ff-9cb8-4f73-b2f6-0a13452d22b4/language-en/format-PDF/source-262435042.

目标，即到 2020 年至少 20% 的欧洲高等教育区毕业生在国外学习或培训过，① 同时促进教师、研究人员和其他工作人员的流动。在哥本哈根进程下，2010 年 12 月的《布鲁日公报》以及欧盟理事会和成员国政府代表关于 2011—2020 年加强欧洲职业教育和培训合作的优先事项的结论中提出，到 2020 年欧洲职业教育和培训系统应大幅增加跨国流动机会。2011 年 9 月关于欧洲高等教育系统现代化议程的通信将促进流动性和跨境合作确定为提高高等教育质量的主要目标之一。② 2011 年 12 月 20 日欧盟理事会关于学习流动基准的结论制定了高等教育和初始职业教育与培训两个主要领域学习流动性的具体基准，分别是：（1）到 2020 年，欧盟平均至少 20% 的高等教育毕业生应在国外接受过一段时间的相关学习或培训（包括工作实习），相当于至少 15 个欧洲学分转换系统（ECTS）学分或持续至少 3 个月；（2）到 2020 年，欧盟平均至少 6% 的 18—34 岁初始职业教育与培训（IVET）学生应在国外接受至少两周或更短时间的 IVET 相关学习或培训（包括工作实习）。③ 学习流动的重要性在 2017 年关于欧盟高等教育新议程的通信中得到了重申。④

　　2017 年 11 月在哥德堡举行的欧洲领导人会议提出，在 2025 年前建立一个基于信任、相互承认、合作和交流最佳实践、流动性和增长的欧

---

① Communiqué of the Conference of European Ministers Responsible for Higher Education, Leuven and Louvain-la-Neuve, 28-29 April 2009, http://www.ehea.info/Upload/document/ministerial_declarations/Leuven_Louvain_la_Neuve_Communique_April_2009_595061.pdf.

② European Commission, Directorate-General for Education, Youth, Sport and Culture, *Supporting Growth and Jobs：an Agenda for the Modernisation of Europe's Higher Education Systems：Communication from the Commission to the European Parliament, the Council, the European Economic and Social Committee and the Committee of the Regions*, Publications Office, 2011.

③ Council of the European Union, "Council Conclusions on a Benchmark for Learning Mobility", https://op.europa.eu/en/publication-detail/-/publication/ea5b970a-bdb6-4212-b432-90e36f0accc0/language-en/format-PDF/source-295491070.

④ Directorate-General for Education, Youth, Sport and Culture (European Commission), European Commission, "Communication from the Commission to the European Parliament, the Council, the European Economic and Social Committee and the Committee of the Regions on a Renewed EU Agenda for Higher Education", https://op.europa.eu/en/publication-detail/-/publication/1383b270-4544-11e7-aea8-01aa75ed71a1.

洲教育区，涉及以下措施：让学习流动成为所有人的现实；消除学校和
高等教育中承认资格的障碍；使课程开发现代化；促进语言学习；创建
可以跨国无缝合作的世界级欧洲大学；改善教育、培训和终身学习；在
数字时代推动教育创新；给予教师更多的支持；保护文化遗产，培养欧
洲身份和文化意识。① 加强学习流动是建设欧洲教育区的重要内容，具体
目标是到 2025 年：（1）参与 Erasmus+计划的人数增加一倍，并惠及来自
弱势背景的学习者；（2）所有完成高中教育的欧洲年轻人除了母语，还
精通两种语言。为此，欧盟将促进成员国之间相互承认高等教育和国外
毕业文凭或学习时间，进一步推动培训和终身学习证书的跨境验证（"索
邦进程"）；在 2019 年推出欧盟学生电子卡②试点，到 2025 年向所有流
动学生提供学生电子卡，以促进学生跨境流动；作为建立欧盟教师学院
的一部分，通过提供大规模开放式在线课程（MOOC），增加教师在整个
欧洲的流动性；努力建立真正的欧洲大学，使其能够无缝地进行跨国联
网和合作，并参与国际竞争。在此基础上，欧洲理事会在其 2017 年 12 月
14 日的结论中呼吁成员国、欧盟理事会和委员会采取上述举措加强学习
流动性和交流，包括：大幅加强和扩展 Erasmus+计划；加强语言学习，
使更多的年轻人除了母语，还会说至少两种欧洲语言。③

　　为了进一步消除欧盟范围内学生流动的障碍，2018 年 11 月 26 日，欧
盟理事会通过了《关于促进高等教育和高中教育与培训资格以及国外学
习期成果自动互认的建议》，要求各成员国根据国家和欧盟立法及国情，
在《里斯本认可公约》及其附属文本的基础上，与利益攸关方密切合作，

---

① European Commission , Secretariat-General（European Commission），"Communication from
the Commission to the European Parliament，the Council，the European Economic and Social Committee
and the Committee of the Regions Strengthening European Identity Through Education and Culture the Eu-
ropean Commission's Contribution to the Leaders' Meeting in Gothenburg"，https：//op. europa. eu/en/
publication-detail/-/publication/73688c6b-ca08-11e7-8e69-01aa75ed71a1.

② 欧盟学生电子卡计划旨在提高欧洲学生流动的质量，学生电子卡使所有参与 Erasmus+流
动性的学生能够在欧盟成员国中自动识别他们的国家身份和学生身份，包括在抵达国外时获得校
园服务（例如课程材料、注册服务、图书馆）。

③ European Council，"European Council Meeting（14 December 2017）-Conclusions"，http：//
www. consilium. europa. eu/media/32204/14-final-conclusions-rev1-en. pdf.

通过实施必要的步骤，到 2025 年实现成员国之间高等教育资格以及高中教育和培训资格的自动互认。此外，使在一个成员国的高等教育阶段的国外学习期成果以及长达一年的高中教育和培训学习取得的成果在其他成员国中自动和充分地得到承认，以提高成员国高等教育以及中等教育和培训系统的透明度并建立对彼此的信任，便于参与流动的学生的进一步学习。① "迈向欧洲教育区及之后（2021—2030 年）欧洲教育与培训合作战略框架的理事会决议"将"让所有人实现终身学习和流动"作为欧盟未来 10 年教育和培训战略框架的优先领域之一，为实现此目标，提出以下具体措施：通过跨境学习和合作，促进学生、教师和培训人员的自由流动，进一步消除所有类型的学习和教学流动性的现有障碍，包括与机会准入、指导、学生服务和认可相关的障碍；通过强化的 Erasmus+计划更新学习流动性框架，为更广泛的参与者提供流动机会，促进绿色和数字化流动，包括融合在线和实体交流，同时鼓励平衡流动；继续全面实施理事会关于促进自动相互承认高等教育和高中教育与培训资格以及海外学习期成果的建议。② 欧盟政策的目标是在现有的欧洲资助计划的基础上扩大学生的流动性，旨在通过消除学生海外学习期间的法律和行政障碍而补充欧洲资助计划。此外，它旨在改善欧洲流动计划与国家一级相应资助方案的协调，以及与学生个人出国行动的协调。在欧盟的倡议下，各成员国采取的促进学生流动的措施分为以下 9 个主题领域：消除语言和文化障碍的措施；对流动学生的财政支持；消除法律和行政障碍；加强教育系统的信息、营销和透明度；向教育机构提供财政支持；课程整合；对流动学生的非财务支持；高等教育计划的结构改革；对资格和

---

① Council of the European Union, "Council Recommendation of 26 November 2018 on Promoting Automatic Mutual Recognition of Higher Education and Upper Secondary Education and Training Qualifications and the Outcomes of Learning Periods Abroad", https：//op. europa. eu/en/publication-detail/-/publication/d0c3a042-fc1e-11e8-a96d-01aa75ed71a1/language-en/format-PDF/source-295492460.

② Council of the European Union, "Council Resolution on a Strategic Framework for European Cooperation in Education and Training Towards the European Education Area and Beyond（2021-2030）", https：//op. europa. eu/en/publication-detail/-/publication/b004d247-77d4-11eb-9ac9-01aa75ed71a1.

学习成果的认可。

在建立欧洲教育区的过程中，欧盟特别关注未来教师和培训者的流动机会，将欧洲流动作为他们接受初始教育和培训的一部分。为了到2025年实现平等就业并向所有教师和培训者提供流动机会，欧盟将根据国家教育制度和政策，酌情消除现有障碍，基于以下计划或平台支持教师和培训者的流动：（1）Erasmus+等欧洲资助计划；（2）未来的欧洲学校教育平台，包括 eTwinning（电子结对）和学校教育门户、欧洲成人学习电子平台（Electronic Platform for Adult Learning in Europe，EPALE）以及促进欧盟教育和培训机构伙伴关系的措施；（3）Erasmus+教师学院；（4）相关的欧洲大学倡议。欧盟建议成员国根据国情和辅助原则，扩大教师和培训者在欧洲的流动机会，酌情消除现有障碍，在可能的情况下提供组织和财政支持，分享关于安排代课教师和培训者的解决方案以及促进流动方案；为学校领导的流动创造机会并予以鼓励；酌情将流动纳入教师和培训者教育和培训系统，促进参与 Erasmus+活动，例如 Erasmus+教师学院和欧洲大学；促进对流动期成果的正式认可，特别是在教师和培训者初始教育、职业发展或职业进步方面的国外教学和培训期成果；促进改善高质量外语学习的方法，提高教师和培训者使用外国资源和材料工作所需的能力，加强他们对流动计划的参与等。[①]

欧盟（欧共体）自20世纪七八十年代以来将教育和培训领域的人员流动与机构合作作为其教育政策重点乃至政治议程的优先事项，进入21世纪以来，欧盟加强了对本地区范围内人员流动与机构合作的政策支持，通过开放式协调方法增强了对成员国的政策协调、指导和建议。2000年以来欧盟出台的有关学习流动的立法和政策如表1-4所示。

① Council of the European Union, "Council Conclusions on Enhancing Teachers' and Trainers' Mobility, in Particular European Mobility, During their Initial and In-Service Education and Training", https：//op. europa. eu/en/publication - detail/-/publication/25baec55 - c10f - 11ec - b6f4 - 01aa 75ed71a1/language-en/format-PDF/source-295491411.

表 1-4　　　　**欧盟有关学习流动的立法和政策（2000 年以来）**

年份	立法或政策	主要内容
2000	欧盟理事会关于流动性行动计划的决议	该决议制定了一项流动行动计划，有 3 个主要目标：（1）采取措施以帮助人们发展多语种技能和获取有用信息，促进欧洲的流动；（2）丰富为流动提供资金的适当形式，并采取一系列措施调动一切可能的财政资源；（3）通过丰富流动形式，改善接待设施和优化时间安排，提高流动性并改善流动条件
2001	欧洲议会和欧盟委员会关于学生、受训人员、志愿者、教师和培训者流动的建议	该建议呼吁欧盟国家消除人们在另一个欧盟国家学习或接受培训、志愿服务或教学或提供培训的法律、行政、语言和文化障碍，提出的问题、目标和建议包括：学习至少两种欧盟语言，旅行前做好语言和文化准备；鼓励年轻人的欧盟公民意识以及对差异的尊重；轻松获取其他欧盟国家的机会信息；方便和简化财政支持（助学金、奖学金、补贴、贷款等）；在交通费用、住宿和膳食以及获得文化资源方面提供与东道国公民相同的援助；对财务权利和互惠社会保障有更好了解
2006	欧洲流动质量宪章	该宪章为青年人或成年人个人基于正规和非正规学习以及个人和职业发展而进行的流动提供了指导
2007	理事会和成员国政府代表关于青年流动的结论	该结论请成员国扩大所有青年人的流动范围、提供关于现有流动计划的更好信息、简化程序、扩大青年流动的资金来源并使之多样化，并将《欧洲教育和培训流动质量宪章》所载原则适用于所有形式的青年流动
2008	理事会关于青年流动的结论	该结论请成员国：（1）为所有青年人扩大流动范围；（2）提供关于现有流动方案的更好信息；（3）简化程序；（4）扩大青年流动的资金来源并使之多样化；（5）增加对青年流动性的了解
2009	影响评估——关于促进年轻人学习流动性的委员会建议提案随附文件	影响评估报告支持欧盟的政策行动，以改善年轻人以学习为目的的跨境流动，包括正规、非正规和非正式学习和志愿服务。报告界定了利害攸关的问题以及在欧盟一级采取政策行动的理由，并从总体和具体目标方面阐述了该倡议的目标。最后提出了实现这些目标的一系列不同的政策选择，并对其可能的影响进行了分析和比较
2010	"青年在行动"—揽子计划	"青年在行动"是欧盟的旗舰倡议，旨在应对青年面临的挑战，帮助他们在知识经济中取得成功，促进学习和就业流动性
2010	委员会关于欧洲研究人员流动性和职业生涯的结论	该结论确定了以下需要采取具体行动的领域：（1）向研究人员个人提供关于跨国流动情况下社会保障权利的信息；（2）解决研究人员的社会保障需求；（3）研究人员的补充养老金问题；（4）将灵活保障的共同原则应用于研究职业；（5）对"新工作的新技能"议程的贡献

续表

年份	立法或政策	主要内容
2011	委员会建议"青年在行动"——促进青年人的学习流动性	该建议特别建议成员国：（1）就学习流动的机会提供信息和指导；（2）鼓励学生参与跨国学习流动；（3）为学习流动创造机会，特别是在外语技能和跨文化意识方面；（4）处理与国外学习期有关的行政和机构问题；（5）提供关于赠款和贷款便携性信息；（6）关注学习流动的质量；（7）认可学习成果；（8）为弱势学生提供机会；（9）鼓励伙伴关系和筹资；（10）监测进展情况
2011	理事会关于学习流动基准的结论	为了促进高等教育学生参与学习流动，到2020年，欧盟平均至少有20%的高等教育毕业生应在国外接受过一段时间的高等教育相关学习或培训（包括工作实习），相当于至少15个ECTS学分或持续至少3个月
2017	委员会关于学习流动基准的进展报告	本报告履行了委员会向理事会报告在流动基准方面取得进展的义务，以期在2020年之前继续开展工作。报告介绍了自2011年以来开展的工作和现有证据，并为基准得出了结论
2017	关于通过教育和文化加强欧洲认同的通信	该通信阐述了欧盟委员会关于创建欧洲教育区的愿景，其中包括：（1）借鉴Erasmus+计划和欧洲团结军团的积极经验，通过创建欧洲学生卡，提供一种新的用户友好的方式来存储个人的学术记录信息，从而使流动对所有人成为现实；（2）相互承认文凭，在"博洛尼亚进程"的基础上启动新的"索邦进程"，为相互承认高等教育和毕业文凭奠定基础；（3）创建欧洲大学网络，以便世界一流的欧洲大学能够跨境无缝合作
2018	关于促进高等教育和高中教育与培训资格以及国外学习期成果自动互认的建议	到2025年：（1）实现自动互认以进一步学习，无须经过单独的识别程序：在一个成员国获得的高等教育资格在同一水平自动被承认，在一个成员国高等教育阶段的国外学习期成果在其他成员国自动和充分地得到承认；（2）在自动互认方面取得实质性进展，以便进一步学习：在授予该资格的成员国接受高等教育的高中教育和培训资格得到承认，在国外长达一年的高中教育和培训学习取得的成果在任何其他国家都得到承认
2022	理事会关于在初始和在职教育和培训期间加强教师和培训员的流动性，特别是欧洲流动性的结论	该结论建议各成员国：通过酌情消除现有障碍，在可能的情况下提供组织和财政支持，提升教师和培训者在欧洲的流动机会；为学校领导的流动创造机会并予以鼓励；酌情将流动纳入初始和在职教师教育和培训系统；促进对流动期成果的正式承认；探索在初始以及在职教师教育和培训系统中促进高质量外语学习的方法；鼓励使用数字工具和平台，包括eTwinning和EP-ALE，以补充和准备物理流动性，提高数字技能和能力，促进进一步的跨国合作等

资料来源：根据欧盟政策文件整理。

（三）欧盟促进流动与合作的行动计划

为了促进成员国之间的学生和教师流动，欧盟（欧共体）推进实施了系列流动性计划。其中伊拉斯谟计划（Erasmus Programme）是欧盟（欧共体）促进成员国学生和教师流动方面最有影响力的计划。1987 年 7 月，为了促进欧洲共同体内大学生的流动、加强大学之间的合作，欧共体理事会启动了促进大学生流动和大学合作的行动计划——伊拉斯谟计划。其目标是：（1）大幅度增加在另一个欧共体成员国学习一段时间的大学生人数，同时确保男女学生参与流动方面的机会平等；（2）促进所有成员国大学之间广泛而深入的合作；（3）通过增加教学人员的流动性，充分发挥共同体大学的智力潜力，从而提高大学提供的教育和培训的质量，以确保共同体在世界市场上的竞争力；（4）加强不同成员国公民之间的互动，以巩固人民欧洲的概念；（5）确保培养一批具有共同体内合作直接经验的毕业生，从而在共同体层面为加强经济和社会领域的合作奠定基础。[1] 为此，欧共体将建立一个欧洲大学合作网络，该网络由在伊拉斯谟计划框架内与其他成员国的大学签订了学生和教师交流协议并承认在本国大学以外完成的学习时间的大学组成；实施伊拉斯谟学生助学金计划，资助在其他成员国学习一段时间的大学生；通过对在另一成员国获得的文凭和学习时间的学术承认，促进流动性；为成员国大学提供信息支持，加强共同体内大学的相互了解。为了提高欧共体内部外语教学的质量，消除人员、服务和资本自由流动的语言障碍，1989 年 7 月，欧共体理事会决定建立一个促进共同体外语能力的行动计划——语言计划（Lingua Programme）。该计划旨在鼓励所有公民掌握实用的外语知识，增加共同体内教授和学习外语的机会，促进大学生将外语学习与其主要学科相结合，改善外语教师和培训者的初始和在职培训，加强对劳动力

---

① Council of the European Union, "87/327/EEC: Council Decision of 15 June 1987 Adopting the European Community Action Scheme for the Mobility of University Students (Erasmus)", https://op. europa. eu/en/publication-detail/-/publication/b7bfb44d-c33c-48c3-bd72-cf83d814d05e/language-en/format-PDF/source-295492861.

的外语培训，促进外语教学方法的创新。① 该计划将为外语教师和学习外语的学生提供在所学语言的成员国国内进行学习和培训的机会。为了促进职业培训的协调发展、加强职业培训领域的人员流动，1994 年 12 月，欧盟理事会决定制订实施欧洲共同体职业培训政策的行动计划——莱昂纳多·达·芬奇计划（Leonardo da Vinci Programme），其目标是提高成员国职业培训系统的质量和创新能力、发展职业培训和职业指导的欧洲维度、促进终身培训等。通过开展跨国试点项目，改善成员国的职业培训系统和安排，改进职业培训措施，发展语言技能，支持职业培训领域的知识传播和创新。②

1995 年 3 月 14 日欧洲议会和欧盟理事会的第 819/95/EC 号决定建立欧共体的苏格拉底计划，其中第一阶段的实施期限为 1995 年 1 月 1 日至 1999 年 12 月 31 日。该计划整合了高等教育的伊拉斯谟计划、基础教育的夸美纽斯计划以及适用于各级教育的横向计划 3 个行动领域，其中横向计划包括共同体语言技能、开放和远程教育、信息和经验交流。该计划鼓励成员国在教育领域开展合作以提高教育质量，具体目标是：发展各级教育中的欧洲维度，以加强欧洲公民精神；提高对欧盟语言的了解并促进教育的跨文化层面交流；促进成员国各级教育机构之间广泛而深入的合作，提高它们的水平和教学潜力；鼓励教师流动，以促进研究的欧洲维度，提高他们的技能质量；鼓励学生流动和学生之间的接触，增强教育的欧洲维度；鼓励在学术上承认文凭、学习时间和其他资格，促进发展一个开放的欧洲教育合作区；鼓励开放和远程教育；促进信息和经验交流，使成员国教育系统的多样性和特殊性成为丰富和相

---

① Council of the European Union, "89/489/EEC: Council Decision of 28 July 1989 Establishing an Action Programme to Promote Foreign Language Competence in the European Community (Lingua)", https://op.europa.eu/en/publication-detail/-/publication/339492e9-b8e3-4f42-9531-81886a6369c5/language-en/format-PDF/source-295493511.

② Council of the European Union, "Council Decision of 6 December 1994 Establishing an Action Programme for the Implementation of a European Community Vocational Training Policy", https://op.europa.eu/en/publication-detail/-/publication/d74354ea-add4-4f4b-9f61-69ab20aeb06f/language-en/format-PDF/source-295365478.

互激励的源泉。① 苏格拉底计划第二阶段（2000 年 1 月 1 日至 2006 年 12 月 31 日）继续致力于促进教育领域的合作和人员流动，并消除合作和流动方面的障碍。该阶段包含 8 个行动计划，涉及终身教育的 3 个阶段（基础教育、高等教育、成人教育）和语言、教育中的信息通信技术等领域的横向措施。除第一阶段的夸美纽斯计划、伊拉斯谟计划、Lingua 语言教学计划外，还包括成人教育的格伦特维（Grundtvig）计划、开放和远程学习的密涅瓦（Minerva）计划以及观察与创新、联合行动和配套措施。② 这些行动计划通过若干措施来实施，采取跨国行动的形式，包括：支持欧洲教育领域人员的跨国流动；支持发展跨国合作网络，促进交流经验和良好做法；促进语言技能和对不同文化的理解；支持基于跨国伙伴关系的创新试点项目，促进教育创新和质量，等等。该计划通过发展教育和培训的欧洲维度，促进基于正规和非正规教育与培训的终身学习，为打造知识欧洲作出贡献。

苏格拉底计划第二阶段到期后，欧盟正式制定了终身学习的行动计划，从 2007 年 1 月 1 日起实施。该计划的总体目标是通过终身学习为欧盟的发展作出贡献，使之成为一个先进的知识型社会，实现可持续的经济发展，提供更多更好的就业机会和形成更大的社会凝聚力。它特别强调促进欧盟范围内教育和培训机构之间的交流、合作和人员流动，使欧盟教育和培训系统成为世界质量的参照系。该计划下的子计划包括 4 个部门计划、一个横向计划和让·莫内（Jean Monnet）计划。③ 4 个部门计

---

① Council of the European Union, European Parliament, "Decision No 819/95/EC of the European Parliament and of the Council of 14 March 1995 Establishing the Community Action Programme 'Socrates'", https：//op. europa. eu/en/publication - detail/-/publication/50ef7569 - db91 - 4194 - ba33 - f65419101fb4.

② Council of the European Union, European Parliament, "Decision No 253/2000/EC of the European Parliament and of the Council of 24 January 2000 Establishing the Second Phase of the Community Action Programme in the Field of Education 'Socrates'", https：//op. europa. eu/en/publication-detail/-/publication/22963b2a - d64c - 11e9 - 883a - 01aa75ed71a1/language - en/format - PDF/source - 295494510.

③ 让·莫内计划的目标是促进欧洲一体化研究领域的教学、研究和活动，提高专业学者和普通欧洲公民对欧洲一体化相关问题的了解和认识，支持主要的欧洲机构处理与欧洲一体化有关的问题。

划涵盖终身学习的各级各类教育，分别是基础教育的夸美纽斯计划、高等教育的伊拉斯谟计划、职业教育与培训的莱昂纳多·达·芬奇计划和成人教育的格伦特维计划，横向计划包括促进语言学习等4项关键活动。终身学习计划重点支持终身学习中个人的流动性、双边和多边伙伴关系以及通过创新的跨国转移专门为提高教育和培训系统质量而设计的多边项目。该计划在4个部门次级计划中大幅增加对跨国流动的支持，各项子计划分别制定了在欧洲范围内人员流动的量化目标：（1）夸美纽斯计划：提高不同成员国学校之间伙伴关系的质量和数量，在计划期内让至少300万学生参与联合教育活动；（2）伊拉斯谟计划：提高整个欧洲学生和教学人员流动的质量和数量，在2012年前实现至少300万人参加伊拉斯谟计划下的学生流动；（3）莱昂纳多·达·芬奇计划：提高参与初级职业教育和培训以及继续培训的人员质量及其在整个欧洲的流动数量，在终身学习计划结束时将企业岗位增加到每年至少8万个；（4）格伦特维计划：提高参与成人教育的个人在整个欧洲的流动质量和数量，到2013年支持每年至少7000人参与流动。在计划实施的7年期间（2007年1月1日至2013年12月31日），欧盟投入总额69.7亿欧元的资金。在资金使用上向流动性和伙伴关系倾斜，要求分配给夸美纽斯计划的资金80%以上用于支持流动性和夸美纽斯伙伴关系，分配给伊拉斯谟计划的资金中不少于80%用于支持流动性，分配给莱昂纳多·达·芬奇计划和格伦特维计划的资金中分别不少于60%和55%用于支持流动性和伙伴关系。[1]

欧盟委员会2011年6月29日题为《2020年欧洲预算》的通信呼吁在教育、培训、青年和体育领域包括高等教育的国际方面制定一个单一的计划，将终身学习领域的行动计划整合在一起。[2] 为确保提高效率、加

---

① Council of the European Union, European Parliament, "Decision No 1720/2006/EC of the European Parliament and of the Council of 15 November 2006 Establishing an Action Programme in the Field of Lifelong Learning", https：//op. europa. eu/en/publication－detail/－/publication/e94e41b2－bcf7－4447－83d5－b5ac87c8065e/language－en/format－PDF/source－295373442.

② European Commission, "Communication from the Commission to the European Parliament, the Council, the European Economic and Social Committee and the Committee of the Regions a Budget for Europe 2020", https：//op. europa. eu/en/publication－detail/－/publication/d0e5c248－4e35－450f－8e30－3472afbc7a7e.

强战略重点并使单一计划的各个方面之间发挥协同作用，欧洲议会和欧盟理事会于 2013 年 12 月 11 日通过的"建立'Erasmus+'：教育、培训、青年和体育联合计划"的第 1288/2013 号条例制定了 Erasmus+计划。① 该条例指出，需要进一步加强欧洲学校间合作的强度和范围以及教学人员和学生的流动性，以解决《21 世纪欧洲学校合作议程》中提出的优先事项：提高欧盟在能力发展领域的学校教育质量，以改善学校系统和机构内的公平和包容性、加强对教师职业和学校领导的支持；承认资格和能力并提高透明度，发展高质量的教育和培训，并促进整个欧洲、国家之间以及跨部门的终身学习和以就业为目的的流动性；优化信息通信技术和新技术的使用，以促进参与教育、培训、青年和体育相关活动，包括通过虚拟流动②补充而不是取代学习流动。Erasmus+计划是欧盟范围内教育、培训、青年和体育的联合行动，涵盖以下领域：（1）终身学习的各级教育和培训，包括学校教育（Comenius）、高等教育（Erasmus）、国际高等教育（Erasmus Mundus）、职业教育与培训（Leonardo da Vinci）和成人学习（Grundtvig）；（2）青年（青年在行动），特别是在非正规和非正式学习的背景下；（3）体育，特别是基层体育。该计划旨在通过增加学习流动的机会以及加强教育和培训与工作领域之间的合作，提高学生的关键能力和技能水平，加强与劳动力市场的相关性及其对社会凝聚力的贡献；通过加强教育和培训机构与其他利益攸关方之间的跨国合作，促进教育和培训机构的质量改进、卓越创新和国际化；加强教育和培训的国际层面，特别是通过欧盟和伙伴国家机构在职业教育和培训领域以及高等教育方面的合作，增强欧洲高等教育机构的吸引力，促进欧盟和伙

---

① Council of the European Union, European Parliament, "Regulation（EU）No 1288/2013 of the European Parliament and of the Council of 11 December 2013 Establishing 'Erasmus+'：the Union Programme for Education, Training, Youth and Sport and Repealing Decisions No 1719/2006/EC, No 1720/2006/EC and No 1298/2008/EC Text with EEA Relevance", https：//op. europa. eu/en/publication-detail/-/publication/9f8f714d-6bfe-11e3-9afb-01aa75ed71a1.

② 虚拟流动是指由信息通信技术（ICT）支持的一系列活动，包括在机构层面组织的电子学习，在教学或学习的背景下实现或促进跨国或国际合作体验。

伴国家高等教育机构之间的流动性和合作；改善语言教学和学习，促进联盟广泛的语言多样性和跨文化意识等。在教育和培训领域，该计划将通过个人的学习流动性、合作创新和交流良好做法、支持政策改革等行动实现其目标。实施该计划预算投入超过 147 亿欧元资金，其中 77.5%资金用于教育和培训。

欧盟认识到，投资于所有人的学习流动，以及投资于教育和培训、青年和体育领域的合作和创新政策制定，是建设包容、有凝聚力和复原力的社会和保持欧盟竞争力的关键。在 Erasmus+计划（2014—2020 年）到期后，欧盟建立了 Erasmus+（2021—2027 年），作为 2014—2020 年计划的后续方案。该计划是建设欧洲教育区的关键组成部分，强调增加现有的学习流动机会，特别是增加和促进高等教育学生、中小学生、成人教育学习者以及职业教育和培训学习者（如学徒和实习生）的学习流动性，满足大量潜在的需求。扩大参加非正规学习活动的年轻人的学习流动机会，加强教育和培训、青年和体育领域工作人员的学习流动性。[1] 基于不同部门的具体需求，采取各种可能的学习流动形式，包括实习、学徒、青年交流、学校交流、教学或参加职业发展活动，提高学习流动的质量。通过支持流程数字化，例如通过欧洲学生卡倡议，促进学习流动性和交流。更加系统和一致地使用在线平台，如 eTwinning、学校教育门户、欧洲成人学习电子平台、欧洲青年门户和高等教育在线平台等，促进虚拟流动和合作活动的开展。根据相关的欧盟框架和工具，促进资格和能力透明度和对能力、技能和资格的承认，以及学分或学习成果的转让，以促进质量保证，支持非正规和非正式学习，并促进跨欧洲交流，在正式和非正式环境中发展灵活的学习途径。该计划的具体目标是促进欧盟各级各类教育（高等教育、职业教育和培训、基础教育、成人教育）

---

[1] Council of the European Union, European Parliament, "Regulation （EU） 2021/817 of the European Parliament and of the Council of 20 May 2021 Establishing Erasmus+: the Union Programme for Education and Training, Youth and Sport and Repealing Regulation （EU） No 1288/2013 （Text with EEA Relevance）", https://op. europa. eu/en/publication - detail/-/publication/d8109cb0 - bf78 - 11eb-a925-01aa75ed71a1.

学生和教职员工、参加非正规和非正式学习的青年人、体育工作人员的学习流动性，加强教育、青年、体育领域机构和政策层面的合作、质量、包容和公平、卓越、创造力和创新。为了实现上述目标，Erasmus+计划（2021—2027 年）将实施 3 个具有跨国或国际性质的关键行动：学习流动性、组织和机构之间的合作、支持政策制定和合作。加强欧盟范围内教育、青年、体育领域的学习流动和机构合作是该计划的核心目标和内容。

由上述分析可见，促进人员跨国流动和机构之间的合作是欧盟教育政策的重点领域和优先方向，其目的是提高欧盟成员国教育和培训系统的质量，提升教育的"欧洲维度"，加强欧洲认同，加速欧洲教育的一体化。伊拉斯谟计划是欧盟最早在高等教育领域实施的人员流动和机构合作计划，此后欧盟陆续推出加强外语能力的语言学习计划、职业培训的莱昂纳多·达·芬奇计划。在此过程中，欧盟加大了对各类流动与合作计划的整合，1995 年实施的苏格拉底计划涵盖高等教育的伊拉斯谟计划、基础教育的夸美纽斯计划以及包括 Lingua 语言计划在内的横向计划，在苏格拉底计划的第二阶段纳入了成人教育的格伦特维计划。2006 年建立的终身学习计划加入了职业教育与培训的莱昂纳多·达·芬奇计划和让·莫内计划，使人员流动与机构合作涵盖教育的所有阶段和类型。2013 年建立的 Erasmus+计划在保留原有四大部门计划的基础上，增加了国际高等教育的伊拉斯谟世界计划，并进一步拓展到非正规和非正式学习（青年）和体育领域。Erasmus+后续计划（2021—2027 年）作为建设欧洲教育区的关键部分，强调各级各类教育的学习流动和机构合作，丰富了流动形式。欧盟促进人员流动和机构合作的政策与行动计划对于提高成员国的教育和培训质量、加强教育的欧洲维度、帮助年轻人通过流动获得关键技能和能力、通过建立知识密集型社会来增强欧洲的竞争力发挥了积极作用。

四　推进教育数字化转型与创新

信息技术的飞速发展前所未有地拓宽了获取信息和资源的途径，它改变了人们交流的方式、产业运作的方式，同时改变了人们学习的方式。信息技术在教育领域带来了一场深刻的革命，教育技术的进步被认为是改善教学成果、提高教育质量和包容性的重要手段之一。欧盟从一开始就认识到信息技术在改善教育和培训系统方面的潜力，将更好地利用信息技术助推教育变革作为教育政策的优先事项。1995 年启动实施的苏格拉底计划包含了"促进开放和远程学习"的横向措施，目的是通过教学创新，为提高教育质量和扩大接受各级教育的机会作出贡献。苏格拉底计划第二阶段的子计划——密涅瓦计划旨在支持教育领域使用信息和通信技术（ICT），发展开放和远程学习（ODL）。《教育和培训 2010 年工作计划》的战略目标之一"提高欧盟教育和培训系统的质量和有效性"提出"确保人人获得信息和通信技术"，为所有学校提供适当的基础设施，包括设备、宽带通信设施和一般维护，确保提供满足广泛教育需求的服务和内容，整合充分利用信息和通信技术的能力。终身学习计划下的横向计划之一旨在"支持开发基于信息通信技术的创新内容、服务、教学和实践，促进终身学习"。Erasmus+计划提出"优化信息通信技术和新技术的使用，以促进参与教育、培训、青年和体育相关活动"。

随着信息技术革命的迅速发展，数字技术以多种方式丰富了学习方式并提供了更多学习机会，促进数字技术在教育领域的应用成为欧盟教育政策的重要优先事项。虽然有关将数字技术用于教育目的和提高学习成果的效果的经验证据较少，但是技术使用的潜在作用已经很明显，包括可以提供创新和激励的学习环境、促进个性化学习并增强学生的学习动机。欧盟强调通过数字技术的使用来促进教育实践的创新，《欧洲 2020 战略》的旗舰倡议之一"欧洲数字议程"旨在加快高速互联网建设，强调数字技术是教育创新的关键驱动力。2017 年 10 月的欧洲理事会呼吁教育和培训系统"适应数字时代"。2017 年 11 月欧盟委员会《通过教育和文化加强欧洲认同》的通信指出，教育领域的创新和数字技术为教学和学习方法提供了新的可能性，需要制订新的数字教育行动计划，以促进有助于提高学习成果的创新、个性化和数字化教学方法和技术。《欧洲议会 2018 年 6 月 12 日关于欧盟教育现代化的决议》强调数字技术和创新在提供新教育机会、更有效地满足个体学习需求（包括特殊教育需求）以及增加学习和教学灵活性、个性化，促进合作和沟通的互动形式等方面的潜力。《到 2025 年实现欧洲教育区的愿景》提出，面向包容性绿色和数字化转型的教育和培训政策以及投资是欧洲未来复原力和繁荣的关键，各级教育和培训应使人们具备数字技能。随着人工智能、机器人、云计算和区块链等新技术的快速发展推动欧洲数字化转型加速，欧盟采取了一系列措施促进教育的数字化转型，提高教育与培训系统的质量、包容性和韧性，提升教育工作者的数字素养和能力。

（一）从"电子欧洲"（eEurope）到"电子学习"（e-Learning）

2000 年 3 月的里斯本欧洲理事会为欧盟设定了"到 2010 年成为世界上最具活力的知识型经济体"的目标，在全球信息技术快速发展的背景下，如何有效地将新技术融入经济并建立一个以知识为基础的社会是里斯本战略目标成功的先决条件。充分发挥互联网的潜力以增加教育和培训机会、提高学习质量是建设欧洲知识社会的核心。为此欧盟加快了社会信息化的步伐，以实现"人人共享的信息社会"，并"请理事会和欧盟委员会起草一份全面的电子欧洲行动计划"；同时加快教育和培训系统的变革，将信息和通信技术有效融入教育和培训，推动欧洲向知识型社会转变，呼吁"确保到 2001 年年底，成员国所有学校都能使用互联网和多媒体资源；到 2002 年年底，所有需要的教师都能熟练使用互联网和多媒体资源"。① 2000 年 6 月费拉（Feira）欧洲理事会通过的电子欧洲 2002 年行动计划（eEurope Action Plan 2002）是欧洲经济战略转型的核心内容。该计划的总体目标是让欧洲尽快联通网络，为此制定了 3 个领域的行动计划：（1）更优惠、更快和更安全的互联网；（2）投资于人员和技能；（3）推进互联网的使用。电子欧洲行动计划汇集了许多战略行动，

---

① Council of European Union, "Lisbon European Council 23 and 24 March 2000: Presidency Conclusions", https://www.europarl.europa.eu/summits/lis1_en.htm.

确定了到 2002 年年底要实现的 65 项目标。① 其中两个行动计划 "欧洲青年进入数字时代"和"研究人员和学生更快上网"专门针对教育领域,另外 3 个行动领域与职业培训和终身学习密切相关。电子欧洲 2002 年行动计划提升了企业、学校和个人的联网率,但使用率仍然很低。为了促进使用和创造新的服务,2002 年 4 月欧盟启动了电子欧洲 2005 年行动计划(eEurope 2005 Action plan)。② 电子欧洲 2005 年行动计划旨在促进基于广泛可用的宽带基础设施的安全服务、内容和应用,其重点是以用户为中心,通过使所有公民了解信息社会的价值,提高企业生产力和增长能力,带来新的就业并促进社会凝聚力。电子欧洲 2005 年行动计划的目标是为私人投资和创造新的就业机会提供一个有利的环境,提高生产力,使公共服务现代化,并使每个人都有机会参与全球信息社会。该计划基于两组相辅相成的行动:一方面旨在刺激服务、应用和内容,涵盖在线公共服务(电子政务、电子学习、电子保健)和电子商务;另一方面重在解决底层宽带基础设施和安全问题。

自电子欧洲行动计划实施以来,随着基础设施在整个欧洲的广泛部署和使用水平的不断提高,信息和通信技术正在走向更加成熟的阶段,新技术不断开发(如 3G、IPv6、下一代计算、微技术和纳米技术、智能网络),以往相互分离的不同信息系统日益汇聚成一个单一的信息空间(如 DiTV、VoIP、移动互联网)。与此同时,欧洲经济放缓及其谨慎的复苏、失业率的持续上升、欧盟的扩大和日益加剧的国际竞争,使得对信息和通信技术的投资比以往任何时候都更加重要。信息社会的持续重要性在新的里斯本战略中得到了体现,欧盟基于对信息和通信技术作为知

---

① European Commission, "eEurope 2002-An Information Society for All-Draft Action Plan Prepared by the European Commission for the European Council in Feira-19-20 June 2000", https: // op. europa. eu/en/publication-detail/-/publication/55f8648e-281b-47a5-93f3-10018c147a5b.

② European Commission, "Communication from the Commission to the Council, the European Parliament, the Economic and Social Committee and the Committee of the Regions-eEurope 2005: An Information Society for All-An Action Plan to be Presented in View of the Sevilla European Council, 21/22 June 2002", https: // op. europa. eu/en/publication-detail/-/publication/d0f67ee5-6f22-4102-8e56-7f4dc069ce5d.

识和创新催化剂的关键作用的认识，将其视为提高生产力和增强竞争力的一种手段。为了保持这种势头，2005 年 6 月 1 日欧盟委员会通过了"i2010：欧洲信息社会 2010"（i2010：European Information Society 2010）倡议，作为电子欧洲 2005 年行动计划的后续计划，以促进信息社会和媒体行业的增长和就业。i2010 作为一项全面战略，旨在更新和部署所有欧盟政策工具，以鼓励数字经济的发展，包括监管工具、研究和与行业的伙伴关系。i2010 包含 3 个政策重点：（1）建立单一的欧洲信息空间，促进信息社会和媒体的开放和支持竞争性内部市场；（2）加强信息和通信技术研究的创新和投资，以促进增长和更多更好的工作；（3）实现包容性的欧洲信息社会，以符合可持续发展的方式促进增长和就业，并优先考虑更好的公共服务和生活质量。①

为了实现里斯本战略提出的建设"知识欧洲"的目标，电子欧洲 2002 年和电子欧洲 2005 年行动计划均将电子学习作为重中之重，并制定了基础设施设备和基本培训的宏伟目标。作为电子欧洲 2002 年行动计划的一部分，2000 年 5 月 24 日欧洲委员会通过了"电子学习：设计明天的教育"倡议。② 根据里斯本欧洲理事会的结论，该倡议提出了电子学习的原则、目标和行动路线。2000 年 6 月，电子学习倡议得到了欧盟国家教育部部长和 Feira 欧洲理事会的认可，成为电子欧洲综合行动计划的一部分。电子学习计划的期限为 2001—2004 年，其目的是提出实施电子学习倡议的方式方法，该计划确定了 4 个主要行动领域，涵盖基础设施和设备、各级培训特别是教师和培训者的培训、高质量的多媒体内容和服务以及欧洲各级交流与合作，并为每个行动领域制定了协调一致

---

① Directorate-General for the Information Society and Media（European Commission）Now known as…, Ramboll Management, Technopolis Group, "eEurope 2005 Final Evaluation: Final Report", https://op.europa.eu/en/publication-detail/-/publication/9ab51c7e-7e42-49d1-9975-0cbf7c0714a7.

② European Commission, "Communication from the Commission e-Learning-Designing Tomorrow's Education", https://op.europa.eu/en/publication-detail/-/publication/6153bad1-885d-44d2-98ba-4014eb41a97e.

的关键措施。① 欧盟认为，电子学习有潜力帮助成员国应对知识社会的挑战、提高学习质量、促进学习资源的获取、满足特殊需求，并在工作场所特别是中小企业带来更有效和高效的学习和培训。因此有必要在现有电子学习计划的基础上加强和补充工具，并在制定教育和培训领域新一代政策工具的背景下考虑电子学习的作用。在第一期电子学习计划即将到期时，欧洲议会和欧盟理事会 2003 年 12 月 5 日第 2318/2003/EC 号决定通过了电子学习计划（2004—2006 年），以提高欧洲教育和培训系统的质量和可及性。② 该计划的总体目标是鼓励在欧洲教育和培训中有效利用信息和通信技术，以促进优质教育并使教育和培训系统适应知识型社会和欧洲社会融合模式的需要。具体目标是：探索和推广使用电子学习的方式方法，以加强社会凝聚力和个人发展，促进文化间对话和消除数字鸿沟；促进电子学习在欧洲终身学习中的应用；发掘电子学习的潜力，加强欧洲教育；提供支持开发欧洲优质产品和服务以及交流和转让良好做法的机制；在教学方法创新的背景下开发电子学习的潜力，以提高学习过程的质量，培养学习者的自主性。电子学习计划（2004—2006 年）下采取的行动包括：（1）促进数字扫盲。这一领域的行动涉及信息通信技术对学习的贡献，特别针对由于地理位置、社会状况或特殊需要而无法受益于传统教育和培训的人群。目标是确定良好范例，并在针对这些目标群体的国家和欧洲项目之间发挥协同作用。（2）创建欧洲虚拟校园。该领域的行动旨在更好地整合高等教育中的虚拟层面。目标是鼓励开发欧洲虚拟大学（虚拟校园）和交换资源与共享项目（虚拟流动）的新组织模式，方法是以现有的欧洲合作安排（伊拉斯谟计划、博洛尼亚进程）

---

① European Commission, "Communication from the Commission to the Council and the European Parliament the e-Learning Action Plan-Designing Tomorrow's Education", https：//op. europa. eu/en/publication-detail/-/publication/8d0bf7fb-3336-4b82-81e0-c079f5699b53.

② Council of the European Union, European Parliament, "Decision No 2318/2003/EC of the European Parliament and of the Council of 5 December 2003 Adopting a Multiannual Programme（2004 to 2006）for the Effective Integration of Information and Communication Technologies（ICT）in Education and Training Systems in Europe（eLearning Programme）", https：//op. europa. eu/en/publication-detail/-/publication/47a9831c-2039-4dc2-bd0d-a8ed11429e38.

为基础，并在其操作工具（欧洲学分转移系统、欧洲硕士、质量保证、流动）中增加电子学习的内容。（3）发展中小学电子结对和促进教师培训。该领域的行动旨在加强和进一步发展学校网络，使欧洲所有学校与其他地方的学校建立教学伙伴关系，以促进创新合作方法和转让优质教育方法，并加强语言学习和文化间对话。此外将通过交流和传播良好做法以及建立跨国和多学科合作项目，更新教师和培训者在教学和合作使用信息通信技术方面的专业技能。（4）电子学习的横向行动与监控。该领域的行动致力于通过加强对电子学习行动计划的监测，促进欧洲的电子学习。其目标是传播、推广和采用由欧洲一级或成员国资助的项目和计划中的良好和创新做法及成果，并加强各有关行为者之间的合作，特别是促进公私合作伙伴关系。

欧盟为电子学习计划（2004—2006 年）投入的总预算为 4400 万欧元，在整个计划实施期间资助了以下活动：涉及 7813 所学校的合作项目（23812 所学校登记参加）、21 个虚拟校园项目、25 个数字扫盲项目、16 个横向行动项目。总体而言，该计划对欧盟国家的教育和培训系统产生了重大影响，这种影响体现在机构间的跨国合作、教学和学习及课程的质量、数字素养的发展方面。其中，超过 98% 的在线学习协调员认为电子学习计划对机构间的合作产生了积极的影响，特别突出的体制利益包括参与跨国合作、建立联系和交流良好做法；75% 的受访者同意或非常同意电子学习计划对教学、学习和课程质量产生了积极影响；67%—75% 的人同意或非常同意电子学习计划产生了更高标准的数字素养。[①] 特别是，电子学习计划在解决社会经济差距和建立欧洲机构间合作文化方面提供

---

① European Commission, "Report from the European Commission to the Council, the European Parliament, the European Economic and Social Committee and the Committee of the Regions-Final Report on the Implementation and Impact of the Second Phase (2000-2006) of the Community Action Programmes in the Field of Education (Socrates) and Vocational Training (Leonardo da Vinci) and the Multiannual Programme (2004-2006) for the Effective Integration of Information and Communication Technologies (ICT) in Education and Training Systems in Europe (eLearning)", https://op.europa.eu/en/publication-detail/-/publication/ace14024-ecbb-41fc-ba36-dde3cce05cd6.

了附加值。2006 年 11 月 15 日欧洲议会和理事会第 1720/2006/EC 号决议确立了终身学习领域的行动计划，电子学习计划作为一个部门计划没有更新，但其目标被纳入终身学习计划（2007—2013 年），特别是夸美纽斯的 eTwinning 和伊拉斯谟的虚拟校园行动计划。终身学习计划的总体目标是促进欧洲教育和培训系统之间的交流、合作和流动，使之成为世界质量的参考，开发基于信息通信技术的创新内容、服务、教学和方法是该计划的关键要素之一。

（二）制订数字教育行动计划

随着人工智能、机器人、云计算和区块链等新技术的快速发展，欧洲加速了数字化转型。与以往的重大技术进步一样，数字化影响着人们的生活、互动、学习和工作方式，这使得数字投资技能至关重要。欧盟各成员国均重视发展数字教育，一些国家出台了专门的数字教育战略。然而欧盟委员会的调查显示，各成员国之间在数字教育领域的差异巨大，特别是在数字基础设施和数字技能方面。为了支持高质量的教育、培养欧洲公民在数字时代必需的数字技能、提高教育机构的创新和数字能力，欧盟制订并出台了两期数字教育行动计划。

1. 在建设欧洲教育区的背景下欧盟制订首个《数字教育行动计划》

在 2017 年 3 月的《罗马宣言》中，欧盟成员国强调了为年轻人提供"最佳教育和培训"的承诺；2017 年 10 月的欧洲理事会呼吁教育和培训系统"适应数字时代"；在 2017 年 11 月的哥德堡峰会上，欧盟领导人提出了建立欧洲教育区的愿景，其中包括制订专门的数字教育行动计划。作为欧洲教育区的一部分，2018 年 1 月，欧盟委员会正式通过了首个数字教育行动计划。2018 年行动计划的重点是正规教育（即中小学、职业教育与培训和高等教育），涵盖了 3 个优先领域：（1）更好地利用数字技术进行教学；（2）为数字化转型培养相关的数字技能和能力；（3）通过更好的数据分析和预测来改善教育。其中首要任务是支持在教育中使用数字技术并充分发挥其作为教学工具的潜力；第二个优先事项是将数字能力发展为一种"生活技能"，这对于在社会中发挥积极作用、参与进一步的教育和培训以及进入劳动力市场至关重要；第三个优先事项的重点是改进教育中的数据使用以支持决策。欧盟以其为基础，于2018—2020年制定了11项行动，旨在帮助成员国应对因在教育和培训中使用数字技术而带来的挑战和机遇。该行动计划阐述了教育和培训系统如何更好地利用创新和数字技术，并支持在快速数字变革的时代发展生活和工作所需的相关数字能力。

《数字教育行动计划2018》在将现有和新的欧盟举措整合到一个框架中并协调教育和数字能力开发的整体技术方法方面发挥了重要作用，它的影响超出了其11项行动，引发了整个欧洲的讨论并更广泛地影响了许多成员国（如比利时、法国、保加利亚等）的数字教育政策和举措。该计划还使Erasmus+提案征集活动中的数字教育主题得到了更多的认可和重视，使其在实施期间更具影响力。自2018年行动计划通过以来，每年资助的数字教育项目数量增加了两倍。例如在2018—2019年，仅Erasmus+集中行动就资助了35个以上的项目，[①] 这些项目涉及来自50多个不同国家的教育和培训组织，[②] 致力于发展数字能力并将数字技术应用于教学，重点聚焦使用数字技术作为建立创新实践的手段（如在教师专业发展、基于工作的学习、评估等方面），以及提高学校、初始和持续职业教育与培训或高等教育的数字能力。在线平台和学习社区也包含了数字教育及相关主题，包括电子结对（eTwinning）、学校教育门户（School Education Gateway）、欧洲成人学习电子平台和Erasmus+虚拟交流（Erasmus + Virtual Exchange），这些活动将教育利益相关者聚集在一起，交流数字教育的经验和实践。公众咨询结果表明，需要加强2018年行动计划

---

① Erasmus+计划分为集中行动和分散行动。集中行动由位于比利时布鲁塞尔的教育、视听和文化执行局在欧洲一级进行管理，分散行动由计划参与国的国家当局任命的机构管理。

② Directorate-General for Education, Youth, Sport and Culture (European Commission), European Commission, "Commission Staff Working Document Accompanying the Document Communication from the Commission to the European Parliament, the Council, the European Economic and Social Committee and the Committee of the Regions Digital Education Action Plan 2021-2027 Resetting Education and Training for the Digital Age", https://op.europa.eu/en/publication-detail/-/publication/cfae1af0-0346-11eb-a511-01aa75ed71a1.

的宣传，更好地解释数字教育的机遇和挑战，以建立对关键问题及其解决方法的共识；同时有必要进一步支持教育和培训适应数字化转型，包括采用更具包容性的数字能力发展方法，并从终身学习的角度出发，超越正规教育。

2. 在新冠疫情背景下出台《数字教育行动计划 2021—2027》

在 2018 年通过的第一个数字教育行动计划中，欧盟采取一系列措施解决了教育数字化问题。随着数字化转型的持续推进以及公共卫生危机给人们带来新的挑战，2020 年 9 月 30 日，欧盟委员会发布了主题为"重置数字时代的教育和培训"的《数字教育行动计划 2021—2027》，这是继《数字教育行动计划 2018》之后的欧盟第二个数字教育行动计划。新的行动计划将重点放在教育和培训的长期数字化变革上，提出了数字教育的长期愿景，涵盖了正规教育（初等、中等、高等教育和成人教育，包括 VET）、非正规和非正式教育（青年工作、社区组织、图书馆、文化和创意空间等）。它采用终身学习的观点，以满足儿童、年轻人和成年人、学习者以及教育和培训人员的需求。作为欧盟应对新冠疫情的一部分，新行动计划确定了特别需要采取行动的领域，以支持教育和培训的恢复，并确保欧洲的教育实现绿色和数字化转型。①

欧盟《数字教育行动计划 2021—2027》提出了若干指导原则，确保教育和培训适应数字化转型并进一步提高欧洲教育的质量和包容性。它指出，新冠疫情表明数字教育不是一个边缘问题，而是 21 世纪学习、教学和评估的核心组成部分。所有教育参与者都需要从战略上反思如何将数字技术嵌入教育和培训。转变数字时代的教育是整个社会的任务，应加强教育者、私营部门、研究者、政府部门和公共部门之间的对话，努力使高质量、可访问且具有包容性的数字教育和培训对所有人成为现实。

---

① Directorate-General for Education, Youth, Sport and Culture (European Commission), European Commission, "Communication from the Commission to the European Parliament, the Council, the European Economic and Social Committee and the Committee of the Regions, Digital Education Action Plan 2021-2027 Resetting Education and Training for the Digital Age", https://op.europa.eu/en/publication-detail/-/publication/c8eef67f-0346-11eb-a511-01aa75ed71a1.

数字教育应在促进平等和包容性方面发挥关键作用，应加强网络连接、设备、组织能力和技能上的投资，确保每个人都可以使用数字教育。数字能力应成为所有教育工作者和培训人员的一项核心技能并且嵌入教师专业发展的所有领域，数字教学方法和数字教育创新应贯穿于所有初始教师教育计划。数字素养对于数字世界中的生活至关重要，基本的数字技能应成为所有公民必须具备的可转移核心技能的一部分。人们需要拥有最新的高级数字技能，以支持社会、公共服务以及经济各方面的数字和绿色双重转型。

欧盟在《数字教育行动计划 2021—2027》中明确了应对教育和培训中数字化转型机遇与挑战的战略优先事项以及采取的相应行动。该行动计划解决了不同学习环境（正规、非正规和非正式）中数字教育的挑战和机遇，并将其范围扩展到终身学习。该计划确立了两个战略优先点。

（1）促进高质量数字教育生态系统的发展

促进高质量和包容性的数字教育需要整个社会的共同努力，政府、教育和培训机构、私营部门和公众都必须参与进来。有效的数字能力规划和开发、高容量的互联网连接、数字化教育内容和数字化技能培训（包括数字化教学方法）是发展高性能数字教育生态系统的核心要素。尽管大多数欧盟成员国已经制定了数字教育领域的战略，但很少有国家进行定期的监测和评估以审查这些战略或对其进行更新，从而响应技术和相关学习的发展需要。在教学实践中有效使用数字技术是一个复杂的过程，需要进行计划和持续监控，并高度重视由学习者驱动的教学法。为了促进高质量和包容性的数字教育生态系统，欧盟委员会将采取以下行动：与成员国进行战略对话，以便在 2022 年之前就如何成功推进数字教育准备一份提案；在 2021 年年底之前提出一项有关初等和中等教育在线和远程学习的理事会建议；建立一个以欧洲文化和创意多样性为基础的欧洲数字教育内容框架；支持学校的千兆连接以及"连接欧洲设施计划"下的学校连接；借助伊拉斯谟合作项目来支持小学、中学、职业教育和培训、高等教育机构以及成人教育机构的数字化转型计划；制定有关教育工作者在教学中应用人工智能和数据使用的道德准则，并通过"欧洲地平线"（Horizon Europe）支持相关的研究和创新活动。

（2）增强数字化转型的数字技能和能力

不断变化的社会以及向绿色和数字经济的过渡需要扎实的数字能力。在各个层面上提升数字技能有助于促进增长和创新，有助于建立更公平、更具凝聚力、可持续发展和包容性的社会。除了数字技能，数字经济还需要补充技能，例如适应能力、沟通和协作能力、解决问题的能力、批判性思维、创造力、企业家精神和学习意愿。在新冠疫情发生之前，有证据表明需要支持欧洲成年人和年轻人的数字能力发展。整个欧洲的数字技能水平仍然较低，44%的欧盟公民的数字技能水平不足；与性别、社会经济背景和城乡地区相关的数字鸿沟依然存在；超过三分之一的欧盟劳动力缺乏跨部门大多数工作所需的基本数字技能。在参加国际计算机和信息素养研究的13—14岁学生中，超过三分之一的欧洲学生在数字能力方面的熟练程度不高；与此同时，只有不到5%的高等教育层次的毕业生和学生正在学习或完成了与ICT相关的课程。① 为了改善数字能力的发展，欧盟委员会将采取以下行动：为教师和教育工作者制定通用指南，以通过教育与培训来培养数字素养和解决虚假信息；更新欧洲数字能力框架，包括人工智能和数据相关技能；制定欧洲数字技能证书（EDSC），并使该证书可以被欧洲各国政府、雇主和其他利益相关者认可和接受；提出一项理事会建议，以改善教育和培训中数字技能的供给；通过参加国际计算机和信息素养研究（ICILS）加强对学生数字技能的监测并支持跨国数据收集；通过有针对性的措施激励先进的数字技能开发，包括扩大数字机会培训生的范围，将其扩展到VET学习者和学徒；与欧洲创新技术研究所（EIT）合作，鼓励妇女参与STEM，增加妇女在STEM学科

① Directorate-General for Education, Youth, Sport and Culture (European Commission), European Commission, "Commission Staff Working Document Accompanying the Document Communication from the Commission to the European Parliament, the Council, the European Economic and Social Committee and the Committee of the Regions Digital Education Action Plan 2021-2027 Resetting Education and Training for the Digital Age", https: //op. europa. eu/en/publication-detail/-/publication/cfae1 af0-0346-11eb-a511-01aa75ed71a1.

和 IT 中的参与度和职业发展；建立欧洲数字教育中心，通过数字教育国家咨询服务网络支持成员国交流有关促进数字教育的经验和良好做法，监督行动计划的实施和欧洲数字教育的发展，支持跨部门合作和数字学习内容无缝交换新模式。

新冠疫情揭示了有效数字教育和培训的关键推动因素，包括：网络连通性与学习者和教育者的合适的数字设备；对使用数字技术支持其教学和适应性教学法充满信心并具备相关技能的教师；领导力；合作以及良好实践和创新教学方法的共享。新冠疫情加速了欧盟国家教育的数字化转型并引发了快速、大规模变革，各成员国重新考虑如何有目的地和战略性地将数字技术嵌入教育实践，以满足迅速变化和日益数字化的需求，将以应急为重点的临时远程教育发展为更有效、可持续和公平的数字教育，使教育和培训系统更高质量、更易获得、更具包容性。客观上，新冠疫情加速了欧盟教育的数字化转型，推动了教育和培训系统加快适应数字时代。

（三）为优质和包容性中小学教育制定混合学习方法

《里斯本条约·欧洲联盟运行条约》第 165 条规定，联盟在教育方面的行动目的之一是鼓励远程教育的发展。随着信息技术的升级迭代，技术在教育中的广泛应用已经深刻改变了教育的模式和样态。欧盟理事会关于欧洲知识社会数字教育的结论指出："为了满足当前的需求，高质量和包容性的教育和培训需要数字和非数字形式的学习和教学，包括混合学习（Blended Learning）和远程学习（Distance Learning）等方法"；"尽管面对面的学习和教学形式具有至关重要的作用，但通过数字教育技术获得高质量和包容性的教育和培训是欧洲知识社会未来生存能力的先决条件，也是欧洲创新体系实现绿色和数字转型、提供可持续增长、就业和机会以及促进个人发展的先决条件"①。欧盟理事会关于职业教育与培

---

① Council of the European Union, "Council Conclusions on Digital Education in Europe's Knowledge Societies 2020/C 415/10", https：//op. europa. eu/en/publication - detail/-/publication/e60b0da1-33a0-11eb-b27b-01aa75ed71a1/language-en/format-PDF/source-295495589.

训以实现可持续竞争力、社会公平和复原力的建议提出了现代化的欧盟VET 政策愿景，包括数字化和混合学习的使用。

正规教育和培训中的混合学习涉及多种方法，应理解为学校（中小学，包括职业教育和培训）的教师、培训者和学生在学习过程中采用一种以上的方法：（1）将学校场地和远离学校场地的其他物理环境结合起来；（2）混合不同的学习工具，可以是数字化的（包括在线学习）和非数字化的。根据学习者的年龄、能力和环境以及预期的学习成果，教师、培训师和学校将利用他们的专业教学判断、选择和促进使用这些方法，作为参与性和有效学习任务的一部分，支持广泛的能力发展。[①] 混合学习可以是：微观层面的一种方法，即一组学习者的单一学习过程；中观层面的一种方法，即学校促进混合学习的战略方法；宏观层面的一种方法，即嵌入整个系统的方法。混合学习具有以下优势：（1）混合学习是一种灵活的方法，可以支持项目或课程学习，而不要求教师和学生始终处于同一物理空间；（2）如果资源和学校组织允许，混合学习可以帮助提高教育的包容性，特别是由于它所具有的灵活性；（3）混合学习有可能让教师使用包括数字技术在内的一系列工具来重新定义他们的实践，学习者可以围绕对他们有意义的问题进行自主学习；（4）混合学习有可能改变年轻人的教育体验，让学习者在现场课堂前后对自己的学习承担更多责任。[②] 混合学习将远程学习、在线学习[③]和学校现场的面对面学习相结

[①] Council of the European Union, "Council Recommendation of 29 November 2021 on Blended Learning Approaches for High-Quality and Inclusive Primary and Secondary Education 2021/C 504/03", https：//op. europa. eu/en/publication – detail/-/publication/42caed55 – 5caf – 11ec – 91ac – 01aa 75ed71a1/language-en/format-PDF/source-295495944.

[②] Directorate-General for Education, Youth, Sport and Culture (European Commission), European Commission, "Commission Staff Working Document Accompanying the Document Proposal for a Council Recommendation on Blended Learning for High Quality and Inclusive Primary and Secondary Education", https：//op. europa. eu/en/publication – detail/-/publication/389adef5 – f5c8 – 11eb – 9037 – 01aa75ed71a1.

[③] 混合学习与广泛采用的远程学习和在线学习存在一定的区别，在欧盟的政策文件中，远程学习指教师/培训师与学习者在空间或时间上分开的学习；在线学习指使用数字技术连接不同设备并促进学习者与教师、培训师或其他教育人员或学习者之间的互动，旨在获取学习内容或其他信息以实现学习目标的学习方式。

合，是一种以学习者为中心、以能力为基础的方法，因而有助于促进学生广泛的能力发展，是提高教育系统质量和包容性的重要方法，因为它可以包含各种各样的学习任务和工具。使用数字技术，包括在线连接设备，可以增强学习者与其他学习者、学习计划和其他信息来源的互动，并支持面对面的学习和在不同环境中的学习。混合学习方法还可以促进数字和数据能力的获得，而数字能力是欧洲终身学习关键能力参考框架提出的8项关键能力之一。

2020年9月，欧盟提出建立更具弹性的教育和培训系统，制订了《数字教育行动计划2021—2027》；2020年12月召开的第三届欧洲教育峰会提出推进教育的数字化转型，用以打造欧洲教育区的韧性。2021年11月29日，欧盟理事会通过了《关于优质和包容性初等和中等教育混合学习方法的建议》，强调欧盟和成员国采取行动，在中小学推进混合学习并提供适当支持，短期作为应对新冠疫情的直接举措，中长期通过此行动促进优质和包容性教育。支持混合式学习，无论是在系统、学校还是课堂层面进行设计和组织，需要的不仅仅是解决教师和学习者的能力以及他们自己对环境和工具的使用，还需要整个学校教育系统采取一致的方法，包括：学校领导；学习设计；教师专业发展和工作条件；学校与更广泛的社区之间的合作；基础设施和资源；质量保证。为支持教育系统的恢复和未来发展，欧盟提出制定混合学习的长期战略，在国家层面加大对学习者、教师、学校的支持。

在教育中融合不同环境和工具的历史由来已久。信息技术条件下的欧洲学校学习经历了远程学习、电子学习、混合学习的发展过程，混合学习通过嵌入不同的学习环境和工具展示了教育系统的灵活性和包容的能力。欧洲教育系统2020年以来的行动表明，为了适应未来不断变化的环境、推动教育持久和深刻的转型，需要在包括中小学在内的整个教育系统支持混合学习方法，以提高教育的质量、韧性、包容性。

（四）制定欧洲数字能力框架

能力框架在欧洲及其他地区广泛用于制定政策措施、教育规划和改革、培训和课程设计、自我反思以及自我评估和认证等。数字能力是终身学习的 8 项关键能力之一，欧洲议会和欧盟理事会于 2006 年 12 月 18 日的建议（2006/962/EC）中首次定义了数字能力，在 2018 年 5 月 22 日更新的理事会建议（2018/C 189/01）中，对数字能力的解释为："数字能力涵盖自信、批判性和负责任地使用和参与数字技术，用于学习、工作和参与社会。它包括信息和数据素养、沟通和协作、媒体素养、数字内容创作（包括编程）、安全（包括数字福祉和与网络安全相关的能力）、知识产权相关问题、问题解决和批判性思维。"① 提升工作和生活中的数字能力是欧洲政策议程的重中之重和欧盟委员会的优先事项之一。2015 年欧盟统计局数据显示，16—74 岁的欧盟人口中超 4 成（44.5%）没有足够的数字技能。欧盟数字技能战略和相关政策倡议的目标是提高欧洲公民的数字技能和能力，以实现数字化转型。2020 年 7 月 1 日的《欧洲技能议程》支持为所有人提供数字技能，包括支持《数字教育行动计划》的目标，该计划的目标之一是提高数字技能和数字化转型能力。数字罗盘（Digital Compass）和欧洲社会权利支柱行动计划制定了雄心勃勃的政策目标，即到 2030 年使至少 80%的人口掌握基本数字技能，并拥有 2000 万 ICT 专家。②

为了应对数字化时代数字技能的挑战，欧盟委员会制定了 3 个数字能力框架：公民数字能力框架（DigComp）、教育工作者数字能力框架（DigCompEdu）和教育机构数字能力框架（DigCompOrg）。这 3 个欧洲数字能力框架的使用基于开放式协调方法，尊重辅助性原则，它们在欧洲层面为各成员国提供了一套统一的自我反思工具，分别面向公民和学习者、教育工作者以及学校。能力框架定义和描述了给定领域中最重要的

---

① Council of European Union, "Council Recommendation of 22 May 2018 on Key Competences for Lifelong Learning", https：//op. europa. eu/en/publication - detail/-/publication/6fda126a - 67c9 - 11e8-ab9c-01aa75ed71a1.

② European Commission, Joint Research Centre, R. Vuorikari, S. Kluzer, Y. Punie, *DigComp 2. 2*, *The Digital Competence Framework for Citizens*：*With New Examples of Knowledge*, *Skills and Attitudes*, Publications Office of the European Union, 2022.

能力，包括该项能力的详细描述以及熟练程度和学习成果的要求，旨在为国家、地区和地方层面的教育政策制定以及教育改革提供共同的参考框架。

1. 公民数字能力框架

公民数字能力框架提供了一种通用语言来识别和描述数字能力的关键领域，它是一个欧盟范围的工具，旨在提高公民的数字能力、帮助决策者制定支持数字能力建设的政策并规划教育和培训计划，以提高特定目标群体的数字能力。根据 2006 年理事会的建议，2010 年欧盟开始了数字能力框架的构建工作。2013 年，第一个公民数字能力参考框架问世并由欧盟委员会联合研究中心（JRC）首次发布，即 DigComp1.0。Dig-Comp1.0 将数字能力定义为 5 个主要领域（信息；交流与协作；内容创作；安全性；问题解决）的 21 种能力的组合。2016 年 6 月发布的 Dig-Comp 2.0 更新了术语和概念模型，同时提供了在欧洲、国家和区域各级如何使用 DigComp 的实例。[①] DigComp2.0 框架包含 5 个能力领域、21 种数字能力，5 个领域是信息和数据素养、沟通和协作、数字内容创建、安全、问题解决。2017 年 5 月发布的 DigComp 2.1 是公民数字能力框架的进一步发展，它基于 DigComp 2.0 的参考概念模型，提出了 8 个熟练水平和应用于学习和就业领域的使用示例。[②] 2022 年 3 月，欧盟发布了 Dig-Comp2.2，该框架包含了知识、技能和态度实例的更新，这些例子反映了新的数字技能重点领域，旨在帮助公民自信、批判性和安全地参与日常数字技术，以及人工智能驱动的系统等新兴技术。[③]

DigComp 框架界定了欧洲公民参与数字世界所需的最重要的能力，数

---

① European Commission, Joint Research Centre, L. Brande, S. Carretero, R. Vuorikari, et al., *DigComp 2.0：The Digital Competence Framework for Citizens*, Publications Office, 2017.

② European Commission, Joint Research Centre, S. Carretero, R. Vuorikari, Y. Punie, *Dig-Comp 2.1：The Digital Competence Framework for Citizens with Eight Proficiency Levels and Examples of Use*, Publications Office, 2018.

③ European Commission, Joint Research Centre, R. Vuorikari, S. Kluzer, Y. Punie, *DigComp 2.2, The Digital Competence Framework for Citizens：With New Examples of Knowledge, Skills and Attitudes*, Publications Office of the European Union, 2022.

字能力是修订后的欧洲终身学习关键能力参考框架的一部分，是所有欧洲公民都应具备的能力。数字能力意味着自信和批判性地使用数字技术，涵盖所有公民在快速发展的数字社会中所需的知识、技能和态度。Dig-Comp 是提高公民数字能力的工具，旨在帮助决策者制定支持数字能力建设的政策，并规划教育和培训计划以提高特定目标群体的数字能力。Dig-Comp 还就如何识别和描述数字能力的关键领域提供了一种通用语言，从而在欧洲层面提供了一种通用参考。从 2013 年至今，DigComp 已被用于多种目的，特别是在就业、教育和培训以及终身学习的背景下。此外，DigComp 已在欧盟层面付诸实施，该框架构成了计算欧洲数字经济和社会指数（DESI）的数字技能部分的概念基础，用于设定政策目标和监测数字经济和社会的发展。此外，该框架被纳入欧洲通行证简历，使求职者能够评估自己的数字能力，并将评估结果纳入他们的课程简历。

欧洲公民数字能力框架目前已被许多欧洲国家使用，用于课程审查、学生评估、制定就业能力和数字技能战略和政策，以此作为在快速发展的数字社会中培养公民所需能力的参考指南。在全球层面，联合国教科文组织和国际电信联盟考虑将 DigComp 用于开发全球数字素养框架，作为对可持续发展目标（4.4.2—衡量数字素养技能）的贡献。欧洲有 70 多个项目使用 DigComp 作为数字教育/技能、评估/认证和定义数字专业档案的实施工具，目前至少已经开发了 335000 个基于 DigComp 的培训课程，并且由外部利益相关者提供了 500000 个基于 DigComp 的证书。此外，联合研究中心发布了《"工作中的 DigComp"报告》和《工作中的 DigComp 实施指南》，重点关注劳动力市场中介机构以及就业能力和就业环境中数字能力的发展。[1]

---

① Directorate-General for Education, Youth, Sport and Culture (European Commission), European Commission, "Commission Staff Working Document Accompanying the Document Communication from the Commission to the European Parliament, the Council, the European Economic and Social Committee and the Committee of the Regions Digital Education Action Plan 2021-2027 Resetting Education and Training for the Digital Age", https://op.europa.eu/en/publication-detail/-/publication/cfae1af0-0346-11eb-a511-01aa75ed71a1.

2. 教育工作者数字能力框架

在教学中使用数字技术主要决定于教师的能力。除了日常生活所需的数字能力，教师还需要特定的数字能力，才能在课堂上有效地使用技术并推进教育的数字化转型，这一点也得到经合组织 TALIS 教师持续专业发展（CPD）需求数据的印证。在欧洲层面，这些能力被纳入教育工作者数字能力框架，该能力框架为教育工作者提供了开发数字能力模型的指导。2017 年欧盟委员会联合研究中心制定的欧洲教育工作者数字能力框架回应了许多欧洲成员国日益增长的关切，即教育工作者需要一套针对其专业的数字能力，以便充分利用数字技术的潜力来提高和创新教育。

DigCompEdu 框架提出了 6 个领域教育工作者特定的 22 种基本数字能力（见表 1-5）。其中，领域 1（专业参与）针对更广泛的专业环境，教育工作者在与同事、学习者、家长和其他相关方的专业互动中使用数字技术；领域 2（数字资源）着眼于有效和负责任地使用、创建和共享用于学习的数字资源所需的能力；领域 3（教学与学习）致力于管理和协调数字技术在教学和学习中的使用；领域 4（评估）涉及使用数字策略来加强评估；领域 5（赋权学习者）侧重于数字技术在以学习者为中心的教学和学习策略中的潜力；领域 6（促进学习者的数字能力）详细介绍了提升学生数字能力所需的特定教学能力。该框架还提出了一个进阶模型，以帮助教育工作者评估和发展他们的数字能力。该模型将教育工作者的数字能力分为 6 个不同阶段，以帮助教育工作者确定并决定在当前阶段提高能力的具体步骤。在前两个阶段，即新手（Newcomer，A1）和探索者（Explorer，A2）阶段，教育工作者吸收新信息并发展基本的数字实践；在中间两个阶段，即集成者（Integrator，B1）和专家（Expert，B2）阶段，他们应用、进一步扩展和构建数字实践；在最高阶段，即领导者（Leader，C1）和开拓者（Pioneer，C2）阶段，他们传授知识、批判现有实践并开发新实践。①

---

① European Commission, Joint Research Centre, C. Redecker, Y. Punie, *European Framework for the Digital Competence of Educators*：*DigCompEdu*, Publications Office, 2017.

表 1-5　　　　　　教育工作者数字能力框架（DigCompEdu）

领域		数字能力
1. 专业参与	1.1 组织沟通	使用数字技术加强与学习者、家长和第三方的组织沟通；为协作开发和改进组织沟通策略作出贡献
	1.2 专业协作	使用数字技术与其他教育工作者合作、分享和交流知识和经验，并合作创新教学实践
	1.3 反思性实践	个人和集体反思、批判性评估和积极发展自己和教育社区的数字教学实践
	1.4 数字持续专业发展	使用数字资源进行持续的专业发展
2. 数字资源	2.1 选择数字资源	识别、评估和选择用于教学和学习的数字资源；在选择数字资源和规划其使用时，考虑具体的学习目标、背景、教学方法和学习者群体
	2.2 创建和修改数字资源	在允许的情况下修改和构建现有的开放许可资源和其他资源；创建或共同创建新的数字教育资源；在设计数字资源和规划其使用时，考虑具体的学习目标、背景、教学方法和学习者群体
	2.3 管理、保护和共享数字资源	组织数字内容并将其提供给学习者、家长和其他教育工作者。有效保护敏感数字内容；尊重并正确应用隐私和版权规则；了解开放许可证和开放教育资源的使用和创建，包括它们的正确归属
3. 教学与学习	3.1 教学	在教学过程中规划和使用数字设备和资源，以提高教学干预的有效性。适当管理和协调数字教学干预；试验和开发新的教学形式和教学方法
	3.2 指导	在学习课程内外使用数字技术和服务来加强与学习者的互动，无论是个人还是集体；运用数字技术提供及时、有针对性的指导和帮助；试验和开发新的形式，以提供指导和支持
	3.3 协作学习	使用数字技术来促进和加强学习者协作；使学习者能够使用数字技术作为协作任务的一部分，作为加强沟通、协作和协作知识创造的一种手段
	3.4 自主学习	使用数字技术支持自我调节的学习过程，即使学习者能够计划、监控和反思自己的学习、提供进步证据、分享见解并提出创造性的解决方案

续表

领域		数字能力
4. 评估	4.1 评估策略	使用数字技术进行形成性和总结性评估；提高评估形式和方法的多样性和适用性
	4.2 分析证据	生成、选择、批判性分析和解释有关学习者活动、表现和进步的数字证据，以便为教学提供信息
	4.3 反馈与规划	使用数字技术为学习者提供有针对性的及时反馈；根据所使用的数字技术产生的证据，调整教学策略并提供有针对性的支持；使学习者和家长能够理解数字技术提供的证据并将其用于决策
5. 赋权学习者	5.1 可访问性和包容性	确保所有学习者（包括有特殊需要的学生）都能获得学习资源并参与活动；考虑并回应学习者的（数字）期望、能力、使用和误解，以及对他们使用数字技术的环境、身体或认知限制
	5.2 差异化和个性化	使用数字技术解决学习者的多样化学习需求，允许学习者维持不同的水平和进度，并遵循个人的学习途径和目标
	5.3 学习者积极参与	使用数字技术促进学习者对主题的积极和创造性参与；在教学策略中使用数字技术，培养学习者的横向技能、深入思考和创造性表达；向新的现实世界环境开放学习，让学习者自己参与动手活动、科学研究或解决复杂问题，或以其他方式增加学习者对复杂主题的积极参与
6. 促进学习者的数字能力	6.1 信息和媒体素养	将要求学习者表达信息需求的学习活动、作业和评估结合起来；在数字环境中查找信息和资源；组织、处理、分析和解释信息；比较和批判性地评估信息及其来源的可信度和可靠性
	6.2 数字通信与协作	将学习活动、作业和评估结合起来，要求学习者有效和负责任地使用数字技术进行交流、协作和公民参与
	6.3 数字内容创作	将需要学习者通过数字化方式表达自己的学习活动、作业和评估结合起来，并以不同的格式修改和创建数字内容；教授学习者如何将版权和许可应用于数字内容、如何参考来源和许可
	6.4. 负责任地使用	采取措施确保学习者在使用数字技术时的身体、心理和社会福祉；使学习者能够安全、负责任地管理风险和使用数字技术
	6.5 数字化问题解决	将需要学习者识别和解决的技术问题和创造性地将技术知识转移到学习活动、作业和评估结合起来

资料来源：European Commission, Joint Research Centre, Redecker, C., Punie, Y., *European Framework for the Digital Competence of Educators：DigCompEdu*, Publications Office, 2017.

DigCompEdu 框架综合了国家和地区为教育工作者获取特定数字能力所做的努力，它旨在为数字能力模型的开发者即成员国、地区政府、相关机构、教育组织以及公共或私人专业培训提供者提供一个通用的参考框架，并作为反思教育工作者数字能力的现有工具。它针对各级教育的教育工作者，从幼儿教育到高等教育和成人教育，包括普通和职业培训、特殊教育和非正规学习环境。

3. 教育机构数字能力框架

随着数字技术大规模并深度融入各级教育机构，数字技术在促进和推动教育创新方面发挥着越来越重要的作用，欧盟国家、区域、地方各级政策均旨在促进教育技术在教育和培训系统中的应用。数字学习技术的有效使用也是欧盟委员会教育与培训系统开放和现代化战略的一个关键要素。正如开放教育倡议（Opening up Education Initiative）所强调的，教育和培训机构需要审查其组织战略，以提高其创新能力并充分挖掘数字技术和内容的潜力。鉴于此，欧盟委员会需要与利益攸关方和成员国合作，为学习者、教师和教育机构开发"数字能力框架和自我评估工具"。在此背景下，欧盟委员会联合研究中心于 2015 年制定了教育机构数字能力框架。

DigCompOrg 是一个全面而通用的概念框架，它反映了在所有教育机构中系统地整合数字学习过程的各个方面，同时涉及教师的数字能力和相关的教学实践。其主要目的是：（1）鼓励教育机构内部的自我反思和自我评估；（2）使政策制定者能够设计、实施和评估将数字学习技术融入教育与培训系统的计划、项目和政策干预。DigCompOrg 旨在让教育机构（包括小学、中学、职业教育与培训学校以及大学、大学学院和理工学院等高等教育机构）反思他们在整合和有效使用数字学习技术方面的进展，而数字学习技术被教育机构广泛认为是实现其核心使命和优质教育愿景的一种手段，数字技术的逐步整合和有效利用具有教育创新的特征，它是一个沿着 3 个基本维度（教学、技术和组织）规划变革的过程。欧洲教育机构数字能力框架有助于提高整个欧洲相关举措之间的透明度和可比性，并在解决成员国之间的分散性和不均衡发展方面发挥作用。

DigCompOrg 包含 8 个关键要素和 74 个关于数字时代学习的具体描述。8 个关键要素包含所有教育部门通用的 7 个主题要素（跨部门）和一个部门特定要素。7 个跨部门要素（领导力和治理实践；教学实践；专业发展；评估实践；内容和课程；协作和联网；基础设施）中的每一个都反映了整合和有效使用数字学习技术的复杂过程的不同方面，所有这些要素都是相互联系和相互关联的，被视为同一个整体的组成部分。① 7 个跨部门主题要素中的 6 个（除专业发展外）已经确定了一系列相关的次级要素。

欧盟在 DigCompOrg 的基础上还开发了一种特定的学校工具：SELF-IE②，SELFIE 是一个基于 DigCompOrg 的在线免费学校自我反思工具，作为 2018 年数字教育行动计划的一部分正式推出。它是一个在线、免费和可定制的应用程序，为学校提供了一个实用工具来自我评估他们在领导力和治理、基础设施、内容和课程、评估实践、专业发展、教学实践、协作和网络等领域的数字化准备情况。欧盟及其他地区的学校可以使用它来自测其数字能力水平，有助于学校找出它们使用数字技术进行教学的优势和劣势。欧盟一些成员国和伙伴国家将 SELFIE 纳入其数字教育战略，在欧洲培训基金会的支持下，该工具已扩展到西巴尔干国家和其他伙伴国家，如土耳其、格鲁吉亚和摩尔多瓦。SELFIE 有 32 种语言版本，在 57 个国家拥有超过 65 万名用户（包括学生、教师和学校领导）。

---

① Joint Research Centre, Institute for Prospective Technological Studies, J. Devine, Y. Punie, P. Kampylis, *Promoting Effective Digital-Age Learning*: *A European Framework for Digitally-competent Educational Organisations*, Publications Office, 2015.

② SELFIE 的全称为 Self-Reflection on Effective Learning by Fostering the Use of Innovative Educational Technologies，意为通过鼓励使用创新教育技术对有效学习进行自我反思。

第二章

欧盟基础教育质量保证政策与方法

　　教育系统的质量取决于它是否有能力为年轻人提供个人发展和成就所需的技能和能力，使其在社会中发挥作用并融入劳动力市场。欧盟促进各国提高其教育系统的质量，以支持提升和促进社会凝聚力、公平、就业、创新和竞争力，提高教育质量是欧盟及其成员国政府关注的重点以及教育改革的目标之一。在欧洲一体化进程中，欧盟国家在高等教育和职业教育与培训领域业已建立起有区域特点的高等教育质量保证模式和职业教育与培训质量保证参考框架。在基础教育领域，受 20 世纪末以来的全球性教育质量提升运动和国际组织教育评价项目①的影响与推动，基础教育质量保证政策与实践方兴未艾，旨在确保和提高教育质量的政策必要性已在欧盟和国家层面得到广泛认可。

第一节　欧盟基础教育质量保证的政策内涵与发展历程

　　《里斯本条约》规定，欧盟应通过加强成员国之间的合作来促进优质教育的发展，同时尊重各国对教育系统的组织和教学内容的责任。基于

---

　　① 比较有影响力和代表性的项目包括经济合作与发展组织（OECD）的国际学生评估项目（PISA）、国际教育成就评价协会（IEA）的国际数学与科学趋势研究项目（TIMSS）和国际阅读素养进步研究项目（PIRLS）。

这一任务，欧盟在基础教育质量保证领域制定了多项举措，作为教育和培训开放式协调方法的一部分。质量保证作为确保实现和不断提高基础教育质量的一种方式，一直是欧盟国家教育和培训领域议程的重点。质量保证政策与方法则是保持和提高教育质量、实现国家质量目标的重要手段。

一　基础教育质量的含义

质量保证政策、程序和方法是学校教育系统的一部分，目的是保持和提高教育质量，并达到国家质量目标。提高教育与培训的质量和效率是 ET2020 的 4 个战略目标之一，在这一框架内，欧盟成员国从以下方面提及高质量的教育和培训系统，包括学校教育：（1）公平（缩小教育表现或结果的差异）；（2）效率（资金价值或成本效益）；（3）提高就业能力的重要性（适合目的）；（4）每个人都获得关键能力，提高基本技能水平（识字、算术、科学）；（5）在各级教育和培训中培养优秀人才。在欧盟层面，没有关于基础教育质量的统一界定，大多数欧盟国家也没有关于基础教育质量的具体定义。然而，从国家政策文件中有关教育系统和学校教育质量的表述强调的因素以及影响制定质量保证政策、活动和程序的主题和问题，可以推断出这个国家对教育质量的理解，具体来说涉及以下 4 个维度，不同国家的教育质量包含了全部或其中几个方面。

（一）质量体现为关键能力的实现或学生学习成果

欧盟国家层面的政策重点和战略文件表明，从实现关键能力或学习成果方面理解基础教育质量的趋势正在增强，这与当前几乎所有欧盟国家都参与 PISA 测试有关。国际学生测试凸显了国家内部和国家之间的成就差距，一些国家的教育话语越来越关注低绩效和学生未能达到基本技能的最低门槛。未能达到最低能力水平被理解为教育质量差，在此情况下，提高教育标准、加强评估和测试以提高学生成绩被作为实现"更好"教育质量的一种方式。如在丹麦，提高学生的学业成绩是 2014 年公立小学和初中改革的重点，该改革引入了集中标准化考试，作为强化评估文化的更广泛框架的一部分；在瑞典，政府的改革努力旨在提高学习成果方面的质量，特别是通过使课程更具规范性和增加学生测试；在希腊，自 2009 年以来新的学校改革侧重于课程改革和提高学生的基本技能，如识字和数学，2014 年政府对中等教育考试进行了改革。[1]

（二）质量体现为教育公平和包容

欧盟各国的教育战略目标和愿景也强烈关注公平和包容性问题。对学生的大规模测试比较（如 PISA）不仅凸显了国家之间的表现，也凸显了成员国之间的差异。学校内部和学校之间的不平等不仅体现在学生的学习成果上，还包括学校资源、学生组成、能力分组和学校基础设施的质量。国家政策文件表明，优质学校教育的目标不仅包括确保学生在学习成果方面发挥其学术潜力，还包括减少教育过程和结果中的不平等，确保所有人都能获得优质教育，并以公平的方式提供均等机会。例如，法国教育体系的主要目标是确保每个学生，无论其社会和文化背景如何，都有平等的机会在学校取得成功；在芬兰，支持教育"质量"概念的主要原则是，无论学生的年龄、性别、能力、母语、所处地点或背景如何，都享有平等的受教育机会；爱沙尼亚的教育立法规定，所有人，无论其社会和经济背景、国籍、性别、居住地或特殊教育需求如何，都可以平等地获得高质量的普通教育。各国教育政策致力于减少社会背景对学生学业成绩的影响，同时改革学校系统以确保更强的包容性和灵活性，强调个性化学习，并通过个性化学习和形成性评估满足学生的特定需求。

（三）质量即卓越

在一些国家，基础教育质量被认为是追求卓越的学校教育，即保证所有学生和学校参与者能够充分发挥他们的潜力，而不仅仅是达到最低标准。在这种教育系统中，质量通常也被理解为公平和包容性，因此要努力确保处境不利的学生也能取得优异成绩。如 2014 年 8 月引入的丹麦

---

[1] European Union, *Comparative Study on Quality Assurance in EU School Education Systems-Policies, Procedures and Practices：Final Report*, Luxembourg：Publications Office of the European Union, 2015.

学校改革将公立学校系统使所有学生充分发挥其潜力作为国家目标；法国 2013 年 7 月 8 日第 2013—595 号规划法将全面增进所有学生的知识、提高技能和文化水平作为首要目标；在英国的苏格兰，优质学校教育被理解为通过卓越课程提高所有学习者的学业和成就，让优秀学校脱颖而出，而洞察力（Insight）基准测试工具旨在帮助实现这一目标。[1]

（四）质量即帮助学生实现积极目标

基础教育的核心目的是让年轻人掌握知识、技能，使他们能够成功地进入更高层次的教育（高等教育或职业教育与培训）或进入劳动力市场。因此，各国基础教育政策还关注年轻人如何做好准备成功过渡到下一阶段的教育或进入就业市场。例如，在英国和爱尔兰，国家政策越来越注重帮助学生在离开学校后踏上积极的目的地（继续教育或劳动力市场）；一些国家（丹麦、葡萄牙、法国等）的教育目标与学生毕业率或减少辍学人数有关。因此，基础教育质量也被理解为学校教育为年轻人就业做好准备的程度，或者是完成中学教育或向高等教育过渡的程度。

二 基础教育质量保证的政策内涵

虽然"质量保证"在欧洲高等教育和职业教育与培训部门是一个成熟的术语，然而约半数的欧盟国家并未在基础教育部门中使用"质量保证"一词。学校教育质量保证是为了最大限度地提高"质量"作为最终结果而实施的过程。质量是期望的结果，质量保证是一个过程，通过这个过程，教育系统试图确保质量得到实现和持续改进。欧洲国家教育百科全书将学校质量保证定义为一个包罗万象的术语，指依赖于评估和评估过程，旨在实现、保持或提高学校教育质量的政策、系统、程序和实践。而"评估"可以理解为对一个确定的主题进行系统和批判性分析的一般过程，包括收集相关数据并得出判断和改进建议。评估可以侧重于

---

① European Union, *Comparative Study on Quality Assurance in EU School Education Systems-Policies, Procedures and Practices*: *Final Report*, Luxembourg: Publications Office of the European Union, 2015.

各种主题，包括教育机构、校长、教师和其他教育工作人员、教学计划、地方当局或整个教育系统的绩效。[①]

（一）质量保证的核心功能

在基础教育领域，质量保证是确保学校教育系统符合目的的一种方式，它旨在支持学校教育达到和保持现有的质量标准并提高这些标准，同时包括支持这些目标的现有程序和做法。质量保证作为支持学校教育质量标准的制定、实现和维护的方式，其核心职能是问责和改进，分别服务于两个关键功能：（1）总结性功能：该功能与问责制相关，旨在确保学校教育参与者对其结果负责，并确保学校教育过程（教学、学习、学生评估、学校氛围、教师培训等）受到控制并符合法规；（2）形成性功能：该功能与改进实践和结果相关（如改进建议、行动计划、改进和支持措施等），旨在确保教育领域中发现的问题得到解决以及质量标准和目标适应新出现的需求和挑战。在一些国家，质量保证主要突出总结性功能，即将其作为确保、监督或控制学校教育达到标准的过程。

质量标准的适切性是有效质量保证的关键。欧律狄刻（Eurydice）报告将质量标准定义为"一种基准、规范、规则或熟练程度标准，用以评估一项任务的一个可测量方面"[②]。"质量标准"的存在并不一定导致"质量"。如果标准太低，所有或大多数学校、教师、学生等不经过太多的努力就能达到，质量保证政策、程序和实践将不会带来好的结果，也不会推动改进。因此必须确保质量标准是适当的，并且随着时间的推移得到改进和调整，同时要对支持其实现的质量保证流程进行微调。

（二）质量保证涉及的领域

基础教育质量保证发生在国家、地区、学校等层级，涉及评价、评估或监测学校教育的特定领域。实践中各国将大部分质量保证工作集中

① European Commission/EACEA/Eurydice, *Assuring Quality in Education: Policies and Approaches to School Evaluation in Europe*, Luxembourg: Publications Office of the European Union, 2015.

② European Commission/EACEA/Eurydice, *Assuring Quality in Education: Policies and Approaches to School Evaluation in Europe*, Luxembourg: Publications Office of the European Union, 2015.

在学校教育背景（学校氛围；学校治理；家校关系）、教育投入（教育标准；教育设施和设备）、教育过程（课程；教学方法；学生评估；对教师和校长的资格、能力、职责要求）、教育产出和学习成果（毕业率；辍学率；学习成果；平等机会）等领域。这些领域的重点和质量保证工作的着力点因国家而异，研究发现，各国通常将大部分质量保证工作集中在学习成果、教师的质量和学校教育背景方面。

1. 教育背景

学校不能独自提供高质量的教育。人们普遍认为，与作为儿童发展伙伴的父母以及学校所在社区的其他组织建立积极和建设性的关系是实现教育目标的关键。同样，积极的学校氛围以及学校和系统治理结构也是优质学校系统的重要组成部分。所有国家都有制度层面的法律规定或指导方针，规定学校有义务与家长和更广泛的社区接触，规定什么是积极的工作和学习氛围以及良好的治理结构。例如在荷兰，学校必须有一份学校章程，每年向家长和学生提供有关学校目标、学生成绩、教学时间选择等信息；在一些国家，如英国（英格兰和北爱尔兰）、爱尔兰和荷兰，对学校或教育机构董事会的组成及职能做出了规定，而在分权国家（如丹麦）则由教育机构决定，在威尔士则协商决定。①

监测教育环境的不同方面（学校与家长和社区组织关系的质量；学校氛围的质量；学校质量和系统治理）通常通过自我评估流程以及外部监控和检查流程进行，或者通过许可、行政监督和审计或与监管机构的双边讨论进行。这些过程可以在系统、地方和学校各级进行。例如，在立陶宛的"外部评价指标框架"中包括三个监测指标：一是教师和家长之间的合作；二是家长的教育学和心理学教育；三是学校与当地社区和其他组织的外部关系，以及学校正面形象的塑造。在比利时法语地区，监察员还监测与学校氛围有关的问题，如逃学、检测分离机制、与心理

① European Union, *Comparative Study on Quality Assurance in EU School Education Systems-Policies, Procedures and Practices: Final Report*, Luxembourg: Publications Office of the European Union, 2015.

医疗小组的合作、学生的参与机制等。关于学校和系统治理,瑞典学校监察局检查教育机构如何履行其在学校治理结构和学校管理方面的法律义务。在马耳他,外部学校评估涵盖学校治理的以下方面:学校有有效的内部评估程序;学校发展计划(SDP)文件具有适当的结构、内容和格式;实施并监控 SDP 流程;行政结构确保有效的学校管理并且学校的人力资源得到妥善管理。①

2. 教育投入

对教育过程的一种投入形式是制定教育成就标准。所有接受审查的国家都有某种形式的基于学习成果的标准。教育标准可在系统层面或分散层面(学校、地方机构、地区)制定。学习成果也因其详细程度和规定程度而异。一些国家(如荷兰、比利时)定义了一套学习周期层面的通用学习成果,而不是按年级细分,这为学校提供了更多的自由,以进一步制定学校一级的教育标准;另外一些国家在学习成果中定义每个科目每个年级的标准(所以有更多更详细的定义)。在其他情况下,重点是达到关键标准,并给予学校更多的自主权,以根据学生和学校的情况调整这些标准。另一种形式的投入涉及学校的设备和设施,且通常会有一些与健康和安全以及学校容量相关的最低要求。中央制定的法律规定或指南在范围上可以或多或少地严格和宽泛,例如,仅限于对建筑和学习环境安全的考虑,以关注其他方面,如无障碍通道、教师/学生比率、信息和通信技术设备的质量等。对中央制定的法律规定或指南的遵守情况的检查通常在外部评估或自我评估活动中进行,或者通过中央或地方当局的行政监督或控制进行。

3. 教育过程

为了确保教育过程的质量,系统一级的指导、法律要求、标准、监测和审查措施必不可少,涵盖课程、教学、学校领导和学生学习评估等

---

① European Union, *Comparative Study on Quality Assurance in EU School Education Systems-Policies, Procedures and Practices: Final Report*, Luxembourg: Publications Office of the European Union, 2015.

方面。在许多国家，学习成果标准得到国家课程的补充，国家课程表明应如何引导学生达到国家标准，课程的质量由参与课程开发的过程和行为者来保证。在一些国家，课程由范围广泛的专家委员会根据一般科目制定，会集了学者、教师以及教学和学科协会等专业人员。所有国家都有关于教师职业的要求，通常根据教师资格要求制定。教学质量还取决于教师进一步培训的要求，这种培训使教师能够更新和提高他们的技能。在大多数欧盟国家，持续专业发展是职业发展和加薪的一项义务或要求。关于教师在课堂上应用的教学方法，总体而言，系统层面的管理者通常给予教师相对的自由，让他们选择被认为最适合其背景需要的方法。在一些国家，课程框架包含关于使用何种教学方法的建议（例如，关于使用综合学科和语言学习的建议）。教学方法也是学校外部评估中的一个常见领域，不仅反映了对学习成果的关注，也反映了对教学过程的关注。评估还可以涵盖职业发展、课程规划和课堂管理。关于学校领导和管理，大多数中央集权国家规定了担任校长的能力和经验的最低标准。在一些国家，存在关于校长的资格标准，但不是强制性的。学校领导的质量通常通过在学校或当地教育机构进行的检查、外部评估或自我评估结果的汇总，在系统一级进行监测和评估。

4. 学校产出和学习成果

几乎所有欧盟国家都监测学生毕业率和辍学率，以此衡量学校系统在多大程度上让学生完成一个学习周期。学习成果的衡量提供了学校系统作为一个整体的资格功能的概况，以及学校系统在满足其教育标准和计划成果方面的表现程度。在系统层面，衡量学习成果通过标准化评估、最终资格考试或国际测试（PISA、TIMSS）完成。这些测试可以在国家一级进行，即在整个系统的所有学校（如瑞典、法国、丹麦、爱沙尼亚、葡萄牙）参加或在自愿的基础上［比利时（弗拉芒语社区）］实施。在德国，每3—5年对学生进行一次抽样调查，开展跨州的中央比较审查，以评估教育标准的实现情况。许多国家发展了标准化的学生成绩测量和测试，作为质量保证的手段。例如，丹麦在2010年首次向所有学校推出了由教育部实施的全国考试。①

（三）质量保证活动和工具

质量保证活动和工具是实现学校质量保证目标的重要手段，相关活动和工具受质量保证方法以及国家质量保证工作重点的影响。例如，在质量保证工作侧重于教师质量的国家（如芬兰），资源用于教师培训、选拔和检查或评估。欧盟国家基础教育质量保证周期分标准制定、问责、改进3个阶段，各阶段的质量保证活动和工具如表2-2所示，在不同国家，具体活动和采用的工具存在一定差异。

（1）标准制定阶段。此阶段的活动主要针对学校生活的不同方面制定统一标准，例如，教学标准、学习过程（课程、学习方法）标准、学生评估标准、学习成果标准等。

（2）问责阶段。这一阶段提供个人、学校和整个学校系统的绩效信息，活动和工具包括：学校外部和内部评估；员工评估；学生评估；欧洲及国际测试和调查，如PISA、TIMSS、TALIS（经合组织教与学国际调查）。

（3）改进阶段。此阶段的活动和工具旨在支持个人、学校和整个学校系统的质量改进过程，包括：对学校工作人员进一步培训的要求；学校发展或改善计划；提供支持性材料、咨询或方法等。

表2-1中列出的质量保证活动和工具的范围因国家而异。例如，在一些国家（如葡萄牙、西班牙、比利时、意大利、奥地利、捷克、斯洛伐克、芬兰），持续专业发展是一项义务，甚至是职业发展的一项要求（如葡萄牙、西班牙、斯洛伐克），在其他国家持续培训是可选的和自愿的。同样，虽然大多数国家都有关于如何评估学生的要求或指南，但这些要求或指南不一定足以确保各单位（学校、教育提供者、地理区域）成绩评分的一致性，而有些国家进一步引入了外部验证，以确保学生的

---

① European Union, *Comparative Study on Quality Assurance in EU School Education Systems-Policies, Procedures and Practices: Final Report*, Luxembourg: Publications Office of the European Union, 2015.

成绩和评估过程是适当的。

表 2-1　　　　　　　　**基础教育质量保证的主要活动和工具**

标准制定阶段	
学校外部	学校或教育提供者内部
针对学校生活的不同方面制定统一标准，例如，与家长和更广泛社区的关系、设施、设备等	补充或调整系统级标准，形成学校或当地供应商特定标准
集中制定学习成果及其整合于课程的教育标准	学校或当地教育提供者设定或补充教育标准（包括学习成果和课程）
确保教育标准有用和相关的流程，例如，更新集中设置的课程的规定、专家委员会制定集中设置的课程等	
教师和校长资格标准或能力框架、持续专业发展标准、学校教职工考核标准	教育提供者或学校特定的教学证书、评估流程、持续专业发展要求
集中制定教学和学习方法指南	开发和选择适合课堂需求、学校人群等的教学和学习方法
学生评估设计，包括监测学生的评估能力以衡量获得的技能	学校或教育提供者层面设计的总结性测试；课堂形成性评估，即定期进展测试
学校外部或内部评估框架，或在系统层面的学校质量框架	学校或教育提供者特定框架
问责阶段	
外部	内部
对整个教育系统的学校质量进行系统级监控或评估，例如督导年度报告或系统评估	当地学校教育提供者特定的监测或评估流程
国家标准化评估，以衡量和比较整个系统的学习成果	学校或当地教育提供者特定的学生评估
欧洲和国际测试与调查，例如经合组织教学和学习国际调查（TALIS）、国际数学和科学研究趋势（TIMSS）、国际学生评估计划或欧盟统计数据，以衡量基本技能的获得情况、学校氛围、教学质量等	

续表

标准制定阶段	
通过评估、检查、外部教师评价等方式对教学过程中的标准进行中央合规性检查	通过自我评估、校长观察、内部教师评价等方式对学校或当地教育提供者的教学标准进行具体的合规性检查
由来自系统或当地监督机构的外部检查员或评估员进行的学校员工绩效评估或鉴定	由校长或董事会进行的学校员工评估或鉴定，以及员工自我评估
在国家统计数据库中汇总绩效数据，如毕业率和辍学率	

改进阶段	
外部改进	内部改进
校长和教师进修的外部要求	校长和教师进修的内部要求
促进对学校评价或评估结果的形成性使用，例如在系统层面用于更新课程和学生评估工具	质量保证结果的内部形成性使用，例如学校起草和实施发展或改善计划，以及引入补救措施
帮助学校实施质量保证的措施：提供支持性材料、教师培训、咨询或合格顾问的方法支持	学校或当地教育提供者层面的网络活动和其他支持措施
使用系统级统计信息进行前瞻性规划	使用学校数据或统计数据进行前瞻性规划

资料来源：European Union, *Comparative Study on Quality Assurance in EU School Education Systems-Policies*, *Procedures and Practices*：*Final Report*, Luxembourg：Publications Office of the European Union, 2015.

与质量保证活动和工具相关的另一个重要考虑因素是国家级质量保证系统的整合程度，即质量保证政策、程序和活动在多大程度上相互联系并成为一致框架的一部分，朝着相同的目标而努力。在大多数系统中，不同的质量保证活动是相互联系和相互利用的，例如学校评估和教师评估，或者在系统层面分析学校外部评估的结果。然而，在大多数系统中，质量保证活动的顺序或连续性也存在差异。

（四）质量保证的参与者

利益相关者在系统、地方和学校层面参与质量保证的程度本身就是一个质量保证程序：包容性决策可以确保考虑到广泛的利益，决策将更容易理解并最终得到有效实施。相反，当利益相关者没有得到很好的咨询时，会导致对质量保证目的的混淆。

1. 系统级参与者

在系统层面，中央政府——通常是教育部或其他中央级机构，如国家督导局或国家级的其他独立监督或咨询机构，有责任确保学校教育某些方面的质量。在分权国家，系统级参与者包括分权政府，例如德国的联邦州或西班牙的自治区。参与系统级质量保证的第二类利益相关者是学校和地方一级参与者的协会，如家长、教师、校长、地方当局。这些组织参与质量保证的程度在欧盟国家各不相同。在一些国家，政策和决策由公共权力主导，民间社会表达的意见几乎没有影响力，或者在决策过程的后期（即在制定规定或政策之后）才进行协商。在其他国家，咨询的程度因教育部部长或当地政府的偏好而异。在丹麦和法国，政府采取措施加强家长和学生的参与。在爱沙尼亚，教育部寻求将协商扩大到代表性不足的利益攸关方群体。在其他国家，虽然学校层面行为者的参与是系统一级的意图，但将其转化为实践的证据很少。①

2. 区域或地方参与者

可以根据地区或市政当局在学校教育质量保证中的作用将教育系统分为3种类型：（1）地方或地区当局在学校教育质量保证中发挥重要作用的系统；（2）地方或地区当局在学校教育质量保证中发挥补充作用的系统；（3）地方或地区当局在学校教育质量保证中作用有限的系统。在第一种情况下，地方或地区当局在学校教育质量保证方面发挥着重要作用，这通常与地方或地区当局事实上是教育提供者或公立学校的所有者有关：市政当局在公立学校中发挥作用，私立学校有自己的质量保证体系。在一些国家，他们参与保证学校教育所有领域的质量。在其他国家，地方或地区当局对质量保证过程拥有自主权。这产生了相当大的可变性，

---

① European Union, *Comparative Study on Quality Assurance in EU School Education Systems—Policies, Procedures and Practices: Final Report*, Luxembourg: Publications Office of the European Union, 2015.

同时受到资源可用性的制约。例如，在芬兰，质量保证的责任被移交给教育提供者，主要是市政当局，与质量保证相关的方法、重点领域和实践由各供应商决定；虽然有国家质量指南，但其使用不是强制性的。在第二种类型中，围绕学校教育不同领域的质量保证责任由系统一级、市政当局和地区当局分担，他们在质量保证中的作用包括制定绩效目标、实施外部评估、员工考核等。例如，在塞浦路斯，在小学教育中，地区当局对教师和校长进行监督，并对校长的管理能力进行评估，这种评估被视为对学校的间接评估。在第三种类型中，市政当局或地区当局在学校教育质量保证方面的作用非常有限，例如在学校财务问题上。几乎所有的质量保证都集中在系统级参与者的层面。一般来说，地方或区域当局在质量保证中发挥作用，主要是市政当局或社区在较低教育水平（小学和初中）的质量保证中发挥作用，而区域当局往往更多地参与高中的质量保证。

3. 学校利益相关者

学校利益相关者包括学校工作人员、学生、董事会。学校领导、教师和学校社区的其他参与者实际上是关键的"变革推动者"，他们在将系统级行为者的"意图"转化为现实或缩小法律要求与实践之间的差距方面发挥着关键作用，例如在实施教学方法、评估指导、确保学校氛围适宜等方面。更一般地说，学校领导和教师在创建学校质量和自我评估文化方面，以及在避免某些质量保证活动（如"为考试而教"、竞争环境等）的负面影响方面发挥着关键作用，他们也是系统级行动者咨询或收集信息的关键利益攸关方。在学校自主权较高且质量保证方法以内部为导向的系统中，学校层面的行为者在质量保证中的作用至关重要：学校利益相关方可以开发自己的质量保证活动和工具，例如实施内部评估或员工评估、制定培训计划或学校项目、使用学校特定的指标或报告系统。在一些国家，教师评估可以在内部进行，通常由班主任负责，有时由资深同事负责。例如在斯洛文尼亚，教师会定期接受班主任和同事的评估。班主任每年都会与个别教师进行面谈，根据对教师课堂工作的观察、年度访谈、对教师工作成果的监测结果和教师同事的意见，班主任提出晋升职称建议并上报教育部。

关于学生参与质量保证活动，研究发现学生在中学的参与程度高于小学，小学生由他们的父母代表。一些国家会咨询学生以监测教育投入的质量，例如教学质量或学校氛围。例如在丹麦，市政当局的年度质量报告汇总了发送给学生和学校教职员工的学校氛围年度调查结果。大多数欧洲国家会在学校外部评估和内部评估中咨询学生，在一些国家（比利时、塞浦路斯、斯洛伐克），学校外部评估只征求学生的意见。在一些国家，学生代表也是学校董事会或理事会的一部分，以反映学校计划或战略方向或具体项目的设立。在任何情况下，学生的学习成果都是欧盟学校系统中质量保证体系的核心。因此，学生通常参与评估教育成果质量的质量保证活动，例如标准化或连续进度评估。教学过程的效果也通过指示板进行监测，如出勤率、提前离校、合格率等。对学生教育成果的关注也体现在使用增值指标上，这些指标用于衡量学生入学以来学校对其进步的贡献。

4. 家长和更广泛的社区

构建学校与家长和更广泛的社区的关系可以采取不同的形式。在一些国家，法律要求或指导方针规定成立家长委员会或协会，以便在学校一级的决策中征求他们的意见。在其他国家，家长不需要自己组织起来，而是依靠定期与老师开会来讨论孩子的进步。此外，在同一个国家内，家长的参与程度可能因学校而异，这取决于学校与家长互动的能力，也取决于学校人口的社会经济特征。在一些国家，努力让雇主和高等教育代表参与进来，就课程和评估的内容向他们咨询，以确保课程和评估适合离校后过渡到继续教育或就业。例如在英格兰，雇主和高等教育机构对离校生的成绩表示关切，并在国家课程改革中广泛征求了他们的意见。然而总体而言，来自更广泛社区的利益主体参与有限。①

---

① European Union, *Comparative Study on Quality Assurance in EU School Education Systems—Policies, Procedures and Practices: Final Report*, Luxembourg: Publications Office of the European Union, 2015.

（五）质量保证机构

尽管在高等教育或职业教育与培训领域中，"质量保证"是一个成熟的术语，但欧洲大多数国家在基础教育领域并未广泛使用质量保证概念。在一些国家，"质量保证"术语主要由该领域的专家或直接从事质量保证活动的设计、监督或审查的人员使用，而国家、地区/地方和学校层面的其他行为者并不使用该术语，学校行为者往往更好地了解和理解质量保证的具体活动（检查、内部评估、教师评估等）。此外，有些国家对"质量保证"一词会产生抵触情绪，因为它与基于绩效的管理联系在一起，但这并不意味着质量保证过程和活动在该国不存在，而是它们被贴上了不同的标签。例如在法国，质量保证活动被认为是诸如"评价、预测和业绩衡量"等活动。相应地，各国（地区）参与质量保证的机构名称也不相同（表2-2）。例如，一些国家称为质量保证机构或教育发展机构，另外一些国家则称为学校绩效部门或教育质量服务部门，更多国家的质量保证机构称为评估中心或质量监督（监测、控制）机构，表明了评估在质量保证系统中的核心作用。各国主要质量保证机构名称中使用的不同术语体现出欧盟学校部门对质量保证的不同理解。尽管名称不同，欧盟大多数国家设有中央级教育质量评估或服务机构，这反映了质量保证在各国基础教育系统中的重要作用。

表2-2　　欧盟成员国（地区）基础教育质量保证机构名称

主要质量保证机构的名称	成员国（地区）
质量保证机构/部门	比利时（弗拉芒语社区）、希腊、马耳他、罗马尼亚
教育发展（学校质量）机构/部门/研究所	德国、奥地利、匈牙利、立陶宛、卢森堡、波兰
学校绩效部门	法国
教育质量服务部门	德国萨克森州、拉脱维亚
质量和监督/监测/控制机构	比利时（法语社区）、保加利亚、丹麦、匈牙利、瑞典

主要质量保证机构的名称	成员国（地区）
国家评估研究所/中心	保加利亚、塞浦路斯、捷克、西班牙、芬兰、法国、克罗地亚、爱尔兰、意大利、立陶宛、荷兰、波兰、葡萄牙、罗马尼亚、斯洛文尼亚、斯洛伐克
公共管理署	瑞典

资料来源：European Union，*Comparative Study on Quality Assurance in EU School Education Systems-Policies*，*Procedures and Practices*：*Final Report*，Luxembourg：Publications Office of the European Union，2015.

三　基础教育质量保证的发展历程

质量保证在系统收集和部署证据以进一步改进教育质量方面发挥着关键作用，因此适当的质量保证政策对于在欧洲提供高质量的教育至关重要，它有助于提高国家间资格的透明度和增进相互信任，为增加整个欧洲的学生流动性创造条件。欧盟认为，在学习型社会的背景下，优质教育是所有成员国中小学教育（包括职业教育）的主要目标之一；无论教育目标、方法和需求有何差异，无论学校的卓越排名如何，学校教育的质量必须在各个层次和所有教育领域得到保证。[1] 早在 1997 年，欧盟就开展了学校教育质量评价试点项目。欧盟委员会在 1997—1998 学年参加苏格拉底计划的国家的 101 所高中和初中开展了一个试点项目，帮助这些学校提高教育质量。1997 年 12 月 16 日，欧盟理事会通过了《关于学校教育质量评价的结论》，基于建立欧洲共同体的条约第 126 条和苏格拉底计划中的行动 III.3.1，指出学校教育的目标是传授给学生将在以后的教育和作为欧洲公民的生活中使用的价值观、知识和技能，强调教育系统质量的检验标准是学校，衡量标准是学校使年轻人取得的进

---

① Council of the European Union, European Parliament, "Recommendation of the European Parliament and of the Council of 12 February 2001 on European Cooperation in Quality Evaluation in School Education", https: //op. europa. eu/en/publication - detail/-/publication/702c8772 - 513f - 497a - 8e0e-784dfbac9abe.

步，而评估是保证质量并在适当情况下提高质量的重要因素。欧盟要求各成员国在其政治、法律、预算、教育和培训系统的框架和范围内，通过加强学校教育质量评估方面的合作，实现以下目标：促进参与不同层级评估人员形成工作网络；分析和传播评估学生成绩的国际比较研究结果；促进评估工具的开发；传播良好实践的案例；评估学校和教师从参与合作中获得的益处。欧盟要求在已有的教育和培训计划以及其他相关计划和倡议的框架内，加强成员国之间在评估学校教育质量方面的合作以及信息和良好做法的交流；结合现有的欧盟项目（特别是苏格拉底计划），鼓励教师更好地了解评估工具的开发和使用方法，为他们开展学校教育质量评估做好准备，将评估学校教育质量作为未来教育领域合作的重要主题。[①]

1998 年，欧盟委员会在 26 国教育部部长建议下成立质量指标工作委员会，以确定学校教育质量指标或基准，促进在国家层面对教育系统进行评估。1999 年 6 月发布的题为《学校教育中的评估质量：欧洲试点项目》的最终报告强调了一系列方法作为成功进行自我评估的要素。2000 年 5 月，欧盟委员会教育和文化总司提交的《欧洲学校教育质量报告》提出了学校教育质量评估的 16 项指标，同时分享了欧洲国家学校质量保证措施的实例。2001 年 2 月，欧洲议会和欧盟理事会通过了《关于欧洲学校教育质量评估合作的建议》，重申监测和评估学校教育质量的重要性，支持成员国制定质量保证政策，鼓励各国负责教育质量的机构加强合作并参与欧洲层面的网络。为此，欧盟成员国应支持改进学校教育质量的评估方法，加强 5 个方面的合作：（1）支持并酌情建立透明的质量评估系统；（2）鼓励和支持学校利益相关者（包括教师、学生、管理层、家长和专家）参与学校的外部和自我评估过程，以促进共同承担改善学校的责任；（3）支持管理培训和自我评估工具的使

---

① Council of the European Union，"Council Conclusions of 16 December 1997 on the Evaluation of Quality in School Education"，https：//op. europa. eu/en/publication-detail/-/publication/53485930-9c06-46f0-b1f7-09883d6c3f13.

用；（4）支持学校在成员国和欧洲范围内相互学习，以相互支持并为评估过程提供外部动力；（5）鼓励参与学校教育质量评估的当局之间的合作，并促进形成欧洲网络。①

2009 年 5 月，欧盟理事会发布《欧洲教育与培训合作战略框架》（ET2020），将提高教育质量确立为欧洲教育与培训四大战略目标之一。2014 年 5 月，欧盟部长理事会授权欧盟委员会开展支持教育和培训的质量保证工作，涵盖所有教育部门；同时提出要发展一种提高学校质量的文化，加强质量保证领域的合作，在适当考虑辅助性和开放式协调方法的情况下，请欧盟委员会和成员国"根据在其他部门获得的经验，探索成员国在学前教育、学校教育和成人学习领域加强自身质量保证规定和举措的范围"②。2017 年 11 月，在哥德堡召开的欧盟国家元首和政府首脑峰会提出了到 2025 年建成欧洲教育区（European Education Area）的构想，欧洲教育区的关键内容之一是促进成员国之间在相互承认高等教育和高中教育文凭以及在国外学习期间的成果方面的合作。建立强大的质量保证系统不仅对于确保欧洲学校的所有学生接受高质量的教育至关重要，同时是提高欧盟成员国之间透明度和信任度、为促进欧洲学生流动性创造条件的关键一步。在 2018 年 5 月关于实现欧洲教育区愿景的结论中，欧盟各国教育部部长强调了教育与培训机构和其他利益相关者可以通过促进质量保证和制定改进的评估程序在增强信任方面发挥关键作用。③ 2020 年 9 月，欧盟委员会出台《到 2025 年实现欧洲教育区》行动计划，提出在加速欧洲教育区建设过程中提升教育质量，促进学习者和

① Council of the European Union, European Parliament, "Recommendation of the European Parliament and of the Council of 12 February 2001 on European Cooperation in Quality Evaluation in School Education", https：//op. europa. eu/en/publication – detail/-/publication/702c8772 – 513f – 497a – 8e0e-784dfbac9abe.

② Council of the European Union, "Conclusions on Quality Assurance Supporting Education and Training", http：//consilium. europa. eu/uedocs/cms_data/docs/pressdata/en/educ/142694. pdf.

③ European Union, "Council Conclusions on Moving Towards a Vision of a European Education Area", https：//eur – lex. europa. eu/legal – content/EN/TXT/PDF/? uri = CELEX：52018XG0607 (01) &rid=4.

教师的自由流动。① 教育质量作为欧洲教育区建设的六大支柱之一，将聚焦提高质量的方法，特别是在基础教育和数字技能方面，使学校教育更具包容性和性别敏感性，并提高学校的成功率。② 在推进欧洲一体化的背景下，欧盟教育质量保证的政策重点从高等教育、职业教育与培训进一步扩展至基础教育、幼儿教育、成人教育等领域，基础教育质量保证在欧盟及其成员国的政策议程中占据越来越重要的地位。

第二节　欧盟基础教育质量保证政策实践与方法

质量保证在使欧洲教育区的愿景成为现实方面发挥着关键作用。建立强大的质量保证系统对于确保欧洲学校的所有学生接受高质量的教育至关重要，这也是提高欧盟成员国之间透明度和信任度的关键一步。强大的质量保证系统有助于为增加欧洲学生流动性创造条件，特别是促进文凭和国外学习时间的相互承认。2018 年 5 月，关于迈向欧洲教育区愿景的结论强调，教育和培训提供者及其他利益攸关方可以通过促进质量保证和制定更好的评估程序，在增强信任方面发挥关键作用。欧盟支持成员国制定质量保证政策、发展提高学校质量的文化，鼓励各国质量保证机构加强合作，在开放式协调方法下支持学校教育的质量保证。

一　基础教育质量保证政策与实践

设计良好的质量保证战略需要多个政策领域的相互支持和协同，采用内部机制与外部机制相结合、定量数据和定性证据相互补充的实践路

---

① European Commission, "Communication from the Commission to the European Parliament, the Council, the European Economic and Social Committee and the Committee of the Regions on Achieving the European Education Area by 2025", https：//op. europa. eu/en/publication - detail/-/publication/c8e92a1e-0346-11eb-a511-01aa75ed71a1/language-en/format-PDF/source-260185795.

② European Commission, "Achieving a European Education Area by 2025 and Resetting Education and Training for the Digital Age", https：//ec. europa. eu/commission/presscorner/detail/en/ip_20_1743.

径，以共同创建一个全面的质量保证战略，从而为成员国教育系统之间的相互信任和信赖奠定坚实的基础。基础教育质量保证政策和实践涉及 6 个相互依赖的方面：学校自我评估；学校外部评估；对教师和学校领导的评价和鉴定；国家资格考试（高中阶段）；国家标准化考试（小学、初中阶段）；利益相关者参与。[①] 这 6 个方面相互关联，构成一个相互协同、定量数据和定性证据相结合的质量保证体系，其中国家资格考试和国家标准化考试主要是定量的，其他 4 个方面则以定性为主。

（一）学校自我评估的政策与实践

学校自我评估在整个欧洲的广泛增长反映出欧盟成员国越来越接受在"第一线"嵌入质量保证和持续改进的主要责任，而不是通过"自上而下"的规定和监管机制来寻求强加质量。[②] 因此，在大多数欧洲教育系统中，学校参与某种形式的自我评估活动已成为国家质量保证战略的一个要素。然而在实践中，自我评估的实施方式千差万别。在一些系统中，学校很少在没有来自中央的外部指导或支持的情况下制定自己的方法；而在其他系统中，政府和中央机构在建设学校自我评估和有效改进计划的能力方面投入了更多资金。

在学校系统中开展有效的自我评估的一个关键问题是，如何确保该系统在其实施方式上具有充分的可靠性和有效性，同时确保该过程的所有权和控制权牢牢掌握在学校手中，以便学校工作人员指导特定背景下最关键的改进。为了寻求适当的平衡，欧盟成员国采取了一系列行动，旨在加强自我评价，同时不削弱学校在这一过程中的权力。这些行动包括：（1）制定一套国家质量指标，供学校在进行自我评估时选择，该指

---

① European Commission，"Better Learning for Europe's Young People Developing Coherent Quality Assurance Strategies for School Education：Report from an Expert Assignment"，https：// op. europa. eu/en/publication－detail/-/publication/1361c84b－80c8－11e8－ac6a－01aa75ed71a1/language-en/format-PDF/source-251901752.

② European Commission，"Better Learning for Europe's Young People Developing Coherent Quality Assurance Strategies for School Education：Report from an Expert Assignment"，https：// op. europa. eu/en/publication－detail/-/publication/1361c84b－80c8－11e8－ac6a－01aa75ed71a1/language-en/format-PDF/source-251901752.

标最好与外部评审员或检查员使用的指标相同;(2)为从业人员提供自我评估技术培训,包括如何生成、分析和解释数据,以及行动研究和改进项目的技术;(3)鼓励同行评议活动,让学校参与其他学校的自我评估活动,结对或分组开展协作评议和改进活动;(4)向学校提供从全国成绩和其他数据中收集的相关"基准"数据,使学校了解自己的发展和成果与其他学校相比较的情况,包括与类似社会经济环境下为学生服务的其他学校进行更具体的基准比较情况。

(二)学校质量外部评估的政策与实践

欧洲的教育系统建立了各种安排,规定对其学校进行独立的外部评估。通常这一职能由国家/地区检查机构或质量改进机构承担,其中包含一些外部评估或检查职能。然而,外部评估在特定的国家质量保证体系中的实际作用以及它与学校自我评估的关系可能会有很大的不同,因为它受到政府推动教育变革的总体政策的强烈影响。总体上,外部评估安排服务于3个主要目的:提供公共保证和问责;为专业建议提供证据基础,为制定国家政策提供信息;作为在整个系统中传播"最佳实践"的机制。

欧洲的外部评估安排通常有两种组织方式。在第一种情况下,外部评估主要集中在两个治理层面(学校层面和国家/地区层面);在第二种情况下,外部评价由三层治理结构组成,其中质量保证体系还包括政治治理中间层(如地方当局)的重要作用。双层质量保证体系并不强烈期望所有或几乎所有学校都通过政治治理的中间层得到管理和质量保证,相反,国家/区域督学往往在开展相对广泛的个别学校评估方案中发挥重要作用(如荷兰、爱尔兰、瑞典)。在缺乏质量保证中间层的情况下,人们往往高度期望国家机构在某种程度上监督系统中的每一所学校,这有时反映在侧重在特定的周期基础上评估每一所学校上。在3层质量保证体系中,人们往往更希望学校通过地方当局得到管理和质量保证,总体质量保证和改进战略更有可能在不同程度上依赖这一中间管理机构以及学校本身正在开展的质量保证进程。

督察机构通常通过制定有明确定义的标准和质量框架，从最有效的从业人员中谨慎招聘人员，并为其提供在职培训和发展，确保其流程和调查结果的可靠性。同时通过强有力的安排，以确保机构人员的专业判断是独立作出的，而不受服务提供者本身或政府部长及其政策官员的任何不适当影响。如果外部评估安排旨在促进改进，而不是主要侧重监管和问责，它们便可以在促进和支持学校自我评估在整体质量保证战略中的有效性方面发挥关键作用。如果督察活动设计良好、能够补充和支持自我评价，就能帮助自我评价发展和加强其有效性。督察机构通常通过以下方式在整体质量体系中发挥重要作用：（1）根据所有定期学校检查，编写趋势和模式的总结报告或定期发布此类定期"国家状况"报告；（2）对具体政策领域和当前政策关注点进行专题评价，旨在为国家政策提供信息。① 外部评估机构的国家评估和报告，无论是通过督察机构还是其他方式，都可以在增进信任和提高透明度方面发挥关键作用。

（三）教师和学校领导评价与鉴定的政策与实践

对教师和学校领导的评价与鉴定是质量保证政策的另一个重要方面。在许多学校系统中，人们认识到学生在学校内接受的教育质量的差异往往大于不同学校之间的差异，将教师的专业实践标准提高到持续的高水平具有产生重大效益的潜力。在教师正式加入教师职业之前的阶段，初始教师教育方案的质量保证安排的有效性可以在建立整个系统、利益攸关方和广大公众对教师职业的信任方面发挥重要作用。许多教育系统已引入教师能力框架，该框架涵盖教师职业生涯中的初始教师教育和专业实践，有时也包括新教师的结构化入职阶段。在大多数教育系统中，虽然中央政府及其机构在确定教师评价和评估过程框架的关键方面发挥主导作用，其实际实施中的责任却是落在学校一级，通常由校长或其他高

---

① European Commission, "Better Learning for Europe's Young People Developing Coherent Quality Assurance Strategies for School Education: Report from an Expert Assignment", https://op. europa. eu/en/publication-detail/-/publication/1361c84b-80c8-11e8-ac6a-01aa75ed71a1/language-en/format-PDF/source-251901752.

级管理人员对学校的其他工作人员进行审查。国家或地区机构为建立教师一级的质量保证安排而采取的行动包括：制订教师评估和鉴定方案适用的关键设计原则或标准框架，同时将实际安排的详细设计工作委托给中间治理机构（如地方当局）或学校所有者；为教师职业建立一个独立的监管机构，监督初步培训、提高专业标准，并处理纪律案件；自行或通过专业监管机构建立教师职业能力框架或国家专业标准，包括旨在促进职业进步和发展的高级水平；确保评估考虑到广泛的证据，这些证据反映对教师角色的广泛和平衡的看法；确保教师获得广泛的高质量职业发展机会，包括硕士水平的机会；促进参与合作行动研究和改进项目，作为学校内部和学校之间职业发展的一种强有力的形式。[①]

最近的国际分析有力地强调了学校领导素质在创建高质量学校系统中的重要性，因此大多数欧洲国家特别关注如何在系统内保证和提高学校领导的影响力。与教师评估和鉴定一样，国家/地区政府及其机构通常会制定一个框架并采取支持行动，以确保对学校领导进行系统的评估和评价，同时将详细的设计和操作安排委托给学校所有者或教育系统的中间治理层，如地方当局。对于大多数欧洲学校系统而言，制定教师和学校领导质量保证政策仍然是一个非常活跃的领域，成员国之间的相互学习和经验交流具有很大的潜在益处。

（四）高中阶段国家资格和考试的政策与实践

欧洲教育系统通常在高中阶段进行某种形式的国家认证，包括毕业时或高中阶段多个时间点的考试或外部主持的评估。学生可以自由选择评估的学科领域，或者让学生在一系列规定的核心学科和选项框架内的学科中接受评估。无论各国的具体情况如何，对学生在国家资格和考试中的成绩进行分析是几乎所有国家总体质量保证战略的重要组成部分，

---

① European Commission, "Better Learning for Europe's Young People Developing Coherent Quality Assurance Strategies for School Education: Report from an Expert Assignment", https://op. europa. eu/en/publication-detail/-/publication/1361c84b-80c8-11e8-ac6a-01aa75ed71a1/language-en/format-PDF/source-251901752.

因而非常注重确保这些结果具有高度的可靠性。这通常通过由独立于学校的国家机构制定和评分的评估来实现，在某些情况下学校自己进行内部评估的系统外部验证。国家资格认证和考试的数据通常被收集并用于整个系统层面和个别学校层面的质量保证和改进。在整个系统层面，国家对这一数据的分析和报告提供了重要的透明度，使教育部部长、从业人员和广大公众能够确定并监测关键能力领域的成果趋势，并规划采取适当的行动，发扬优势、解决薄弱领域。对这类数据进行适当的分析，可以为学生在重要能力领域的成绩趋势提供良好的证据来源，例如在语言或 STEM（科学、技术、工程和数学）学科领域。然而，如果对这类数据的分析导致只有几个基于更传统的学术成就观点的关键衡量标准被作为评判学校系统成功的主要衡量标准，那么促进更平衡的学生发展和学校发展观点的努力将会受到损害。为了降低这种风险，一些国家采取以下方式：（1）改进评价与评估的设计。一些教育系统一直在改革其考试和评估程序，以便在对一系列科目的评估中嵌入对通用、高阶技能（如解决问题和研究技能）的关注。其他系统推出的新课程，直接侧重于发展和认证传统学术课程没有涵盖的学习和能力领域，例如领导力发展、公民身份或青年社区服务方面的资格和证书。总的来说，需要转向更具创新性的评估形式，以获取更复杂、更相关的学习成果。（2）在结果的整体分析和呈现中，重视并突出所有关键能力。在对学生的高级技能和能力进行评估时，学生在这些领域取得的成绩应在总体分析和结果介绍中与更传统的学术领域的成绩一起得到应有的重视。（3）查看数据以及国家检查和评估机构的调查结果。由于欧洲教育系统培养年轻人某些方面的能力（例如创造力和创业精神）很可能难以通过传统的考试和资格来衡量，因此仅通过查看国家资格和考试的数据来获得学校系统质量的全貌是不合理的。相反，为了获得更全面和完整的观点，这些数据应与国家检查和评估机构的调查结果一并看待。（4）让学生、雇主和更广泛的社区参与确定通过国家资格和考试获得的学习成果和评估方法，以确保它们符合现代要求。①

（五）早期阶段学生进步评估的政策与实践

对于政策制定者来说，如何最好地收集和使用学生在小学和初中教育阶段的进步和成绩的数据是另一个具有挑战性且经常存在争议的问题。与高中教育数据的情况一样，更广泛的政策背景及其使用目的至关重要。系统引入标准化国家评估或测试形式的程度取决于对课程窄化和扭曲以及对"应试教育"可能产生的潜在风险的看法。如果学校认为考试成绩高低是评判学生成功与否的主要标准，这种风险将更大。缩小课程范围的问题在小学阶段尤为突出，因为该阶段可用的测试往往非常狭窄，仅侧重于更容易衡量的方面，如语言发展的阅读和语法或数学的某些方面。追求推动学校改进的市场竞争理念的学校系统倾向于开展多层次的国家测试，旨在产生以排名形式公布的结果，并向"消费者"提供可以用来帮助他们在小学和中学之间做出选择的信息。另外，致力于质量提升和发展信任文化并寻求避免"高风险"问责文化的系统在早期阶段往往会以更高的谨慎度对待国家评估和测试。尽管如此，大多数系统认为，对学生成绩数据进行一些全国性的收集和分析很重要，以便能够对学生在学习过程中的进展情况进行全国性的监测。

实现一定程度的国家监测的常见方法是在义务教育阶段的识字和算术等领域开展核心的国家评估或测试，所有学生都参加，例如，在小学教育的初始、中期和高级阶段以及中学教育的早期阶段，以学生在国家评估或测试中的成绩来评估教育系统的质量。一些欧盟成员国选择将这种国家评估推迟到中学阶段，以避免基于学校对国家评估结果的粗略比较，在小学阶段形成"高风险"问责环境的风险。为了进一步降低使用国家检测导致意外不良后果的风险，一些教育系统采用抽样方法，以便

---

① European Commission, "Better Learning for Europe's Young People Developing Coherent Quality Assurance Strategies for School Education: Report from an Expert Assignment", https://op. europa. eu/en/publication-detail/-/publication/1361c84b-80c8-11e8-ac6a-01aa75ed71a1/language-en/format-PDF/source-251901752.

只对全国有代表性的学生样本进行测试，而不是对某一特定阶段的所有学生进行测试。如果系统确实收集了单个学校层面的数据，那么它们可以向学校提供更多关于学生进步的定制数据，以支持自我评估，类似于一些系统利用国家资格和考试数据向中学提供的基准分析。这意味着向学校反馈他们自己的结果，并向他们展示这些结果与全国平均水平的比较，也许还提供"更公平"的比较，将学校数据与具有类似社会经济状况学生群体的其他学校进行比较。重要的是，国家机构需要为教师提供更多的支持，帮助他们使用评估和测试数据来确定学生的个人需求，并通过形成性评估技术相应地调整他们的教学实践。强有力的证据表明，经常使用高质量的形成性评估实践是有效的学习和教学的一个关键特征，因此，增加其在学校的普及程度被视为质量改进战略的一个重要目标。

进入 21 世纪以来，随着国际大规模评估测试（如 PISA、TIMSS、PIRLS）的发展，学生学业成就监测逐渐成为欧洲各国监控和评估基础教育质量的重要手段。例如，芬兰在 20 世纪 90 年代废除了教育督导制度，建立起学校外部评价与自我评价相结合的教育质量监测体系;① 德国在 PISA 测试推动下形成了"国家—州—学校" 3 级基础教育质量监测系统。② 各国一方面积极参与国际学生学业测评，另一方面逐步构建起本国的基础教育质量监测体系。以德国为例，传统上德国的基础教育质量保证基于投入标准（内容标准），即通过规定教学计划的内容来保证学校教育质量。2000 年的"PISA 震惊"（PISA-Shock）推动了德国教育质量政策的根本转变，在质量管理上从投入取向的内容控制机制转向产出取向的能力控制质量评价与保证机制。③ 作为改革的一部分，德国自 21 世纪以来加强了中小学各学科国家教育标准的制定，并通过评价和监控教育标准的落实来确保学校教育质量。各州积极改进教育评价措施，开展州

---

① 丁瑞常、刘强:《芬兰为何没有教育督导制度》,《辽宁教育》2015 年第 18 期。

② 刘云华、段世飞:《德国基础教育质量监测：结构、实施与功用》,《比较教育学报》2021 年第 2 期。

③ 刘宝存主编:《国际基础教育质量评价标准与政策》,上海教育出版社 2020 年版，第 253—265 页。

内和跨州的核心学科比较性测试，参与学生学业成就的国际国内测试和比较，定期发布综合教育报告，构建起了内外结合的多层级基础教育质量监测体系。

（六）让利益相关方参与质量保证的政策与实践

确保利益相关者积极参与学校系统的质量保证过程是质量保证政策和实践发展的重要组成部分，它有助于确保质量改进议程有充分的基础和依据。此外，它有助于在系统的各个层面、各个学校与其当地利益相关者之间以及国家政府与广大公众之间建立相互信任和透明度。如果成员国能够确信其同行的质量保证安排确保利益攸关方的意见得到充分考虑，这也有助于促进成员国之间的相互信任。利益相关者参与政策和实践的范围从主要侧重于确保利益相关者的反馈成为学校或系统级评估过程中收集的证据的一部分，到促进利益相关者更深入地参与设计和由此产生的改进行动议程的规划。

在国家层面，大多数系统依赖于定期与代表组织接触（如家长代表、学校董事会/董事和学生协会的机构），以了解利益攸关方对整个学校系统的看法。有的还在更广泛的抽样调查中纳入了关于对教育系统满意度的广泛问题，旨在了解公众对公共服务和教育系统的看法。一些国家（如挪威）对家长和学生对他们所受教育的看法定期开展系统调查，调查范围涵盖该国所有学校，然后在全国范围内对调查结果进行分析，为该系统的总体监测和改进规划提供信息，同时对来自统计来源和检查活动的其他证据进行解释。调查结果也反馈给学校，作为自我评估和规划的信息来源。除了核心调查，学校也有机会参加可选的附加模块，使它们能够调整调查，以满足自己特定的自我评估优先事项。在大多数欧盟成员国，没有中央调查，利益攸关方的意见通常通过学校自我评估和检查过程在当地收集。督学通常会对家长进行问卷调查，作为学校检查的一部分，通常还会会见学生和家长的样本群体或者采访当地社区的其他利益攸关方。专题评价和检查活动也可能涉及收集相关利益攸关方意见的系统方法。

在大多数的学校自我评估过程中，学校通常会对学生、家长以及社区中的其他利益相关者进行调查和访谈，以收集有助于确定其改进议程的优先事项的证据。如果有学校董事会或管理者，通常会向他们咨询学校改进计划，并与他们分享学校自我评估活动的结果。在更好的实践中，一些学校寻求让利益相关者参与进来，其方式不仅仅是简单地咨询他们，而是让他们更充分地参与自我评估过程的设计和实施，以及随之而来的改进议程的规划。这方面的例子包括：让学生和/或家长参与设计用于自我评价的调查，并参与对调查结果的分析和解释；组织有针对性的"焦点小组"，更深入地探讨调查中出现的具体问题，或确保听取特定少数群体的意见；让学生和/或家长成员加入负责管理学校自我评估活动并解释其结果的工作组或团队；就自我评估中提出的改进行动计划与学生和家长进行协商，并制作协议计划的可获取版本，在整个学校社区广泛宣传。① 在这一领域有很大的创新和交流新实践的空间，其总体目标是在系统的每个层面促进"利益相关者参与文化"。

二　基础教育质量保证方法

质量保证对于问责制以及支持学校和教学的持续发展至关重要。质量保证涉及对教育计划和过程的系统审查，以保持和提高其质量、公平性和效率。虽然质量保证机制（工具、流程和参与者）的设计因国家背景而异，但它们的共同目标是改善教学和学习，最终目标是为学习者提供最佳结果。通常情况下，基础教育质量保证反映了总结性和形成性功能以及外部和内部机制的混合。外部机制包括国家或区域学校评估或大规模学生评估；内部机制包括学校自我评估、员工评估和基于课堂的学生评估。这些机制有不同的目的且互为补充，构成一个连贯的综合系统。

① European Commission, "Better Learning for Europe's Young People Developing Coherent Quality Assurance Strategies for School Education: Report from an Expert Assignment", https://op.europa.eu/en/publication-detail/-/publication/1361c84b-80c8-11e8-ac6a-01aa75ed71a1/language-en/format-PDF/source-251901752.

其中学校评估是改善学校组织和运作以及提高教育质量的重要途径，是基础教育质量保证的重要方面，学校评估包含了学校外部评估和学校内部评估。[①] 此外，学生学业成就监测与评价在欧盟国家基础教育质量保证中发挥着越来越大的作用。教育系统内学校评估的重要性因国家而异，事实上每个国家都形成了一种侧重于不同方面的评价文化。

（一）学校外部评估

教育质量保证可以理解为旨在实现、保持或提高特定领域质量的政策、程序和实践，并依赖于评估过程。对于"评估"，可以理解为对一个确定的主题进行系统和批判性分析的一般过程，包括收集相关数据并得出判断和改进建议。评估可以侧重于各种主体，包括学校、校长、教师和其他教育工作人员、方案、地方当局或整个教育系统的绩效。评估的方面因国家而异，取决于学校自治的程度。学校外部评估是欧盟国家教育质量保证普遍采用的方法，在 21 世纪初已经作为一种质量保证的方法广泛使用，[②] 它由不直接参与学校活动的评估人员进行，并向负责教育的当局报告，旨在监控或提高学校质量和学生成绩。少数国家（克罗地亚、保加利亚、希腊、塞浦路斯、卢森堡、芬兰、挪威）没有关于外部学校评估的中央规定。

1. 负责外部评估的机构

大多数国家的学校外部评估由中央或最高机构负责，有两种主要类型：第一种是中央或国家教育机构的一个部门，通常称为"督学"，在少数国家称为评估部门；第二种是专门负责学校检查的特殊机构。部分国家实施学校外部评估的责任不同程度地下放到区域或次区域层面。在爱沙尼亚，由政府教育部门代表教育和研究部长对学校进行"国家监督"。然而，当对某一学校有非常严重或紧急的投诉时，外部评估属于教育和

① European Commission/EACEA/Eurydice, *Assuring Quality in Education*：*Policies and Approaches to School Evaluation in Europe*, Luxembourg：Publications Office of the European Union, 2015.

② European Commission/EACEA/Eurydice, *Assuring Quality in Education*：*Policies and Approaches to School Evaluation in Europe*, Luxembourg：Publications Office of the European Union, 2015.

研究部外部评估司的职权范围。在匈牙利，匈牙利公共行政部门的次区域单位负责按照教育部制定的指导方针对学校进行检查（包括法律合规性检查和正在试行的专业/教学评估系统）。在奥地利，监督学校教育是联邦政府的责任，由 9 个联邦办公室和一些地区办公室分担。在某种程度上，这些不同的办公室彼此独立运作。在波兰，外部学校评估由地区总监办公室（地区监察局）进行，它们执行教育部的政策，但对在各地区代表总理的省长负责。在土耳其，省教育局负责学校的外部评估，而国家教育部的指导和控制局负责它们之间的协调。

在爱沙尼亚、斯洛伐克等国家，地方当局或地区学校创办人对其管理的学校行使评价责任。根据国家或地区的不同，地方教育当局进行的评估在重点和目标方面与中央或地区级机构进行的外部学校评估的主要方法相互关联。在爱沙尼亚，国家对学校的监督和学校创办人进行的评估有着相同的重点，即学校遵守各个领域的法律要求。在斯洛伐克，虽然国家学校监察局主要侧重于教育方面和遵守规章的情况，但学校创办人（市或自治区）对其学校进行财务审计，并检查其是否遵守具有普遍约束力的规则。在英国（英格兰、威尔士和苏格兰），地方和中央当局采取的方法具有大致相同的目标和重点，但学校采用的程序和结果不同。在英格兰和威尔士，地方教育当局有法律义务维持学校的高标准，但没有规定具体的评估程序，地方教育当局一般不进行检查，尽管一些地方教育当局会进行学校访问，作为其监测活动的一部分。他们主要通过使用数据来审查学校的表现，并确定需要改进和干预的学校。在苏格兰，地方当局被要求提高其管理的学校的教育质量。在丹麦、立陶宛和冰岛，外部评估的责任由中央和地方两级分担。

2. 外部评估标准与框架

评估标准基于两个组成部分，即参数（或待评估领域的可衡量方面）和评估参数所依据的必要标准（基准、绩效水平或规范），它们提供了形成定量和定性判断的基础。大多数国家制定了中央级或系统级的学校外部评估标准，并且设计了结构化和标准化的评估框架，涵盖学校的广泛方面，包括教学质量、学生学习成果、学校管理的各个领域以及遵守法规情况，所有外部评估人员必须使用相同的框架。外部评价责任下放到区域一级的国家，如波兰和奥地利，也强制使用中央制定的框架。大多数评估方法同时关注过程和结果，它们涵盖了所有的学校活动，欧洲国家义务教育学校外部评估的主要过程参数和结果参数如表2-3和表2-4所示。也有一些国家没有制定统一的学校外部评估标准和框架，外部评估侧重于学校工作的具体方面。

表2-3 　　　　　　　　　义务教育学校外部评估的主要过程参数

关注点	参数
课堂教学/学习	课程/科目；教学方法；学生评估；学生参与；学生对学习的态度；师生互动；家庭作业的使用；信息通信技术的使用/教学；对学生不同需求的处理
指导和支持学生	学生咨询；补救行动；生活辅导；学生的个人发展；学生社交技能的发展；改善学生行为的措施；有特殊需要学生的教育方法；反对旷课
学校机构/组织的运作	学校董事会/理事会；教师理事会；班级理事会；咨询机构；学生会
学校的一般/教育政策	课程提供；目标的定义；家庭作业政策；学校计划；校规；年度报告
学校与当地社区/外部之间的关系	与家长、其他学校、当地机构、教育机构、整个当地社区的关系；提供关于教育、学生活动和/或成绩的文件；参与当地计划的活动；参与国际计划
人力资源管理	专业发展；对新教师的支持；学生、教师分班标准；与教学无关任务的分配；教师人数及其资格；员工薪酬政策和/或员工激励机制；职位空缺补充政策
学校时间管理	课时长度；假期的频率；学校科目时间分配；课堂时间管理
课外活动	课外活动的组织
内部评估	教学评估；学校评估；教师/校长的评估；内部评估后采取的措施；工作人员参与内部评估

续表

关注点	参数
领导力	主管/管理团队的行动；追求和实现共同目标；遵守内部法规；自上次检查以来进行的改进；协调、内部沟通和/或参与决策；冲突管理；共同的学校价值观
学校氛围	学生之间的关系；教师之间的关系；教师/学生关系
建筑管理	与教育需求相关的空间和基础设施的使用；教室/建筑物的状况
财政和物质资源的管理	使用业务资源（实物）；科学设施的使用/状态；信息通信技术设施的使用/状况；薪酬预算的管理；业务预算的管理；全面预算管理（包括工资和业务资源）；额外和特殊资源的管理
行政程序	学生注册、缺勤/出勤登记、学生记录、学生报告（关于他们的成绩）、员工记录、工作人员评估档案的行政管理的质量；投诉程序；遵守学生成绩认证条例

资料来源：European Commission, European Education and Culture Executive Agency, Eurydice, *Evaluation of Schools Providing Compulsory Education in Europe*, Eurydice, 2012.

表 2-4 　　　　　　　　义务教育学校外部评估的主要结果参数

类型	参数
定量数据	从一年到下一年或从一个阶段到下一个阶段进步的成功率/失败率；有资格接受特殊教育的学生比例；辍学率
	测试或考试的结果（可能涉及社会和认知技能）
定量数据	学生旷课
	义务教育后的道路
定性数据	小学生的社交技能
	小学生的认知技能

资料来源：European Commission, European Education and Culture Executive Agency, Eurydice, *Evaluation of Schools Providing Compulsory Education in Europe*, Eurydice, 2012.

　　评价框架的具体内容和复杂程度各不相同。它们通常根据学校活动的主要领域（如教与学、对学生的支持、领导力）进行组织，这些领域又以更具体的参数来呈现。为了帮助评估者对学校质量进行评估和评级，该框架提供了描述符，这些描述符定义了学校工作的每个参数或领域的预期成绩水平或者可能达到的成绩水平。一些具有中央设计框架的国家还建立了"差异化检查"（Differentiated Inspection）系统，使评估的范围和规模适应学校特定情况，特别针对表现不佳或风险较高的学校或地区。在没有中央或顶层框架的教育系统中，参数和标准为学校的外部评估提供了高度结构化的流程，要求通常更为有限，外部评估往往侧重于学校工作的具体方面。例如在丹麦，国家质量和监督局在对小学和初中进行年度筛查时，重点关注教育部确定的质量指标，这些指标包括国家考试和期末考试的成绩以及高中教育的入学率。在法国，没有标准的协议来定义外部评估的内容和程序。为了指导地方和地区督学的工作，教育当局提供了一套与学校详细的教育成果和背景变量相关的指标。此外，对2005年推出的"基于目标的合同"的监测促使地区教育当局对中学的政策及其在此类合同中设定的广泛教育目标进行更系统的评估。在瑞典，《教育法》、督导指南及其公共服务协议规定了外部评估的重点。外部评估审查的主要领域包括学生实现教育目标的进展、领导力、教育质量的提高以及学生个人权利。

3. 外部评估程序

各国学校外部评估分3种模式：（1）定期评估，由国家教育部门或督导机构定期对所有学校进行评估；（2）专门评估，基于抽样、风险评估或国家教育部门制定的特别标准以及年度工作计划开展的评估；（3）上述二者的结合。例如，在爱尔兰和丹麦，采用基于风险的方法来选择要评估的学校，而在比利时（法语社区）、西班牙、爱沙尼亚和匈牙利（法律合规检查），负责进行外部学校评估的机构每年或多年确定他们选择要评估的学校标准。在塞浦路斯，当中央行政部门在适当考虑学校的行政和学术表现后，当认为有必要时，即进行外部学校评估。在法国，检查员在选择接受外部评估的学校方面有很大的回旋余地，没有义务对每所学校进行评估。在荷兰、瑞典和英国（英格兰和北爱尔兰），定期评估和专门评估两种制度并存，外部评估对所有学校来说都是周期性的，但是可以根据基于风险评估的结果进行更改。定期评估的周期从3年到

10 年不等，最常见为 5 年。①

实施外部评估的过程大致分为 3 个阶段。

第一阶段，收集信息/分析数据，有时还进行初步风险分析。收集和分析学校的信息和数据是所有外部评估进程的一部分。在大多数情况下，评估者在访问学校之前从不同来源收集各种数据，收集和分析的文件和数据的性质因国家而异，大致包括以下 4 个方面：（1）成绩统计数据和其他量化指标：主要是学生在国家考试中的成绩或表现，这些数据通常由其他定量信息进行补充，如班级规模、师生比例、有特殊需要的儿童人数、辍学率、教师流动率或学生和工作人员出勤记录等。（2）报告和其他定性文件：包括之前的外部评估报告，并在可能的情况下利用内部评价报告，此外参考其他文件，如学校发展计划、教学内容、学校网站和学校政策文件。（3）行政文件：如年度校历、董事会会议记录、学校发展规划或内部法规，在某些国家还会考虑特定文件，如处理投诉的程序（捷克、奥地利、斯洛伐克和瑞典）、持续专业发展时间表（捷克、德国）、财务报告（马耳他）或校长发布的决定（斯洛伐克）。（4）来自学校利益相关者如学校领导、教师、家长、学生或当地社区代表的信息。此类信息并不总是在学校参观之前收集，尤其是通过访谈或会议收集的信息。

第二阶段，考察学校，在某些情况下还咨询其他利益相关者。考察学校是所有国家学校外部评估程序中的标准步骤，旨在为评估者提供学校表现和运作的第一手证据，几乎在所有国家都以类似的方式广泛实施。时间从 1 天（奥地利、瑞典）到 7 天（斯洛伐克）不等，平均为 2—3天，时间长短取决于检查的复杂程度或学校规模。在大多数国家，考察围绕 3 个主要活动进行：（1）与教职工面谈；（2）课堂观察；（3）观察学校活动、检查学校活动、场所和内部文件。与工作人员面谈是学校考

---

① European Commission/EACEA/Eurydice, *Assuring Quality in Education: Policies and Approaches to School Evaluation in Europe*, Luxembourg: Publications Office of the European Union, 2015.

察的一个共同特点，访谈对象主要是学校领导和学校管理层的代表，教师和其他学校工作人员也经常接受采访。在英国（北爱尔兰），还通过在线问卷向教师提问，所有教师都可以在自愿的基础上参与问卷调查。除少数国家（爱沙尼亚、匈牙利和葡萄牙）外，几乎所有国家都有课堂观察。在某些国家，参观学校的规程明确规定需要观察的最低班级人数。在比利时（德语社区），督学必须观察至少 50% 的教师的课堂教学，在冰岛这一比例高达 70%；在拉脱维亚，建议至少观察 12 节课，而在马耳他，建议根据访问时间长短和评估者的能力，观察尽可能多的课。[①] 观察其他学校活动、检查校舍和内部文件是一项非同质的活动，尽管在许多国家都有这种做法。通常评估人员会参观学校设施（教室、实验室等），核实行政文件，课间观察小学生，以更好地了解学校氛围。

第三阶段，编写评估报告。在大多数国家，准备评估报告是评估者和学校管理层之间的对话过程，在某些情况下，教师也参与其中。在比利时（法语社区）、法国、意大利、匈牙利、荷兰和瑞典，评估报告是在未与学校协商的情况下定稿的。而在荷兰，学校可以通过向主管当局提交意见来反驳关于最终报告的结论。导出最终评估报告的过程遵循三步模式：（1）评估员向学校发送报告草稿；（2）学校领导提供反馈；（3）评估人员完成报告。然而，一些国家对上述过程提出了不同的意见，并对其进行补充或完善。例如在波兰，学校不能对报告本身发表评论，但在起草报告之前，会在专门会议上与所有教师口头讨论调查结果。此外，校长可以反驳最终报告的结论，因此地区督学可以要求评估者再次分析收集的数据。在拉脱维亚，学校有权对最终报告提出异议，并向认证委员会主席提出建议。在拉脱维亚、葡萄牙、英国和土耳其，在收集反馈意见之后，编写报告草稿之前会与学校领导进行讨论，有时还会与教师进行讨论。在比利时和爱尔兰，一旦报告定稿，学校可以提供进一步的书面意见。

---

① European Commission/EACEA/Eurydice, *Assuring Quality in Education：Policies and Approaches to School Evaluation in Europe*, Luxembourg：Publications Office of the European Union, 2015.

4. 外部评估的结果

学校外部评估结果有一个共同点，即提出建议。建议的性质和语气因国家而异，从学校采取具体行动的明确义务，到广泛领域的一般性改进建议。根据建议，学校、评估人员和教育行政当局会采取行动，具体分为三大类：（1）补救措施。涉及旨在解决学校提供的教育质量的弱项和缺陷，或对违反规定行为的补救措施。在所有进行外部评估的国家，学校都被要求采取行动、提高所提供教育的质量，或对评估人员发现的失误进行补救。在一些国家，评估者可以参与后续活动，如进一步检查或分析学校如何解决其问题。在其他情况下，学校有义务采取直接行动，关注评估者强调的关切领域，在某些情况下需要将行动纳入具体的改进计划。（2）纪律处分。通常由主管当局采取，适用于补救措施无效的情况，大致分为两类：针对学校员工的纪律处分和针对整个学校或其负责机构的纪律处分。第一类通常采取罚款、制裁、审查或更换学校领导的形式，较少的情况下更换其他员工；第二种类型的惩戒行动通常针对学校充分运作的能力，甚至可以关闭学校、减少预算拨款或使其法律依据无效。就后一种情况而言，例如在拉脱维亚，学校可能会失去在完成普通教育后颁发国家承认的证书的权利；在捷克和斯洛伐克，中央学校督学可以建议从学校登记册中删除该学校；在爱沙尼亚，教育部可以宣布教育许可证无效，从而阻碍学校运作；在英国（英格兰），国务大臣可以决定终止学院资助协议；在匈牙利和瑞典，主管当局可以完全关闭学校，在瑞典，学校只能关闭6个月，之后督学会介入，采取认为必要的措施，改善学校的表现。一些国家还采取了其他惩戒行动，例如在英国（英格兰），采取特别措施的学校不得雇用新的合格教师。（3）提高形象行动。旨在认可、传播和促进外部评估中的良好做法。在接受外部评估的教育系统中，只有少数教育系统采取了某种形式的提升形象行动。在法国，被认为表现良好或创新的 ISCED 1 级学校可以获得额外资源；在立陶宛，评估机构（NASE）的任务是收集有关学校最佳做法的信息，并与此类学校的校长和教师合作分发这些信息；在波兰，评估人员必须为在某些标准上得分很高的学校准备一份具体的良好实践表格，然后通过主管网站分发这样的表格；在英国（英格兰、威尔士和北爱尔兰），检查期间收集的证据可用于为关于良好做法的专题报告和其他报告提供信息，并通过检查机构的网站提供。这种方法可以提高人们对什么是有效的以及在什么情况下有效的认识，并提升取得良好成绩的学校的形象。它还支持积极反馈和同行学习的文化，这有助于外部评估的角色和目标的演变。①

学校外部评估结果发布有 3 种方式：（1）报告公开，通常发布在国家教育部门、外部评估机构或学校网站上；（2）报告根据要求提供或仅将其分发给利益相关者；（3）报告不公开，但可以按照程序发送给最高教育当局。绝大多数国家的评估报告都公开或有限制分发，只有少数国家不公开。部分教育系统向公众提供报告，通常发布在中央/最高当局、外部评估机构或学校网站上。一些国家［如比利时（弗拉芒语社区）、捷克、爱尔兰、荷兰、波兰、英国和冰岛］除了向公众提供报告，学校有义务或应邀向学校利益攸关方通报报告。在一些教育系统中，报告的获取受到限制，要么是应要求提供，要么是仅向相关利益攸关方分发。在比利时（德语社区），报告被转发给所有参与评估工作的人，其中通常包括学校利益攸关方，如家长和学生代表。在意大利、斯洛伐克和北马其顿共和国，可以要求查阅评价报告。在德国，报告要么分发给相关利益攸关方，要么应要求提供，根据具体的州的情况不同，两种方式并存。在比利时（法语社区）、丹麦、西班牙、塞浦路斯、匈牙利、奥地利和土耳其，评估报告不向公众开放。

学校外部评估结果也分发给大多数国家的中央或最高当局。在某些情况下，对单个学校的评估报告被直接转交给上述机构，但更多的情况是评估机构汇编年度或两年期报告，提供总体概述。这种报告可以用于不同的目的。例如，在西班牙、斯洛文尼亚和罗马尼亚，它侧重于评估机构的活动；在比利时（法语社区）、拉脱维亚、立陶宛和斯洛伐克，它

---

① European Commission/EACEA/Eurydice, *Assuring Quality in Education：Policies and Approaches to School Evaluation in Europe*, Luxembourg：Publications Office of the European Union, 2015.

提供了调查结果和建议的概况；在罗马尼亚，每4年编写一份关于教育系统总体质量的报告。在一些国家，如捷克和英国（英格兰、威尔士和北爱尔兰），除了关于评估活动或调查结果的年度报告，还汇编具体的专题报告。在奥地利，省级汇总的学校检查数据是按学校类型划分的区域发展计划的基础，区域汇总的调查结果为国家发展计划提供信息。在大多数情况下，专题报告、年度报告或两年期报告通过评估机构网站或中央/最高权威发布渠道公布。

5. 外部评估人员资格

在大多数国家，外部评估人员需要具备教学资格，并且通常需要在学校担任教师或管理职位一定年限，具有一定的专业经验。在一些国家，具有更广泛资格和更多样化专业背景的候选人也可以成为外部评估员。例如在比利时（弗拉芒语社区）、捷克、爱沙尼亚、匈牙利、荷兰、斯洛文尼亚、瑞典和土耳其，虽然要求外部评估人员具有高等教育水平的资格，但对具体领域没有限制，而且成为评估人员所需的专业经验也可以在校外获得，如在教育、研究、心理学或教育管理等部门。在意大利、葡萄牙和冰岛，除了具有教学资格和学校专业经验的评估人员，检查小组还包括具有研究或学术背景的评价人员。在拉脱维亚，外部评估人员必须具备教师资格或教育管理资格，并具有在学校担任教师或教育管理职位的工作经验。除了正式资格和专业经验，一些国家还根据候选人的技能、知识和能力来选择评估员。如在比利时（弗拉芒语社区）、爱尔兰、斯洛伐克和英国（威尔士），需要沟通和报告技能，在西班牙、爱尔兰、斯洛伐克，要求评估员具备多语言能力；分析技能是立陶宛和英国（威尔士）提到的评估员标准的一部分；在德国和英国（威尔士），还可能要求评估员具备教育系统方面的专业知识。

大多数国家要求外部评估人员在被任命之前或试用期间须接受过专业培训，根据各国的具体要求，培训需要专门针对评估或涵盖其他领域。一些国家的外部评估员候选人必须接受学校评估或一般评估方面的专业培训。在比利时（德语社区），候选人必须接受北莱茵—威斯特伐利亚州教育和培训部提供的几个月的强化培训，内容涉及学校评估过程的各个方面。在西班牙，强制性专业培训和实践阶段是选拔过程的一部分。在法国，国家教育督学职位的成功候选人要经历一年的交替工作和培训。在立陶宛、拉脱维亚、罗马尼亚和英国（英格兰），外部评估人员会专门签约进行一项或多项评价，只有在参加了学校评估方面的必修培训课程后，才有权开展评估工作。在比利时（弗拉芒语社区）、爱尔兰、马耳他、英国（威尔士、北爱尔兰和苏格兰）和土耳其，在所有新的评估员或检查员的上岗方案，或试用期内提供专门的评估培训。在塞浦路斯和匈牙利，外部学校评估人员在被任命前必须接受过学校评估以外领域的专门培训。在塞浦路斯，初中评估员必须参加过 200 小时的学校领导培训课程；在匈牙利，执行法律合规检查的检查员必须持有公共行政方面的专门培训证书；在奥地利，督学在任命之前或之后必须接受学校管理培训。①

（二）学校内部评估

学校内部评估是由学校自己发起和实施的过程，旨在评估学校所提供的教育质量。它主要由学校工作人员执行，在某些情况下与其他学校利益相关者合作，如学生、家长或当地社区成员。它可以评估学校质量从教学方法到行政效率的任何方面。2001 年欧洲议会和理事会关于欧洲学校教育质量评估合作的建议强调了学校内部评估对提高质量的作用，该建议呼吁成员国"鼓励将学校自我评估作为创新学习和改进学校的一种方法"②。在大多数教育系统中，内部评估是强制的，必须每年进行一次；而在一些国家，学校不需要每年进行一次内部评估。在北马其顿共和国，学校必须每两年提交一份内部评估报告；在比利时（德语社区）、

---

① European Commission/EACEA/Eurydice, *Assuring Quality in Education: Policies and Approaches to School Evaluation in Europe*, Luxembourg: Publications Office of the European Union, 2015.

② Council of the European Union, European Parliament, "Recommendation of the European Parliament and of the Council of 12 February 2001 on European Cooperation in Quality Evaluation in School Education", https://op.europa.eu/en/publication-detail/-/publication/702c8772-513f-497a-8e0e-784dfbac9abe.

卢森堡和英国（北爱尔兰），每 3 年进行一次内部评估；在英国（威尔士），制订学校自我评估计划的强制性频率取决于检查的频率，即至少每 6 年一次；在德国，每个州决定内部评估的频率；在克罗地亚、立陶宛、匈牙利和瑞典，内部评估条例没有规定频率。在塞浦路斯、卢森堡、马耳他、英国（英格兰）、法国、丹麦和芬兰等，中央或最高当局没有强制要求进行内部学校评估，但可以建议进行内部学校评估。①

1. 对内部评估参与者的规定

欧洲议会和理事会在其关于欧洲学校教育质量评估合作的建议中强烈赞同各方参与学校的内部评估。除了学校工作人员，学生、家长和其他学校利益相关者的参与被视为成功的内部评估的要素之一，因为它促进和提高了学校的共同责任。此外，当地社区成员参与内部评估过程可以确保学校更好地满足其环境的需求。对内部评估的参与者进行了规范的国家分为两大类：要求包括学生和家长在内的广泛利益相关者参与；仅规范学校工作人员参与。后一种情况下学校可以自行决定其他利益相关者是否参与，教育当局一般鼓励参与者的范围涵括更广泛的利益相关者。让学校工作人员以外的学校利益相关者（家长、学生等）参与内部评估的方式因国家而异，从简单地批准一份报告到全面参与制定程序、分析数据和阐述判断。在爱沙尼亚、斯洛文尼亚、罗马尼亚、英国、比利时、西班牙等国家，由包括家长和学生在内的学校利益攸关方代表组成的学校理事会或委员会在不同程度上参与内部评估过程。在罗马尼亚、冰岛、和土耳其，学校必须或被建议成立由各方组成的小组，专门进行内部评估。在罗马尼亚，每所学校的评估和质量保证委员会必须有教师、家长、学生（从初中开始）、地方行政部门、少数民族以及学校认为重要的其他利益攸关方的代表，该委员会制定质量改进战略和计划，监督内部评估活动，并编写内部评估年度报告。在冰岛，要求每所学校系统地评估学校活动的结果和质量，酌情让学校工作人员、学生和家长参与。

① European Commission/EACEA/Eurydice, *Assuring Quality in Education: Policies and Approaches to School Evaluation in Europe*, Luxembourg: Publications Office of the European Union, 2015.

为此建议学校成立一个小组，负责规划、实施和报告内部评估。在土耳其，每个学校都成立了一个自我评估小组，由校长、其他学校管理人员、教师、学生、家长和其他利益攸关方组成。

2. 对内部评估人员的支持措施

在大多数国家，学校评估人员除了接受特定培训，还可以获得其他支持工具或措施，包括使用外部评估框架和学校间能够相互比较的指标、具体的指南和手册，以及在线论坛。此外，可以从外部专家那里获得帮助和建议，并在某些情况下受益于财政支持。① 作为支持措施，一半以上的教育系统向学校提供内部评估方面的专家培训，培训由一系列不同机构开发和提供，包括高等教育机构、继续教育中心以及负责教育质量保证的机构或部门。培训对象通常是校长和副校长，也可以包括教师，在一些国家还包括其他工作人员。自我评估培训通常不是强制性的，但可应要求提供。然而，在卢森堡以及匈牙利、马耳他、斯洛伐克和英国等国家，评估培训是校长和教师初始或在职培训的一部分。在斯洛文尼亚，教师和校长可以参加学校自我评估培训课程，作为其持续专业发展的一部分。评估培训可以采取特定研讨会、讲习班或在线模块的形式，内容主要侧重于对制定内部评估程序的方法支持，以及理解并使用业绩数据和数据分析工具。

为学校内部评估提供的支持工具、数据和文档包括外部评估框架、使学校能够与其他学校进行比较的指标、具体指南和手册以及在线论坛。在三分之二的教育系统中，学校可以但不一定必须使用外部评估所采用的框架来支持自我评估。只有在少数国家（如罗马尼亚），学校必须使用与外部评估相同的框架。同样在英国（苏格兰），所有学校都系统地使用苏格兰教育部和地方当局采用的外部评估框架进行自我评估，尽管这并非强制性的或法律要求。在大多数教育系统中，学校可以自由选择最适合其内部评估流程的工具，包括选择外部评估框架。各种文件，如外部

① European Commission/EACEA/Eurydice, *Assuring Quality in Education*: *Policies and Approaches to School Evaluation in Europe*, Luxembourg: Publications Office of the European Union, 2015.

评估结果分析或用于外部评估的调查问卷和报告模型，都可以纳入内部评估过程。除了使用外部评估框架，提供指标使学校能够与其他学校进行比较是广泛采用的支持手段之一。大多数（三分之二）的教育系统提供给学校使用与类似条件（教育类型、学校规模和地理位置、学生的社会经济背景等）下的其他学校相比或与全国平均水平相比的学生测试结果等指标。这些指标使学校能够评估并比较他们与其他学校的表现，为他们的自我评估和分析设定一个参考点。通常这些数据可以通过各部委的主页和各种其他网站和在线平台获得。一些基于网络的应用程序提供了各种各样的虚拟工具，以不同的方式分析和比较数据。除少数国家（比利时、法国、塞浦路斯、匈牙利、荷兰等）外，其他国家负责学校评估的当局、其咨询或执行机构都发布了具体的内部评估指南和手册。这些不同的文件侧重于可以使用的工具，如 SWOT 分析、问卷调查、访谈、绩效衡量标准的使用等。在一些国家，这些手册和指南可在相关教育机构的网站上公开查阅。三分之一的教育系统中负责学校评估的部委、检查机构、教育当局或其他机构在其网站上开设了在线论坛，以支持内部评估。这些论坛提供了各种基于网络的应用程序，允许不同类别的学校工作人员和评估专家之间交流信息、意见、分享良好做法和想法。这些基于网络的应用程序还允许访问有用的工具（观察表、问卷、视频教程、常见问题解答、服务台支持等）。例如，在波兰，该论坛作为内部评估培训和研讨会的一部分；在西班牙，一些自治区在学校之间建立了工作虚拟网络，以交流经验和良好做法、分享工具和评估资源。

在超过一半的教育系统中，学校向外部专家寻求建议和支持。这些专业人员有各种各样的背景，包括学术专家、教育和学校改进顾问、市政教育部门的专家、教师培训者、学校领导以及教师。外部专家的参与内容主要包括就如何进行内部评估和改进流程、可以使用哪些工具、如何展示调查结果展开讨论，以及根据调查结果起草行动计划提供建议、指导和培训。他们还可以为质量保证和发展的目标和措施的规划及其实施提供支持。这些外部专家可以是公共部门的雇员，也可以是私人外部专家。在这两种情况下，都是教育当局应要求向学校免费提供。在一些教育系统中，外部专家系统地参与评估过程。例如，在英国（威尔士），每所学校都被分配了一名地方当局工作人员，每年与学校一起工作至少若干天，以支持评估；在挪威，一些地区建立了跨城市边界的外部评估小组，由来自不同城市的教育工作者组成，这些教育工作者均担任过教师、学校领导或在教育当局工作。在一些国家，督学本身深入参与内部评估过程，并在一定程度上充当学校的"外部专家"。西班牙的情况就是如此，该国的教育督导服务在学校外部和内部评估中与学校参与者合作，在评估过程中发挥了关键作用。

在少数国家（西班牙和克罗地亚），财政拨款作为学校内部评估的额外支持资源。在西班牙，为了鼓励和促进自我评估计划以及提高学校教育质量计划的实施，一些地区当局资助费用并呼吁开展财政援助。在克罗地亚，学校自我评估是国家教育外部评估中心项目的一部分，该项目资金纳入国家教育预算，资金由科学、教育和体育部提供。

3. 内部评估结果的适用

学校内部评估结果用于：（1）学校改善；（2）中央或地区教育当局对学校进行外部评估或监测教育系统；（3）地方当局管理评估学校或向上级教育当局报告。[1] 在几乎所有国家，学校都被要求使用内部评估结果来提高教育质量和运作方式。此外，在大多数国家，教育当局或某些国家机构考虑内部评估结果，为其管理、监测或评价活动提供信息。

在学校一级使用内部评估结果的方式在很大程度上取决于学校工作人员的自主权。总的来说，教育当局已经就利用内部评估结果提高学校质量发布了广泛的指示。例如，在罗马尼亚，立法要求学校改进在外部评估中被确定为"不令人满意"的任何重点领域，以及选择满足学校改进需求的其他领域。一些国家制定了法规，规定学校必须使用调查结果来定期制定战略文件、出台改进措施。在比利时（德语社区）、爱沙尼

---

① European Commission/EACEA/Eurydice, *Assuring Quality in Education: Policies and Approaches to School Evaluation in Europe*, Luxembourg: Publications Office of the European Union, 2015.

亚、爱尔兰、西班牙、卢森堡、奥地利、英国（北爱尔兰和苏格兰）和冰岛，学校必须根据内部评估结果制订定期发展或改进计划；在波兰，校长必须在教学督导计划中纳入前一年进行的任一项学校质量评估的结果；在法国，中学应该在下一个"基于目标的合同"中考虑他们在中央提供的自我评估工具支持下确定的优势和劣势的诊断。只有少数国家（爱尔兰、希腊、拉脱维亚、斯洛伐克、冰岛、荷兰、罗马尼亚等）要求公布内部评估的结果；在其他一些国家（如斯洛文尼亚），教育当局发布的指导方针建议公布学校内部评估结果，这是一种常见的做法。

大约三分之二的国家的中央或最高机构或区域当局使用学校内部评估结果，包括用于学校的外部评估、监测或两者兼而有之。首先，内部评估结果经常被中央或最高当局、区域或省级机构用作外部评估过程的一部分，然而它们在外部评估过程中的重要性因国家而异。内部评估结果通常被用作特定学校外部评估的信息来源。在一些国家，外部评估人员将内部评估调查结果视为评估个别学校实施的内部评估流程的质量和有效性的部分证据。在某些情况下，内部评估结果是界定外部评估范围的主要参考。例如，在英国（苏格兰），检查员使用学校必须每年提交的自我评估报告和改进计划作为外部评估的起点，该系统非常依赖内部评估。学校必须报告其工作所有方面的标准和质量，而检查员的重点仅限于学校工作的 5 个主要方面，内部评估是其中之一。其次，在一些教育系统中，中央或地区当局使用内部评估结果进行监测，用于为诸如选择在职培训主题或分配资源等决策提供信息，还可能用于教育当局传播良好做法的范例。例如，在土耳其，教育当局通过会议和实地访问推广根据内部评估报告选出的良好做法。向中央或区域当局提供调查结果并进一步用于监测目的的方式因国家而异。例如，罗马尼亚大学预科教育质量保证机构使用学校内部评估报告来制作年度活动报告以及关于教育系统质量的定期报告；在冰岛，由负责教育的部门要求提供有关学校内部评估的信息，该信息在学校网站上发布。

在多数教育系统中，地方当局利用内部评估的结果来管理学校或对学校进行评估。例如,在芬兰,地方当局作为教育提供者有法定义务评估他们提供的教育,地方和学校一级自我评估的结果被用来支持教育发展和改善学习条件;在英国(威尔士),地方当局考虑学校内部评估结果以确定发展需求、设定适当的发展目标,与学校进行结构化对话,并为资源分配决策提供信息;在葡萄牙,市政当局利用内部评估结果,为改进学校教育的决策提供信息。[①]

(三) 学校内部评估与外部评估的关系

在绝大多数教育系统中,学校既进行内部评估,也接受外部评估者的检查。这两个过程之间相互依赖的一种普遍形式是外部评估者对内部评估结果的利用。在外部和内部学校评估并存的三分之二的教育系统中,内部评估结果是外部评估初步阶段分析信息的一部分。与其他信息来源一起,内部评估结果往往使外部评估者能够详细阐述待访问学校的概况,并更好地突出其工作重点。

学校内部评估可以有不同的特点,可以是一个自上而下的策略,也可以是一个自下而上的维度。在第一种情况下,支持评估的标准、程序或参考资料是集中制定的。当内部评估活动也旨在向外部评估者提供信息时,这种方法极为有用。然而,这可能会妨碍内部评估人员关注对相关学校最有用的领域,从而阻碍教育质量的提高。相比之下,自下而上的方法具有更强的参与性逻辑。通过这种方法,学校工作人员根据自己的需要调整内部评估标准和程序,并适当考虑当地和国家的目标。这种逻辑通过将界定评估问题的责任完全委托给最接近被评估活动的参与者,赋予评估者关于目标和过程的权力,这种方法有可能促使人们共同承诺根据评估结果做出改进。然而,专家们也指出了一些弱点,如评估者缺乏能力,或者在做出改进行动的决策时难以容纳多种观点。

教育当局以多种方式影响内部评估的内容,如发布关于使用预先确定的标准清单的建议、提供指南和手册、制作和传播使学校能够与其他

学校进行比较的指标。虽然在大多数情况下都有关于内部评估内容的建议，但这一过程完全由教育当局决定的情况也非常罕见，如果法规要求学校使用外部评估者采用的相同标准，也会有一些调整。例如，罗马尼亚鼓励学校在国家标准中扩充自己内部评估的重点领域。因此，欧洲国家倾向于为自下而上的参与式内部评估方法留有余地。这种导向在一定程度上也反映在与外部学校评估相关的实践中，如外部评估者和学校工作人员之间关于最终评估报告的对话过程，或学生、家长和当地社区参与外部评估。

三　部分欧盟国家基础教育质量保证政策与方法

欧盟各国由于教育管理体制和文化传统存在差异，不同国家在长期的发展过程中逐渐形成了有本国特点的基础教育质量保证模式，此处以德国、荷兰为例，分析部分欧盟国家的基础教育质量保证政策与方法。

（一）德国：学校外部评估与内部评估相结合，加强学生学业监测和比较

德国是欧盟重要成员国，作为联邦制国家，德国在教育管理体制上实行各州自治，基础教育质量监控的任务主要落在各州。传统上德国的基础教育质量保证基于投入标准（内容标准），即通过规定教学计划的内容来保证学校教育质量。2000年的"PISA震惊"推动了德国教育质量政策的根本转变，在质量管理上从投入取向的内容控制机制转向产出取向的能力控制质量评价与保证机制。[1] 作为改革的一部分，德国自21世纪以来加强了中小学各学科国家教育标准的制定，并通过评价和监控教育标准的落实来确保学校教育质量；各州积极改进教育评价措施，开展州内和跨州的核心学科比较性测试，加强学校评估和质量管理，参与学生学业成就的国际国内测试和比较，定期发布综合教育报告，构建内部与外部相结合、多维多层级基础教育质量保证体系。

---

① 刘宝存主编：《国际基础教育质量评价标准与政策》，上海教育出版社2020年版，第253—265页。

1. 学校外部评估

德国 16 个州中的 15 个州定期开展学校外部评估，由学校监督机构（通常是教育和文化事务部，有时是中等学校监督机构）或学校教育机构负责。评估目的是监测学校教育质量并提供反馈和改进建议。学校外部评估的周期为 3—6 年，具体取决于各州。如萨克森州（Saxony），评估周期为 5 年，该州每年从大约五分之一的学校中随机抽取样本进行外部评估，5 年内完成所有中小学和中学后公立学校的评估。[①]

学校外部评估的依据为各州教育和文化部长联席会议通过的教育标准，教育标准基于个别学科或学科组的能力领域，规定了学生在某个阶段应具备的知识、技能和能力。大多数州会对教育标准进行补充，形成学校质量框架，包括定义优质学校的标准和教学评估标准，为外部评估者提供参考框架。以萨克森州为例，萨克森教育学院（Saechsisches Bildungsinstitut，SBI）负责制定该州的学校质量标准，标准涵盖 6 个质量领域：绩效、教学和学习、学校文化、专业发展、管理和领导力、合作（表2-5）。

表 2-5   德国萨克森州学校外部评估的质量领域和标准

质量领域	质量特征	质量标准
绩效	完成教育使命	例如，学生的社会能力和方法能力
	教育成功率	例如，毕业率、转学率
	学校满意度	学生、教师和家长的满意度
教学和学习	教与学的组织	提供各种课程、课外活动
	教学和学习过程	例如，保持注意力，促进知识的实际应用
学校文化	学校的价值观和规范	例如，共同的教学目标和愿景
	学校氛围	例如，学校的社交质量

① European Union, *Comparative Study on Quality Assurance in EU School Education Systems—Policies, Procedures and Practices*: *Final Report*, Luxembourg: Publications Office of the European Union, 2015.

续表

质量领域	质量特征	质量标准
学校文化	个人支持	支持表现不佳和优秀的学生
专业发展	员工的系统合作	例如，员工之间的沟通
	终身学习	例如，参与持续专业发展
管理和领导力	行政事务和资源管理	例如，完成行政任务
	领导力	例如，领先的教学过程
	质量保证与发展	例如，学校项目开发、内部评估、结果导向
	员工发展	例如，员工发展理念
	员工招聘	例如，招聘标准
合作	学生和家长参与	例如，学生和家长的参与
	国家和国际合作	例如，与其他教育机构或企业合作

资料来源：European Union, *Comparative Study on Quality Assurance in EU School Education Systems-Policies*, *Procedures and Practices*：*Final Report*, Luxembourg：Publications Office of the European Union, 2015.

外部评估程序包含文件/数据分析、访问学校（持续 1—5 天）以及针对教师、学生和家长的调查或访谈。文件/数据分析在访问学校之前进行，在一些州，学校须事先填写数据表。此外，会通过标准化问卷来调查教师、学生和家长对学校的态度和意见。在评估报告中呈现的结果通常采用李克特 5 级量表计分法。例如，关于学校氛围，要求教师和学生对以下关于师生关系的陈述从 1（不适用）到 5（完全适用）打分："师生关系良好为学校营造良好的氛围。例如，在学校里，老师和学生之间的语气是友好的；教师平等对待学生，认真对待学生的问题，听取学生的建议。"

评估结束后，通常会将评估报告草稿发送给学校，学校在最终报告出台之前有机会对草案提出意见。最终报告一般仅提供给学校和监管机构，在特定情况下，学校利益相关者（教师、家长、学生）或当地教育部门也有权要求收到评估报告。学校和教育主管部门会就报告的建议进行协商，以制定目标协议。在某些州，可能会向评估中表现不佳的学校提供额外的资源和培训，以使它们能够提高在某些领域的表现。

评估人员所需资格由各州确定。评估小组通常由3—4人组成，成员以教师为主并需要具备担任班主任、副班主任或教师培训师的经验。在某些州，行业代表或家长可自愿成为评估小组成员。评估人员需接受培训并具有学校评估的专业知识，包括教学质量、学校教学法、学校立法和学校管理等方面知识以及观察和数据分析技能。

2. 学校内部评估

在德国，学校内部评估是强制性的，各州立法要求学校进行内部评估，目标是提高学校教育教学质量。内部评估的频率取决于各州的规定。内部评估通常由校长和教学人员组成的指导委员会进行，学校独立制定规划并实施评估程序，评估范围由学校自行决定。学校根据州的特定要求（例如课程、时间表）和学校特定计划确定内部评估标准，各州的学校质量框架为学校提供内部评估的参考框架，学校特定计划则考虑个别学校的社会和人口状况（如学区内含较多的社会弱势学生）。内部评估的方法和工具因州而异，主要包括：针对教师、学生和家长的标准化问卷；数据分析；将测试结果与类似学校进行比较；课堂观察和学生反馈。学校内部评估不必使用与外部评估相同的框架，各州通常为学校内部评估提供指南。学校内部评估结果不公开，但可应要求提供给地方和国家教育部门。内部评估的结果通常会反馈给外部评估。

3. 其他质量保证方法

除学校评估外，德国自本世纪以来加强了基于外部评价的质量保证政策。2006年6月，德国各州教育和文化部长联席会议通过了《教育监控的综合战略》，提出了4个相互关联的教育质量监控与评价措施：（1）参与学生成绩的国际比较研究；（2）对各州落实教育标准情况进行中央审查；（3）针对学校的学业成就水平开展州内部或跨州的比较研究；（4）发布联邦和各州的联合教育报告。① 至此，德国基础教育质量保证政策趋

① European Commission/EACEA/Eurydice, *Assuring Quality in Education：Policies and Approaches to School Evaluation in Europe*, Luxembourg：Publications Office of the European Union, 2015.

于全面和完善。

（二）荷兰：强调基于风险分析的学校评估

评估荷兰教育系统的责任由教育、文化和科学部与教育监察局共同承担。教育部在评估教育系统方面的主要职责是：开发监测教育系统绩效的工具（如指标框架、全国学生评估和群组研究）；促进对教育系统特定方面的评价研究（例如政策和计划评估）；鼓励在决策和政策制定中使用评估结果。教育监察局承担监督教育质量的主要责任。《荷兰宪法》委托教育监察局编制关于荷兰教育状况的年度报告。监察局负责公开报告，为政策制定提供信息，它还通过与教育、文化和科学部协商，参与政策评估并就教育系统的具体方面订立合同开展研究和分析。

1. 学校外部评估

荷兰的学校外部评估委托给教育监察局，监察局在教育、文化和科学部的监督下运作，但在专业和组织上是独立的。监察局开展的外部评估旨在评估学校的教育质量，并鼓励学校保持和改善其提供的教育。此外，它检查学校遵守财务和其他条例的情况，并报告个别机构和整个教育系统的质量。除了检查单个学校，监察局还对事关所有学校的重要主题进行专题检查，如小学教育中的语言教学或中学教育中的教学时间。此外，监察局负责编写年度报告、报告教育系统的积极和消极进展并提出改进建议。

根据 2008 年对学校年度报告要求的修订，监察局现在采用一种基于风险的检查制度对学校检查进行区分：（1）存在风险的学校，接受全面的"质量检查"；（2）"值得信任"的学校，每 4 年进行一次"基本检查"。一个完整的质量检查框架涵盖了可能影响学生成绩的教学和组织过程的关键方面，包括 5 个参数：结果、教学过程、特殊需求提供和指导、质量保证和法规。① 这些参数被分解为 10 个质量指标，这些指标又被进一步划分为一系列子项目，同时检查学校遵守法律的情况及其财务状况。

---

① European Commission/EACEA/Eurydice, *Assuring Quality in Education: Policies and Approaches to School Evaluation in Europe*, Luxembourg: Publications Office of the European Union, 2015.

根据这些指标，督学评定学校是"基本合格"还是"薄弱"或"非常薄弱"。这种方法适用于所有小学和中学教育，但可以为特殊需要教育增加一些额外的指标。弱势学生多的学校可以按照与其他学校不一样的标准来评价。

监察局每年对所有学校进行一次风险分析，每 4 年至少视察一次学校。每年的学生成绩、财务数据以及任何教育质量失败的预警信号都会被监测，以确定每所学校的风险水平。警告信号包括投诉和媒体负面新闻。如果发现了潜在的风险，就要进行检查。视察访问则是提前计划好的，包括对每所学校至少 4 节课的课堂观察，重点是学校的整体教学质量，而不是对个别教师的评估。在确定存在风险的学校，督学更深入地检查学校质量方面，除其他项目外，会更仔细地检查学校的人力资源政策和教学要求。监察局会与教学人员、辅导教师、学校领导和学校董事会进行面谈，或选择使用问卷来收集工作人员、家长或其他利益攸关方的意见，具体视评估领域而定。对于检查组出具的报告，学校有机会提出反驳意见。如果发现的风险被认为是学校本身可以控制的，督学将在一年后视察学校；在学校被判定为"非常薄弱"的情况下，将进行后续访问。

根据年度风险分析被认为表现良好的学校每 4 年接受一次小规模访问；而被认为教育水平差或非常差的学校在接下来的几年里需要接受专门的检查，直到它们达到基本的质量水平。在后一种情况下，有关学校被列入在监察局网站上公布的"非常薄弱"学校名单，"非常薄弱"学校的名单每月更新一次。视察结束后，检查组与学校董事会就需要实现的目标和时间达成一致意见。学校最多有两年时间来实现商定的目标，在此期间，监察局至少每 6 个月与学校面谈一次，以核实教育质量是否在提高、提高的速度如何。监察局还向教育、文化和科学部长报告"非常薄弱"的学校，部长可以根据该报告实施行政或资金制裁。如果学校没有改善，督学可以施加越来越大的压力，加强检查制度，更频繁地访问学校或向学校发出正式警告。如果学校在改进过程中没有取得足够的进展，督学可以要求学校董事会准备一份应急计划，其中可以包括将学校转移到另一个学校董事会，合并或关闭学校。如果学校有所改善，它们就不再被归类为"薄弱"或"非常薄弱"，"非常薄弱"的学校将从监察局网站的名单中删除。

2. 学校内部评估

荷兰的法律没有要求学校实施特定的自我评估程序，但要求学校起草一份学校计划书、年度报告和 4 年学校计划，这通常基于对学校质量的内部审查。学校必须建立一个内部监督委员会，负责批准学校的年度报告，并监督学校和学校董事会在多大程度上符合法律要求、良好行为守则和有健全的财务管理，学校还被要求至少达到最低水平的学生成绩。学校董事会负责内部质量管理和自我评估，具体由学校领导及其管理团队实施并决定参与内部评估的人员。

《初等教育法》要求学校编制若干战略文件，包括年度报告、4 年学校计划和学校指南（学校章程），中学的规定类似。这些文件明确提及质量、绩效和改进策略。年度报告包括管理报告和年度财务报表，年度报告描述了学校上一学年的各种活动、学校的政策及其结果。学校计划必须每 4 年更新一次，描述学校计划如何提高质量。通过这份文件，学校使自己及其政策对监察局负责。该计划必须得到"参与理事会"的批准，在初等教育中该理事会由家长和教师组成，在中等教育中还包括学生。同时在学校计划中，要求学校董事会说明他们如何履行监督和提高学校质量的职责。学校章程通常基于学校的内部审查，描述教育政策、人事政策以及学校监控和提高教育质量的方式。章程可以包括关于家长的贡献、家长和学生的权利与义务以及为有学习困难或行为问题的学生提供的信息。学校章程和学校计划被认为是学校向公众表明责任的手段。这些文件也由督学进行评估，检查所提供的信息是否完整和准确，如检查学校章程是否包含有关投诉程序的信息。

3. 其他质量保证方法

小学生的进步通过观察和测试来监测。目前大约 85% 的荷兰学校使用 Cito 小学八年级毕业生成绩测试来确定哪种类型的中等教育最适合学生个人。学校使用这种测试来确定他们的教学成果并与其他学校的结果进行比较，这也是用来确定学校是否有风险的指标之一。从 2015 年起，小学最后一年的所有学生都必须参加一次成绩测试并公布学校的学生综合成绩。学校在国家测试中的学生总成绩是初始风险评估的一部分，结果报告给学校董事会。

教师评估是每所学校雇用机构的责任，中央法规规定学校应定期与所有员工进行绩效反馈，然而聘用机构可以制定自己的教师评估框架。许多学校董事会将包括教师评估在内的人力资源管理责任委托给学校领导，学校的做法各不相同。学校董事会有义务监测教师的能力，校长通常会对每位教师进行一年或两年一次的绩效评估。对校长的评价由学校董事会进行，学校董事会可以自由决定评估方法和评估的方向。

从 2014—2015 学年开始，教育监察局根据风险评估加强其区别处置的方法，分类系统中增加其他类别：除了充分、弱和非常弱，还会有中等、一般、好和优秀类别，另外对优秀的学校进行奖励。从 2016—2017 学年开始，初等和中等教育学校将获得质量概况文件，质量概况文件阐明学校的表现水平和可能改进的领域，包含教育程度、教育过程、学校氛围和安全、质量保证和目标、财政和物质资源 5 个参数。此外，由于学校董事会对学校的质量负责，教育监察局越来越关注学校董事会，特别是对"行政行为"的监督。这些变化发生于 2014 年 8 月开始的试点项目，涉及中小学以及提供特殊需求教育的学校。[1]

---

[1]　European Commission/EACEA/Eurydice, *Assuring Quality in Education：Policies and Approaches to School Evaluation in Europe*, Luxembourg：Publications Office of the European Union, 2015.

第三章

欧盟高等教育质量保证政策与方法

提高高等教育质量是欧盟成员国和所有高等教育机构的共同目标，质量保证是实现这一目标的重要手段。"质量保证"是高等教育中的一个通用术语，它有多种解释而没有统一的定义。从内涵上看，高等教育中的质量保证可以理解为旨在实现、保持或提高质量的政策、程序和实践。欧盟理事会1998年9月24日的第98/561/EC号建议呼吁成员国支持并在必要时建立透明的质量保证系统。① 在博洛尼亚进程启动后，欧盟国家的教育部部长们认识到"高等教育质量已被证明是建立欧洲高等教育区的核心"，质量保证对于提高高等教育教学和研究的质量，巩固知识、技能、能力的相关性，提高资格和能力的透明度和相互信任，促进欧盟范围内的学习流动性具有重要作用，质量保证机制是欧盟及其成员国高等教育质量保证的重点政策领域。

第一节 欧盟高等教育质量保证的发展历程

在高等教育领域引入质量保证机制的主要目的是提升对教育质量的

① Council of the European Union, "Council Recommendation of 24 September 1998 on European Cooperation in Quality Assurance in Higher Education", https: //op. europa. eu/en/publication - detail/-/publication/9ee49649 - dc73 - 446d - 9e39 - cce2d6d231ce/language - en/format - PDF/source - 295550894.

信心、确保资格标准得到保障和提高、高等教育公共投资得到有效回报。根据弗雷泽（Frazer）对 38 个欧洲国家的调查（1997 年），最重要的原因与问责制有关——"使高等教育机构对其利益相关者更加负责"，其次是改进——"协助高等教育机构进行改进"（包括教学、学习、学术、研究和社会服务）。博洛尼亚进程是欧洲重要的高等教育改革计划，该进程以欧盟国家为主导并得到欧盟委员会的支持和推动，同时吸收欧盟候选国和欧洲经济区国家参加，许多因素和共同趋势影响了博洛尼亚进程中质量保证的发展。全球化、学生人数和高等教育机构的整体扩张、不断变化的经济环境给政府支出带来限制以及对更多公共问责制的需求，这些都是外部质量保证机制发展的主要驱动力。

一　博洛尼亚进程之前的高等教育质量保证

1999 年启动的博洛尼亚进程旨在整合欧盟的高等教育资源、打通高等教育体制，到 2010 年建立 "欧洲高等教育区"。目标包括改革高等教育体系和学分制度、促进人员流动和在高等教育质量保证方面的合作等。博洛尼亚进程加速了高等教育的改革步伐，推动了高等教育质量保证的政策与实践。在此之前，部分欧盟国家构建了本国高等教育质量保证体系，在欧洲层面组织开展了高等教育质量评估试点项目，进行高等教育质量保证的早期探索。

（一）国家层面的高等教育质量保证发展

在 1990 年之前，欧洲国家中只有丹麦、法国、荷兰和英国 4 个国家建立了高等教育外部质量保证模式。该质量保证模式包括：（1）一个独立的质量保证机构，它基于高等教育机构的自我评估报告开展工作；（2）现场同行评审考察；（3）形成最终报告。其他一些国家（如芬兰、挪威等），有的正在考虑建立自己的质量保证体系，有的正着手建立政策框架和评估标准，并确定其内部和外部质量保证活动的主要目的。

1990 年后，欧洲各国开始采用不同的模式和方法构建本国的高等教育质量保证体系。西欧国家倾向于采用自我监管的方法，而大多数中欧和东欧国家则采用更加集中和规范的模式。20 世纪 90 年代，欧洲的高等教育体系经历了重大的结构性改革，尤其是在中东欧国家，高等教育模式从集中管理向更加自主的开放和自由高等教育体系转变。各国在高等教育改革中开始引入和改进质量保证措施，然而与质量保证相关的大部分措施仍处于初始阶段，主要限于在高等教育中引入一些改革。

在建立质量保证评估方法时，欧洲国家倾向于采用反映其高等教育战略的具体方法。一些国家选择在评估或改进方面有不同参考的认可制（如波兰和西班牙），而有的国家则选择不需要以改进为导向的质量保证认可（如立陶宛）。早在 1990 年，波兰已经建立多个由学术界独立成立的同行认证委员会，根据高等教育机构自愿提交的申请进行项目评估，不过该国到 2002 年才成立正式的高等教育质量保证机构。在英国，1992年通过的《继续和高等教育法》设立了英格兰高等教育资助委员会，其职责之一是"确保为评估教育质量做出规定"。1993 年，奥地利的《大学组织法》首次引入了系统和全面的评估计划，以评估教学质量；罗马尼亚通过制定关于高等教育机构认证和文凭承认的法律迈出了建立质量保证体系的第一步。

（二）欧洲层面的高等教育质量评估试点

在欧洲层面，一些国际项目通常在试点项目的背景下作为"独立"倡议或与其他改革相互关联，促进和推动了欧洲外部质量评估的早期发展。这些项目包括 1995 年的欧洲高等教育质量评估试点项目、对 38 个国家学术质量评估和认证的过程和政策的泛欧调查以及欧盟赞助的其他双边项目。1993 年，由欧洲大学校长和副校长常务会议（CRE）（现为欧洲大学协会 EUA）发起的机构评估计划主要向 EUA 成员机构提供外部评估。该计划至今仍在施行，重点在于评估高等教育机构履行使命的情况。与此同时，20 世纪 90 年代初，欧盟委员会通过资助欧盟成员国的一些试点评估项目并联合欧洲自由贸易联盟（EFTA）国家的方式推动高等教育质量保证的发展。这些试点项目的成果奠定了当今欧洲质量保证指南主要方法特征的基本原则，特别是引入自我评估、同行评审考察、报告发布和质量保证机构的独立性。

1991 年 11 月，在荷兰担任主席国期间，经过几年在伊拉斯谟计划框架内的密切合作，教育部部长理事会认为在质量评估领域采取欧共体层面的行动符合成员国的共同利益。部长们认为，欧洲在质量评估方面的经验可以丰富国家一级的质量评估方法，而不会限制成员国的权限和责任以及高等教育机构的自主权。因此，要求欧共体委员会采取以下措施：（1）资助成员国关于评估方法的比较研究；（2）在质量评估领域开展合作试点项目；（3）根据已经获得的经验，建立加强欧洲合作的机制。1992 年，欧共体委员会委托校长会议联络委员会对成员国使用的评价方法进行研究，并在来自当时欧洲 4 个主要国家（丹麦、法国、荷兰和英国）评价系统的一个专家小组的协助下，为启动试点项目制定了一份"指南"，其中包括质量评价的方法以及在国家和欧洲一级参与的各个小组的组成和其职责。1994 年 11 月在比利时布鲁塞尔召开了试点项目的启动会议，当时有 5 个欧洲自由贸易区国家（奥地利、芬兰、冰岛、挪威和瑞典）加入了试点项目。试点项目的主要目标是根据欧洲 4 个主要评估系统获得的经验，丰富现有的国家评估程序，测试一种评估高等教育教学质量的通用方法，在每个国家发展一种评估文化，促进经验共享，为评估程序注入欧洲因素，因此该项目侧重于选定的一些学科，而不是对某一特定机构的总体评估。试点项目选择了两个非常广泛的主题领域：（1）工程科学（机械、化学、土木、航空、电气、电子、电信、计算机和自动化工程）；（2）传播/信息或艺术/设计（传播和信息科学、新闻学、图书馆学、文献和档案、博物馆研究和保护、美术、音乐和音乐学、表演艺术、设计、艺术史）。参与国与国家校长会议合作，挑选了 46 个高等教育机构参加这两个试点项目。试点项目的最初方法基于当时欧洲评估系统（丹麦、法国、荷兰、英国）通用的 4 项原则，即：质量评估程序和方法独立于政府和高等教育机构；自我评估；同行审查小组（专家组）的外部评估和现场考察；出版评估报告。[1] 作为试点项目的一个关

---

[1] Commission of the European Communities, "Commission Staff Working Paper Information Note on the Results of the European Pilot Project for Evaluating Quality in Higher Education", https: // op. europa. eu/en/publication-detail/-/publication/3644eb34-3926-11ed-9c68-01aa75ed71a1.

键特征，自我评估旨在对被评估学科的教学进行全面的自我批评分析，包括对每个机构现有条件的概述。这种内部分析一方面为高等教育机构本身提供一个框架，以促进机构的质量改进；另一方面为同行审查小组进行现场访问提供服务，以确定在访问期间可能需要特别注意的关键领域。外部评估由本专业的同行和员工代表进行，他们根据被评估的系或学院提供的信息，通过现场讨论，形成意见并提出改进质量的建议。根据自我评估和调查结果，同行审查小组起草一份评估报告，该报告必须交给被评估的系或学院征求意见，然后以定稿的形式发送给国家委员会。

试点项目表明，质量保证的内部评估应该让机构内的所有相关者，特别是学生，参与自我反思的过程；外部评估应该是独立的同事之间合作协商和建议的过程，这意味着同行审查小组在技能和专业领域方面必须保持平衡和一致，其成员必须是独立的并为接受评估机构的同行所接受，现场考察期间的讨论应包括所有相关参与者。校友、雇主和其他相关社会团体也应包括在内，外国专家可以为"同行小组"作出有益的贡献。试点项目的实施使所有相关方进一步认识到有必要保证高等教育的质量、建立国家质量评估系统，从而引入必要的程序、机制、方法和资源。参与试点项目的机构也承认有必要在评估试点方法中增加"欧洲维度"，特别是为了在欧洲层面促进大学间的合作以及毕业生在欧盟内部的自由流动。虽然评估试点所使用的"方法"侧重于"教学"方面，但有关各方都强调了机构管理和研究等其他因素的重要作用。从国家报告和1995年12月在西班牙拉斯帕尔马斯（Las Palmas）召开的会议得出结论，每个成员国都必须根据其教育系统的目标、传统和高等教育系统的结构来组织其评估系统。负责评估的机构相对于国家机构以及高等教育机构本身而言应该是自主的，评估机构的成员应包括教师代表、社会经济界代表、学生、区域机构、校友会和所有其他相关团体。评估过程应体现开放性和欧洲维度，特别是让其他成员国的专家参与"同行审查"，由评估机构邀请，与负责评估的当局合作进行评估。

为了促进成员国质量保证体系之间的合作，欧盟理事会于1998年9月24日通过了关于高等教育质量保证合作的第98/561/EC号建议。建议

书指出，高质量的教育和培训是所有成员国的目标，提高高等教育质量
是每个成员国和欧洲共同体内所有高等教育机构的共同关切。鉴于在国
家层面使用方法的多样性，欧洲经验可以补充国家经验，特别是旨在建
立质量保证领域合作或加强现有合作的试点项目。为了加强高等教育质
量保证合作，欧盟要求各成员国支持并在必要时建立透明的质量保证体
系，在本国特定的经济、社会和文化背景下保障高等教育质量；鼓励和
帮助高等教育机构采取适当措施，特别是质量保证措施，作为提高教学
和研究培训质量的一种手段；促进欧盟和全球层面有关教育质量和质量
保证信息的交流并鼓励高等教育机构在质量保证领域的合作。建议书呼
吁教育主管部门和高等教育机构重视与其他成员国以及活跃于高等教育
领域的国际组织和协会就质量保证开展经验交流与合作；同时加强负责
高等教育质量评估或质量保证的当局之间的合作，并促进网络化。① 各国
教育当局和质量保证机构（包括州和地区层面的机构）基于高等教育质
量评估试点项目期间发起的关于建立合作网络的讨论，于 2000 年 3 月成
立了由相关质量保证机构、政府代表（负责外部质量保证的教育部）和
其他利益相关者组成的欧洲质量保证网络（European Network for Quality
Assurance，ENQA）。

二 博洛尼亚进程中的高等教育质量保证

在博洛尼亚进程刚启动时，欧洲的高等教育系统很少拥有公认的质
量保证体系。因此，质量保证的兴起是 21 世纪以来欧洲高等教育领域最
显著和变革性的发展之一。博洛尼亚进程的主要目标之一是提高欧洲高
等教育的质量，以此作为提高其吸引力和竞争力以及促进流动性的一种
手段。《博洛尼亚宣言》鼓励各国在高等教育质量保证方面进行合作，以
制定可比较的标准和方法。自博洛尼亚进程启动以来，参与方就一直非

---

① Council of the European Union, "Council Recommendation of 24 September 1998 on European Cooperation in Quality Assurance in Higher Education", https：//op. europa. eu/en/publication – detail/-/publication/9ee49649– dc73 – 446d – 9e39 – cce2d6d231ce/language – en/format – PDF/source – 295550894.

常重视高等教育质量保证，虽然在第一次部长级公报中只是粗略地提到了质量保证，但自 2003 年以来，质量保证一直是博洛尼亚进程的关键行动方针之一，随后的所有部长级会议也都关注欧洲质量保证方面的发展议程，质量保证体系已成为欧洲高等教育机构变革的关键驱动力。经过二十几年的改革和发展，现在几乎所有欧洲高等教育区国家都在全系统范围内建立了内部和外部质量保证体系。可以说，博洛尼亚进程对欧洲高等质量保证体系的建立发挥了重要的促进和催化作用，该进程表明高等教育的质量是建立欧洲高等教育区的核心，充分肯定质量保证在确保高质量教育标准和促进整个欧洲资格的可比性方面的重要作用，将构建高等教育质量保证体系作为重要政策目标和 3 个优先事项之一，[1] 这在整个进程的部长级会议公报中表现得十分清晰和突出（表 3-1）。

表 3-1　　　　　　博洛尼亚进程部长级会议公报（宣言）中
有关质量保证的内容（1999—2020 年）

时间	宣言或公报	有关质量保证的政策内容
1999	博洛尼亚宣言	制定可比较的标准和方法，促进欧洲在质量保证方面的合作
2001	布拉格公报	促进欧洲在质量保证方面的合作，包括鼓励认可和质量保证网络之间更密切的合作、相互信任和接受国家质量保证体系、鼓励大学和其他高等教育机构设计相互接受评价和认可/认证机制的方案等
2003	柏林公报	支持在机构、国家和欧洲层面进一步发展质量保证，呼吁 EN-QA 与 EUA、EURASHE 和 ESIB 合作，制定一套商定的质量保证标准、程序和准则
2005	卑尔根公报	通过 ENQA 提出的欧洲高等教育区质量保证标准和指南（ESG），引入质量保证机构同行审查的拟议模式，同意欧洲质量保证机构注册的原则，强调国家认可的机构之间合作的重要性，以加强认证或质量保证决定的相互承认
2007	伦敦公报	进一步探讨建立高等教育质量保证机构登记册（EQAR）的可行性，让所有利益相关方和公众能够公开获取质量保证机构的客观信息，促进质量保证和认证决定的相互承认

① 在柏林会议上，欧洲国家负责高等教育的部长要求后续小组中期评估重点关注 3 个优先事项——质量保证、学位制度、学位和学习时间的认可。

续表

时间	宣言或公报	有关质量保证的政策内容
2009	鲁文/新鲁文公报	要求 E4 小组继续合作，进一步发展质量保证的欧洲维度，特别是确保欧洲质量保证登记得到外部评估，同时考虑到利益攸关方的意见
2012	布加勒斯特公报	将修订欧洲质量保证标准和指南，以提高其清晰度、适用性和有用性，包括其范围；允许在 EQAR 注册的质量保证机构在欧洲高等教育区范围内开展活动，同时遵守国家要求；承认 EQAR 注册机构对联合和双学位计划的质量保证决定
2015	埃里温公报	通过修订版的欧洲高等教育区质量保证标准和指南以及欧洲联合计划质量保证方法；承诺确保高等教育机构能够选择合适的 EQAR 注册机构进行外部质量保证过程，尊重国家对质量保证结果的决策安排
2018	巴黎公报	消除在国家立法和法规中实施欧洲高等教育区质量保证标准和指南的剩余障碍，在高等教育系统中启用和推广"欧洲联合计划质量保证方法"
2020	罗马公报	消除与欧洲质量保证方法的应用有关的剩余障碍，包括与 EQAR 注册机构的跨境运营和欧洲联合计划质量保证方法应用相关的障碍；确保外部质量保证安排涵盖欧洲高等教育区的跨国高等教育；以提升为导向使用 ESG，以支持高等教育创新及其质量保证

注：E4 是高等教育质量保证网络（ENQA）、欧洲大学协会（EUA）、欧洲高等教育机构协会（EURASHE）和欧洲国家学生联合会（目前为欧洲学生联合会——ESU）的统称。

资料来源：The Bologna Declaration of 19 June 1999；Communiqué of the Meeting of European Ministers in charge of Higher Education in Prague on May 19th 2001；Communiqué of the Conference of Ministers Responsible for Higher Education in Berlin on 19 September 2003；Communiqué of the Conference of European Ministers Responsible for Higher Education, Bergen, 19 – 20 May 2005；London Communiqué；Communiqué of the Conference of European Ministers Responsible for Higher Education, Leuven and Louvain-la-Neuve, 28–29 April 2009；Bucharest Communiqué；Yerevan Communiqué；Paris Communiqué；Rome Ministerial Communiqué.

（一）1999—2004 年：质量保证的早期阶段

1999 年发布的博洛尼亚宣言提出加强各国在高等教育质量保证方面的合作，以制定可比较的标准和方法。此后每两年一次的部长级会议公报旨在进一步加强各国教育系统之间的信任，质量保证被视为实现这一目标的主要工具之一。布拉格公报（2001 年）不仅强调了高等教育系统之间实现互信的必要性，还强调了相互承认评估和认证机制以及质量保证在认可中的作用。2003 年的柏林公报强调机构自治是欧洲质量保证发展的基本原则之一，认为"高等教育质量保证的主要责任在于每个机构本身"[1]，这为学术系统在国家质量框架内的真正问责制提供了基础。参加柏林会议的部长们同意，到 2005 年国家质量保证系统应包括：界定参与主体和机构的责任；对计划或机构的评估包括内部评估、外部审查、学生参与和结果公布；建立认可、认证或类似的制度；国际参与、合作和联网。为了使质量保证取得成功，需要得到来自欧洲高等教育区利益相关者的持续支持。布拉格公报更明确地定义了利益相关者的角色，并进一步承认利益相关者在质量保证中的作用。在柏林公报中，部长们还呼吁 E4 利益相关者制定一套商定的质量保证标准、程序和指南。

从 2003 年开始，欧洲高等教育外部质量保证的范围进一步扩大，更加注重将问责制作为质量保证活动的目标，其次质量保证机构和项目呈现不断增加的趋势。这意味着当时正在制定的欧洲质量保证标准必须具有足够的通用性，并能适应各种政治、国家和文化背景，同时尊重各成员国教育系统和制度的多样性。同时，欧洲质量保证网络正在审查其成员资格标准，该机构于 2004 年转变为欧洲高等教育质量保证协会（European Association for Quality Assurance in Higher Education，仍然沿用 ENQA 的名称），不再将国家政府或利益相关者纳入其新结构。作为一个协会，ENQA 超越了以前主要侧重于经验交流的网络活动，发展成为欧洲高等教育区内质量保证的代理机构。

（二）2005—2007 年：质量保证框架的开发阶段

2005 年，在卑尔根部长会议上通过了由 E4 小组制定的欧洲高等教育区质量保证标准和指南（ESG）。此次会议还提出欧洲质量保证机构注册

---

① Communiqué of the Conference of Ministers Responsible for Higher Education in Berlin on 19 September 2003, http://www.ehea.info/Upload/document/ministerial_declarations/2003_Berlin_Communique_English_577284.pdf.

的设想，当时无论是 ESG 的制定者还是欧洲各国教育部部长都认为需要
一个可以执行欧洲质量保证框架的官方注册机构。E4 小组关于 ESG 提案
的原始报告已经讨论了注册的概念，并包含在 2006 年 2 月 15 日欧洲议会
和欧盟理事会通过的《关于在高等教育质量保证方面进一步开展欧洲合
作的建议》中。该建议书指出，虽然自 1998 年 9 月 24 日理事会第 98/
561/EC 号建议实施以来取得了显著的成绩，但欧洲高等教育质量仍然需
要进一步提高，因此建议各成员国：（1）鼓励所有高等教育机构按照博
洛尼亚进程背景下在卑尔根通过的欧洲高等教育区质量保证标准和指南，
引入或发展严格的内部质量保证体系；（2）鼓励所有质量保证或认证机
构在评估中保持独立，应用第 98/561/EC 号建议中规定的质量保证特征
以及在卑尔根通过的通用标准和指南，用于评估；（3）鼓励国家当局、
高等教育部门以及质量保证和认证机构的代表与社会伙伴一起，在国家
审查的基础上建立"欧洲质量保证机构登记册"（European Register）；
（4）使高等教育机构能够在欧洲登记册注册的质量保证或认证机构中选
择满足其需求的机构；（5）允许高等教育机构选择另外的机构进行补充
评估，例如提高其国际声誉；（6）促进机构之间的合作，以增进互信和
对质量保证和认证评估的认可；（7）确保公众可以访问欧洲登记册列出
的质量保证或认证机构所做的评估。此外，建议欧盟委员会继续与成员
国密切合作，支持高等教育机构、质量保证和认证机构、主管当局和其
他活跃在高等教育质量保证领域的机构之间的合作。①

　　ESG 通过两年后，2007 年在伦敦举行的部长级会议上，部长们对 E4
集团提议的建立登记册表示欢迎。所提议的运营模式的核心是成立一个
独立的专家组——注册委员会，以个人身份提名。注册委员会的作用是
共同决定在登记册注册的质量保证机构实际遵守 ESG 的情况。欧洲高等

① Council of the European Union, European Parliament, "Recommendation of the European Parliament and of the Council of 15 February 2006 on Further European Cooperation in Quality Assurance in Higher Education", https://op.europa.eu/en/publication-detail/-/publication/aa1b7d1f-43f1-4f50-bbb7-462f11909f85/language-en/format-PDF/source-295551045.

教育质量保证机构注册处（EQAR）最终由 E4 集团于 2008 年 3 月成立。欧洲政府、创始成员（E4）和博洛尼亚社会伙伴成为协会成员，此后会员人数稳步增长，到 2019 年其成员来自 48 个欧洲高等教育区国家中的大多数国家（40 个）。登记委员会与 EQAR 协会成员的分离使得登记中心能够完全独立运作。

（三）2008—2014 年：质量保证框架的巩固阶段

由于最初的欧洲教育部部长会议公报阐明了高等教育质量保证的范围和标准，随后的公报认识到欧洲高等教育系统之间更大的兼容性和可比性，因此进一步强调了质量保证框架的更紧密的整合和巩固。2009 年的鲁文和新鲁文（Leuven/Louvain-la-Neuve）会议上，欧洲各国教育部部长要求 E4 集团继续合作，进一步开发质量保证的欧洲维度，并确保 EQAR 得到外部评估。在 ESG 的进一步实施中，部长们要求特别关注各级高等教育学习项目的教学质量。鲁文和新鲁文公报还涉及跨国教育提供，认为也应在 ESG 范围内考虑，并符合联合国教科文组织和经合组织跨境高等教育质量提供指南。这些指导方针于 2005 年制定，旨在增进参与跨境高等教育的国家之间的相互信任和认可。

2010 年的布达佩斯—维也纳宣言（Budapest-Vienna Declaration）标志着欧洲高等教育区正式启动，宣言承认在实施博洛尼亚改革方面取得了很大成就，报告显示 EHEA 行动方针，如学位和课程改革、质量保证、认可、流动性和社会维度，在不同程度上得到了实施。[1] 宣言表达了进一步巩固质量保证框架的必要性，与会者再次承诺全面和适当地实施已商定的博洛尼亚改革，包括与质量保证有关的改革。

E4 集团的"描绘 ESG 的实施和应用"（Mapping the implementation and application of the ESG，简称 MAP ESG）项目的结果表明，欧洲高等教育区质量保证标准和指南对整个欧洲高等教育区机构和国家层面的质量保证流程发展产生了影响，并且促进了利益相关者和高等教育参与者

---

[1] Budapest-Vienna Declaration on the European Higher Education Area, http：//www.ehea.info/Upload/document/ministerial_declarations/Budapest_Vienna_Declaration_598640.pdf.

之间对质量保证的共同理解。尽管如此，ESG 在目标清晰度、适用性和实用性方面仍然存在一些缺陷。[①] 在 2012 年的布加勒斯特公报中，欧洲高等教育区国家的部长们表达了与 ESG2005 实施和应用有关的担忧，并授权 E4 集团与欧洲商业、教育国际和 EQAR 合作，准备 ESG 的修订提案。

在此期间，欧洲高等教育质量保证注册处通过展示其成功运作（包括通过 2011 年的外部审查）以及申请注册的质量保证机构的增加，在欧洲高等教育区内获得了进一步的认可。2009 年 3 月，EQAR 仅列出了 3 个质量保证机构，但同年年底增加到 14 个。到 2012 年 1 月，共有 13 个欧洲高等教育区国家的 28 个机构进行了登记。[②] 因此，在 2012 年的布加勒斯特部长级会议上，部长们同意"允许 EQAR 注册机构在遵守国家要求的同时在欧洲高等教育区范围内开展活动"（布加勒斯特公报，2012年）。这意味着各国承诺信任符合 ESG 标准的质量保证机构进行的审查，但质量保证机构可能会在特定国家或地区进行审查时调整其程序。其目的是基于 ESG 中定义的相同通用标准，通过承认非国家质量保证机构的认可、评估或审计，消除无效率的重复工作。

（四）2015 年以来：质量保证框架的进一步发展阶段

在 2015 年的埃里温会议上，欧洲高等教育区的教育部部长们通过了欧洲高等教育区质量保证标准和指南的修订版（ESG2015），并重申了他们早先的承诺，即"使高等教育机构能够为其外部质量保证流程选择合适的 EQAR 注册机构，尊重国家对质量保证结果决策的安排"，此外将"积极让学生作为学术界的正式成员以及其他利益相关者参与课程设计和质量保证"。通过埃里温公报，部长们还采纳了欧洲联合计划质量保证方法，该方法旨在为联合计划的质量保证流程创建一套综合方法。

---

① European Association for Quality Assurance in Higher Education, *Mapping the Implementation and Application of the ESG（MAP-ESG Project）Final Report of the Project Steering Group*, Brussels: ENQA, 2011.

② European Education and Culture Executive Agency, Eurydice, *The European Higher Education Area in 2020: Bologna Process Implementation Report*, Publications Office, 2020.

随着 ESG2015 的采用，质量保证的"欧洲高等教育区模型"变得更加清晰和可见。2015 版 ESG 带来了许多"技术"改进，其中对第 1 部分概述的内部质量保证标准和指导原则进行了重大修改，使 ESG 能够更好地适应欧洲高等教育区的新发展，包括新的学习模式、质量保证与资格框架（QF-EHEA）和学习成果之间的联系，以及更加强调学生作为其学习过程的共同创造者的积极作用。质量保证的范围也随之扩大——ESG2015 不仅包含教学和学习，还包括高等教育国际化程度的提高、数字学习的传播以及新的教育提供形式和对正规教育之外获得能力的认可。为了促进新版 ESG 的实施，在 2018 年的巴黎部长级会议上，公报的签署方进一步承诺在其国家立法和法规中消除实施 ESG 的剩余障碍，并推动和促进欧洲联合质量保证方法的使用。为了提高质量保证的透明度，将加强外部质量保证结果数据库建设，该数据库旨在促进获得高等教育机构及其计划的报告和决定，这些报告和决定来自 EQAR 注册机构根据 ESG 对高等教育机构进行的外部审查。

自博洛尼亚进程以来，质量保证体系已成为欧洲高等教育机构变革的关键驱动力。经过二十几年的博洛尼亚进程改革，现在几乎所有欧洲高等教育区国家都建立了内部和外部质量保证体系。博洛尼亚进程的多层次、多主体治理过程也体现在质量保证体系中，并且呈现继续向国家外部质量保证体系结构中嵌入国际化的趋势。然而，并非所有欧洲高等教育区国家都准备好在质量保证系统的基础上建立信任，并使所有高等教育机构都能够由来自另一个国家的质量保证机构进行评估。因此，确保将质量保证的相互信任扩展到整个欧洲高等教育区的挑战仍然存在。

第二节　欧洲高等教育区质量保证标准和指南

共同的质量保证方法和程序是高等教育质量保证的重要政策工具，是质量保证"欧洲维度"的重要体现。1999 年发表的《博洛尼亚宣言》提出"促进欧洲在质量保证方面的合作，以制定可比较的标准和方法"。

2001 年在布拉格召开的欧洲高等教育部部长会议呼吁大学和其他高等教育机构、国家机构和欧洲高等教育质量保证网络与非 ENQA 成员国的相应机构合作，协力建立一个共同的参考框架。2003 年柏林公报进一步呼吁"制定一套商定的质量保证标准、程序和指南"。可见，制定高等教育质量保证标准和指南是博洛尼亚进程的优先事项和高等教育质量保证的重要政策方法。

一 欧洲高等教育区质量保证标准和指南：ESG2005

在 2003 年的柏林公报中，博洛尼亚进程签署国的部长们邀请欧洲高等教育质量保证网络与欧洲大学协会、欧洲高等教育机构协会、欧洲全国学生联合会合作，开发一套通用的高等教育质量保证标准、程序和指南，并探索确保质量保证或认证机构有适当的同行评审的方法。2005 年 5 月的卑尔根会议通过了由上述机构开发的欧洲高等教育区质量保证标准和指南，这些标准和指南适用于欧洲的所有高等教育机构和质量保证机构，旨在促进高等教育质量的相互信任，同时尊重不同国家和机构的背景和学科领域的多样性。

高等教育质量保证程序和方法最早来自高等教育质量评估试点项目的早期探索，该评估试点的目的是在欧洲 4 个主要国家（丹麦、法国、荷兰、英国）评估系统经验的基础上，开发一种评估高等教育教学质量的通用方法，在欧洲层面促进经验分享和转让。试点项目采用的方法基于 4 国通用的原则：质量评估程序和方法独立于政府和高等教育机构；自我评估；同行审查小组（专家组）的外部评估和现场考察；出版评估报告。在评估试点的基础上，1998 年 9 月 24 日的欧盟理事会第 98/561/EC 号建议指出，鉴于在国家层面使用的方法多种多样，各方普遍支持采用有效和可接受的质量保证方法。欧盟委员会鼓励成员国基于以下共同特征建立透明的质量保证体系：（1）负责质量保证的机构选择程序和方法时的自主权和独立性；（2）根据高等教育机构的性质和目标调整质量保证程序和方法；（3）质量保证程序通常应包括内部自检部分和基于外部专家评估部分；（4）根据质量保证的目的，吸纳有关各方的参与；（5）以适合每个成员国的形式公布质量保证结果。上述特征与欧洲4国的通用原则构成了高等教育质量保证体系的基本框架：质量评估程序和方法的独立性，不仅包含高等教育机构的内部评估，也包含外部专家评估；评估过程体现利益相关方的参与；结果体现为最终的评估报告。欧洲高等教育区质量保证标准和指南在欧洲高等教育质量评估试点项目和欧盟理事会建议所依据的共同原则基础上进行了拓展，具体为：高等教育机构对其提供的质量及其质量保证负有主要责任；社会在高等教育质量和标准方面的利益需要得到保障；需要为整个欧洲高等教育区的学生和其他高等教育受益者开发学术课程并提高其质量；需要高效和有效的组织结构以便提供和支持这些学术课程；质量保证过程的透明度和使用外部专业知识很重要；应鼓励高等教育机构内的质量文化；应制定高等教育机构问责制的程序，包括对公共和私人投资的问责制；出于问责目的的质量保证与出于改进目的的质量保证一致；高等教育机构应能在国内和国际上展示其质量；采用的质量保证程序不应扼杀多样性和创新。①

基于欧洲高等教育区不同国家政治制度以及高等教育体系、社会文化和教育传统、语言、需求的多样性，欧洲高等教育区质量保证标准和指南更倾向于质量保证的通用原则而不是具体要求。制定 ESG 主要基于以下目的：（1）改善欧洲高等教育区高等教育机构的教育质量；（2）协助高等教育机构管理和提高其质量，提升机构自主性；（3）为质量保证机构开展工作提供参考；（4）使外部质量保证对所有相关人员更加透明和易于理解。ESG 不包括详细的"程序"，因为机构程序是其自主权的重要组成部分。相反，ESG "承认国家高等教育体系的首要地位、在国家体系中机构自主权的重要性，以及不同学科的特殊要求"。这一点同样反映在 2003 年的柏林公报中，该公报声明："根据机构自治的原则，高等教育质量保证的主要责任在每个机构本身，这为学术系统在国家质量框架

---

① European Association for Quality Assurance in Higher Education（ENQA）, *Standards and Guidelines for Quality Assurance in the European Higher Education Area*, Helsinki: ENQA, 2005.

内的真正问责提供了基础。"因此，ESG 力求在内部质量文化的创建和发展与外部质量保证程序可能发挥的作用之间寻求适当的平衡。欧洲高等教育区质量保证标准和指南针对高等教育机构和质量保证机构，包括 3 部分：（1）高等教育机构内部质量保证的欧洲标准和指南（表 3-2）；（2）高等教育机构外部质量保证的欧洲标准和指南（表 3-3）；（3）外部质量保证机构的欧洲标准和指南（表 3-4）。

表 3-2　　高等教育机构内部质量保证的欧洲标准和指南（ESG2005）

核心要素	标准	指南
质量保证政策和程序	高等教育机构应制定政策和相关程序，确保其学习计划和学位授予的质量和标准	高等教育机构的质量保证政策应包括：教学和研究之间的关系；质量和标准战略；质量保证体系的机构；院系、其他组织和个人的质量保证责任；学生参与质量保证；政策实施、监督和修订的方式
教学计划和学位授予的批准、监督和定期审查	高等教育机构应有批准、定期审查和监督其教学计划和学位授予的正式机制	教学计划和学位授予的质量保证包括：制定并公布明确的预期学习成果标准；认真关注课程和项目的设计和内容；不同教学模式（如全日制、非全日制、远程学习、电子学习）和高等教育类型（如学术、职业、专业）的具体需求；适当的学习资源；由教学机构以外的机构实施的正式课程批准程序；监测学生的进步和成就；定期审查教学计划（包括外部成员）；来自雇主、劳动力市场代表和其他相关组织的定期反馈；学生参与质量保证活动
学生评估	应使用通用的标准、法规和程序对学生进行评估	学生评估程序应：衡量预期学习成果和其他计划目标的实现情况；适合其目的，无论是诊断性的、形成性的还是总结性的；有明确、公开的评分标准；由相关专业人员进行；考虑到考试规定的所有可能后果；确保按照机构规定的程序安全地进行评估；接受验证检查，确保程序的准确性
师资队伍素质保证	高等教育机构应对参与教学的工作人员的资格和能力感到满意	应确保其员工招聘和任命程序，使所有新员工具备最低必要能力水平；给予教学人员提高和拓展其教学能力的机会；为能力水平较差的教师提供机会，将他们的技能提高到可接受的水平，在达不到要求的情况下应将他们调离教学岗位

核心要素	标准	指南
学习资源和学生支持	应确保可用于支持学生学习的资源充足且适合所提供的每一门课程	学习资源和其他支持机制应易于为学生所使用，设计时应考虑到他们的需求，并回应使用者的反馈意见；机构应定期监测、审查和改进向学生提供的支持服务的有效性
信息系统	应确保收集、分析和使用相关信息，以有效管理其学习计划和其他活动	质量相关信息系至少涵盖：学生的进步和成功率；毕业生的就业能力；学生对课程的满意度；教师的有效性；学生群体概况；可用的学习资源及其成本；机构自身的关键绩效指标
信息公开	应定期发布有关其提供的教学计划和学位的最新、客观的定量和定性信息	信息应准确、公正、客观且易于获取，不应仅用作营销手段；应确保信息在公正性和客观性方面符合其自身的期望

资料来源：European Association for Quality Assurance in Higher Education（ENQA），*Standards and Guidelines for Quality Assurance in the European Higher Education Area*，Helsinki：ENQA，2005.

表3-3　高等教育机构外部质量保证的欧洲标准和指南（ESG2005）

核心要素	标准	指南
内部质量保证程序的使用	外部质量保证程序应考虑内部质量保证过程的有效性	在外部质量保证程序过程中对机构自身的内部政策和程序进行仔细评估，以确定达到标准的程度
外部质量保证流程的制定	首先应由所有相关方共同确定质量保证流程的目的和目标，并与流程一起发布	为确保目的明确和程序透明，应通过包括高等教育机构在内的主要利益相关者参与的过程来设计和开发外部质量保证方法；进行初步影响评估，以确保程序的适当性，并且不会过多干扰高等教育机构的正常工作
决策标准	作为外部质量保证活动的结果而做出的任何正式决定都应基于一致、明确的标准	为了公平和可靠，决策应基于已发布的标准并以一致的方式进行解释；结论应基于事实证据，并在必要时有适当的方法来缓和结论
适合目的的流程	应专门设计所有外部质量保证流程以确保其实现设定的目标	外部审查流程应关注以下要素：从事质量保证的专家的技能和能力；谨慎选择专家；为专家提供适当的简报或培训；使用国际专家；学生参与；确保提供足够的证据来支持所得出的结论；使用自我评估/实地考察/草拟报告/已发表报告/跟进审查模式

续表

核心要素	标准	指南
报告	报告应以清晰易懂的风格撰写并发布	报告应满足预期读者的既定需求，注意结构、内容、风格和语气；报告的结构应涵盖描述、分析（包括相关证据）、结论、表彰和建议；有足够的初步解释，便于非专业读者理解；主要发现、结论和建议易于找到；报告应以易于访问的形式发布
后续程序	包含行动建议或需要后续行动计划的质量保证过程应有预先确定的后续程序	外部质量保证应包括结构化的后续程序，以确保适当处理建议并制定和实施行动计划
定期审查	对机构或计划的外部质量保证应定期进行，审查周期和程序应事先明确并公布	质量保证是一个动态的过程，必须定期更新；外部质量保证机构应明确定义所有使用的流程，其对机构的要求不应超过实现其目标所需的要求
全系统分析	质量保证机构应不时编制总结报告，描述和分析其审查、评价、评估等方面的发现	外部质量保证机构收集的有关项目和机构的大量信息为整个高等教育系统的结构化分析提供了材料，并且可以成为政策制定和质量提高的有用工具；机构应考虑在其活动中纳入研发职能，以便从工作中获得最大收益

资料来源：European Association for Quality Assurance in Higher Education（ENQA），*Standards and Guidelines for Quality Assurance in the European Higher Education Area*，Helsinki：ENQA，2005.

表 3-4　　**外部质量保证机构的欧洲标准和指南**（ESG2005）

核心要素	标准	指南
高等教育外部质量保证程序的使用	质量保证机构的外部质量保证应考虑标准和指南所述的外部质量保证过程的有效性	外部质量保证标准应与外部质量保证机构标准共同构成高等教育机构专业和可信的外部质量保证的基础
法律地位	质量保证机构应被欧洲高等教育领域的主管公共当局正式承认为负责外部质量保证的机构，并应具有既定的法律基础	
活动	应定期开展外部质量保证活动（在机构或计划层面）	涉及评估、审查、审计、认证或其他类似活动，并作为机构核心职能的一部分

续表

核心要素	标准	指南
资源	质量保证机构应拥有充足且适配的人力和财力资源，使其能够以有效和高效的方式组织和运行其外部质量保证流程	
使命陈述	质量保证机构应有明确和清晰的工作目标并公开	应描述机构质量保证过程的目标和目的，与高等教育相关利益相关者的分工；明确外部质量保证存在实现其目标和目的的系统方法
独立性	机构应该是独立的，并且在其报告中提出的结论和建议不受第三方的影响	需要通过以下措施证明其独立性（独立于高等教育机构和政府）：官方文件；程序和方法的定义和运作、外部专家的提名和任命以及质量保证结果的确定
机构使用的外部质量保证标准和流程	机构使用的流程、标准和程序应预先定义并公开，过程包括：质量保证主体的自我评估或等效程序；由专家组进行的外部评估；发布报告；根据报告建议审查质量保证主体的后续行动	机构可以为特定目的的开发和使用其他流程和程序；应确保质量保证要求和流程得到专业管理，并确保以一致的方式得出结论和决策
问责程序	各机构应制定自己的问责程序	问责程序包括：在其网站上公布确保机构本身质量的政策；证明文件；至少每五年对机构活动进行一次强制性的周期性外部审查

资料来源：European Association for Quality Assurance in Higher Education（ENQA），*Standards and Guidelines for Quality Assurance in the European Higher Education Area*，Helsinki：ENQA，2005.

　　高等教育质量保证标准和指南的建立是欧洲高等教育区在质量保证方面取得的重要成就，它为整个欧洲高等教育区的质量保证提供了可比标准和方法，同时为成员国保留了多样性的空间。它旨在适用于欧洲的所有高等教育机构和质量保证机构，无论其结构、功能和规模以及它们所在的国家体系如何。它为质量保证提供以过程为导向的标准和指导方针，而不是规定质量保证模型或质量工作成就水平等。其中，高等教育机构内部质量保证的欧洲标准和指南隐含的规范是高等教育机构必须对教育过程的所有核心要素进行质量保证，包括质量保证政策、教学计划和学位授予、学生评估、教师队伍、学习资源、信息系统等；高等教育机构外部质量保证的欧洲标准和指南规定了外部质量保证的正当程序和要求，涵盖流程的制定、决策标准、程序、报告、定期审查、结构化分析等，强调外部质量评估机构必须应用内部质量保证的标准，以检查其有效性；外部质量保证机构的欧洲标准和指南将质量保证原则应用于质量评估机构本身，以该机构是否符合 ESG 的标准作为在欧洲高等教育质量保证注册处注册获得认可的先决条件，特别是要求质量评估机构每 5 年进行一次外部评估。

ESG2005 促进了高等教育质量保证领域的合作，推动了欧洲高等教育质量保证协会和欧洲高等教育质量保证注册处的发展，这两个机构在确保外部质量保证机构按照 ESG 运行方面发挥了重要作用。ENQA 于 2000 年作为一个网络成立，并于 2004 年转变为一个协会，它为质量保证机构之间的合作和参与提供了一个论坛，要求其成员遵守 ESG，在此基础上促进机构之间的良好做法交流。EQAR 于 2008 年成立，根据伦敦公报（2007 年）中的有关协议，该机构提供在欧洲运作的质量保证机构的可靠信息，列入登记册的基本条件是该机构已通过评估并证明其运行符合 ESG。2014 年 9 月，15 个国家的 32 个机构被列入登记册；[①] 到 2017 年 11 月，25 个高等教育系统的 45 个质量保证机构在 EQAR 注册。[②]

二　ESG2005 实施中的问题及修订提议

ESG2005 实施以来，在内部质量保证方面，欧洲高等教育机构建立或开发了内部质量保证结构和流程，考虑了 ESG 的各个方面。然而，完全符合标准和指南的系统仍然是少数，对 ESG 的遵守程度不仅在欧洲高等教育区国家之间存在显著差异，在国家高等教育系统内也存在显著差

---

① European Commission/EACEA/Eurydice, *The European Higher Education Area in 2015*：*Bologna Process Implementation Report*, Luxembourg：Publications Office of the European Union, 2015.

② European Commission/EACEA/Eurydice, *The European Higher Education Area in 2018*：*Bologna Process Implementation Report*, Luxembourg：Publications Office of the European Union, 2018.

异。ESG 实施不一致背后的原因是多方面的，其反映了内部质量保证系统运行框架的复杂性，包括 ESG 经常通过遵守外部质量保证在高等教育机构中间接实施的事实。ESG 尚未成为整个欧洲高等教育机构的单一"共同框架"，但它们对协调机构层面的质量保证和促进欧洲对内部质量保证的共同理解产生了前所未有的影响。

关于外部质量保证，所有欧洲高等教育区国家都有某种形式的外部质量保证系统，尽管系统背后的理念和方法存在显著差异。自博洛尼亚进程启动以来，已有 22 个国家建立了国家质量保证机构，其中一半是自 2005 年以来建立的。大多数外部质量保证侧重于教学和学习领域，而针对项目的认证程序仍然是最常见的外部质量保证形式。在欧洲质量保证机构和其他利益相关者中，越来越多的人认识到质量保证必须与其他博洛尼亚行动路线结合，例如认可、资格框架和学习成果。事实上，在几个欧洲国家，质量保证的重点正在从以输入为中心的标准和教师活动转向预期的学习成果和评估、实现的学习成果和学生体验。在一些国家，认证不仅要确认是否符合最低标准，更是对学习成果赋予了越来越高的价值。质量保证机构还认识到他们的使命扩展到包括其他维度，例如社会维度、终身学习或国际化。对于质量保证机构而言，标准 3.2（法律地位）和 3.3（活动）给机构带来的挑战最少，但是除了这两项，不超过 68%的 ENQA 审查机构满足其他标准。[①]

（一）ESG 实施以来欧洲高等教育取得了重大进展，引发了对其范围、适用性以及实效性的疑问

自 2005 年 ESG 发布以来，包括质量保证在内的欧洲高等教育框架和格局发生了重大变化。在博洛尼亚进程的行动方针和承诺方面取得了重大进展，例如：制定资格框架（QF）；转向以学生为中心的学习并强调学

---

① European Commission, Directorate-General for Education, Youth, Sport and Culture, *Input Study to the Report from the European Commission on Progress in the Development of Quality Assurance Systems in the Various Member States and on Cooperation Activities at European Level: Final Report*, Publications Office, 2016.

习成果（LO）；提高国际化，包括流动性和跨境教育；促进欧洲质量保证维度。其他趋势如透明度、国际质量标签的普及、认证计划（例如 EQ-UIS）和质量保证模型（例如 ISO、EFQM）日益重要或对内部质量文化日益重视。欧洲层面质量保证政策的主要趋势是整合不同的博洛尼亚行动路线，人们越来越意识到不能独立于高等教育的其他领域和趋势来考虑质量保证。质量、认可、资格框架、学习成果和相关工具（如欧洲学分转移和累积系统，ECTS）等在高等教育机构的日常实践中都是相互关联的，而 ESG 的制定没有过多考虑博洛尼亚进程的其他行动路线。博洛尼亚工具的缺失环节，尤其是学习成果和资格框架越来越被视为欧洲高等教育区质量保证标准和指南的问题。此外，2008 年 ESG 已被采纳为 ENQA 成员资格和 EQAR 注册标准，这对标准和指南的目的和适用性提出了更多问题和挑战。随着 EQAR 的发展，由于 ESG 的"传统"质量保证并未考虑跨境质量保证（包括联合项目的质量保证）的问题，不仅阻碍了国际合作，而且对于创建外部质量保证的共同欧洲维度形成了障碍。

此外，有观点提出，ESG 更多是关于质量保证的质量而不是教育质量。ESG 是可以在欧洲高等教育区内建立信任的主要工具，但与此同时，它们并没有明确涵盖应该建立信任的教育质量，而是仅针对质量保证程序、过程和前提条件的质量。这使很多人怀疑质量保证过程是否真的保证和提高了教育质量。有关质量保证的文献警示，质量评估、质量审计、质量保证、质量审查、质量认证等几乎没有为学生学习体验的内在改善提供证据。缺乏清晰可见的证据无疑导致了 ESG 的不确定性。

（二）MAP-ESG 项目收集了有关 ESG 实施和应用的信息以及利益相关者的意见，导致 ESG 的全面修订

2010 年，在欧盟委员会的支持下，E4 启动了 MAP-ESG 项目，收集和整理欧洲高等教育区国家实施和应用 ESG 的信息，并就修订的必要性和潜在的改进领域展开全面讨论。项目收集了来自高等教育所有参与者和利益相关者（教师和学生、高等教育管理机构、内部质量保证机构、质量保证机构、EQAR、相关部门和社会伙伴）的意见。MAP-ESG 项目的结果表明，ESG 对整个欧洲高等教育区的机构和国家层面质量保证流

程的发展产生了影响，并且促进了利益相关者和高等教育参与者之间对质量保证的共同理解。尽管如此，ESG 在清晰度、适用性和实用性方面仍存在一些缺陷，需要进行全面修订。ESG 修订将聚焦：（1）改进 ESG 的清晰度、适用性和实用性，而不是对内容的全面修订；（2）使其与其他博洛尼亚工具如资格框架和 ECTS 的关系更加明确；（3）澄清术语并确保消除所用语言以及标准和指南本身方面的歧义，使 ESG 更加"用户友好"，并增强欧洲高等教育区内对质量保证的共同理解。①

在 2012 年布加勒斯特公报中，欧洲高等教育区国家的部长们同意 MAP-ESG 报告的结论并承诺修订 ESG，"以提高其清晰度、适用性和实用性，包括其范围"，并授权 E4 集团与欧洲商业（Business Europe）、教育国际（Education International）和欧洲高等教育质量保证注册处合作，准备 ESG 的修订提案，并计划在 2015 年的下届部长级会议上通过修订后的 ESG。②

三 欧洲高等教育区质量保证标准和指南的修订：ESG2015

欧洲高等教育区质量保证标准和指南（ESG2005）为欧洲高等教育区制定了质量保证框架，并被采纳为博洛尼亚进程的一部分。在 2015 年的埃里温会议上，欧洲高等教育区国家的高等教育部部长通过了欧洲高等教育区质量保证标准和指南的修订版，并重申了他们早先的承诺，即"使高等教育机构能够为其外部质量保证流程选择合适的 EQAR 注册机构，尊重国家对质量保证决策的安排"；同时提出"积极让学生作为学术界的正式成员以及其他利益相关者参与课程设计和质量保证"③。

---

① European Commission, Directorate-General for Education, Youth, Sport and Culture, *Input Study to the Report from the European Commission on Progress in the Development of Quality Assurance Systems in the Various Member States and on Cooperation Activities at European Level: Final Report*, Publications Office, 2016.

② European Commission/EACEA/Eurydice, *The European Higher Education Area in 2020: Bologna Process Implementation Report*, Luxembourg: Publications Office of the European Union, 2020.

③ European Commission/EACEA/Eurydice, *The European Higher Education Area in 2020: Bologna Process Implementation Report*, Luxembourg: Publications Office of the European Union, 2020.

ESG2015 通过对 ESG2005 的修订，旨在为高等教育质量保证提供一个通用框架，以确保和提高高等教育质量、支持相互信任并提供有关欧洲高等教育区质量保证的信息。

ESG2015 基于 4 项原则：（1）高等教育机构对其提供的质量及质量保证负有主要责任；（2）质量保证需要呼应高等教育系统、机构、项目和学生的多样性；（3）质量保证需要支持质量文化的创建；（4）质量保证应考虑到学生、其他利益相关者和社会的需求和期望。尽管这些原则都以某种形式出现在 ESG2005 中，但 ESG2015 更为关注对多样性的认可和支持优质文化的重要性。ESG2015 继续承认欧洲高等教育系统、机构和质量保证机构的多样性，与 ESG2005 一样，ESG2015 没有详细规定什么是质量，也没有规定应如何实施质量保证流程。相反，上述系统和机构在提供指导和加强高等教育质量方面保持着自己的作用。质量保证标准的 3 个部分——高等教育机构内部质量保证标准和指南（表 3-5）、高等教育机构外部质量保证标准和指南（表 3-6）和质量保证机构的标准和指南（表 3-7）相互关联，共同构成了高等教育质量保证框架的基础。其中，外部质量保证承认内部质量保证标准，从而确保机构开展的内部工作与其进行的任何外部质量保证直接相关；同样，质量保证机构的质量保证沿用高等教育机构外部质量保证的标准。3 个部分在高等教育机构和质量保证机构中相辅相成，并在承认其他利益攸关方为该框架作出贡献的基础上协同作用。因此，这 3 个部分应该作为一个整体来看待。

表 3-5　　**高等教育机构内部质量保证标准和指南**（ESG2015）

核心要素	标准	指南
质量保证政策	机构应该有公开的质量保证政策并构成其战略管理的一部分	质量保证政策反映研究和教学之间的关系并考虑国家背景、机构背景及其战略方法，该政策支持：质量保证体系的组织；组织和个人承担质量保证责任；学术诚信和自由；防止对学生或教职员工的任何形式的歧视；外部利益相关者参与质量保证

续表

核心要素	标准	指南
计划的设计与审批	机构应有设计和批准学习计划的程序，计划的设计应达到预定目标，包括预期的学习成果；应明确规定与计划相应的资格，并参考国家以及欧洲高等教育区资格框架的相应水平	学习计划应：目标符合机构战略并有明确的预期学习成果；让学生和其他利益相关者参与设计；从外部专业知识和基准受益；反映欧洲委员会关于高等教育的4个目的；使学生顺利升学；规定学分要求；提供良好的实习机会；经过正式的机构审批程序
以学生为中心的学习、教学和评估	机构在课程提供和评估中应确保鼓励学生发挥积极作用	实施以学生为中心的学与教，包括尊重和关注学生的多样性及其需求，提供灵活的学习路径；灵活运用多种教学方式和方法；定期评估并调整授课方式和教学方法；鼓励学习者的自主意识，同时确保教师提供充分的指导和支持；促进师生关系中的相互尊重，等等
学生录取、升学、认可和认证	机构应始终如一地应用涵盖学生"生命周期"的所有阶段，包括入学、升学、认可和认证的既定和公开的规定	拥有适合目的的入学、认可和结业程序至关重要，尤其是当学生在高等教育系统内和跨高等教育系统流动时；公平承认高等教育资格、学习时间和先前学习，包括承认非正规和非正式学习，是确保学生学习进步和促进流动性的重要组成部分
教学人员	机构应确保教师的能力，采用公平和透明的流程来招聘和提升员工素质	建立明确、透明和公平的员工招聘流程和就业条件，承认教学的重要性；为教职工的专业发展提供机会；鼓励学术活动以加强教育和研究之间的联系；鼓励教学方法的创新和新技术的使用
学习资源和学生支持	机构应为学习和教学活动提供适当的资金，并确保提供充足且易于获取的学习资源和学生支持	考虑到多样化学生群体的需求，以及向以学生为中心的学习和灵活的学与教模式的转变，规划并提供学习资源和学生支持
信息管理	机构应确保收集、分析和使用相关信息，以有效管理其计划和其他活动	可以使用各种方法收集信息，包括：关键绩效指标；学生群体概况；学生升学率、成功率和辍学率；学生对课程的满意度；提供的学习资源和学生支持；毕业生的职业道路
公共信息	机构应发布有关其活动及计划的信息，确保清晰、准确、客观、最新且易于获取	机构应提供有关其活动的信息，包括课程和选择标准、预期学习成果、授予的资格、使用的教学、学习和评估程序、通过率以及毕业生就业信息等

续表

核心要素	标准	指南
持续监控和定期审查计划	机构应监控并定期审查教学计划，以确保实现目标并响应学生和社会的需求	定期监测、审查和修订学习计划包括评估：确保学科教学计划的内容最新；社会不断变化的需求；学生的负担、进度和完成情况；学生评估程序的有效性；学生对课程的期望、需求和满意度；学习环境和支持服务及其是否适合该计划
周期性外部质量保证	机构应定期接受符合 ESG 的外部质量保证	各种形式的外部质量保证可以验证机构内部质量保证的有效性，成为改进的催化剂，为机构提供新的视角；外部质量保证可能采取不同的形式，并侧重于不同的组织层面（如项目、教师或机构）

资料来源：ENQA, ESU, EUA, EURASHE, *Standards and Guidelines for Quality Assurance in the European Higher Education Area*（*ESG*），Brussels，2015.

表 3-6　　**高等教育机构外部质量保证标准和指南**（ESG2015）

核心要素	标准	指南
考虑内部质量保证	强调 ESG 内部质量保证流程的有效性	外部质量保证承认并支持机构对质量保证的责任；为确保内部和外部质量保证之间的联系，外部质量保证应考虑内部质量保证的标准
设计适合目的的方法	应专门定义和设计外部质量保证标准，以确保其实现设定的目标，同时考虑相关法规，保证利益相关者参与	为了确保有效性和客观性，外部质量保证必须有利益相关者认可的明确目标
实施过程	外部质量保证过程应该是可靠的、有用的、预先定义的、一致的和公开的，包括自我评估、外部评估、外部评估报告、后续跟进	机构通过自我评估或收集其他材料（包括支持证据）为外部质量保证提供基础。书面文件通常通过现场考察期间与利益相关者的访谈来补充。评估结果总结在由外部专家撰写的报告中
同行评审专家	外部质量保证应由包括学生成员在内的外部专家组执行	外部质量保证的核心是同行专家提供的广泛专业知识，他们通过来自机构、学者、学生和雇主/专业从业者等不同角度的意见为机构的工作作出贡献

续表

核心要素	标准	指南
结果标准	外部质量保证的任何结果或判断都应基于一致、明确和公开的标准	为了公平和可靠性，外部质量保证的结果基于预先定义和公布的标准，这些标准得到一致的解释并以证据为基础。结果可能采取不同的形式，例如，建议、判断或正式决定
报告	报告应公开、清晰且可供学术界、外部合作伙伴和其他感兴趣的个人使用	为了将报告用作采取行动的基础，报告的结构和语言必须清晰简洁并涵盖：背景描述；对单个程序的描述，包括所涉及的专家；证据、分析和发现；结论；机构展示的良好实践的特点；后续行动建议
投诉和上诉	投诉和上诉流程应明确定义为外部质量保证流程的一部分，并传达给高等教育机构	投诉程序允许机构陈述其对流程的实施或执行者的不满。在上诉程序中，机构可以证明结果不是基于可靠的证据、标准没有被正确应用或程序没有得到一致实施

资料来源：ENQA, ESU, EUA, EURASHE, *Standards and Guidelines for Quality Assurance in the European Higher Education Area*（*ESG*），Brussels, 2015.

表 3-7 　　　　　　**质量保证机构的标准和指南**（ESG2015）

核心要素	标准	指南
质量保证的活动、政策和过程	机构应定期开展外部质量保证活动，有明确的目标，确保利益相关者参与其治理和工作	各机构开展各种外部质量保证活动以实现不同的目标，包括评价、审查、审计、评估、认证或其他类似活动
官方地位	机构应具有法律依据，并应被主管公共当局正式承认为质量保证机构	特别是当出于监管目的进行外部质量保证时，机构需要确保其结果在高等教育系统内被国家、利益相关者和公众所接受
独立性	机构应独立并自主行动；在不受第三方影响的情况下，对其活动和结果承担全部责任	机构独立包括：组织独立；运行的独立性；正式结果的独立性。独立性对于确保任何程序和决定完全基于专业知识非常重要
专题分析	机构应定期发布报告，描述和分析其外部质量保证活动的一般发现	机构在工作过程中获得了有关计划和机构的信息，对这些信息进行专题分析将显示发展、趋势和良好做法或持续需要改进的领域

续表

核心要素	标准	指南
资源	应有足够、适当的人力和财力资源以开展工作	机构获得充足和适当的资金有助于其以有效和高效的方式组织和开展外部质量保证活动
内部质量保证和职业操守	机构应制定内部质量保证流程，保证并增强其活动的质量和完整性	机构的内部质量保证政策应：确保参与人员具备能力、专业性和职业道德；构建机构持续改进的内部和外部反馈机制；防止任何形式的苛求或歧视；概述与相关当局的适当沟通，等等
机构的周期性外部审查	机构应至少每 5 年进行一次外部审查，以证明其遵守 ESG	定期外部审查有助于机构反思其政策和活动，并提供了保证其继续遵守 ESG 原则的方法

资料来源：ENQA, ESU, EUA, EURASHE, *Standards and Guidelines for Quality Assurance in the European Higher Education Area*（*ESG*），Brussels，2015.

与 ESG2005 相比，ESG2015 考虑到了自 2005 年以来欧洲高等教育的发展，例如转向以学生为中心的学习、对灵活学习路径的需求以及对正规教育之外所获得能力的认可。此外，考虑了高等教育国际化程度的提高、数字化学习的普及和新的教学形式对高等教育质量保证的影响。ESG2015 还参考了欧洲层面的其他有助于提高高等教育透明度和信任度的工具，例如资格框架、欧洲学分转移和累积系统（ECTS）以及文凭补充。ESG2015 还强调了对欧洲高等教育区所有高等教育机构的适用性，"无论学习方式或授课地点如何"[①]。这清楚地表明，ESG2015 同样适用于跨境和跨国高等教育，以及电子学习等不同的教育提供模式。此外，ESG2015 明确指出，其适用于非正式学位课程的高等教育提供。与 ESG2005 一样，ESG2015 关注与学习和教学相关的质量保证，ESG2015 还包括"与研究和创新的联系和学习环境"。此外，虽然 ESG 不涵盖其他机构活动的质量保证，如研究或机构治理，但 ESG2015 期望机构制定政

① ENQA, ESU, EUA, EURASHE, *Standards and Guidelines for Quality Assurance in the European Higher Education Area*（*ESG*），Brussels，2015.

策和流程来解决这些问题。由于标准和指南强调质量保证具有问责和改进的双重目的，因此 ESG 同样适用于不同的质量保证方法。①

随着 ESG2015 的实施，质量保证的"欧洲高等教育区模型"变得更加统一、清晰和可见。ESG2015 带来了许多"技术"改进，包括第 1 部分中概述的内部质量保证标准和指南的重大变化。这些变化使 ESG 能够更好地适应欧洲高等教育区的新发展，包括新的学习模式、质量保证和资格框架（QF EHEA）之间的联系和学习成果，并更加强调学生作为学习过程的共同创造者的积极作用。质量保证的范围也相应扩大，ESG2015 不仅涵盖教学和学习，而且应对高等教育国际化程度的提高、数字学习的传播以及新的教育提供方式和对正规教育之外获得的能力有所认可。在 2018 年的巴黎部长级会议上，公报签署方进一步承诺在其国家立法和法规中消除实施 ESG 的剩余障碍以及使"质量保证符合欧洲高等教育区质量保证的标准和指南"。为确保实施，参与各方还建立了结构化的同行支持方法，政府和利益相关者可以在此会面，讨论他们的行动计划并分享实施这一关键承诺的实践。

欧洲高等教育区质量保证标准和指南通常被认为是最成功的欧洲高等教育区工具之一：有证据表明，其一直是高等教育系统和机构层面更专业、更透明和更精简的质量保证流程的主要推动力。在尊重高等教育系统多样性和自主性的同时，ESG 是在欧洲创建质量保证通用语言并在欧洲高等教育区建立一套质量保证共享原则的有力工具，这些原则包括：高等教育机构对质量和质量保证的主要责任；质量保证对高等教育多样性的反应；对质量文化的支持以及利益相关者的核心作用。

近年来，高等教育的提供方式迅速发生了变化，包括电子学习的主流化、微证书的出现、"欧洲大学"倡议的启动以及重新认可高等教育机构第三使命的重要性。此外，一些高等教育机构和系统正在探索超越

① EURASHE, ENQA, EUA, ESU, EI, EQAR, UiO, CCISP, "Comparative Analysis of the ESG 2015 and ESG 2005", https：//www.enqa.eu/wp-content/uploads/EQUIP_comparative-analysis-ESG-2015-ESG-2005.pdf.

ESG 的质量保证方法。因此，人们对 ESG 在高等教育不断变化背景下的持续相关性和适用性提出了疑问，并呼吁进一步修订以适应这些发展。对此，E4 集团强调，为了继续发挥在欧洲质量保证方面的作用，ESG 必须保持适用性、必须足够灵活以应对不断发展的高等教育格局，以及必须具有支持高等教育创新和质量保证多样性的巨大潜力。ESG 的适当使用和解释是其适用性的核心。同时，E4 集团强调 ESG 主要是提高高等教育质量的一种工具。正如 ESG2015 所表明的："ESG 是一套用于高等教育内部和外部质量保证的标准和指南。ESG 不是质量标准，也没有规定如何实施质量保证流程，但它们提供了指导，涵盖了对高等教育成功提供质量和学习环境至关重要的领域。应该在更广泛的背景下考虑 ESG，其中还包括资格框架、ECTS 和文凭补充，这也有助于提高欧洲高等教育区高等教育的透明度和相互信任。"① E4 集团表示，随着高等教育领域的发展变化，质量保证框架也需要随着时间的推移而发展。②

第三节　欧盟高等教育质量保证模式和运行机制

20 世纪 90 年代后期以来，欧洲高等教育的质量保证范围不断扩大。在欧盟资助的质量保证试点项目和随后 1998 年欧盟部长理事会关于高等教育质量保证合作的建议之后，欧盟成员国纷纷建立起各自的质量保证体系，许多新的质量保证或认证机构也随之成立。1999 年博洛尼亚进程启动，质量保证作为博洛尼亚进程的关键承诺之一，也是欧洲高等教育区的支柱之一；2001 年布拉格会议上，部长们认识到质量保证体系在确保高质量标准和促进整个欧洲的资格可比性方面发挥的重要作用；2003 年的柏林部长会议承诺实施质量保证体系；2005 年的卑尔根会议通过了

---

① ENQA, ESU, EUA, EURASHE, *Standards and Guidelines for Quality Assurance in the European Higher Education Area*（*ESG*）, Brussels, 2015.

② The ESG in the Changing Landscape of Higher Education, Statement by the E4 Group, August 2020, https：//www.enqa.eu/wp-content/uploads/E4-statement_The-ESG-in-the-changing-landscape-of-higher-education_Final.pdf.

欧洲高等教育区质量保证标准和指南，为欧洲高等教育内部和外部质量保证制定了可比标准、提供了整体框架，自此高等教育质量保证进入了一个新阶段。

一 高等教育质量保证模式

质量保证在很大程度上被认为是博洛尼亚进程最成功的行动路线之一，它极大地促进了欧洲层面的质量保证活动。高等教育质量保证是内部和外部保证相结合的过程，2005 年采用的欧洲高等教育区质量保证标准和指南进一步推动了内部和外部质量保证的发展，它要求高等教育机构和质量保证机构确保其活动的质量。一方面，高等教育机构对其提供的教育质量负主要责任，通过健全的内部质量保证系统确保其活动的质量并持续改进；另一方面，内部质量保证体系得到外部质量保证活动的支持和补充。高等教育机构通过参与外部质量保证活动，支持并加强其内部系统和教育提供。外部质量保证机构对其活动承担自主责任，其报告中的结论和建议不受其他外部因素影响。外部质量保证机构通过同行评审和评估开展质量保证活动。

（一）内部质量保证：倡导建立"质量文化"

高等教育机构内部质量保证系统的活动包括监控和评估所有教育提供的活动，同时制定目标明确的行动计划。内部质量保证体系须与高等教育机构的使命和战略重点保持一致，并作为高校管理结构的组成部分。内部质量保证以建立质量文化为目标，并不断改进机构的教学与学习。质量文化可以看作内部利益相关者在机构的日常工作中隐含地推进质量保证、加强并改进质量保证的能力。[①]

作为提高欧洲高等教育吸引力和竞争力的一种手段，提供高质量的教育一直是博洛尼亚进程和里斯本战略的主要目标之一。博洛尼亚进程的部长级会议塑造了欧洲高等教育的质量保证框架。2003 年柏林公报指

---

① European Students' Union, *2017 Policy Paper on Quality of Higher Education* (*Amended*), Brussels: ESU, 2017.

出，"根据机构自治的原则，高等教育质量保证的主要责任在于每个机构本身"；2005 年通过的欧洲高等教育区质量保证标准和指南再次强调了机构自治原则。在制定上述高等教育质量保证框架的同时，质量保证工作在机构层面继续推进。高等教育机构不断开发和推行质量保证流程，从而培养它们的质量文化。为了了解欧洲国家高等教育机构内部质量保证的实施状况，2009 年 10 月，欧洲大学协会与其合作伙伴德国校长会议（HRK）和苏格兰质量保证机构联合发起了"检查欧洲高等教育机构的质量文化（EQC）"项目，其目的是：（1）确定高校内部质量保证流程，特别是关注院校如何实施 ESG 中专门针对高校内部质量保证的部分；（2）分析机构质量文化和质量保证过程的发展动态，确定并展示实践案例。项目重点关注欧洲高等教育机构如何在实践中实施 ESG 第 1 部分以及在正式的质量保证流程方面取得的进展，共有来自 36 个国家的 222 家高等教育机构参与了问卷调查。结果显示，大多数高等教育机构都形成了基本的质量保证结构和建立了流程，尽管存在一些挑战，但也取得了显著进展。[①]

在所有欧盟成员国，高等教育法以及具体的质量保证相关法律或指令阐明了内部质量保证的总体框架和作用，以及与外部质量保证的关系。质量保证特别是内部质量保证已成为许多欧盟国家高等教育改革的重要组成部分。在几乎所有欧盟国家，国家立法要求高等教育机构应制定并公布其内部质量保证政策或战略。内部质量保证通常是高等教育机构长期总体战略的一部分，对这种战略的要求程度因国家而异。国家法律框架通常界定内部和外部质量保证的关键原则，质量保证机构则负责建立具体的质量保证程序并为高等教育机构实施这些程序提供支持。虽然一些国家在 2014 年之前就制定了相关法规（如西班牙为 2001 年、波兰为 2005 年、葡萄牙为 2007 年、克罗地亚为 2009 年、奥地利和爱尔兰为 2012 年），但也有一些国家直到近年来才制定或修订管理高等教育质量保

---

① Tia Loukkola, Thérèse Zhang, *Examining Quality Culture：Part 1–Quality Assurance Processes in Higher Education Institutions*, Brussels：EUA, 2010.

证的法律法规。例如在捷克，2016 年推出的《高等教育法》修正案规定高等教育机构有义务建立和维护内部质量保证体系。①

在几乎所有国家，内部质量保证体系的存在是接受 ESG 标准 1.1 和 2.1 所定义的外部质量保证的先决条件。大多数国家的外部质量保证体系以自我评估为基础，这是高等教育机构内部质量保证体系的一部分。然而在西班牙，对大学内部质量保证体系的评估是自愿的，并非计划事前和事后认证的先决条件，但大多数大学仍然选择完成对其内部质量保证体系的自愿评估。除了学习计划和机构的质量保证，一些国家（如捷克和西班牙）的质量保证机构也明确涉及教授的任命或资格认证程序，然而这并不包括在欧洲质量保证框架（ESG）的范围内。

在一些国家，国家法律和指南要求在高等教育机构设立专门的组织机构或委员会，负责内部质量保证。例如在意大利，两个强制性机构——由"师生联合委员会"组成的"内部评估委员会"和"大学质量委员会"负责内部质量保证。在捷克，内部质量保证的义务和权限主要由高等教育机构科学委员会、院系科学委员会和新的自治机构内部评估委员会承担。在希腊，法律要求高等教育机构设立质量保证部门，以协调内部质量保证流程。自 2014 年以来出现了一种趋势，即在负责评价的部门或学校建立次级单位或任命质量保证代表。在希腊，每个大学的部门都有一个质量保证单位。

对高等教育机构的调查显示，欧盟成员国的内部质量保证程序通常包括广泛的利益相关者群体。在项目设计、评估和课程开发中，学术人员发挥着最大的作用。另外学生作为有影响力的利益相关者群体，经常参与内部质量保证活动。超过 70% 的被调查高等教育机构表示学生积极参与项目设计、评估和课程开发。虽然存在让学生参与内部质量保证程序的趋势，但成员国之间在治理、反馈和信息提供方面仍然存在差异。

① European Commission, Directorate-General for Education, Youth, Sport and Culture, *Study to Evaluate the Progress on Quality Assurance Systems in the Area of Higher Education in the Member States and on Cooperation Activities at European Level: Final Report*, Publications Office, 2019.

在高校外部的利益相关者中，国家政策制定者在内部质量保证方面拥有最大的发言权，其次是本国专家（如专业人士和利益集团）和雇主，外国专家在确定内部质量衡量标准方面的作用较弱。在德国，学生和雇主的参与是项目认证的一个关键特征。法律规定所有大学董事会和委员会都必须有学生代表。虽然不是强制性的，但高等教育机构越来越多地让外部利益相关者参与学习项目的开发，一些高等教育机构已将其作为学习项目开发过程的关键组成部分。在法国，近年来质量保证机构从ESG2015出发，对高等教育机构的内部质量保证流程提出了更高的要求，因此总体上法国高等教育系统的内部质量保证得到了实质性加强。在英国，学生的参与形式不同。一些高等教育机构将学生视为专家并授予他们负责质量保证的内部机构成员资格，在这种情况下，学生参加会议，为这些机构制定政策、报告和分析作出贡献并参与质量相关决定的投票。其他高等教育机构咨询学生代表或收集学生对教学方法、个别教学人员的表现、课程、学生设施、学生支持服务和学生满意度等不同方面的反馈。学生参与高等教育机构自我评估报告的准备过程以及作为评估结果的决策。

（二）外部质量保证：采用评估、认证、审计、基准等方式

2006年欧洲议会和欧盟理事会关于在高等教育质量保证方面进一步开展合作的建议承认高等教育质量的主要责任落在高等教育机构本身，高校内部质量保证体系旨在监控和提高质量，并发展真正的"质量文化"。然而，内部质量保证往往缺乏以透明和负责任的方式告知利益相关者所需的独立性和公众可访问性，提供此类信息是外部质量保证的作用，它由独立的质量保证机构执行。外部质量保证包括：评估特定高等教育机构的课程或组织单元的质量（"审计"）；比较给定领域或学科中不同高等教育机构的质量（"基准"）；保证达到某些预先定义的质量标准（"认证"）；授予彰显高质量或"卓越"的各种质量印章。

在1998年涵盖18个欧盟成员国质量保证状况的报告中，确定了5种主要的评估类型：学科评估、项目评估、机构评估、审计和认证。1999

年签署的博洛尼亚宣言呼吁各国加强高等教育质量保证合作，2001 年的布拉格教育部部长大会正式要求欧洲大学联盟（EUA）、欧洲学生国家联盟（ESIB）、欧盟委员会（EU）与 ENQA 进行合作，构建具有共同参考标准的质量保障机制，因此 ENQA 在 2003 年委托丹麦评估协会开展了欧洲高等教育质量程序调查，调查报告于 2003 年发布，报告总结了博洛尼亚进程签约国国家质量保证机构情况、欧洲质量保证中的评估类型、程序以及标准等。后来随着欧洲高等教育外部质量保证情况的变化，ENQA 分别于 2007 年、2010 年和 2013 年开展了第二、三、四次欧洲高等教育质量程序调查，调查报告分别于 2008 年、2012 年和 2015 年出版。第二次调查的内容与第一次类似，聚焦欧洲高等教育区及其他地区质量保证机构的质量程序；第三次调查重点关注外部质量保证的良好实践和正在发生的变化，以及未来质量保证机构的重点领域和活动；第四次调查以"质量保证机构的国际化"为主题。基于对上述调查报告的分析，可以反映欧洲高等教育外部质量保证的主要方法及特征。

在第一次调查中，质量保证类型被定义为评估、认证、审计、基准 4 种方式与学科、计划、机构、主题 4 个类别的结合，从而产生了 16 种不同的质量保证形式。调查结果表明，高等教育质量保证可以确定为基于定期使用的 8 种主要类型，大多数机构进行了其中几种类型的评估。计划认证和计划评估是高等教育质量保证中最常用的两种形式，大多数机构定期使用这两种工具，其次是机构审计、机构认证、机构评估、学科评估、计划基准和学科基准。[①]

1. 评估

评估是外部质量保证常用的方式，目的是通过评价高等教育机构存在的优势和不足，帮助高校改进其业绩和表现。在不同情况下，评估有不同的侧重点，如针对培养计划、高等教育机构、学科、专题领域等。其中，计划评估是高等教育质量保证中最常用的评估类型之一，计划评

---

① The Danish Evaluation Institute, *Quality Procedures in European Higher Education: An ENQA Survey*, Helsinki: ENQA, 2003.

估侧重于学习计划①内的活动，约53%的质量保证机构定期开展此类评估，这种方式在北欧、荷兰或英语机构使用较为普遍。与大学相比，非大学类高等教育机构也经常开展计划评估。机构评估监察高等教育机构内所有活动的质量，包括学校组织、财务、管理、设施、教学和研究等，约22%的质量保证机构经常使用机构评估方式。学科评估侧重于特定学科的质量，通常在教授该学科的所有学习计划中开展，约14%的质量保证机构经常使用这种方式，约3%的机构偶尔使用。② 主题评估即对教育领域中特定主题的质量或实践（如ICT或学生咨询工作等）进行检查，部分质量保证机构开展此类评估。

2. 认证

认证是高等教育质量保证的传统方式，在欧洲国家的质量保证中广泛使用。德国、挪威、荷兰等国家自第一次调查后就将其作为高等教育质量保证的主要方式。其中约56%的被调查机构定期使用计划认证，这种方式在德语机构、荷兰机构以及北欧和南欧国家的机构中得到普遍使用。此外，约22%的质量保证机构定期开展机构认证，主要是德国、奥地利等国的机构。认证与评估虽然包含相同的方法要素，即所谓的四阶段模型，但认证与评估存在区别。在2001年ENQA关于认可类实践的报告中，认证具有以下特征：（1）认证是对高等教育课程、培养计划以及机构是否达到一定的标准（最低或最高标准）而做出的认可或认定；（2）认证往往涉及依据基准的评估；（3）认证结果基于质量标准，而非政治考量；（4）认证结果通常要做出"是或否"的判定。认证的主要目的是提高高等教育机构或学位项目的可靠性和公众形象，保证学位项目和教育机构达到既定的标准。③ 一些国家的认证程序既涉及对现有计划的认证，也包括对未决或拟议中计划的认证。因此，这些国家明确区分了

---

① 这里的学习计划指为获得正式学位的学习。
② The Danish Evaluation Institute, *Quality Procedures in European Higher Education: An ENQA Survey*, Helsinki: ENQA, 2003.
③ 阚阅:《欧洲高等教育质量保障探析》,《高等农业教育》2005年第8期。

事前和事后认证。相关国家的许多质量保证机构也对高等教育机构进行认证，高校必须获得批准才能制订或提供新计划。认证可以针对计划和机构以外的其他层面——质量保证机构本身也可以是认证的对象。如德国认证委员会的主要任务之一是认证其他质量保证机构，同时也可以应各州的要求对其计划进行认证。在欧洲其他一些国家也有类似情况，如荷兰近来成立了国家认证组织，其任务是审核和验证质量保证机构开展的外部评估。

3. 审计

审计是一种评估质量保证机制优缺点的方法，由高等教育机构自主采用，以持续监控并改进学科教学、培养计划、整个机构或某一专题的活动和服务。ENQA2001 年欧洲机构评估报告强调，质量审计的根本任务是使高等教育机构判断其是否满足自身设定的标准和目标。在欧洲质量保证经常使用的方法中，审计排在第 3 位。其中最常见的审计类型是"机构审计"，经常使用率约为 28%，爱尔兰和英国的所有机构以及北欧和相关国家的一些机构都定期使用机构审计；约 11% 的质量保证机构偶尔使用机构审计。[1] 计划、学科和主题审计在欧洲质量保证中并不常见。

4. 基准

基准也称"标杆瞄准或高标定位"，它作为一种工商管理方法被引入高等教育质量保证领域。[2] 基准方法通过对不同学校在学科、计划、机构或主题等方面的情况进行比较，从而交流最佳实践经验。与认证程序通常基于最低标准或门槛标准不同，基准管理程序通常基于卓越标准。最常见的基准形式是"计划基准"，约 14% 的质量保证机构定期使用这种方式；约 9% 的质量保证机构定期或偶尔采用学科基准；机构基准和主题基

① The Danish Evaluation Institute, *Quality Procedures in European Higher Education: An ENQA Survey*, Helsinki: ENQA, 2003.

② 覃玉荣:《博洛尼亚进程中欧洲高等教育质量保障框架》,《黑龙江高教研究》2009 年第 2 期。

准的使用很少。① 值得注意的是，基准方法在欧洲国家并非主要的质量保证形式。除了荷兰专业教育大学协会（Netherlands Association of Universities of Professional Education）将计划基准作为第二常用的评估类型，其他质量保证机构均不将基准作为主要的质量保证方法。

2007 年的第二次欧洲高等教育质量程序调查结果显示，最常见的外部质量程序是评估和认证，其次是审计，其他如基准和排名则很少使用。大约三分之二的机构在其外部质量保证中使用面向计划的质量保证程序，而仅有约 40% 的机构使用针对机构的质量保证程序。这两个层面采用的质量保证程序比例在评估和认证之间没有区别，而审计在计划层面更为少见。在大部分情况下，特定的外部质量程序要么定期执行，要么从不执行。唯一例外是对机构和主题的评估，大约 20% 的受访机构偶尔会进行此类评估。此外，大多数受访机构（约 90%）不局限于一种外部质量程序，其中一些机构甚至执行大多数类型的质量保证程序（评估、审计和认证）。②

二　高等教育质量保证程序

高等教育质量保证程序存在两种类型。一种是第一次欧洲高等教育质量程序调查报告提出的四阶段模型（The Four-Stage Model），该模型最早由高等教育质量保证试点项目提出，反映在 1998 年的欧盟理事会建议中，并成为欧洲高等教育质量保证协会成员的资格标准。第二种是 2005年发布的欧洲高等教育区质量保证标准和指南中所规定的四阶段流程（The ESG Four-Stage Process），这是欧洲高等教育区质量保证标准和指南中的外部质量保证程序。高等教育质量保证机构大多采用 ESG 的四阶段流程，同时各国质量保证机构结合自己国情，在实施 ESG 四阶段流程方

---

① The Danish Evaluation Institute, *Quality Procedures in European Higher Education：An ENQA Survey*, Helsinki：ENQA, 2003.

② Nathalie Costes, Fiona Crozier, Peter Cullen, Josep Grifoll, Nick Harris, Emmi Helle, Achim Hopbach, Helka Kekäläinen, Bozana Knezevic, Tanel Sits, Kurt Sohm, *Quality Procedures in the European Higher Education Area and Beyond-Second ENQA Survey*, Helsinki：ENQA, 2008.

面存在一定差异。

（一）质量保证程序的"四阶段模型"

四阶段模型源于 1991 年在高等教育质量保证领域开展的试点项目，项目方法基于当时已建立质量保证体系的 4 个国家（丹麦、法国、荷兰和英国）的 4 条共同原则，这 4 条原则是高等教育质量保证达成的共识。这些原则后来成为欧洲理事会 1998 年 9 月 24 日关于高等教育质量保证合作建议的支柱，并被转化为欧洲质量保证程序的"四阶段模型"。该模型包含的四阶段是：（1）在质量评估的程序和方法方面，自主并独立于政府和高等教育机构；（2）自我评估；（3）由同行评审小组进行外部评估和实地考察；（4）发布评估报告。其中第一阶段更像是原则，该阶段任命专家小组成员体现质量评估程序的独立性。

1. 专家组的组成和任命

欧洲质量保证机构专家小组成员既有代表某一领域和高校的国内专家、国际专家，也有学生、毕业生、雇主、质量保证机构工作人员以及来自专业组织的人员，任命专家的程序是体现质量评估程序独立性的一个指标。专家的提名和聘任是相辅相成的，其区别主要体现在高等教育机构的作用上，约 29% 的高校提名专家，但不参与最终任命。相比之下，欧盟和欧洲自由贸易区国家的高等教育机构在提名过程中的作用更为突出。与此同时，欧盟国家的质量保证机构专家组的成员往往比非欧盟国家的机构更加多元。例如，欧盟国家机构将学生和雇主作为专家小组成员的比例分别约为 25% 和 43%，均高于非欧盟国家（比例分别约为 13%和 19%）。① 总体上，虽然学生在很大程度上参与自我评估并在实地考察中接受采访，但他们对专家小组的参与仍然相当有限。此外，国际专家普遍参与评估，包括撰写最终报告并且通常以本国语言撰写。专家组的职责重点是参与实地考察，包括制订实地考察计划和准备实地考察指南，以及撰写评估报告。

---

① The Danish Evaluation Institute, *Quality Procedures in European Higher Education*: *An ENQA Survey*, Helsinki: ENQA, 2003.

2. 自我评估

几乎所有质量保证机构都将质量改进作为其主要活动目标，因此自我评估仍然是大多数评估程序中的一个要素，其中约 94% 的评估程序、约 68% 的认证过程包含自我评估。自我评估过程通常被视为在评估程序中具有双重目的：一方面，自我评估过程最终形成文件；另一方面，它构成了持续改进的基础。高等教育机构自我评估小组成员包括学生、毕业生、管理人员、教学人员以及行政人员等。总体而言，管理人员和教学人员通常作为自我评估小组的一部分，而毕业生很少参与。行政人员和学生的参与差异很大，学生通常参与评估但很少参与认证程序。此外，欧盟国家学生参与的比例（约 62%）高于非欧盟国家（约 47%），大学学生参与的比例（约 67%）高于非大学学生（约 46%）；非欧盟国家行政人员参与自我评估过程的比例（约 73%）高于欧盟国家（约 56%）。①作为书面证据，自我评估几乎在所有情况下都提供统计数据，在大约一半的情况下还提供某种补充调查。

3. 实地考察

实地考察在几乎所有评估程序中都是标准步骤，也是对高校自我评估报告统一使用的后续行动，仅少数国家（如挪威、荷兰）的计划认证和计划基准方式在没有事先自我评估的情况下进行实地考察。一般来说，实地考察的持续时间为 1—5 天，以两天为最常见。机构层面的评估程序通常持续较长时间，尤其是爱尔兰、意大利和瑞典的机构层面的审计，平均时长为 3.3 天。实地考察内容包括访谈（约 97% 的评估方法中包含此项内容，下同）、课堂观察（约 25%）、参观学校设施（约 86%）、与学校管理层召开最后会议（约 71%）、审查文件材料（约 90%）等。虽然以上要素的具体内容可能会有很大的不同，但质量保证机构所使用的方法没有太大的差异。此外，通常要对教职员工和学生进行访谈，包括毕业生也会接受面试（约 50%）；约 69% 的实地考察会与行政人员进行面

① The Danish Evaluation Institute，*Quality Procedures in European Higher Education*：*An ENQA Survey*，Helsinki：ENQA，2003.

谈，这在机构层面的评估程序中最为常见，尤其是在审查程序中。相比之下，课堂观察在实地考察中的使用并不普遍（仅约25%），且非欧盟国家（约50%）比欧盟国家（约17%）使用更为频繁。[①]

4. 报告和跟进

四阶段模型的最后一个阶段是发布报告。质量保证机构几乎在所有情况下（除了认证）都会发布报告。一般而言，发布的报告存在一定的差异。绝大部分（约91%）的报告包含结论，大部分（约81%）报告包含分析，约30%的报告包含经验证据，约89%的报告包含建议。在某些情况下，报告的结果包含不同层面的建议，其中一些针对立法和监管层面，另一些直接针对被评估机构。报告在发布前通常会咨询被评估机构，少数（约8%）情况下会咨询政府，而很少咨询其他机构，如"校长会议""大学协会"以及专业组织和劳动力市场。大部分（约76%）报告使用本国语言撰写，约三分之一（约35%）的报告使用英语。在后续跟进方面，由质量保证机构负责跟踪检查的占比约为39%，由中央或地方政府负责跟踪检查的占比约为46%，由被评估机构负责跟踪检查的占比约为76%（以上3个实施主体所占比重之和大于100%是因为有时由多个主体共同实施跟踪检查）。[②]

（二）ESG 的四阶段过程

四阶段模型是高等教育质量保证共同认可的程序，在 ENQA 成员资格标准中占有突出地位。此外，2005 年发布的欧洲高等教育区质量保证标准和指南规定了外部质量保证的一般程序和要求，涵盖流程的制定、决策标准、程序、报告、定期审查、结构化分析等，在此基础上形成了高等教育质量保证的四阶段流程。四阶段流程与四阶段模型相关，但不同于四阶段模型，它明确描述了四个不同的过程并包括后续行动：（1）

① The Danish Evaluation Institute, *Quality Procedures in European Higher Education: An ENQA Survey*, Helsinki: ENQA, 2003.

② The Danish Evaluation Institute, *Quality Procedures in European Higher Education: An ENQA Survey*, Helsinki: ENQA, 2003.

质量保证过程主体的自我评估或等效程序；（2）由专家组进行的外部评估，包括由机构酌情决定的学生参与和实地考察；（3）发布报告，包括决定、建议或其他正式结果；（4）根据报告提出的建议，审查质量保证过程主体所采取行动的后续程序。

第二次欧洲高等教育质量程序调查显示，在 46 家执行外部质量程序的被调查机构中，有 29 家（约 63%）全面实施了四阶段流程；约 59% 的 ENQA 成员机构和候选机构、约 64% 的准成员机构或附属机构实施了所有四个阶段流程。[①] ENQA 正式成员单位（32 个）中，12 个机构（约 37.5%）未实施 ESG 四阶段流程的全部过程。候选成员单位中，除一个外，其他机构（约 86%）都实施了该质量保证流程的所有四个要素。质量保证机构最常实施的质量过程是自我评估（约 96%）和专家组的外部评估（约 89%）。发布报告和采取后续程序虽然仍然普遍实施，但相对于自我评估和外部评估的实施有所下降。其中约 79% 的质量保证机构会发布最终报告，约 72% 的质量保证机构要求作为外部质量程序主体的机构根据报告中包含的建议执行后续程序。

支撑四阶段过程并在四阶段模式中处于支配地位的是机构的自主权（自治）以及程序和方法的独立性。任命外部专家和对外部质量程序的结果做出最终决定的程序是独立性的重要标志。在大多数情况下（约 80%），质量保证机构全权负责任命外部专家小组的人员；少数情况下（约 9%）由政府任命外部专家小组成员。作为外部质量程序主体的高等教育机构在任何情况下都不会正式任命外部专家小组人员。在对外部质量程序的结果做出最终决定方面，质量保证机构最有可能做出最终决定（约 74%）；在质量保证机构没有做出最终决定的情况下，外部专家小组会做出最终决定（约 22%）；政府做出最终决定的情况较少（约 13%）。总体上，大多数（约 87%）的外部质量程序结果由质量保证机构或专家小组做出最终决定；仅在少数情况下（约 4%），接受审查的高等教育机

① Nathalie Costes, Fiona Crozier, Peter Cullen, Josep Grifoll, Nick Harris, Emmi Helle, Achim Hopbach, Helka Kekäläinen, Bozana Knezevic, Tanel Sits, Kurt Sohm, *Quality Procedures in the European Higher Education Area and Beyond-Second ENQA Survey*, Helsinki：ENQA, 2008.

构对质量程序的结果做出最终决定。①

2007 年的调查表明,"四阶段模型"经常实施但并未普遍实施。其中约 63% 的质量保证机构符合 ESG 四阶段流程,约 59% 的 ENQA 成员或候选成员、约 64% 的准会员或附属会员实施了所有四个 ESG 阶段。在实施 ESG 四阶段流程的受访机构中,约 59% 的机构让学生代表以正式角色参与流程和标准的规范;约 55% 的机构董事会或理事会中有学生代表;约 90% 的质量保证机构建立了问责程序。② 即使被调查的质量保证机构声称完全实施了 ESG 四阶段流程,也存在并非所有四个阶段都被视为必要的情况。四阶段模型在 ENQA 成员中完全实施的比例较低,可能是由于实施必要的立法修改需要相对较长的准备时间,或者可能是现实比模型更复杂。

三 高等教育质量保证组织运行体系

质量保证和质量保证机构的发展推动了质量保证网络的建立,为了加强欧洲层面的质量保证合作、推动外部质量保证的发展、提高质量保证的可信度和透明度,在高等教育质量保证发展过程中相继成立了欧洲高等教育质量保证协会和欧洲高等教育质量保证注册处,作为欧洲质量保证机构的专门组织以及博洛尼亚进程中执行质量保证领域政策的正式工具。这两个机构不仅加强了高等教育质量保证的组织性,而且以审查欧洲高等教育区质量保证标准和指南的合规性为基础,提高了质量保证的透明度和规范性。

(一) 欧洲高等教育质量保证协会

1. 从试点项目到 ENQA 的成立

20 世纪 90 年代初期,欧洲高等教育的质量保证刚刚兴起。丹麦、法

---

① Nathalie Costes, Fiona Crozier, Peter Cullen, Josep Grifoll, Nick Harris, Emmi Helle, Achim Hopbach, Helka Kekäläinen, Bozana Knezevic, Tanel Sits, Kurt Sohm, *Quality Procedures in the European Higher Education Area and Beyond-Second ENQA Survey*, Helsinki:ENQA, 2008.

② Nathalie Costes, Fiona Crozier, Peter Cullen, Josep Grifoll, Nick Harris, Emmi Helle, Achim Hopbach, Helka Kekäläinen, Bozana Knezevic, Tanel Sits, Kurt Sohm, *Quality Procedures in the European Higher Education Area and Beyond-Second ENQA Survey*, Helsinki:ENQA, 2008.

国、荷兰和英国等少数国家新成立了外部质量保证机构，其他国家（如瑞典和西班牙）正在考虑建立类似机构，还有一些国家（如芬兰和挪威）正在开展试点项目，为未来的质量保证机构做准备。在国家层面引入正式的质量保证程序是由欧洲高等教育的普遍发展推动的。传统上的精英高等教育体系正在迅速向大众高等教育体系发展，与此同时，需要确保在变化的环境下仍能维持高等教育质量。此外，欧洲成员国希望通过伊拉斯谟交流计划增强学生的流动性，如果要承认学生的出国留学经历，必须确保在其他国家学习的课程具有同等和合格的质量。欧盟委员会也试图构建质量保证的欧洲维度，作为促进和实现欧洲流动性目标的手段，因此决定开展一些质量保证的试点项目。

在质量保证领域开展欧洲试点项目的决定于 1991 年由荷兰担任轮值主席国的欧盟部长理事会正式作出。试点项目源于欧盟委员会发起的一项调查，调查表明只有少数成员国引入了正式的外部质量保证安排，因此请欧盟委员会考虑组织一些质量保证试点项目。试点项目的目的是：（1）提高对欧洲高等教育评估需求的认识；（2）丰富现有的国家评估程序；（3）促进经验交流；（4）赋予评估以欧洲维度。根据专家组的建议，欧盟委员会提议使用共同的评估方法审查选定学科的教学和学习。欧盟理事会教育委员会于 1994 年批准了该提案。项目由欧盟委员会资助，此外成立了一些咨询和运营委员会，以帮助委员会承担项目的责任，并确保项目实施中纳入适当的欧洲维度。一个由来自每个参与国的两名成员组成的咨询小组协助委员会就项目的组织做出决定，并制定了项目的后续计划。同时成立了一个管理小组，以协助委员会对项目进行实际管理，包括制定评估方法。该小组由已建立质量保证机构的 4 个国家（丹麦、法国、荷兰和英国）和来自德国、葡萄牙和挪威的代表组成。管理小组将项目的运营责任委托给丹麦高等教育评估中心和法国国家评估委员会共享的秘书处。此外每个成员国都成立了国家委员会，负责国家层面的项目，如选择参与的高等教育机构、反映和报告项目成果等。与此同时，成立了一个由国家委员会主席和秘书组成的欧洲委员会，欧洲委员会对报告欧洲项目的最终结果负有重要责任。参加试点项目的国家包括当时的 15 个欧盟成员国以及挪威和冰岛，共 17 个国家、46 个机构。试点项目的组织在很大程度上代表了欧洲层面利益相关者之间质量保证合作的开端。

试点项目于 1995 年 12 月由西班牙担任主席国期间在加那利群岛举行的会议上正式结束。与会者一致表示，试点项目的主要好处是有利于成员国和机构之间的信息交流，因此建议通过建立一个网络来巩固这一势头，以便进一步交流信息、经验和良好实践。试点项目的成果是在欧洲层面建立高等教育质量保证网络的第一步。试点项目结束后，当时欧洲的质量保证机构多次聚集在一起，讨论他们参与网络实施的情况，并通过这些举措确认了他们对这一想法的承诺。欧盟委员会与专家咨询小组合作，讨论并制定了该网络可能的组织结构和运营目标，决定建立一个正式的质量保证网络并准备向欧盟委员会寻求财政支持。

2000 年，欧洲高等教育质量保证网络正式成立，1998—2000 年其发展速度放缓的主要原因是对成员资格的讨论。组织结构的第一个建议表明，ENQA 是关于质量保证的，因此也是针对质量保证机构的。质量保证机构的新兴结构使教育部在许多欧洲国家实际参与了质量保证活动，因此这一提议遭到了一些政府的反对。此外，由于德国和西班牙等欧洲国家为联邦制，网络成员的数量可能远远超出欧洲成员国数量，网络成员规模的扩大将阻碍合作和交流。由于各国政府在这一点上存在分歧，因此提交给欧洲理事会作出决定。最终这一问题得以解决，欧洲质量保证网络成员将包含所有国家以及州或地区一级的教育部和质量保证机构。2000 年 3 月 28—29 日，欧盟/欧洲经济区质量保证机构、欧盟和欧洲自由贸易区/欧洲经济区国家负责高等教育的部委以及高等教育协会的代表在布鲁塞尔举行了 ENQA 启动会议。

2. 从网络到协会的转变

在 ENQA 正式成立之前，博洛尼亚进程已经启动，索邦宣言（1998 年）、博洛尼亚宣言（1999 年）和欧洲高等教育区的引入均对欧洲质量保证的作用和刚成立的质量保证网络的发展方向产生相当大的影响。EN-QA 作为一个网络，凭借其自身的权力并通过其成员，很快在一个松散的网络之外发挥更大的作用，致力于促进成员之间的合作并在其成员之间共享信息和经验。在 ENQA 成立后的两年中，ENQA 指导小组的工作集中于布拉格会议的后续工作以及 2003 年 5 月在柏林举行的下一次部长级会议的筹备工作。在此过程中，ENQA 越来越明显地开始承担欧洲质量保证领导组织的角色。该网络既作为提供专业服务的支持机构，又作为欧洲质量保证进程中的政治参与者并有权提出建议。

2003 年，指导小组在柏林博洛尼亚部长级会议的筹备过程中提出了一项重要声明，强调 ENQA 需要一个更强大的组织和更多的资金来满足欧洲的期望，在 2003 年 9 月的 ENQA 大会上将启动一项改革进程，从而在 2004 年大会上提出将网络转变为协会、重组机构、加强会员标准和原则的改革。声明强调了指导小组如何通过大会批准的程序来处理新的会员申请，这些申请应基于高质量的欧洲质量保证机构的标准，以及申请程序的专业性和可信度。通过引入基于标准的机制，ENQA 为以后可能使用网络成员资格作为认可高等教育质量保证机构的一种手段奠定了基础。因此，ENQA 在早期阶段就已经承诺建立一个欧洲质量保证机构登记处，使用自己的适当调整的成员标准，并要求 ENQA 成员接受系统的外部质量保证和评估。

同时，指导小组集中精力推进改革进程，以将 ENQA 重组为一个具有新的和更严格法规（包括成员标准）的协会，尤其是大幅增加会员费，减少 ENQA 对欧盟资金的依赖。2004 年 6 月在斯德哥尔摩大会上公布了一揽子改革计划，重点是：将网络转变为协会，只有质量保证机构作为成员；根据正在制定的欧洲高等教育区质量保证标准和指南加强对成员资格的规定；为了强调机构成员的独立性，教育部将不再具有成员资格；指导小组的名称更改为"董事会"；通过大幅增加会员费来增加 ENQA 的财政，以便秘书处能够增加其工作人员等；欧洲大学协会作为 ENQA 创始成员在指导小组中占有一席之地，欧洲学生国家联盟自 2001 年以来一直是指导小组的成员，然而作为合作论坛的 E4 集团的创建消除了为这两个组织在董事会保留席位的需要。斯德哥尔摩大会一致支持指导小组的提议，2004 年 11 月在法兰克福举行的特别大会上批准了新协会的改革提案。欧洲高等教育质量保证网络正式转变为欧洲高等教育质量保证协会，此后 ENQA 超越以交流经验为主的网络活动，加强对欧洲高等教育区建设的参与。

随着博洛尼亚进程的推进，质量保证成为欧洲高等教育区发展的重点之一，欧洲高等教育质量保证协会的作用变得更加突出。自协会成立以来的博洛尼亚进程部长级会议可以视为决定 ENQA 发展方向的重要里程碑。在历次部长级会议上，ENQA 都被授权以不同的方式发展质量保证。2001 年，ENQA 被要求全面致力于到 2010 年建立欧洲质量保证框架。2003 年的柏林部长级会议上，ENQA 与 EUA、EURASHE 和 ESIB（后改名为 ESU，European Students' Union）一起被授权为质量保证制定一套商定的标准、程序和指南，并努力为质量保证机构建立适当的同行评审系统。在 2005 年的部长级会议上，ENQA 与其 E4 合作伙伴一起提出了欧洲高等教育区质量保证标准和指南。这些标准和指南的主要目的是保证在高质量水平上专业地执行质量保证程序。由于 ESG 在博洛尼亚进程 46 个国家的质量保证体系和流程中的应用，欧洲高等教育区的质量保证在尊重辅助性原则的同时，基于共同的价值观并在所有利益相关者的参与下，采用专业健全流程的特定欧洲方式。此外，同行评审系统起源于 2003 年在巴塞罗那附近的锡切斯召开的 ENQA 研讨会，现已发展成为一个系统的、周期性的机构评审过程，以保证欧洲质量保证机构的专业性和高水平绩效。在政治决策过程中日益重要的地位要求质量保证网络结构更加正式，以便组织内部决策并在政治舞台上发出欧洲质量保证机构的声音，这些因素使 ENQA 转变为一个独立的协会。在 2005 年的会议上，ENQA 还被接纳为博洛尼亚后续小组的咨询成员，从而加强了 ENQA 在欧洲政治决策过程中的作用。

2010 年，ENQA 发表了关于欧盟委员会质量保证进展报告的声明，指出在不同国家应用 ESG 取得的主要成就，形成了真正的欧洲质量保证维度；在尊重多样性和辅助性原则的同时，促进了基于共同原则的欧洲质量保证过程的兼容性和可比性。从 2010 年起，ENQA 更加重视加强自身的政治作用。ENQA 的目标是成为对欧洲层面质量保证的决策过程产生重大影响的主要政治参与者、欧洲质量保证领域专业知识和信息的核心来源以及欧洲质量保证机构的代言人。[①]

3. ENQA 的机构宗旨和组织结构

欧洲高等教育质量保证协会的宗旨是：致力于提高欧洲高等教育区的高等教育质量；为欧洲高等教育区开发质量保证流程和系统；在欧洲和国际上代表其成员；影响欧洲层面关于高等教育质量和质量保证的政策制定；推进欧洲乃至全球质量保证机构之间的合作；促进高等教育质量保证的欧洲维度。协会通过开展或参与各种活动来实现其目标，包括：为会员和附属机构提供服务和交流机会；为会员、附属机构、利益相关者和政策制定者传播和分享高等教育质量保证方面的信息、专业知识和良好实践；协调质量保证机构的外部审查；作为咨询成员积极参与博洛尼亚进程；作为领导者或合作伙伴参与项目或计划；发表报告和政策文件；发展并加强与欧洲和全球高等教育利益相关者组织的伙伴关系。

协会下设以下机构：会员大会；董事会；主席团；秘书处；上诉和投诉委员会；机构审查委员会。其中，会员大会是协会的权力机构和决策机构，由协会的所有会员参加，包括《议事规则》中定义的"被审查会员"；附属机构和数量有限的观察员也可以出席大会。其职能包括：选举董事会主席、副主席；解散董事会；任命上诉和投诉委员会成员；批准机构审查委员会的组成；批准协会的年度工作计划、年度活动报告和年度账目；通过预算；批准董事会接收成员以及终止成员和附属机构资格的决定；修改章程；决定协会的解散等。董事会是协会的管理机构和

---

① European Association for Quality Assurance in Higher Education，*ENQA：10 years（2000-2010）：A Decade of European Co-Operation in Quality Assurance in Higher Education*，Helsinki：ENQA，2010.

执行机构，负责执行会员大会的决议，并负责协会的整体管理。董事会由9—11名成员组成，包括主席、两名副主席和财务主管。其职能包括制订并监督战略计划和年度工作计划、编制和监督预算、批准加入协会的申请并向会员大会提议终止会员资格、任命机构审查委员会成员、处理第三方对ENQA成员的投诉等。主席团由主席和两名副主席组成，负责处理协会的日常事务。秘书处负责协会的日常行政和管理。上诉和投诉委员会负责与成员事务有关的上诉和投诉，机构审查委员会负责ENQA机构审查的内部质量保证，这两个委员会的运作程序在协会的《议事规则》中作了详细规定。

ENQA通过基于ESG对质量保证机构的审查，在质量保证架构和欧洲政策到国家层面的"交付链"中发挥着不可或缺的作用。作为一个会员制组织，ENQA的主要目的是代表其成员——质量保证机构。ENQA通过对质量保证机构是否合乎ESG的审查，并通过在欧洲层面的利益领域开展工作，为其成员（质量保证机构）的利益发挥了政策转移和实施工具的作用。与此同时，ENQA通过其机构审查在实施ESG方面发挥了政策工具的作用，它每年对质量保证机构进行12—17次审查。除了证明符合ESG，这些审查还支持质量保证机构的发展。ENQA会员中符合ESG标准的质量保证机构数量持续增加。2009年，仅19个国家的31个质量保证机构成为ENQA的正式成员。截至2013年年底，ENQA在23个国家有38个成员（包括2个接受审议的成员），在另外14个国家有48个附属机构。[①] 到2016年年底，ENQA在27个国家拥有49个成员（包括3个接受审议的成员），在另外12个国家拥有50个附属机构。截至2020年年底，ENQA成员包括欧洲高等教育区32个国家的56家机构以及欧洲、东亚、中东和美洲的54家附属机构。[②] 欧洲高等教育区48个国家中的44

---

① ENQA鼓励全球范围内有兴趣参与高等教育质量保证但由于某种原因无法申请成为其会员的机构加入ENQA成为附属机构，单个的高等教育机构不能申请。

② European Association for Quality Assurance in Higher Education, *Annual Report 2020*, Brussels: ENQA, 2021.

个在 ENQA 中拥有成员或附属机构。ENQA 还通过与世界其他地区的质量保证网络合作，在促进欧洲高等教育和 ESG 全球化方面发挥着重要作用。一方面，ENQA 除了在评估质量保证机构对 ESG 的遵守情况方面发挥重要作用，还是质量保证机构的重要倍增器和信息传播点；另一方面，质量保证机构充当国家系统的政策（如 ESG）过滤器和传输媒介。

（二）欧洲高等教育质量保证注册处

EQAR（European Quality Assurance Register for Higher Education）是唯一一个因博洛尼亚进程而成立的官方组织，是欧洲高等教育区基础设施的重要组成部分。1999 年启动的博洛尼亚进程提出了建立欧洲高等教育区的目标。2005 年的卑尔根会议上，博洛尼亚签署国的部长们对欧洲质量保证机构注册的概念表示欢迎并授权 E4 集团创建注册处。2007 年 5 月的伦敦峰会上，部长们在公报中"欢迎 E4 集团根据他们提议的运营模式建立一个注册处，合作开展工作"。E4 集团在向伦敦部长会议提交的关于欧洲高等教育质量保证机构注册处的报告中介绍了该运营模式。2008 年 3 月 8 日，EQAR 作为"负责建立和管理质量保证机构注册的独立组织"在布鲁塞尔成立。

EQAR 的主要职责是建立基本符合 ESG 要求的外部质量保证机构名单。EQAR 的独立登记委员会根据 ESG 对质量保证机构进行外部审查，决定是否将该机构纳入登记册。通过这种方式，EQAR 旨在提供有关质量保证机构的清晰、可访问和值得信赖的信息，以增进对质量保证、高等教育机构、课程和资格的信任和认可。ENQA 作为质量保证机构的协会，与 EQAR 以协商一致和建设性的方式运作，共享相似的会员标准，为获得 ENQA 会员资格而进行的审查报告可作为质量保证机构获得 EQAR 注册的证据。两个组织在此方面使用相同的证据材料，节省了机构和审查人员配置以及投入审查的资源。EQAR 协会的成员分为 3 类：（1）创始成员，他们是根据欧洲高等教育部部长的授权成立 EQAR 的 E4 集团，包括 ENQA、ESU、EUA 和 EURASHE；（2）社会伙伴成员，代表雇主或雇员利益的博洛尼亚跟进小组（BFUG）的咨询成员，包括商业欧洲（BUS-

INESSEUROPE）和国际教育（Education International）；（3）政府成员，博洛尼亚进程的所有签署国均可成为 EQAR 的政府成员。其内部机构包括会员大会、执行委员会、登记委员会、上诉委员会、秘书处。

EQAR 是博洛尼亚进程中执行质量保证领域政策的正式工具，它是质量保证机构的官方注册处，这些机构已经证明基本上符合欧洲质量保证的共同原则，即 ESG。EQAR 的使命是通过提高质量保证的透明度，增强对欧洲高等教育的信任和信心，从而进一步发展欧洲高等教育区。基于这一职能，EQAR 成为欧洲在高等教育质量保证领域执行政策的工具。虽然 EQAR 注册是质量保证机构的"正式批准印章"，但它并没有赋予质量保证机构任何参与 EQAR 治理的权利。EQAR 的结构设计旨在确保能够完全独立就质量保证机构是否符合 ESG 做出决策。其成员由利益相关者组织提名，以个人身份参与。然而，欧洲国家当局对其质量保证机构施加了越来越大的压力，要求它们申请加入 EQAR，一些国家（如摩尔多瓦）甚至将质量保证机构加入 EQAR 纳入相关法律；另外一些国家（如罗马尼亚和丹麦）规定质量保证机构依法有义务在 EQAR 寻求注册。

第四节　高等教育质量保证领域的发展

高等教育质量保证和质量保证机构最初主要关注"传统"的高等教育，总体而言，各种形式的跨国教育、继续教育和一般的终身学习资格、短周期高等教育以及远程和在线教育在很大程度上仍处于质量保证范围之外。自博洛尼亚进程启动以来，高等教育质量保证取得了重大进展，欧洲高等教育区质量保证标准和指南在此方面发挥了关键作用。ESG2015年提出高等教育机构必须制定质量保证政策，同时涵盖所有其他机构活动。随着信息技术应用于教育教学带来的学习电子化和数字化，以及教育国际化的发展和学生流动的增加，高等教育质量保证的范围也进一步扩大，电子学习、跨境高等教育、欧洲联合学习计划等成为质量保证的新领域。

一 电子学习的质量保证

通信技术在教育中的应用催生了新的不同于传统学习模式的电子学习（E-Learning）方式，随着电子学习在高等教育领域的不断推广和普遍使用，电子学习的质量保证问题日益凸显。2009 年 10 月，欧洲高等教育质量保证协会与瑞典国家高等教育机构合作举行研讨会，高校、质量保证机构、学生和其他直接受电子学习质量影响的利益相关者围绕电子学习质量保证领域所面临的问题和挑战进行了讨论，探讨质量保证机构如何监控电子学习以确保电子学习方式提供的可靠性和有效性。2013 年欧洲大学协会开展的高等教育机构电子学习情况调查发现，几乎所有高校都参与了某种形式的电子学习，电子学习发展的规模和速度使其质量保证问题更加凸显。

（一）欧洲高等教育机构中的电子学习

2013 年 10—12 月，欧洲大学协会针对欧洲高等教育机构开展电子学习的情况进行了调查，共有来自 38 个国家和高等教育系统的 249 家机构（其中 241 家是 EUA 成员）参与，占 EUA 机构成员的近三分之一，其中综合性大学 159 所、专科学校 38 所、应用科学大学 21 所、技术大学 26 所、开放大学 5 所。调查显示，几乎所有的高等教育机构（约 96%）开展电子学习，超过一半（约 53%）的高校在整个机构都开展了电子学习，不到三分之一的高校的所有或大部分学生参与了电子学习。在电子学习的方式上，大多数（约 91%）被调查高校使用混合式学习，将电子学习整合到传统教学中；约 82% 的高校提供在线学习课程；其他形式的电子学习如混合学习学位课程（约 55%）、在线学位课程（约 39%）和与其他机构联合组织的在线学习（约 40%）虽然不太普遍但也呈现增加的趋势。[①] 在开展电子学习的学科方面，商业和管理、教育和教师培训、工程

---

① Michael Gaebel, Veronika Kupriyanova, Rita Morais, Elizabeth Colucci, *e-Learning in European Higher Education Institutions*: *Results of a Mapping Survey Conducted in October-December 2013*, Brussels: European University Association, 2014.

和技术等学科中电子学习的应用十分普遍，在法律和艺术学科的应用较少；约一半的高校将电子学习应用于横向和创业技能培训，约三分之二的高校将电子学习用于语言教学。总体上，在所有学科中都应用电子学习的高校约占 20%。

在质量保证方面，电子学习作为一种新兴的学习方式，除了电子学习网络的一些倡议①外，电子学习在高等教育质量保证领域没有受到太多关注。只有约三分之一的被调查高校表示在其质量保证方法中考虑了电子学习，近四分之一（约 23%）的国家质量保证机构特别考虑了电子学习。此外，大约三分之一的高校表示电子学习的质量保证正在讨论中，无论是在机构层面还是系统层面。由于电子学习可以因教学方法、学科的不同而采取非常不同的形式，还可能涉及外部合作伙伴（其他机构或非大学合作伙伴），随着电子学习规模和影响力的不断增加，电子学习的质量保证成为一个值得关注的问题。电子学习计划和项目必须履行质量保证程序，关于现有的内部和外部质量保证框架是否适用于电子学习也存在争议。

（二）电子学习的质量保证

欧洲高等教育区质量保证标准和指南为基于网络的学习规定和相关法规奠定了基础。通过适当的解释，质量保证机构可将 ESG 作为支柱，改进质量保证方法，以帮助质量保证机构监控电子学习的进展。② 2015 年 ESG 进行修订后，ESG2015 虽然适用于所有教学和学习模式，但是仍然需要对如何使用进行适当的解释。2016 年欧洲高等教育质量保证协会启动了质量保证和电子学习工作组，旨在通过分享质量保证机构在该领域开展工作的方式，应对与信息和通信技术所带来的替代学习和教学方法相关的挑战，特别是思考如何使用传统方法来评估非传统形式的教育，

---

① 如欧洲远程教学大学协会（EADTU）和欧洲电子学习质量基金会（EFQUEL）制定的电子和在线学习指南。

② Josep Grifoll, Esther Huertas, Anna Prades, Sebastián Rodríguez, Yuri Rubin, Fred Mulder, Ebba Ossiannilsson, *Quality Assurance of e-Learning*, Helsinki: European Association for Quality Assurance in Higher Education, 2010.

以及为高等教育机构提供在设计和开发电子学习课程时要考虑的因素。为了系统地检查 ESG2015 中定义的标准对电子学习的适用性和相关性，就如何应用它们提供特殊指导，2018 年 ENQA 出台了《电子学习提供质量保证的考虑》报告，围绕 ESG2015 第 I 部分（内部质量保证的标准和指南）和第 II 部分（外部质量保证的标准和指南），针对高等教育机构和质量保证机构提出了应考虑的电子学习的具体要素和满足相关标准的指标。①

1. 高等教育机构的内部质量保证应考虑的因素及相关指标

在质量保证政策方面，应将学校的电子学习战略嵌入学校的整体战略，电子学习质量保证政策和策略涵盖质量、教学模式和创新，要能很好地被定义、实施和传达给公众。学校的电子学习政策包括质量的以下构成要素：机构支持；课程开发；教与学；课程结构；学生支持；为新员工提供强制性电子学习培训的教师支持；技术基础设施；学生评估和认证；电子安全措施。学校政策还应包括为弱势群体和特殊学生提供适当的访问途径、保护数据隐私或知识产权的政策、电子安全措施相关的政策和行为守则等。相关指标包括：电子学习作为学校发展总体战略和质量保证政策的一部分；使用清晰的政策框架和治理结构确保电子学习提供的预期质量；学校政策、结构、流程和资源保证学生（包括有特殊教育需求的学生）的成功教学和学习过程；学校制定政策和行为准则以确保学术诚信、自由和道德行为；电子安全措施；利益相关者（尤其是学生）参与内部质量保证系统等。

在计划的设计和批准方面，学校面临的主要挑战是设计在线课程以保证技能发展，包括：项目模块化、在线评估方法、建立在线学术社区、整合知识和技能发展，以及提供个性化教学以满足不同的学习需求和期

① Esther Huertas, Ivan Biscan, Charlotte Ejsing, Lindsey kerber, Liza Kozlowska, Sandra Marcos Ortega, Liia LaurI, Monika Risse, Kerstin Schörg, Georg Seppmann, *Considerations for Quality Assurance of e-Learning Provision*: *Report from the ENQA Working Group VIII on Quality Assurance and e-Learning*, Brussels: European Association for Quality Assurance in Higher Education, 2018.

望。相关指标包括：有明确的数字创新战略，电子学习作为其中的一部分；电子学习计划与机构使命一致；课程设计反映教学实践和创新；参与设计、开发、评估电子学习计划的人员具有学术和技术方面的专业知识；参与设计、开发、评估项目的教学人员熟悉在特定课程环境中使用电子学习的优势和劣势；在开发学习模式和课程设计时考虑学生的需求。

在以学生为中心的学习、教学和评估方面，应鼓励使用灵活的学习路径、不同的授课方式、多种教学方法，并赋予每个学生自主权。电子学习方法的选择要适合课程的水平和学科领域。相关指标包括：选择教学方法和学习活动以实现学习成果为目标；学习材料适合教学模式并促进学生学习；学习材料进行定期审查和更新；技术基础设施与教学方法、学习活动和电子评估方法保持一致；电子评估方法适合目的，让学生展示预期学习成果已达到的程度；学生清楚地了解电子评估等。

在学生入学、升学、认可和认证方面，高校应通过提供咨询服务、诊断测试以及有关必备知识或所需能力的信息来支持学生做出负责任的决定。关注在线课程提供的资格，以确保提供相同学习成果的专业机构和雇主获得相同水平的认可。相关指标包括：告知学生或拟入学学生有关设备、电子学习和数字技能、预备知识和先修科目以及出勤率的要求；让学生了解电子学习计划的负担和教学模式；制定认证先前学习的政策和程序。

在师资方面，在电子学习环境中需要促进教师的专业发展，特别是从传统的面对面教学环境过渡到电子学习的教师需要技术和教学支持服务。可以通过培训需求分析来为教学人员制订培训计划，确定培训要求并解决现有和新招聘员工的需求。相关指标包括：制定与教学模式一致的教学人员的结构和要求；使用适当的工具来保证教学人员与其职责相符；培训教学人员使其掌握学习技术和电子评估方法的使用；制定程序来确定教学人员的支持需求；确保为教师提供的技术和教学支持服务充分、可及且及时；实施适当的程序来招聘和聘用教学人员等。

在学习资源和学生支持方面，高校应通过获取、操作和维护基于计算机的系统来更好地保证提供电子学习计划的有效性，包括：为学生注册课程和计划；向学生分发电子学习材料；维护和更新学生表现记录；开展电子商务；促进机构、学生和教职员工之间的沟通。学生支持通常涵盖辅导、教学、技术和行政相关需求等方面，学生支持可以针对个人量身定制，甚至可以针对班级或具体学科。相关指标包括：（1）学习资源：虚拟学习环境（VLE）支持多种学习方法和工具；技术基础设施确保有特殊教育需求的学生可以开展电子学习计划；建立电子安全措施；为学生提供充足的电子图书馆和虚拟实验室等。（2）学生支持：制定涵盖学生支持的程序，包括辅导、教学、技术和管理要素；根据学生的具体需求提供支持；学生支持反映电子学习的特点；提供对学习和数字技能发展的支持；学生接受使用电子学习资源的指导/培训等。（3）为学生和学术人员的虚拟流动提供机会。

在信息管理方面，信息管理系统应能够灵活、完整和有代表性地收集与电子学习相关的各项数据和指标，包括针对不同电子学习场景（在线学习、程序或模块中的远程学习以及混合学习）的特定指标（如辍学率、毕业/完成率等），引导机构内的电子学习活动。相关指标包括：收集数据用于评估电子学习计划（例如课程设计的比较分析）；有关于学习分析的使用及其目的的策略；信息管理系统包括有关机构及其项目的相关信息；考虑数据保护和学生隐私方面的道德规范和相关政策。

在信息公开方面，应公开课程资格认可、教学发展、教学方法和资源技术等信息。相关指标包括：关于学习计划的可靠、完整和最新信息；有关机构技术支持的可靠、完整和最新信息；有关完成率、通过率和辍学率的信息，等等。

对教学计划的持续监测和定期审查方面，应通过制定教学计划来促进计划改进，以评估在线教学方法和教学计划的有效性、评估教学和学习、建立检查电子学习环境运作质量的机制。指标包括：审查、更新和改进电子学习计划；教学发展与机构战略一致；实时分析信息通信技术和教学法的发展并实施电子学习；内部质量保证系统包括对利益相关者

（尤其是学生）的反馈。

在周期性外部质量保证方面，鼓励提供电子学习的机构与其相关的质量保证机构联系，以交换信息，帮助双方更好地了解电子学习的特殊性及其评估。

2. 质量保证机构开展外部质量保证应考虑的因素及相关指标

在考虑内部质量保证方面，欧洲、国家和地方政策也适用于电子学习，为机构规定道德和法律要求（例如，针对有特殊教育需求学生的数据隐私或当地法律）。指标包括：在设计质量保证政策及其内部质量保证体系时考虑欧洲、国家和地方政策，以及道德和法律方面的要求。

在设计适合目的的方法方面，外部质量保证将考虑机构的特殊性，质量保证程序将包括各级利益相关者的参与，并额外考虑教学和学习过程、学习资源、虚拟学习环境和电子学习的学生支持系统。质量保证过程具有足够的灵活性以包括识别和支持新的教学和学习模式。审查可以考虑具体的标准、指标、指南或框架，以及是否有支持电子学习条款的策略。指标包括：外部质量保证在常规程序中考虑电子学习的特点，例如教学过程中的创新；所有利益相关者都参与制定电子学习标准；公开外部质量保证程序的特定电子学习标准。

实施流程方面，高等教育机构开展自我评估为外部评估提供必要数据，确保为外部考察做好准备。实地考察检查高校的教学模式、创新和技术基础设施、教学人员的经验和知识，以及学生和学术人员所获得的服务和支持。指标包括：（1）自我评估报告涉及电子学习的以下内容：战略、教学模式和虚拟学习环境；教学设计的创新；教学人员的概况和经验；在线学习计划（包括详细的学习成果、课程描述和教学人员的能力）。（2）实地考察：考察大部分技术基础设施所在的部位；访谈包括所有相关群体的代表（即教学人员、导师、学生、技术人员、管理人员、校友、雇主等）；为考察人员提供访问虚拟学习环境（VLE）、教室、电子图书馆等的权限。

同行评审专家方面，评审人要有在线教学或学习的经验，并接受电子学习的专门培训。指标包括：专家组的组成标准包括电子学习能力或经验；质量保证机构在现场考察前对所有专家进行培训，特别关注电子学习的特点。此外，在结果标准、报告方式和出版、投诉和上诉等方面均没有特殊性，与传统教学方式相同。

总体而言，ESG 同样适用于电子学习，应基于 ESG 开发具有新指标的质量保证方法。目前的挑战仍然存在于高等教育机构和质量保证机构。一方面，质量保证机构应制定考虑到电子学习特殊性的外部审查方法；另一方面，提供电子学习或混合课程的传统机构应调整其内部质量保证体系，以保证其教学和学习过程的质量。

二 跨境高等教育质量保证

20 世纪 80 年代以来，由于全球化和随之而来的高等教育机构的国际扩张，跨境教育（Cross-Border Education）已成为日益普遍的现象。跨境教育创造了更多的高等教育机会，促进了学生的流动，有助于拓宽学生的视野、促进学术和文化等方面的交流。同时，教育输出和输入在高等教育的认可、质量保证方面带来了一系列问题，特别是在国家质量保证框架和资格认可不包含跨境高等教育的情况下。联合国教科文组织和经合组织制定的指导方针试图解决这些问题，以期提高跨境高等教育的质量。

跨境高等教育是指在多个国家或地区提供的任何形式的高等教育（包括远程教育计划），学生在与学位授予机构所在国家（母国）不同的国家或地区学习。跨境高等教育包括不同的交付模式，例如特许经营、分校、结对和远程学习安排。跨境高等教育对希望在其居住国获得外国学位的学生、希望扩大市场的高等教育机构和在应对日益增长的高等教育需求方面面临困难的政府具有吸引力。在博洛尼亚进程下，欧洲高等教育区国家对高等教育的需求不断增加，跨境高等教育的规模扩大，形式更加多样化，如何保证其质量成为欧洲高等教育系统面临的新挑战。

跨境高等教育的内在性质使其难以规范和实施质量保证安排，特别是当跨境高等教育提供者不属于任何官方的高等教育系统并因此被排除在所有质量保证和认证框架之外时。然而，只有确保跨境高等教育的质量才能建立其对雇主和整个社会的可信度，提高跨国学习流动计划的可接受性以及对资格的国际认可。在此方面，经合组织、联合国教科文组织跨境高等教育质量提供指南与欧洲高等教育区质量保证标准和指南一致，上述指南为全球跨国教育质量保证提供了权威指针，成为跨境高等教育质量保证的重要参考文件。

（一）联合国教科文组织和经合组织有关跨境高等教育质量的指南

联合国教科文组织与经合组织合作制定的跨境高等教育质量提供指南是政府代表批准的第一个为跨国教育质量评估提供指南的国际文件，该指南由教科文组织 2005 年 10 月的第 33 次全会通过、2005 年 12 月由经合组织理事会批准。它考虑了联合国教科文组织和欧洲理事会关于跨国教育的基本准则以及澳大利亚、加拿大、英国和美国等国家制定的准则和指南。同时，教科文组织/经合组织指南补充了博洛尼亚进程背景下更具代表性的国家体系框架内高等教育质量保证指南，包括 2005 年 5 月通过的欧洲高等教育区质量保证标准和指南。该指南针对政府、高等教育机构和提供者、学生团体、质量保证和认证机构、学术认可机构和专业机构，其中 7 项条款针对政府，涉及 3 个关键政策领域：质量保证、信息和认可。为保证跨境高等教育质量，该指南建议政府：（1）为希望在其境内运营的跨境高等教育机构建立或鼓励建立全面、公平和透明的注册或许可制度；（2）建立或鼓励建立可靠的跨境高等教育质量保证和认证的综合框架，认识到跨境高等教育提供的质量保证和认证涉及输出国和接收国；（3）在国内、国际质量保证和认证的主管机构之间进行协商。①前两条规定强调政府有责任确保提供跨境教育的质量保证，同时强调此类规定的责任由输出国和接收国共同承担；第三条规定政府有责任确保国家机构之间以及国际机构之间的协调。虽然分担责任的原则具有合理

---

① OECD, *Guidelines for Quality Provision in Cross-Border Higher Education*, Paris: OECD Publishing, 2005.

性，但指南也留下了一些未能解决的问题。例如，如果输出国和接收国的质量保证体系不完全兼容如何处理？接收国的规定是否优先于输出国的规定，反之亦然？如果一个国家的质量保证机构对某个高等教育机构持积极的看法而对另一国的质量保证机构持消极看法，将会发生什么？这些都是在制定跨境高等教育质量保证条款时需要解决的问题。

在欧洲高等教育区内，这些问题已经有了解决方案。ESG虽然没有考虑到跨境教育，但广泛适用于此类规定。即使认证是特定于某个国家或系统的，也不需要质量保证声明。因此，可以根据ESG评估跨境教育的质量。随着欧洲高等教育质量保证注册处的建立，也可以解决输出国和接收国之间潜在的分歧问题。由于纳入EQAR的机构将按照ESG运作，因此其质量保证声明应为整个欧洲高等教育区所接受。此外，联合国教科文组织/经合组织的指南并没有说明跨境教育质量保证的标准和程序应与输出国和接收国的国家系统内的高等教育质量保证标准和程序大体相似，因此有必要作出一些调整。

在跨境高等教育质量保证上，教科文组织/经合组织指南对提供跨境高等教育的机构提出以下建议：（1）开发、维护或审查当前的内部质量管理体系，并承担在本国和跨境提供同等标准的高等教育资格的全部责任；（2）在提供包括远程教育在内的跨境高等教育时，咨询合格的质量保证和认证机构，并尊重接收国的质量保证和认证体系；（3）提供关于外部和内部质量保证标准和程序以及所提供资格的学术和专业认可的准确、可靠和易于访问的信息，并提供对计划和资格的完整描述。同时建议质量保证和认证机构：（1）确保其质量保证和认证安排涵盖各种模式的跨境教育，确保标准和流程的透明、一致和适当；（2）维持和加强现有的区域和国际网络；（3）加强派遣国和接收国机构之间的合作，增进对不同质量保证和认证体系的相互了解；（4）提供有关评估标准、程序和质量保证机制的准确且易于访问的信息；（5）应用当前有关跨境高等教育的国际文件中反映的原则；（6）与其他机构达成互认协议，制定内部质量保证体系并定期接受外部评估；（7）采用同行评审小组的国际组成程序、国际基准和评估程序标准并开展联合评估项目，以提高不同质量保证和认证机构评估活动的可比性。① 教科文组织/经合组织指南旨在为发展跨境高等教育以及该领域的国际合作提供方向，而不是作为规范或具有约束力的标准，该指南为全球跨境高等教育的质量保证提供了权威方法。

（二）欧洲高等教育区跨境教育质量保证

自 20 世纪 80 年代跨境高等教育（CBHE）出现以来，学生、学术人员、课程/机构和专业人士的流动性已成为国际高等教育的一种重要形式。越来越多的国家将跨境高等教育作为加强教育国际化的重要途径和方式，跨境高等教育不仅进入了许多欧洲国家的政策议程，而且在欧洲层面占有重要地位。进入 21 世纪后，在博洛尼亚进程下，建设欧洲高等教育区促进了高等教育跨境交流与合作，跨境高等教育质量保证受到了更多的关注。2001 年布拉格公报指出，"部长们认识到有必要合作应对跨国教育带来的挑战"。2003 年的柏林会议上，部长们宣布"高等教育的跨国交流应以学术质量和学术价值观为基础，并同意为此目的在所有适当的论坛上开展工作"。2013 年高等教育现代化高级别小组在提交给欧盟委员会的报告中建议，高等教育机构应制定和实施整体国际化战略，作为其总体使命和职能的组成部分；学生和教职员工的流动性增加、课程的国际化程度、教师的国际经验、对英语和第二外语的充分掌握和跨文化能力、课程和学位的跨国交付以及国际联盟应成为欧洲及其他地区高等教育不可或缺的组成部分。② 在构建欧洲高等教育区的过程中，国际化被作为提高欧洲高等教育竞争力的工具，鼓励签署国制定战略和措施，增

---

① OECD, *Guidelines for Quality Provision in Cross-Border Higher Education*, Paris: OECD Publishing, 2005.

② High Level Group on the Modernisation of Higher Education, "Report to the European Commission on Improving the Quality of Teaching and Learning in Europe's Higher Education Institutions (2013)", http: //ec. europa. eu/education/library/reports/modernisation_en. pdf.

强欧洲高等教育区范围内以及与世界其他地区之间的学生流动性，提高欧洲高等教育的竞争力和吸引力，促进欧洲高等教育质量的发展和提高。

欧洲高等教育区质量保证标准和指南是高等教育所有质量保证活动（包括评估、审计、认可、认证等）的基础，因而也是跨境质量保证的基础。2009 年，欧洲高等教育区负责高等教育的部长们表示，欧洲的跨境高等教育应纳入 ESG 管理并符合教科文组织/经合组织指南。然而，由于法律框架不明确，欧洲跨境高等教育的质量保证仍然是一个挑战。虽然 ESG 已广泛应用于欧洲外部和内部质量保证，在 ESG 中并没有明确提及跨境高等教育，只是要求"高等教育机构应该能够在国内和国际上展示其质量"。

在埃里温公报中，欧洲高等教育区负责高等教育的部长们承诺允许"高等教育机构使用合适的 EQAR 注册机构来提高其外部质量保证过程，尊重国家对质量保证结果决策的安排"。在这种情况下，跨境质量保证是指质量保证机构在其总部或主要业务所在国以外的国家开展的外部质量保证活动；对于高等教育机构，这可能是一个自愿的过程，也可能是国家强制性外部质量保证的一部分。[1] 2013—2014 年，EQAR 开展了"认可欧洲高等教育区国际质量保证活动"项目（Recognising International Quality Assurance Activity in the European Higher Education Area，RIQAA），为利益相关者和政策制定者提供有关承认 EQAR 注册机构的欧洲高等教育区国家现有法律实践的信息。RIQAA 调查了高等教育机构如何利用现有的可能性来申请合适的 EQAR 注册机构，并分析了 EQAR 注册机构的跨境活动。RIQAA 项目显示，质量保证机构迅速扩大了国际活动，高等教育机构热衷于利用跨境外部审查提高国际形象及其学位的认可度。尽管几乎所有欧洲高等教育区国家都存在跨境审查，然而允许其高等教育机构与国外适宜的质量保证机构合作的国家数量很少。这些国家的国际评估或认证通常与国家强制性外部质量保证同时发生，而不是被承认为其

① ENQA, ESU, EUA, EURASHE, EQAR, *Key Considerations for Cross-Border Quality Assurance in the European Higher Education Area*, Brussels, 2017.

中的一部分。① 这导致无效率的重复工作，无益于促进真正的欧洲层面的质量保证。

三　欧洲联合计划质量保证

联合计划（Joint Programme）是欧洲高等教育区的标志之一，其目的是为学生提供真正的欧洲学习体验、增强学生和教师的流动性、提供相互学习和合作的机会，以及提高课程的质量。联合计划是指由欧洲高等教育区国家的不同高等教育机构协调和联合提供的综合课程，通过该计划学生可获得双学位/多学位或联合学位。（1）双学位/多学位：由开设联合课程的高等教育机构颁发的独立学位，以证明成功完成该计划（如果两个学位由两个院校颁发，则称为"双学位"）。（2）联合学位：由开设联合课程的高等教育机构颁发的单一学位证书，并被国家承认为联合课程的认可学位证书。欧洲联合计划质量保证的方法只涉及由两个或两个以上国家的高等教育机构提供的联合课程，而不涉及由一个国家的不同机构联合提供的课程的质量保证。

自博洛尼亚进程启动以来，作为促进学生流动的一种手段，联合学位课程一直是博洛尼亚进程中的一个优先事项。欧洲质量保证机构也致力于联合学位方案的质量保证问题，并为这种方案的外部质量保证制定具体方法。这一领域最重要的项目包括欧洲高等教育质量保证协会进行的"欧洲跨国评价项目Ⅰ和Ⅱ（TEEPⅠ和Ⅱ）"、北欧质量保证网络的"联合硕士课程—联合评价：北欧挑战"以及欧洲认证联盟（European Consortium for Accreditation）所做的工作，还有欧洲大学协会开发的"欧洲硕士新评估方法（EMNEM）"。② 2011年的一项调查结果显示，约84%的高等教育机构提供了联合项目，约33%的高等教育机构参与了联合

---

① European Quality Assurance Register for Higher Education, *Recognising International Quality Assurance Activity in the European Higher Education Area（RIQAA）: Final Project Report*, Brussels: EQAR, 2014.

② Mark Frederiks, Josep Grifoll, Kirsi Hiltunen, Achim Hopbach, *Quality Assurance of Joint Programmes*, Brussels: European Association for Quality Assurance in Higher Education, 2012.

学位的授予。① 联合计划的实施面临认可以及质量保证等问题，这些问题主要源于高等教育区中不同的国家立法以及相关国家现有质量保证体系的异质性。在一些国家，联合计划必须得到机构认可或教育部门的批准，不同的国家立法和标准成为一个主要障碍，妨碍了在制订联合计划方面的合作。尽管布加勒斯特公报（2012）承诺"承认 EQAR 注册机构关于联合和双学位课程的质量保证决定"，但对单一外部质量保证程序产生的正式结果的全面承认仍然是一个烦琐过程。为克服此障碍，欧洲高等教育区国家质量保证机构和利益相关者共同开发并测试各种方法，推进联合计划的外部质量保证。其中，欧洲高等教育区质量保证标准和指南、欧洲高等教育区资格框架（QF-EHEA）和欧洲学分转移和累积系统共同构成了联合计划质量保证的基础。同时，制订欧洲联合计划质量保证方法、用高等教育区协商一致的标准取代国家标准、简化联合计划的外部质量保证，都有助于对联合计划的质量保证采取综合办法，真正反映联合计划的联合特征。

（一）欧洲高等教育区联合计划的质量保证标准

2012 年 4 月的布加勒斯特公报中，部长们达成了以下协议："我们将允许在 EQAR 注册的机构在遵守国家要求的同时，在欧洲高等教育区范围内开展活动。特别是，我们将致力于认可在 EQAR 注册的机构就联合学位和双学位课程作出的质量保证决定……我们鼓励高等教育机构进一步开发联合课程和学位，作为更广泛的欧洲高等教育区方法的一部分；我们将审查与联合课程和学位有关的国家规则和做法，以消除各国背景下影响合作和流动的障碍。"② 因此，博洛尼亚后续工作组（BFUG）在其 2013—2015 年工作方案中明确了以下任务："为联合计划制定一项具体的欧洲认可办法的政策提案，该办法应适用于所有必须在国家一级进行强

① Background Report on the European Approach for Quality Assurance of Joint Programmes, https：//www.eqar. eu/assets/uploads/2018/04/european_approach_background-2015. pdf.

② Bucharest Communiqué, http：//www.ehea. info/Upload/document/ministerial _ declarations/Bucharest_Communique_2012_610673. pdf.

制性方案认可的联合计划。" BFUG 委托一个特别专家组起草这样一份政策提案。专家组提出了联合计划质量保证的欧洲方法，由一套共同的欧洲标准和准则组成，完全基于 ESG 和欧洲教育区资格框架，不需要额外的国家标准。最终报告和提案于 2014 年 10 月由博洛尼亚后续工作组批准。2015 年 5 月，欧洲高等教育区的部长们在埃里温会议上批准了《欧洲联合计划的质量保证方法》。

《欧洲联合计划的质量保证方法》从资格、学习成果、学习计划、入学及认可、学习、教学及评估、学生支持、资源、透明度和文档、质量保证等方面制订了欧洲联合计划质量保证的标准。[①] 这些方面与欧洲高等教育区质量保证标准和指南中内部质量保证的要素和标准基本对应。

在提供联合计划的资格方面，首先，提供联合课程的机构应被其国家有关当局承认为高等教育机构；它们各自的国家法律框架应使它们能够参加联合计划并在适用时授予联合学位；授予学位的机构应确保学位属于其所在国家的高等教育学位体系。其次，联合计划应联合提供，使所有合作机构参与方案的设计和执行。最后，联合计划应以合作协定的形式加以规定，涉及以下问题：该计划授予学位的名称；合作伙伴在管理和财务组织方面的协调和责任（包括资金、成本和收入的分担等）；学生入学和选拔程序；学生和教师的流动性；联合计划的考试规定、学生考核办法、学分认定和学位授予程序。在学习成果方面，预期学习成果应与欧洲高等教育区资格框架以及适用的国家资格框架的相应水平一致，包括有关学科领域的知识、技能和能力，并能够证明达到了预期的学习成果。在学习计划方面，课程的结构和内容应适合学生达到预期的学习成果；适当应用欧洲学分转移和累积系统，学分分配应明确。在学分要求上，联合学士学位通常应达到 180—240 个 ECTS 学分；联合硕士学位达到 90—120 个 ECTS 学分，且不应少于 60 个第二周期的 ECTS 学分（具体根据 FQ-EHEA 确定）；联合博士学位没有具体的学分要求。在入学及

---

① European Approach for Quality Assurance of Joint Programmes（approved by EHEA ministers in May 2015），https：//www.eqar.eu/kb/joint-programmes/background/.

资格认可方面，入学要求和选拔程序应与培养计划的水平和学科相适应；根据《里斯本认可公约》及其附属文件，对学历和学习期限（包括先前的学习）予以认可。在学习、教学及评估方面，课程的设计应符合预期的学习成果，所采用的学习和教学方法应足以达到这些成果；尊重并关注学生的多样性和他们的需求，特别是考虑到学生潜在的不同文化背景；考试规定和对学习成果的评价应与预期的学习成果一致，并在合作机构之间保持一致。在学生支持方面，学生支持服务应有助于实现预期的学习成果并考虑到流动学生的具体挑战。在教学资源方面，教学人员应具备相应资质（包括资格、专业和国际经验）以实施学习计划；提供足够和充分的设施以实现预期的学习成果。在透明度和文档信息方面，考虑到流动学生的具体需求，应充分记录和公布有关计划的录取要求和程序、课程目录、考试和评估程序等相关信息。在质量保证方面，合作机构应根据 ESG 第一部分采用联合内部质量保证程序。

（二）欧洲高等教育区联合计划的外部质量保证程序

为加强外部质量保证，联合计划的合作高等教育机构应共同选择一个在 EQAR 注册的合适的质量保证机构，该机构应与合作高等教育机构所在国的主管机构进行适当的沟通。联合计划的外部质量保证包含以下程序。

提交自我评估报告。外部质量保证程序应以合作机构共同提交的自我评价报告（SER）为基础，自我评价报告应包含全面的信息，以证明该计划符合欧洲高等教育区联合计划质量保证标准。该报告应包含外国机构和专家可能需要的有关合作机构各自国家框架的必要资料，特别是该计划在国家高等教育系统中的定位，同时明确关注联合计划的特色。

成立审查小组。外部质量保证机构应任命一个至少由 4 名成员组成的小组，小组成员应具备有关科目或学科的专业知识，包括有关领域的劳动力市场和工作以及高等教育质量保证的专业知识。根据联合计划的特点，小组成员应具有专业知识和国际经验，掌握参与联合计划的机构所在高等教育系统的知识及相关国家的语言能力。小组成员应至少 2 人来自参与提供联合计划的国家。外部质量保证机构应确保专家的公平、公正性，同时高等教育机构有权对专家组成员提出有理有据的反对意见，但无权否决他们的任命。

实地考察。实地考察使评审小组能够根据高等教育机构的自我评估报告审核联合计划，并评估该计划是否符合标准。实地考察包括与所有合作机构的代表进行讨论，特别是高等教育机构和联合计划的管理人员、工作人员、学生和其他有关人员，如校友和专业人员等。

发布审查报告。审查小组将出具一份报告，包含相关证据、分析和根据有关标准的结论，还包含进一步发展该计划的建议。如果审查结果为正式结果，审查小组应就有关决定提出建议。结论和建议特别针对联合计划的特点。高等教育机构有机会对审查报告的草稿提出意见，并要求更正事实错误。

形成正式结果和决定。如有需要，质量保证机构应根据检讨报告及有关建议并视情况考虑高等教育机构的意见作出决定。如果评审结果是认可决定，则根据标准批准或拒绝认可（有条件或无条件），同时给出其认可决定的理由。质量保证机构可以通过建议补充正式结果和认可决定。

上诉。高等教育机构有权对正式结果或认可决定提出上诉，质量保证机构应该有正式的上诉程序。

发布报告。质量保证机构应在其网站上公布评审报告，在适当的情况下还应公布正式结果或认可决定。如果审查报告不是英文，至少应出版审查报告的英文摘要和决定（包括其理由）的英文版本。

后续跟进。质量保证机构应与联合计划的合作机构商定后续程序，以评估履行条件的情况和关于建议的后续行动。

周期性审查。联合计划每 6 年定期审查一次，并以公开的形式具体说明。如果有认可决定，则应给予认可。在这 6 年期间应将提供联合计划的变化情况通知质量保证机构。

（三）欧洲联合计划质量保证的进展与挑战

根据欧洲高等教育质量保证注册处的数据，在法律框架方面，2017

年有 30 个国家不允许其高等教育机构使用联合计划质量保证的欧洲方法，到 2020 年这一数字下降为 20 个国家。已经开始允许使用欧洲方法的 10 个国家是塞浦路斯、爱沙尼亚、法国、格鲁吉亚、立陶宛、葡萄牙、俄罗斯联邦、塞尔维亚、斯洛文尼亚和西班牙。然而，在这 10 个国家中，该方法仅部分可用或者需要额外满足一些条件。在许多情况下，只有 EQAR 注册机构认可质量保证结果的一般条件适用。在 6 个国家，欧洲联合计划质量保证方法的使用是有条件的，或者仅限于某些机构。虽然有 20 个国家不允许在本国范围内使用欧洲方法来履行外部质量保证的义务，但对相当多的国家（16 个）来说是"视情况而定"，因为在所有这些国家中，一些机构可以使用欧洲方法或可以在特定条件下使用；同时有 13 个国家允许其所有高等教育机构和方案在没有附加条件的情况下使用欧洲方法。① 虽然完全允许使用的国家情况没有大的改变，但不允许使用欧洲方法取代本国认证程序的国家显著减少，显示积极的趋势。未来还需要做更多的工作，以确保欧洲高等教育区的所有机构能够在其联合计划中使用欧洲方法，而不是通常的国家认证程序，这是使联合计划对高等教育机构更有吸引力和更易于实施的必要条件，从而使高等教育机构能够在更大程度上获得联合计划质量保证带来的益处。

ImpEA 项目②进行的一项研究揭示了使用欧洲联合计划质量保证方法面临的主要挑战，包括：须进一步澄清联合计划的定义和术语，以便形成明确的共同理解；使用欧洲联合计划质量保证方法的资格尚不明确；须减轻与创建联合计划相关的总体行政负担，以及与质量保证相关的行政负担；国家立法框架使得使用欧洲联合计划质量保证方法不具吸引力和难以实现；难以获得全面可靠的信息；国家质量保证与认证系统之间的标准冲突和时间表不匹配。总体上，欧洲联合计划质量保证方法试点

---

① Maria Kelo, Maciej Markowski, Ronny Heintze, Eva Fernandez de Labastida, *The European Approach for Quality Assurance of Joint Programmes in 2020*, Brussels: European Commission, 2020.

② 促进实施欧洲联合计划质量保证方法（Facilitating Implementation of the European Approach for Quality Assurance of Joint Programmes, ImpEA）。

证明了质量保证机构和高等教育机构对该方法的过程和标准的理解是相对良好的，没有出现重大误解或不可克服的障碍。然而，除了国家立法框架，实施欧洲联合计划质量保证方法还面临许多挑战，包括提供有关该方法及其使用的信息，以及为用户提供从如何使用到解释该方法标准和要求的全面的"一站式服务"。

第四章

欧盟职业教育与培训质量保证政策与方法

　　鉴于在经济竞争力、社会包容和终身学习需求方面的总体挑战，《里斯本战略》制定了使欧盟成为世界上最具活力的知识型经济体的战略目标。职业教育与培训扮演着关键角色，特别是在提高质量、扩大机会和向更广阔的世界开放欧洲教育与培训系统方面。2002 年巴塞罗那欧洲理事会制定了到 2010 年使欧洲教育和培训系统成为世界质量基准的目标，从而将质量问题与旨在提高劳动力就业能力、改善培训供求匹配和教育与培训机会的政治优先事项一起，置于欧洲教育和培训政策议程的核心。为了实现更好的成本效益，职业教育与培训系统需要更好地应对不断变化的劳动力市场需求、提高职业教育和培训成果的有效性、改善教育和培训的供需匹配。根据上述总体目标，欧洲职业教育与培训系统需要经历现代化和转型过程，旨在确保管理系统更加有效。职业教育与培训系统和机构两个层面的管理发生了变化，从投入导向和控制转向产出导向和对成就的认可。质量保证在实现欧洲职业教育与培训系统现代化以及提高其绩效和吸引力的目标方面起着决定性作用，因此欧盟和国家层面建立起质量保证框架，加强对职业教育与培训机构的指导和政策指引。

第一节 哥本哈根进程下的职业教育与培训质量保证

欧盟认为，教育和培训是促进就业能力、社会凝聚力、积极的公民意识以及个人和职业成就的不可或缺的手段，职业教育与培训系统在为欧洲公民提供能力和资格方面发挥着关键作用，职业教育与培训可以为充分就业、经济增长、创新和有竞争力的经济作出重要贡献。里斯本欧洲理事会承认教育的重要作用，认为它是经济和社会政策的组成部分，是加强欧洲在全世界竞争力的工具以及确保社会凝聚力和公民全面发展的保障。欧洲理事会为欧盟制定了成为世界上最具活力的知识型经济体的战略目标，发展高质量的职业教育与培训是这一战略的重要组成部分，特别是在促进社会包容、凝聚力、流动性、就业能力和竞争力方面。强调有必要提高欧洲职业教育与培训的质量和吸引力，加强欧洲在职业教育与培训领域的合作。[①] 高质量的职业培训应该让年轻人为就业做好准备，并赋予他们在整个职业生涯中持续接受职业培训的权利；职业培训政策应在实现行动自由和促进欧洲内部工人流动方面发挥重要作用，它不仅包括传授"欧洲技能"，还包括在欧洲就业市场上跨境使用国家职业证书和文凭的可能性，提高职业证书和文凭的透明度。[②]

欧洲在职业教育与培训质量方面的合作始于2001年，当时由欧盟委员会和欧洲职业教育和培训发展中心（Cedefop）联合设立了欧洲职业教育与培训质量论坛，确定了质量发展的共同原则、指导方针和工具，建立了共同质量保证框架（CQAF），于2004年获得理事会批准。2009年欧

---

① Council of the European Union, "Council Resolution of 19 December 2002 on the Promotion of Enhanced European Cooperation in Vocational Education and Training", https://op. europa. eu/en/publication-detail/-/publication/84842bcc-bd99-460f-8c52-97844d19f2e1/language-en/format-PDF/source-295562043.

② Council of the European Union, "Council Resolution of 5 December 1994 on the Quality and Attractiveness of Vocational Education and Training", https://op. europa. eu/en/publication-detail/-/publication/c72e8af4-1b22-4f64-994e-d88c5e7f333d.

洲议会和欧盟理事会建议推出了职业教育与培训质量保证参考框架。在此过程中，2002 年启动的哥本哈根进程对于加强欧洲职业教育与培训质量和质量保证发挥了重要作用。

一　哥本哈根进程下的职业教育与培训质量保证政策

2002 年 11 月发布的《欧洲职业教育与培训部长关于促进加强欧洲在职业教育与培训方面合作的宣言》（《哥本哈根宣言》）和 2003 年在哥本哈根通过的欧盟理事会决议将职业教育与培训的质量确定为欧洲合作的一个优先主题，为哥本哈根进程注入了最初的动力。在哥本哈根进程推进过程中，欧洲委员会、欧洲各国负责职业教育与培训的部长以及欧洲相关的社会伙伴每隔两年召开一次会议，审查哥本哈根进程的进展，并就未来优先事项和战略提出建议。

（一）哥本哈根进程下职业教育与培训质量保证的优先事项

2002 年的《哥本哈根宣言》奠定了哥本哈根进程的政治基础。宣言提出将通过加强职业教育与培训方面的合作来实现以下主要优先事项：职业教育与培训的欧洲维度；透明度、信息和指导；能力和资格的认可；质量保证。在质量保证方面，将加强欧盟成员国之间的合作，注重模式和方法的交流，制定职业教育与培训质量的共同标准和原则，并在所有形式的职业教育与培训中关注教师和培训者的学习需求。

2004 年 12 月 14 日在荷兰马斯特里赫特通过的《马斯特里赫特公报》中分析了实现里斯本战略目标面临的挑战，指出要提升职业路径对雇主和个人的形象和吸引力，提高职业教育与培训的参与率；在职业教育与培训系统中实现高水平的质量和创新，提升欧洲职业教育与培训的全球竞争力；将职业教育和培训与知识经济对高技能劳动力市场的要求联系起来，促进老年工人的升级和能力发展；实现低技能人群和弱势群体的社会融合，扩大劳动力市场参与。公报分别从国家和欧盟层面进一步阐述和拓展了《哥本哈根宣言》中提出的优先发展领域。在国家一级，使用共同的工具、参考和原则支持职业教育与培训系统及其实践的改革和发展；在欧洲层面，支持欧洲资格框架的实施，建立必要的相互信任的质量保证机制。

2006年12月5日，在芬兰首都赫尔辛基召开的欧洲职业教育与培训部长、欧洲社会伙伴和欧盟委员会会议通过了《赫尔辛基公报》，从4个方面回顾和评价了哥本哈根进程的优先发展领域和战略。4个优先事项分别是：提高职业教育与培训的吸引力和质量；继续开发欧洲通用工具，为建立欧洲职业教育与培训区铺平道路并支持欧洲劳动力市场的竞争力；加强相互学习、合作以及经验和知识分享；利益攸关方的积极参与。在质量保证方面，提出利用欧洲职业教育与培训质量保证网络（ENQA-VET）加强质量改进方面的合作，并借鉴2004年5月理事会关于职业教育与培训质量保证的结论中共同质量保证框架的基本原则，以促进质量改进文化和更广泛地参与职业教育与培训质量保证网络。

2008年11月25—26日，在法国波尔多召开的欧盟职业教育与培训部长非正式会议通过了关于加强欧盟职业教育与培训合作的《波尔多公报》。该公报回顾并肯定了哥本哈根进程所取得的成绩，制定了2008—2010年的阶段性目标，提出了4个优先发展的领域和加强欧盟职业教育与培训合作的措施。公报认为，哥本哈根进程证明了其有效性，它有助于《里斯本战略》在经济和社会方面取得成功；从哥本哈根到马斯特里赫特、赫尔辛基和波尔多，一个基于透明和互信的欧洲职业教育与培训区正在形成。在全球金融危机的背景下，教育和培训必须应对重大挑战，包括青年失业率居高不下、年轻人辍学率高和成年人资格水平低。公报提出了未来的4个优先领域：（1）在国家和欧洲层面实施促进职业教育和培训领域合作的工具和计划，包括实施欧洲职业教育与培训学分体系以及质量保证参考框架，制定质量保证工具；（2）提高职业教育与培训系统的质量和吸引力，包括通过实施职业教育与培训质量保证参考框架（EQAVET）建议制定质量保证机制，积极参与欧洲职业教育和培训质量保证网络，以开发通用工具；（3）加强职业教育和培训与劳动力市场之间的联系；（4）加强欧洲合作安排。

2010 年 12 月 7 日，欧洲职业教育与培训部长、欧洲社会伙伴和欧盟委员会通过的《关于加强 2011—2020 年欧洲职业教育与培训合作的布鲁日公报》指出：鉴于职业教育与培训在欧洲社会和经济中的作用，确保职业教育与培训的可持续性和卓越性至关重要；透明度和质量保证的共同方法是建立相互信任所必需的，这将促进欧洲职业教育与培训系统之间对技能及能力的承认和人员流动性，必须高度重视欧洲职业教育与培训合作中的质量保证。公报确定了 2011—2020 年的战略目标以及 2011—2014 年短期交付成果，制定了 4 个战略目标：（1）提高职业教育与培训的质量和效率，增强其吸引力和相关性；（2）让终身学习和流动成为现实；（3）增强创造力、创新和创业精神；（4）促进公平、社会凝聚力和积极的公民意识。在质量保证方面，公报呼吁参与国在 2015 年年底之前根据实施职业教育与培训质量保证参考框架的建议建立国家一级共同的质量保证框架，该框架不仅适用于职业教育与培训机构，也适用于相关的工作场所学习。

2010 年之前，欧洲国家职业教育与培训的部长们每两年审查和调整一次优先事项，这种定期审查使职业教育与培训在国家政策议程中处于重要位置，并有助于保持哥本哈根进程参与者的"主人翁"感和持续承诺。然而，两年时间被认为太短，无法实施政策措施并观测到其影响。《布鲁日公报》采用了新的方法，将长期愿景与将于 2014 年审查的短期可交付成果（STDs）结合，包含总共 11 个战略目标，其中 6 个涉及 4 个欧洲教育和培训合作战略框架（ET 2020）目标，与另外 5 个横向目标一起构成了总体框架。

2015 年 6 月 20 日，来自欧盟成员国、欧盟候选国和欧洲经济区国家负责职业技能发展的部长以及欧洲社会伙伴和欧盟委员会在拉脱维亚首都里加召开会议，在对第一个周期进行审查后，决定将工作重点放在 5 个主要领域，以实现职业教育与培训的 2020 年目标。会议商定了《里加结论》，制定了"职业教育与培训五项中期交付成果（MTDs）"，这些关键交付成果构成了在 2015—2020 年实现职业教育与培训现代化议程的基础。在质量保证方面,《里加结论》指出,参与国应根据实施职业教育与培训质量保证参考框架的建议进一步发展职业教育与培训的质量保证机制,并作为质量保证体系的一部分,在初始职业教育与培训和继续职业教育与培训(CVET)系统中建立基于学习成果的连续信息和反馈回路。

哥本哈根进程下历次部长级会议发布的政策文件中有关质量保证的优先事项如表 4-1 所示。

表 4-1　哥本哈根进程部长级会议文件中有关质量保证的政策优先事项

时间	政策文件	有关质量保证的政策优先事项
2002 年 11 月	《哥本哈根宣言》	促进质量保证方面的合作,特别注重交流模式和方法,以及职业教育与培训质量的共同标准和原则
2004 年 12 月	《马斯特里赫特公报》	国家一级,使用共同的工具、参考和原则支持职业教育与培训系统及其实践的改革和发展,例如透明度(欧洲通行证)、终身指导、质量保证以及非正规和非正式学习的识别和验证;欧洲层面,欧洲资格框架应该得到在欧洲一级商定的工具的支持,特别是建立必要的相互信任的质量保证机制
2006 年 12 月	《赫尔辛基公报》	利用欧洲职业教育与培训质量保证网络加强质量改进方面的合作,以支持就质量保证达成共识并促进相互信任 借鉴 2004 年 5 月理事会关于职业教育与培训质量保证的结论中共同质量保证框架的基本原则,以促进质量改进文化和更广泛地参与职业教育和培训质量保证网络
2008 年 11 月	《波尔多公报》	质量保证机制应有助于确保职业教育与培训系统的现代化和相互信任 应用欧洲职业教育与培训学分体系,以及质量保证参考框架,以加强相互信任 通过实施职业教育与培训质量保证参考框架的建议制定质量保证机制;积极参与欧洲职业教育与培训质量保证网络,以开发通用工具,并通过促进互信支持欧洲资格框架的实施
2010 年 12 月	《布鲁日公报》	为了保证提高质量、增加透明度、相互信任、工人和学习者的流动性以及终身学习,参与国应建立符合 EQAVET 建议的质量保证框架 参与国应在 2015 年年底之前在国家一级为职业教育与培训机构建立一个共同的质量保证框架,该框架也适用于相关的工作场所学习,并与 EQAVET 框架兼容

续表

时间	政策文件	有关质量保证的政策优先事项
2015 年 6 月	《里加结论》	进一步发展符合 EQAVET 建议的职业教育与培训质量保证机制，并作为质量保证系统的一部分，在初始职业教育与培训和继续职业教育与培训系统中建立基于学习成果的连续的信息和反馈回路

资料来源：The Copenhagen Declaration；Maastricht Communiqué on the Future Priorities of Enhanced European Cooperation in Vocational Education and Training（VET）；The Helsinki Communiqué on Enhanced European Cooperation in Vocational Education and Training；The Bordeaux Communiqué on Enhanced European Cooperation in Vocational Education and Training；The Bruges Communiqué on Enhanced European Cooperation in Vocational Education and Training for the Period 2011-2020；The Riga Conclusions：European Cooperation in Vocational Education and Training 2015-2020.

（二）职业教育与培训一体化背景下的质量保证体系

哥本哈根进程标志着职业教育与培训一体化正式开始，该进程旨在加强欧盟成员国及欧洲经济区国家在职业教育与培训领域的合作，通过促进资格和能力透明度的单一框架和职业教育与培训学分转移系统的发展，提高职业教育与培训的绩效、质量和吸引力，促进职业教育与培训提供和透明度方面的相互信任以及能力和资格的认可，从而为加强工人和培训者在欧盟范围内的流动性奠定基础。哥本哈根进程作为职业教育与培训一体化的政策路径和工作方法，其目标是要创建一个欧洲终身学习区，使人们的资格和能力作为"共同的货币"在国家之间和不同工作之间自由流动。因此，哥本哈根进程的作用可与推进欧洲高等教育一体化的博洛尼亚进程相比拟。

职业教育与培训一体化的目标是促进欧盟范围内职业教育与培训的合作，建立在世界范围内最具吸引力的职业教育与培训体系，使欧盟的职业教育与培训成为世界的参照。但是欧盟各国的职业教育与培训体制存在多样性，各国职业教育与培训在课程设置、办学模式等方面存在很大的差异，这是阻碍欧洲职业教育一体化进程的最大障碍。推进欧洲职业教育一体化进程最重要的措施之一是开发欧洲共同的工具和原则，支持各成员国根据各自的传统、现状、目标和速度来发展和改革职业教育与培训体系，在自愿的基础上采用欧洲工具，以提高欧盟各国职业教育与培训体系的透明度、促进相互信任，使资格证书和文凭得到更好的互认。职业教育与培训一体化的共同工具包括欧洲资格框架（EQF）、欧洲职业教育与培训学分系统（ECVET）、欧洲职业教育与培训质量保证框架（EQAVET）、欧洲通行证（Europass）；共同的原则和指导方针包括指导和咨询原则、非正规和非正式学习的鉴定和认证（表4-2）。这些工具和原则相互联系、相互补充，共同致力于职业教育与培训一体化的推进和终身学习战略在欧洲的实施。①

表4-2　　哥本哈根进程下开发的职业教育与培训共同工具和原则

共同工具或原则		主要作用
欧洲共同工具	欧洲资格框架	有助于对整个欧洲的资格进行比较，支持终身学习以及提高教育和就业的流动性
	欧洲职业教育与培训学分系统	帮助验证、认可和积累在另一个国家或不同情况下获得的与工作相关的技能和知识，以使这些经验有助于获取职业资格
	欧洲职业教育与培训质量保证框架	帮助各国提高和评估其职业教育与培训系统的质量，开发质量管理方法
	欧洲通行证	一个支持就业和地域流动的文件夹，使人们使用整个欧洲的雇主可以理解的标准格式展示他们的资历和技能。欧洲通行证文件包括 Europass 简历、语言护照、Europass 流动、文凭补充和证书补充
共同原则和指南	指导和咨询	在制定欧洲教育、培训和就业政策时强调终身指导的作用。它强调4个优先领域：职业生涯管理技能、服务途径、提供指导的质量和政策合作
	非正规和非正式学习的鉴定和认证	制定共同的原则以鼓励和指导高品质、可信赖的方法和系统的发展，以鉴定和认证非正规和非正式学习

资料来源：European Centre for the Development of Vocational Training（Cedefop），*A Bridge to the Future：European Policy for Vocational Education and Training 2002-10*，Luxembourg：Publications Office of the European Union，2010.

———

① European Centre for the Development of Vocational Training（Cedefop），*A Bridge to the Future：European Policy for Vocational Education and Training 2002-10*，Luxembourg：Publications Office of the European Union，2010.

欧洲议会和欧盟理事会2009年6月18日的建议（第2009/C 155/01号）建立了欧洲职业教育与培训质量保证框架，以帮助成员国在欧洲共同参考的基础上促进和监测其职业教育与培训系统的持续改进，同时质量保证是促进欧洲公民和学生流动以及认可他们的资格和学习成就的欧盟工具和框架（包括欧洲资格框架和欧洲职业教育与培训学分系统）的基础支柱。欧洲职业教育与培训质量保证框架通过使用定性和定量相结合的数据和指标来评估各国职业教育与培训的实施情况，并通过内部评价机制和外部监控机制相结合的方式对整个职业教育与培训实施过程进行监督和评价，以更有效地保证欧盟职业教育与培训的质量。EQAVET为欧盟国家职业教育与培训质量保证提供了一个参考工具，有助于加强职业教育与培训的质量保证并形成质量文化。有关欧洲职业教育与培训质量保证框架的内容将在本书下一节作专门介绍。

二 职业教育与培训质量保证方法

欧洲的职业教育与培训的格局呈现多样化发展，在这种背景下，哥本哈根进程的议程由一个包含欧盟成员国和其他国家、社会伙伴和欧盟委员会的代表组成的技术工作组实施。欧洲职业培训发展中心（Cedefop）和欧洲培训基金会（ETF）为该工作组提供了进一步的支持。鉴于推进全球化需要提高经济竞争力和增加社会包容性，教育与培训的质量和质量保证是欧洲、国家和机构层面的优先主题。基于明确且不断形成的政治目标，在欧盟相关机构参与以及欧洲国家和社会伙伴之间自愿合作的推动下，已经开发出一种全面的欧洲职业教育与培训质量体系和质量保证方法，由几个相互补充的要素组成。职业教育与培训质量保证方法包括：（1）在明确界定的目标、任务及拟实现的目标方面的政治领导和指导；（2）一个共同的质量保证框架，提供欧洲层面质量保证的通用工具；（3）一个机构性的行动网络，即欧洲职业教育与培训质量保证网络，通过开展共享活动和制定进一步的共同原则、指南和工具以提高职业教育与培训系统的质量；（4）作为现代交流平台的虚拟社区，其中包括广泛的利益相关者，旨在支持信息传播和全球讨论。

（一）共同质量保证框架

鉴于经济竞争力、社会包容和终身学习需求方面的总体挑战，《里斯本战略》制定了将欧洲转变为知识型社会的目标，职业教育与培训被赋予了一个关键的角色，特别是在提高质量、扩大机会和向更广阔的世界开放欧洲教育和培训系统方面。2002 年巴塞罗那欧洲理事会制定了到 2010 年使欧洲教育和培训系统成为世界质量基准的目标，从而将质量问题与旨在提高劳动力就业能力、改善培训供求匹配和改善教育与培训机会的政治优先事项一起，置于欧洲教育和培训政策议程的核心。从实践的角度看，2002 年 11 月发布的《哥本哈根宣言》和 2003 年的欧盟理事会决议将职业教育与培训的质量确定为欧洲合作的一个优先主题，为哥本哈根进程提供了最初的动力。哥本哈根进程作为行动战略，旨在通过促进资格和能力透明度的单一框架和职业教育与培训学分转移系统的发展，提高职业教育与培训的绩效、质量和吸引力。质量保证在实现欧洲职业教育与培训系统现代化以及提高其绩效和吸引力的目标方面起着决定性的作用。为了实现更好的资金效益，职业教育与培训系统需要更好地应对不断变化的劳动力市场需求，因为这将提高职业教育与培训结果的有效性，改善教育与培训的供需匹配。

2004 年 5 月，欧盟各成员国政府首脑参加的欧洲理事会通过了《关于职业教育与培训质量保证的结论》，这是欧盟委员会、成员国、社会伙伴、欧洲经济区—欧洲自由贸易联盟和欧盟候选国合作的成果。根据理事会的结论，应在执行哥本哈根进程的背景下优先考虑共同质量保证框架，这一共同框架应包括以下 4 个综合要素：（1）一个旨在促进成员国相关层面的系统规划、评估和审查的适当模式；（2）与审查系统（例如自我评估）适配的方法，使成员国能够自我批评并努力持续改进；（3）酌情在国家或区域一级进行监测，可以与自愿同行评审相结合；（4）国家或地区层面的测量工具，使成员国和职业教育与培训机构能够监控和评估他们自己的系统和组织。① 这一共同框架旨在提高成员国在职业教育与培训领域政策倡议之间的透明度和一致性，同时充分尊重他们对发展自身系统的责任。

共同质量保证框架是在欧洲层面开发的质量保证通用工具，是所有欧洲国家职业教育与培训系统质量保证的指导工具和模型，是更好地理解不同职业教育与培训质量方法的参考框架。共同质量保证框架的基本原理构成了一个系统的质量保证方法，支持从业人员和决策者提高职业教育与培训提供的质量。作为该框架的一部分，还制定了一套参考质量指标，以反映欧盟职业教育与培训系统的政策目标。此外，为了支持共同质量保证框架的实施，许多附加工具应运而生，例如职业教育与培训提供者自我评估指南。在共同质量保证框架的基础上，欧盟委员会开发了职业教育与培训质量保证参考框架，使成员国利用共同框架、其原则、质量标准和参考指标作为进一步改进、改革和发展国家职业教育与培训质量保证体系的工具。有关共同质量保证框架和职业教育与培训质量保证参考框架的内容将在下一节专门论述。

(二) 欧洲职业教育与培训质量保证网络

2005 年 10 月，欧盟委员会启动了欧洲职业教育与培训质量保证网络，以实现成员国之间在质量保证领域的可持续合作，确保在实现里斯本战略目标和巴塞罗那理事会制定的目标方面取得有效进展。该网络由欧盟成员国、候选国和欧洲经济区国家、欧洲社会伙伴、欧盟委员会、欧洲职业培训发展中心和欧洲培训基金会的代表组成。该网络旨在为信息和经验的结构化交流、辩论、相互学习、建立共识以及最大限度地提高欧盟合作的产出和成果提供一个合作平台，包括来自职业教育与培训领域的一系列欧洲政策计划（例如莱昂纳多·达·芬奇计划）。该网络还充当连接高等教育的桥梁，它类似于在博洛尼亚进程背景下建立的高等教育质量保证网络。该网络以国家质量保证参考点为基础，旨在确保跟

---

① European Training Foundation, E. Seyfried, *Quality and Quality Assurance in Technical and Vocational Education and Training: Thematic Studies*, Publications Office, 2010.

进欧盟倡议和信息传播。在一些国家，已经建立了一个由各种利益相关者组成的广泛网络；在其他国家，这一角色由与各部委密切联系的职业教育与培训机构接管。

自成立以来，欧洲职业教育与培训质量保证网络在扩大成员资格和活动方面都取得了进展，绝大多数欧盟国家、来自欧洲社会伙伴组织、欧盟委员会、Cedefop 和 ETF 的代表参加了网络。根据共同商定的采取进一步行动的优先领域，该网络成立了 3 个专题小组来履行其职责。第一组致力于确保和发展职业教育与培训提供的质量；第二组旨在实施现有的职业教育与培训质量指标；第三组将加强与其他领域发展的联系，特别是与高等教育以及欧洲资格框架和欧洲职业教育与培训学分体系的联系。

（三）职业教育与培训质量保证虚拟社区

为了促进欧洲合作，欧洲职业培训发展中心于 2003 年 1 月创建了职业教育与培训质量保证虚拟社区（VC）。这是一个网络交互平台，面向质量专家和欧洲职业教育与培训利益相关者，旨在宣传欧盟层面开展的工作、收集和共享信息、促进思想交流和良好实践分享，有助于超越时空界限交流经验和协作发展知识。用户通过访问虚拟社区，可以获取有关自 2002 年以来欧洲职业教育与培训质量工作的总体活动和产出的相关信息，不仅促进了技术工作组内部的交流，最重要的是它与更广泛的目标受众建立了联系，向他们传达了所取得的成果和信息。Cedefop 通过创建职业教育与培训质量保证虚拟社区，为确保职业教育与培训质量保证过程的透明度和欧盟层面的合作做出了重要贡献。虚拟社区作为收集和传播国家和部门在职业教育与培训质量保证方面的经验的平台，也是欧洲职业教育与培训质量保证网络信息的传播和存储点。

职业教育与培训质量保证虚拟社区旨在支持和改善利益相关者之间在职业教育与培训质量方面的经验交流和合作，内容领域涉及欧洲职业教育质量论坛、职业教育质量技术工作组以及欧洲职业教育与培训质量保证网络。虚拟社区中讨论的主题侧重于模型和方法的自愿交流，包括：

在职业教育与培训中制定并采用质量标准和规范；在职业教育与培训中开发和使用质量指标；制定并采用自我评估方法作为确保职业教育与培训质量的支持机制，并为职业教育与培训机构制定自我评估指南；确定工具和系统，以更好地满足劳动力市场对提供的培训和能力的需求，提高地方、区域、部门或国家层面的就业能力；在欧洲资格框架的整体视角下，识别、创建和加强职业教育与培训质量保证方法与高等教育质量保证方法之间的联系。① 为了实施里斯本战略，欧盟委员会在各个政策领域采取了统一协调行动。2008 年欧洲议会和欧盟理事会通过了关于建立欧洲终身学习资格框架的建议，该建议考虑了由职业教育与培训和高等教育联合会议通过的教育和培训质量保证的共同原则，旨在将这两个领域的质量发展联系起来。

第二节　欧盟职业教育与培训质量保证框架

为了实现《里斯本战略》提出的"在 2010 年前成为世界上最具竞争力和活力的知识型经济体"目标，向知识型经济转型需要职业教育与培训系统的现代化和持续改进，以应对经济和社会的快速变化。2005—2008 年里斯本增长和就业综合指导方针呼吁成员国开发负担得起的、易于获得的终身学习系统，以响应知识型经济和社会不断变化的需求。2008 年以来的国际金融危机对欧洲的经济、社会带来巨大影响，为了走出经济危机，欧洲需要实现更智能的增长，职业教育与培训需要培养更多技术人才。虽然各国对职业教育与培训给予了强烈的政治关注，但仍然面临很大挑战，包括增加其吸引力、嵌入性更强的基于工作的学习、增强与劳动力市场的相关性、制定更强的职业和教育指导、实现教师和培训者的职业发展，以及提高国家之间和不同教育途径之间职业教育与培训学习成果的认可度和透明度。质量保证在应对这些挑战方面发挥着

---

① Cedefop, *Fundamentals of a Common Quality Assurance Framework（CQAF）for VET in Europe*, Luxembourg：Office for Official Publications of the European Communities, 2007.

重要作用，特别是在克服技能不匹配和提高年轻人的就业能力方面，有助于形成对职业教育与培训的共同理解、促进对在不同国家获得的资格的相互承认，从而实现更大的流动性和更好地应对经济和社会挑战。

一　共同质量保证框架

作为《哥本哈根宣言》后续行动的一部分，欧盟职业教育与培训质量技术工作组（Technical Working Group，TWG）制定了共同质量保证框架（Common Quality Assurance Framework，CQAF），旨在支持系统和机构层面的职业教育与培训质量的发展和改革，同时充分尊重成员国开发自己的质量保证系统的责任和自主权。

（一）共同质量保证框架出台的背景

2002 年 11 月 29—30 日在哥本哈根召开的欧洲职业教育与培训部长会议发表的《哥本哈根宣言》制定了职业教育与培训质量保证的政策议程：促进质量保证方面的合作，特别注重模式和方法的交流，以及职业教育与培训质量的共同标准和原则。① 为此，欧盟委员会成立了由欧盟成员国、候选国、欧洲自由贸易区—欧洲经济区国家、欧洲社会伙伴和欧盟委员会代表组成的职业教育与培训质量技术工作组，制定一个共同质量保证框架，旨在促进相互信任、透明度与对能力和资格的认可，以提高流动性并为终身学习创造条件。这项工作以 2001—2002 年欧洲职业教育与培训质量论坛的工作为基础，并得到欧洲职业培训发展中心和欧洲培训基金会的支持。欧盟教育理事会于 2004 年 5 月 3 日批准了 CQAF 方法，并邀请成员国和欧盟委员会在各自的职权范围内与利益攸关方一起自愿推广该方法。教育理事会还建议各方采取切实可行的举措，评估共同框架在改善国家质量保证系统方面的作用与价值，并协调国家和地区

---

① European Commission, *Declaration of the European Ministers for Vocational Education and Training and the European Commission*, *Convened in Copenhagen on 29 and 30 November 2002*, *on Enhanced European Cooperation in Vocational Education and Training 'The Copenhagen Declaration'*, Brussels: European Commission, 2002.

层面的活动，确保与《哥本哈根宣言》保持一致。

教育理事会向欧洲理事会提交的关于《教育和培训 2010 年工作计划》的联合中期报告强调了建立欧洲资格框架的必要性，认为作为《哥本哈根宣言》后续行动的共同质量保证框架，应与博洛尼亚进程下"制定一套商定的质量保证标准、程序和指南"一起成为欧洲的首要优先领域。欧盟理事会 2004 年关于加强欧洲职业教育与培训合作的未来优先事项的结论指出应优先考虑：在国家一级，"使用共同的工具、参考和原则支持职业教育与培训系统及其实践的改革和发展"；在欧洲层面，"巩固哥本哈根进程的优先事项，促进落实具体成果"①。《马斯特里赫特公报》进一步详细说明了如何将这些优先事项付诸实施并采取后续行动。质量技术工作组在国家和欧洲层面发起了切实可行的倡议，旨在微调和评估 CQAF 作为职业教育与培训质量保证发展支持工具的相关性。为了促进欧盟各国职业教育与培训质量保证的可持续合作，在欧盟委员会的倡议下，根据职业培训咨询委员会（ACVT）的意见，建立了欧洲职业教育与培训质量保证网络，共同质量保证框架也是该网络的首要议程，旨在促进欧盟层面相关政策和实际举措的一致性。

（二）共同质量保证框架的主要内容

共同质量保证框架建立在相关质量保证模型的关键原则之上，以保证和发展职业教育与培训质量。它可以帮助政策制定者和从业者更好地了解质量保证模型的工作原理，确定需要改进的领域，并根据常见的定量和定性参考决定如何改进。它可应用于系统和职业教育与培训机构层面，用于评估职业教育与培训的有效性。它特别强调改进和评估职业教育与培训的"产出"和"成果"，以提高就业能力、改善供需匹配以及促进更好地获得终身学习。使用共同质量保证框架有助于在国家内部和国

① Council of the European Union, *Conclusions of the Council and the Representatives of the Governments of the Member States Meeting Within the Council on the Future Priorities of Enhanced European Cooperation in Vocational Education and Training（VET）（Review of the Council Resolution of 19 December 2002）*, Brussels：Council of the European Union, 2004.

家之间提高职业教育与培训系统的效率、透明度和信心。

共同质量保证框架的内容如下：（1）质量保证模型：该模型构建了职业教育与培训系统质量保证四要素，即规划、实施、评估和审查；（2）评估和审查系统的方法：强调自我评估，结合外部评估；（3）监测系统：在国家或地区层面适当确定，并可能与欧洲层面的自愿同行评审相结合；（4）测量工具：旨在帮助成员国在国家或地区层面监测和评估其职业教育与培训系统的一套参考指标。

1. 质量保证模型

共同质量保证框架的质量保证包含规划、实施、评价和评估、审查四个相互联系的要素，组成一个循环的四阶段模型（图4-1），且对于每个要素都确定了核心质量标准。

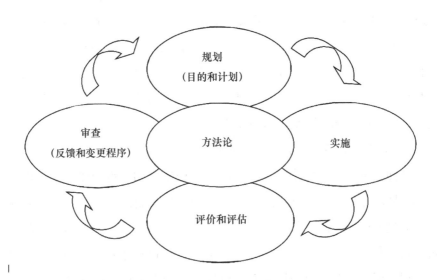

图4-1 质量保证的四阶段模型

资料来源：Cedefop, *Fundamentals of a Common Quality Assurance Framework （CQAF） for VET in Europe*, Luxembourg: Office for Official Publications of the European Communities, 2007.

（1）规划（目标和计划）

在质量体系规划阶段，需要明确职业教育与培训政策、程序、任务、人力资源的明确和可衡量的目标，确定与目标相联系的投入和产出标准，以支持质量保证的设计和实施，并为个人认证或职业教育与培训机构和方案的认证提供参考点。目标和目的应清晰易懂并尽可能与可衡量指标的内容相结合，以便在后期检查计划目标的实现情况。由于职业教育和培训的质量与要实现的具体政策、机构或个人目标和目的联系紧密，因此应确保相关的国家、区域和地方利益攸关方参与职业教育和培训质量目标的决策过程。

（2）实施

在实施阶段，需要确立关键的、一致的原则，作为实施行动的基础，以确保有效实现既定目标和目的。这种一致性可以通过多种方式实现，例如通过监管、资金激励、提供地方一级的工作指南、通过培训提高关键行为者在质量问题上的能力、将教育与培训提供者的内部质量体系与外部检查结合等。无论采用哪种方法，都必须确保所有实施的参与者清楚方法步骤，包括时间跨度和要完成的任务。此外，提高所有参与者的主动性和能动性，是实现质量保证目标的先决条件。

（3）评价和评估

该阶段按照设定的目标对教育计划提供情况进行持续评估，以及对系统和个人层面取得的成果进行评估。需要根据具体情况设计评价机制、确定评价的频率和范围，并向有关人员提供评价结果的证据，包括优势、有待改进的领域和行动建议。评价和评估阶段一般包括两部分，即数据收集和处理以及对取得结果的讨论。评估的有效性在很大程度上取决于对方法的明确定义和数据收集频率以及数据收集与预定指标之间的一致性。各利益相关方包括受培训者、工作人员、雇主和工会代表应参与评估结果的讨论。

（4）审查（反馈和变更程序）

质量保证和发展是一个持续和系统的过程，它必须不断接受审查，将自我评估与外部机构的评估结合起来，根据反馈情况进行调整、改进和完善。质量周期的其他要素只有在得出结论、吸取教训并付诸实践时才是有价值的，对质量管理体系的分析表明，周期的最后阶段（修订计划、微调质量目标和质量管理活动）往往是最薄弱的。因此应公布质量评估的结果，并鼓励与利益攸关方就影响结果的因素进行公开辩论。此外，制定比较基准并与良好实践和进一步改进的激励措施相结合，以促进共同学习。

（5）方法学

方法学是贯穿质量保证模型所有元素的重要横向维度，包括：决定参与机制、测量和指标；设计评估和评价工具；规划、实施和反馈的程序；结合所有元素以创建统一系统的方法。技术工作小组特别强调评估和审查系统的自我评估，以及结合外部监测。

2. 自我评估

自我评估是一种评估和评价质量的相关方法，以保证和提高系统和机构层面的教育质量。它可能包括影响职业教育与培训质量的多个或所有因素，包括职业教育与培训系统/机构的组织、机制和资源、教学专业知识以及与外部环境的关系。自我评估有助于职业教育与培训机构分析他们对外部需求和挑战的反应，并就需要改变的领域提供充分的反馈。在系统层面，自我评估有助于改进治理，这对于提供充分的法律规定、分配必要的资源、检查结果和及时提供反馈是十分必要的，它可以使职业教育与培训机构充分应对挑战并进行必要的变革。

自我评估有两种主要方法。第一，国家机构可以利用它来评估和支持职业教育与培训的质量，其中自我评估主要涉及国家职业教育与培训目标，并根据国家具体的监管框架实施。第二，它由职业教育与培训提供者在机构层面自愿开展，以使培训课程合理化并提高其可及性，应对在高要求、竞争激烈的市场中建立认可、形象和信心的挑战。

3. 监测系统

自我评估是质量保证的一个重要方法，但它是一个"自省"的过程，需要与国家、区域或部门各级独立和适当的第三方机构的定期外部监测相结合，这是确保职业教育与培训结果评价的可信度、合法性和认可度

的先决条件。外部监督的范围可以从严格的控制和会计措施到更开放的
系统，包括与自愿同行审查相结合。

在许多国家，检查（Inspection）是职业教育与培训系统中一种常见
的外部监督措施，以补充自我评估。它有助于确保内部评估定期受到审
核，并通过分级制度和发布的报告提供对职业教育与培训质量的清晰和
可比较的分析。作为检查机构工作的一部分，大多数国家正在发展对职
业教育与培训提供者的支持和咨询，以提高职业教育与培训的质量。一
项接近于质量控制的具体监督措施是对职业教育与培训提供者进行认证，
这在许多成员国中被用来协调各种职业教育与培训提供者并使其合法化，
这意味着强制职业教育与培训提供者达到一套固定的最低标准。在国家
内部和国家之间，同行审查可以作为监测系统的一部分。审查过程有助
于确定和评估良好做法、了解如何有效传播良好做法并促进系统和机构
层面的共同学习。

4. 测量工具

在质量管理中，测量各级质量及其组成部分是一项重大挑战。质量
保证模型各要素中的指标参考显示了它们在整个质量周期中的重要性。
共同质量保证框架提出了一套衡量和评估职业教育与培训质量的通用指
标（表4-3），目的是帮助成员国基于共同的质量和数量参考，确保对本
国职业教育与培训系统的质量发展进行充分和一致的跟踪和评价。参考
指标的选择基于两个基本理念：一是用于在职业教育与培训机构和系统
层面应用质量管理系统；二是将质量管理活动与欧洲层面商定的职业教
育与培训体系的政策目标联系起来。这些目标包括提高劳动力的就业能
力、改善获得职业教育与培训的机会（特别是劳动力市场上的弱势群
体），以及改善职业教育与培训供求之间的匹配状况。2004年技术工作小
组工作方案的选定指标包括背景信息以及与投入、过程、产出和结果有
关的数据，同时对以衡量职业教育与培训的产出和成果为导向的指标给
予了一定的重视。这些指标涵盖了职业教育与培训过程的不同阶段或整
个周期，它们是相互关联的。通过一系列连贯的指标反映行动的目标、

过程和结果，使职业教育与培训系统的质量动态更易于理解。

表 4-3   一套连贯的质量指标

水平	序号	质量保证的总体指标			来源
背景/输入 输入/过程	1 2	按所用方法的类型（如 ISO、EFQM）划分，采用共同质量保证框架质量管理体系的职业教育和培训提供者的比例 对培训员培训的投资			新 新
		根据质量目标的指标			
		可雇用性	可获得性	匹配度	
背景	3	按群体分列的失业情况	按群体分列的失业情况	—	欧盟统计局
背景	4	—	弱势群体的普遍性	—	欧盟统计局
输入/过程 输出	5	初始职业培训和终身学习的参与率	初始职业培训和终身学习的参与率（与弱势群体的普及率比较）	初始职业培训和终身学习的参与率	欧盟统计局 LFS/CVT
产出/成果	6	成功完成培训	成功完成培训（与弱势群体比较）	—	LFS
结果	7	培训 6 个月后受训者的目的地：继续培训、就业（与培训有关的工作）、失业等	—	培训后 6 个月学员去向：继续培训、就业（从事与培训相关的工作）、失业等	新
结果	8	在工作场所使用获得的技能	—	在工作场所使用获得的技能	新
		定性信息			
背景/输入	9	—	—	将劳动力市场的发展与职业教育和培训系统联系起来的机制	纳入核心标准

续表

水平	序号	质量保证的总体指标			来源
过程	10	—	促进更好获取的方案（信息、指导、支持）	—	纳入核心标准

资料来源：Cedefop, *Fundamentals of a Common Quality Assurance Framework（CQAF）for VET in Europe*, Luxembourg：Office for Official Publications of the European Communities, 2007.

这一套指标集由 8 个指标组成，这些指标基于量化数据，可以与明确界定的目标联系起来，并且可以支持实现这些目标。这 8 个指标附有两个描述（软指标），可用于收集额外的定性信息，以实现与发展职业教育和培训相关的某些政策目标。8 个指标包括两个总体指标（指标 1 和指标 2），旨在促进总体质量保证；其他指标（3—8）反映并支持实现成员国、欧盟委员会和社会合作伙伴为职业教育与培训系统设定的 3 个政策优先事项（提高劳动力的就业能力；更好地匹配培训供需；更好地获得职业培训，特别是劳动力市场上的弱势群体）。大多数指标也是相互联系的，即通过将某些指标的结果相互联系和比较，可以获得更多的信息。例如，通过将毕业率（指标 6）与参与率（指标 5）进行比较，将有可能揭示辍学率；通过将参与率与某些群体的流行率数据（指标 4）进行比较，将有可能评估可及性。所有指标都适用于职业教育与培训系统和职业教育与培训机构。对各指标纳入指标集的理由及其政策含义概述如下。①

（1）支持质量管理的指标

指标 1：按所用方法类型划分采用共同质量保证框架质量管理体系的职业教育与培训提供者比例。纳入这一指标主要是为了支持所有国家和所有欧洲职业教育与培训机构实施质量管理体系。在一些欧洲国家，法

① Erwin Seyfried, *Indicators for Quality in VET：To Enhance European Cooperation*, Luxembourg：Office for Official Publications of the European Communities, 2007.

律要求职业教育与培训提供者采用质量管理方法。应用这一指标要求质量管理系统与共同质量保证框架的核心标准一致。因此，对于大多数国家系统来说，应用这一指标可以以更有效的方式应用质量管理体系。

指标2：对培训员培训的投资。《哥本哈根宣言》指出，关注职业教育与培训中教师和培训者的学习需求是提高职业教育与培训质量的最关键因素之一。因此，这一指标是必不可少的，但是似乎很难将这一信息建立在定量数据的基础上。可以考虑三种量化的可能性（在系统和机构层面）：第一种是每年用于培训培训者的资金；第二种是参加培训的培训者人数，根据花费在培训上的时间可以进一步区分；第三种被认为是最合适的，即培训员的培训天数相对于在相关职业教育与培训机构接受培训的受训人数。

（2）支持通向政策目标质量的指标

指标3：按群体分列的失业情况。这一指标提供了对提高就业能力和改善就业机会这两个目标都很重要的背景信息。就成员国而言，通过欧洲统计局，按性别、年龄组、获得的最高教育资格和长期/短期失业持续进行失业率数据分析。有些国家的数据还允许根据其他详细的群体变量（如少数民族）进行汇总和分解。

指标4：弱势群体的普遍性。这一指标也提供了与改善弱势群体获得职业教育与培训的政策目标相关的背景信息。虽然弱势群体因国家、地区甚至当地条件的不同而有很大差异，但有一些弱势群体在欧洲层面有明确的定义，这些群体的数据可以通过欧洲统计局提供。对于职业教育与培训机构而言，在区域和地方一级提供相关数据非常重要。

指标5：初始职业培训和终身学习的参与率。总的来说，这个指标非常有用，尤其是对继续职业教育与培训和初始职业教育与培训。对初始职业培训而言，不应单独看待国家或系统层面的相关数据，而应将其与高等教育参与率联系起来。它应包括15—18岁或15—19岁，视成员国的使用情况而定。对于就业能力和匹配目标，该指标主要作为一个输入因素；然而，如果存在提高终身学习参与率的政治目标，相关数据也可以是过程或产出层面的数据。

指标6：成功完成职业教育与培训的参与者百分比。这是一个至关重要的指标，因为它提供了就业能力目标的主要产出数据。当关于毕业率的数据可以分别与入学率和参与率进行比较时，情况尤其如此。此外可以获得辍学率，这是另一个有价值的质量指标。数据可以通过欧洲统计局进行的劳动力调查获得。同样，参与率在职业教育和培训提供者层面也至关重要。参与率不仅反映了公平目标的实现程度，也是检测产出目标的基准线，如辍学率。

指标7：培训半年后受训者的目的地。受训者的目的地是就业能力和匹配目标的重要结果指标，该指标与失业人员的职业教育和培训活动特别相关，尽管对就业人员的持续培训不太重要。目标指标是提供培训结束半年后学员就业状况的信息，主要的身份类别应如下：继续参加培训活动、就业、失业、无法进入劳动力市场（例如因病）。数据必须通过后续离职调查获得。

指标8：在工作场所使用获得的技能。该指标是非常重要的就业能力和更好匹配的成果指标，对于企业来说，这一指标也至关重要。衡量不应局限于客户满意度调查或依赖自我评估，重要的是要制定方法和技术来衡量培训的效果，即所获得的技能和知识得到真正的使用。

（3）其他定性指标

指标9：使职业教育与培训适应劳动力市场不断变化的需求的现有机制的质量。许多成员国都有使职业教育与培训适应劳动力市场不断变化的需求的机制。然而，机制是广泛的，包括预测技能发展以及更新专业概况的程序。

指标10：促进更好获取的现有计划的质量，包括定向、指导和支持计划。根据成员国的经验，在国家、区域和地方各级有很多不同的促进更好获取的计划，这使得收集可靠和可比的数据变得困难。另外，这种计划可以为质量保证作出很大贡献。因此，关于促进更好获取的计划（包括定向、指导和支持计划）的信息被作为一个软指标。

共同质量保证框架由欧盟各成员国自愿使用，它的价值依赖于汇集各种手段和工具、支持成员国逐步发展自己的政策和做法、促进分享经验和共同学习，旨在提高欧洲国家职业教育和培训的质量、实现与欧洲目标的更大趋同。

二　职业教育与培训质量保证参考框架

2006年，《赫尔辛基公报》强调需要通过借鉴 CQAF 的基本原则，进一步开发和实施专门针对职业教育与培训的欧洲通用工具。欧洲议会和理事会 2009 年 6 月 18 日第 2009/C 155/01 号建议建立了职业教育与培训质量保证参考框架，以帮助成员国在欧洲共同参考的基础上促进和监测其职业教育与培训系统的持续改进。[①] 该框架以 CQAF 为基础并进一步发展，目的是提高欧盟成员国职业教育与培训的质量、提高成员国之间职业教育与培训政策制定的透明度和一致性，从而促进相互信任和终身学习、提高工人和学习者的流动性。

（一）职业教育与培训质量保证参考框架的内容

职业教育与培训质量保证参考框架描述了职业教育与培训质量保证和改进周期的 4 个阶段（规划、实施、评价/评估、审查/修订），由通用质量标准、指示性描述和指标构成。监测过程包括内部和外部评价机制，由成员国酌情确定。该框架将支持欧洲终身学习资格框架（EQF）的实施，特别是学习成果认证的质量。它还支持其他欧洲政策工具的实施，如欧洲职业教育与培训学分制度以及鉴定和验证非正规与非正式学习的欧洲共同原则。

---

① Council of the European Union, European Parliament, "Recommendation of the European Parliament and of the Council of 18 June 2009 on the Establishment of a European Quality Assurance Reference Framework for Vocational Education and Training", https：//op. europa. eu/en/publication - detail/-/publication/e4c8360e-4eed-441f-ba63-a3d6aa3537de.

1. 质量标准和指示性描述

职业教育与培训质量保证参考框架提出了质量保证周期 4 个阶段（规划、实施、评估和审查）共同的质量标准和指示性描述（表 4-4），适用于初始职业培训（IVT）和持续职业培训（CVT），具体应用取决于每个成员国职业教育与培训系统的自身特征和职业教育与培训提供者的类型。

表 4-4　职业教育与培训质量保证参考框架：质量标准和指示性描述

质量标准	VET 系统层面的指示性描述	VET 机构层面的指示性描述
规划反映了利益相关者共同的战略愿景，包括明确的目标/目的、行动和指标	·描述了 VET 的中长期目标/愿景，并与欧洲目标关联 ·利益相关者参与制定不同层次的职业教育和培训目标 ·通过特定指标（成功标准）建立和监测目标 ·建立机制和程序来确定培训需求 ·制定了信息政策，以确保根据国家/地区数据保护要求最佳地披露质量结果/成果 ·确定了个人能力的认可、确认和认证的标准和指南	·欧洲、国家和地区的 VET 政策目标/愿景反映在 VET 提供者设定的当地目标中 ·明确的目标/目的和目标被设定和监控 ·与利益相关者进行持续磋商，以确定特定的当地/个人需求 ·已明确分配质量管理和开发的职责 ·工作人员及早参与规划，包括质量发展 ·提供者规划与其他 VET 提供者的合作计划 ·利益相关者参与分析当地需求的过程 ·VET 提供者拥有明确和透明的质量保证体系
实施计划是与利益相关者协商制定的，包括明确的原则	·与社会伙伴、VET 提供者和其他利益相关者在不同层面合作制定实施计划 ·实施计划包括考虑所需资源、用户能力以及支持所需的工具和指南 ·制定了指导方针和标准，以便在不同层面实施 ·实施计划包括对教师和培训师培训的具体支持 ·明确描述 VET 提供者在实施过程中的责任并使其透明 ·制定了国家/区域质量保证框架，包括 VET 提供者层面的指南和质量标准，以促进持续改进和自我监管	·资源在内部进行适当调整或分配，以实现实施计划中设定的目标 ·明确支持相关和包容性的伙伴关系以实施计划的行动 ·员工能力发展战略计划明确了对教师和培训师进行培训的必要性 ·员工接受定期培训并与外部利益相关者开展合作，以支持能力建设和质量改进，并提高绩效

质量标准	VET 系统层面的指示性描述	VET 机构层面的指示性描述
定期对结果和过程进行评估并得到监测的支持	·已经设计了一种评估方法，涵盖内部和外部评估 ·利益相关者参与监测和评估过程得到同意并明确描述 ·用于提高和确保质量的国家/地区标准和流程与行业需求相关且相称 ·系统会酌情接受自我评估、内部和外部审查 ·实时预警系统 ·应用绩效指标 ·进行相关、定期和连贯的数据收集，以衡量成功并确定需要改进的领域 已经设计了适当的数据收集方法，如问卷和指标/因子	·根据国家和地区法规/框架或在 VET 提供者的倡议下定期进行自我评估/自我评价 ·评估和审查涵盖教育的过程和结果/成果，包括对学习者满意度以及员工绩效和满意度的评估 ·评估和审查包括让内部和外部利益相关者参与的充分和有效的机制 ·实时预警系统
审查	·各级都规定了进行审查的程序、机制和工具 ·定期审查流程并制订变更行动计划，系统进行相应调整 ·评估结果信息公开	·学习者的反馈与他们的学习经历和学习环境有关，这将用于告知进一步的行动 ·有关审查结果的信息可公开获得 ·反馈和审查程序是组织战略学习过程的一部分 ·与利益相关者讨论评估过程的结果/成果，并制定适当的行动计划

资料来源：Council of the European Union, European Parliament, "Recommendation of the European Parliament and of the Council of 18 June 2009 on the Establishment of a European Quality Assurance Reference Framework for Vocational Education and Training", https://op. europa. eu/en/publication-detail/-/publication/e4c8360e-4eed-441f-ba63-a3d6aa3537de.

2. 职业教育与培训质量的评估指标

职业教育与培训质量保证参考框架提出了一套全面的质量指标，详见表4-5。就其性质和目的而言，这套指标有别于欧盟理事会2007年5月25日关于监测教育和培训领域里斯本目标进展情况的指标和基准框架的结论中提到的指标和基准。

表 4-5　　　　　　　　职业教育与培训质量保证参考框架：评估指标

指标	指标类型	政策目的
质量保证的总体指标		
1. VET 提供者质量保证系统的相关性： （1）VET 提供者应用法律规定/主动制定的内部质量保证系统的比例 （2）经认可的 VET 提供者的比例	背景/输入指标	·在 VET 提供者层面促进质量改进文化 ·提高培训质量和透明度 ·增强培训提供方面的互信
2. 对教师和培训师培训的投资： （1）参加进修培训的教师和培训员的比例 （2）投入的资金数额	输入/过程指标	·在职业教育与培训质量发展过程中扩大教师和培训师的所有权 ·提高 VET 对劳动力市场不断变化的需求的反应能力 ·加强个人学习能力建设 ·提高学习者成就
支持 VET 政策质量目标的指标		
3. 职业教育与培训计划的参与率： 根据计划类型和个人标准，参加 VET 计划的人数	输入/过程/输出指标	·在 VET 系统和 VET 提供者层面获取有关 VET 吸引力的基本信息 ·目标支持以增加获得 VET 的机会，包括弱势群体
4. 职业教育与培训计划的完成率： 根据计划类型和个人标准，成功完成/放弃 VET 计划的人数	过程/输出/成果指标	·获取有关教育成就和培训过程质量的基本信息 ·计算与参与率比较的辍学率 ·支持成功完成作为 VET 质量的主要目标之一 ·支持适应性培训，包括为弱势群体提供培训
5. 职业教育与培训计划的就业率： （1）根据计划类型和个人标准，VET 学员在培训完成后的指定时间点的目的地 （2）根据计划类型和个人标准，在完成培训后的指定时间点就业的学习者比例	结果指标	·支持就业能力 ·提高 VET 对劳动力市场不断变化的需求的响应能力 ·支持提供适应性培训，包括为弱势群体提供培训
6. 在工作场所利用获得的技能： （1）根据培训类型和个人标准，个人在完成培训后获得的职业信息 （2）个人和雇主对获得的技能/能力的满意率	结果指标（定性和定量数据的结合）	·提高就业能力 ·提高 VET 对劳动力市场不断变化的需求的响应能力 ·支持提供适应性培训，包括为弱势群体提供培训

指标	指标类型	政策目的
背景信息		
7. 根据个人标准的失业率	背景指标	· 职业教育与培训系统层面政策决策的背景信息
8. 弱势群体所占比例： （1）按年龄和性别分类为弱势群体（在特定区域或招生地区）的职业教育与培训参与者的百分比 （2）按年龄和性别分列的弱势群体的成功率	背景指标	· 职业教育与培训系统层面政策决策的背景信息 · 支持弱势群体获得 VET · 支持为弱势群体提供适应性培训
9. 确定劳动力市场培训需求的机制： （1）为确定不同层次变化的需求而设立的机制的信息 （2）其有效性的证据	背景/输入指标（定性信息）	· 提高 VET 对劳动力市场不断变化的需求的响应能力 · 支持就业能力
10. 用于促进更好地获得 VET 的方案： （1）各级现有方案的资料 （2）其有效性的证据	过程指标（定性信息）	· 促进获得 VET 的机会，包括弱势群体 · 支持适应性培训提供

资料来源：Council of the European Union，European Parliament，"Recommendation of the European Parliament and of the Council of 18 June 2009 on the Establishment of a European Quality Assurance Reference Framework for Vocational Education and Training"，https：//op. europa. eu/en/publication-detail/-/publication/e4c8360e-4eed-441f-ba63-a3d6aa3537de.

（二）职业教育与培训质量保证参考框架的实施与挑战

职业教育与培训质量保证参考框架是欧洲在职业教育与培训领域促进欧洲合作的参考工具之一，欧盟理事会建议各国实施并丰富质量保证参考框架、质量标准、指示性描述和参考指标，以进一步改进和发展其职业教育与培训系统，在国家、区域和地方各个层级提高职业教育与培训质量。该框架适用于职业教育与培训系统、职业教育与培训机构和资格授予层面。它提供了一种系统的质量方法，结合内部和外部评估、审查和改进过程，以测量和定性分析为支持，高度重视监测和改进质量。

1. 职业教育与培训质量保证参考框架的实施进展

职业教育与培训质量保证参考框架的实施适用辅助性原则，其目的是通过促进成员国之间的进一步合作以提高职业教育与培训的透明度，支持和补充成员国的行动并促进流动性和终身学习。该框架可视为一个"工具箱"，各种用户可以从中选择他们认为与其具体系统最相关的要素，各国应根据各自国家的立法和实践来实施。该框架没有规定特定的质量保证系统或方法，只是提供了有助于评估和改进现有系统和职业教育与培训质量的共同原则、质量标准、指示性描述和指标。为了推进职业教育与培训质量保证参考框架的实施，欧盟建议各成员国在建议书通过后的 24 个月内（即 2011 年 6 月 18 日前）制定一项战略，以改进国家层面的质量保证系统，根据国家立法和惯例，充分利用该框架让社会伙伴、区域和地方当局以及所有其他利益攸关方参与进来。

（1）国家层面 EQAVET 框架的实施和质量保证方法的发展

《布鲁日公报》指出，哥本哈根进程参与国应在 2014 年前根据 EQAVET 建议建立质量保证框架，并在国家职业教育与培训质量保证框架方面取得进展。《里加结论》与 EQAVET 相关的中期交付成果指出，参与国应根据 EQAVET 建议进一步发展职业教育与培训的质量保证机制，并作为质量保证体系的一部分，在初始职业教育与培训和继续职业教育与培训系统中建立基于学习成果的连续信息和反馈回路。国家层面的职业教育与培训质量包含持续技能发展的战略，以高质量的学习成果、流动性、相互认可和一体化为目标并制定基于证据的政策，提高职业教育与培训系统的有效性和效率。根据 EQAVET 秘书处 2012 年的调查和外部评估结果，自 EQAVET 实施以来，20 多个国家巩固了其质量保证方法，EQAVET 直接促进了 14 个国家 [保加利亚、捷克、希腊、匈牙利、克罗地亚、马耳他、罗马尼亚、北马其顿共和国、比利时（法语社区）、西班牙、意大利、拉脱维亚、立陶宛、斯洛文尼亚] 质量保证体系的形成。[1]

---

[1] European Commission, "Report from the Commission to the European Parliament and the Council on the Implementation of the Recommendation of the European Parliament and of the Council of 18 June 2009 on the Establishment of a European Quality Assurance Reference Framework for Vocational Education and Training", https：//op. europa. eu/en/publication - detail/-/publication/8a3ad2ad - 88f6 - 11e3 - 9b7d-01aa75ed71a1.

大多数方法涵盖了初始和持续职业教育与培训，且大多由公共资助的机构提供。另外一些国家已经建立了与 EQAVET 兼容的方法，因此不需要对其进行重大修改。大多数欧盟国家系统都有职业教育与培训提供者的质量标准，主要用作资助、认证的条件或作为立法的一部分。关于指标的使用，各国的做法差异很大。虽然大多数成员国使用了其中一些指标（如职业教育与培训的参与率和完成率），但其他关键的结果导向指标，如"工作场所技能的利用情况"或"完成培训后在指定时间点就业的学员比例"，则很少使用，尽管它们可以提供关于如何确保更好地适应劳动力市场需求的关键证据。

2013 年以来，欧盟各国在职业教育与培训的质量保证方面取得了重要进展，基于 EQAVET 框架制定职业教育与培训系统质量保证措施和方法的国家数量呈逐年稳步增长的趋势。28 个成员国的职业教育与培训系统基本上都在系统和机构层面设计并建立了符合 EQAVET 框架（包括质量周期、指示性描述符和指标）的国家质量保证方法。EQAVET 秘书处2018 年的调查显示，欧盟 28 个国家的 32 个教育系统中，除比利时（法语社区）外，12 个职业教育与培训系统［约占 38%，包括比利时（弗兰德社区）、保加利亚、希腊、法国、意大利、马耳他、奥地利、波兰、葡萄牙、罗马尼亚、芬兰、斯洛文尼亚］设计了利用 EQAVET 框架的方法，表明 EQAVET 的实施推动了这些国家质量保证方法的发展和改革；19 个职业教育与培训系统［约占 59%，包括捷克、德国、丹麦、爱沙尼亚、克罗地亚、爱尔兰、西班牙、塞浦路斯、拉脱维亚、立陶宛、卢森堡、匈牙利、荷兰、斯洛伐克、瑞典、英国（英格兰、威尔士、苏格兰、北爱尔兰）］制定了与 EQAVET 兼容的质量保证方法或框架，这些质量保证方法的发展符合 EQAVET 框架或使用了 EQAVET 框架，但根据国家立法、实践和具体情况进行了调整。[1] 这表明，EQAVET 框架已经或正成为

---

① EQAVET Secretariat, *Supporting the Implementation of the European Quality Assurance Reference Framework*: *Draft Results of EQAVET Secretariat Survey 2018*, Dublin: European Quality Assurance in Vocational Education and Training, 2018.

各国制定职业教育与培训质量保证政策的支持工具，并引发国家质量保证共同框架的改革和发展，旨在充分利用 EQAVET 框架改善国家层面的质量保证。各国为实现《布鲁日公报》的战略目标和交付成果采取了相应行动和措施。

（2）职业教育与培训机构层面 EQAVET 框架的实施和质量保证机制

EQAVET 实施后，大多数国家为职业教育与培训机构制定了一个和职业教育与培训质量保证参考框架一致的共同质量保证框架。大部分国家建立了对职业教育与培训机构进行法定外部评估的制度，22 个国家［奥地利、比利时（弗兰德社区）、塞浦路斯、捷克、丹麦、爱沙尼亚、芬兰、匈牙利、爱尔兰、卢森堡、拉脱维亚、马耳他、荷兰、波兰、葡萄牙、罗马尼亚、瑞典、斯洛文尼亚、英国、克罗地亚、冰岛、北马其顿共和国］要求职业教育与培训提供者建立内部质量保证机制，另外 6 个国家［比利时（法语社区）、保加利亚、法国、意大利、拉脱维亚、斯洛伐克］为机构自愿但受到鼓励。① 最常见的外部审查形式是检查，此外有其他形式的外部评估，例如德国的一些州要求职业教育与培训供应商实施质量管理体系，如 Q2E、EFQM、QZS 或 ISO 9001；马耳他要求职业教育与培训供应商接受外部专家的质量审计。许多国家的立法要求职业教育与培训提供者系统地评估他们的活动以及他们提供的培训的质量和有效性。一些国家（保加利亚、克罗地亚、捷克、丹麦、爱沙尼亚、匈牙利、罗马尼亚、斯洛文尼亚、斯洛伐克）包括强制性的自我评估报告和改进计划，为外部评估提供信息。

质量保证的一个重大挑战是基于工作的学习层面，EQAVET 标准、描述符合指标并没有为基于工作的学习的质量保证提供具体指导。《布鲁日公报》在政治层面解决了这一问题，该公报在其战略目标中要求成员国在 2015 年前为职业教育与培训机构建立一个与 EQAVET 框架兼容的共

---

① EQAVET Secretariat, *Supporting the Implementation of the European Quality Assurance Reference Framework*: *Draft Results of EQAVET Secretariat Survey 2018*, Dublin: European Quality Assurance in Vocational Education and Training, 2018.

同质量保证框架，该框架也适用于工作场所学习。为了保证提高质量、提高透明度和相互信任、增强工人和学习者的流动性以及促进终身学习，必须为国家范围内的职业教育与培训机构实施并建立共同和强有力的质量保证管理体系。EQAVET 框架提供了一个基于欧盟最佳实践的通用质量保证框架，可根据各自国家的立法实践、传统和文化作出调整，确保国家范围内职业教育和培训系统与机构之间的持续互动，以便在自主性和问责制以及灵活性和透明度之间取得恰当的平衡。

在建立"职业教育与培训机构质量保证的共同国家方法"以及该方法是否与 EQAVET 的结构（质量周期、指示性描述和指标）一致方面，EQAVET 秘书处 2018 年的调查显示，大多数国家（约 94%）已经为职业教育与培训机构建立了质量保证的共同方法，其中约 28% 的国家建立了基于 EQAVET 框架的方法，表明 EQAVET 推动了国家层面职业教育与培训机构质量保证方法的措施和改革。然而，EQAVET 框架在机构层面的"利用率"低于在系统层面制定国家方法时的"利用率"。在三分之二（约 66%）的职业教育与培训系统中，职业教育和培训机构的方法与 EQAVET 框架兼容。EQAVET 框架的三大要素也体现在欧盟国家职业教育与培训机构质量保证的共同方法中。其中，约 90% 的国家的职业教育与培训机构质量保证方法与 EQAVET 质量周期一致，约 80% 的国家的质量保证方法分别与 EQAVET 指示性描述和 EQAVET 指标一致。[1]

2. 需要克服的挑战

EQAVET 调查和外部评估表明，EQAVET 的一些特点已深深融入欧盟成员国的质量保证文化。然而，在达成共识方面仍有很大的改进余地，特别是在提升相互承认资格和增加流动性方面。

（1）EQAVET 对提高职业教育与培训透明度的挑战

EQAVET 在透明度方面的潜力——支持相互信任、跨国流动和终身

---

[1] EQAVET Secretariat, *Supporting the Implementation of the European Quality Assurance Reference Framework: Draft Results of EQAVET Secretariat Survey 2018*, Dublin: European Quality Assurance in Vocational Education and Training, 2018.

学习——尚未得到充分利用，EQAVET 与专门解决资格和能力透明度的欧洲工具（欧洲资格框架、欧洲职业教育与培训学分转移系统和 Europass 框架）的协同作用仍然有限。虽然结果的质量是评估学习机会质量的最终标准，但 EQAVET 并没有真正解决这一问题，它没有具体涵盖资格设计、评估和认证的质量保证，尽管 EQAVET 也适用于资格授予。这表明有必要在国家和欧洲层面与资格框架建立更密切的联系。

（2）治理方面的挑战

虽然 EQAVET 建议呼吁所有利益相关方参与整个质量保证周期，但在欧洲层面，治理结构主要由初始职业教育与培训部门的代表组成。就国家治理结构而言，EQAVET 秘书处的调查表明，需要确保某些利益攸关方的更好和持续参与，特别是学习者、高等教育部门、雇主和劳动力市场行为者以及区域和地方当局。由于 EQAVET 建议的灵活做法，允许各国和职业教育与培训机构从更广泛的范围内选择工具和要素并加以调整，这一方面证明了推广使用这类工具的有效性，另一方面导致各国没有采用一种通用的方法来描述质量保证措施和职业教育与培训的发展。①

（三）职业教育与培训质量保证参考框架的修订

职业教育与培训质量保证参考框架旨在支持成员国提高其职业教育与培训系统的质量，以及提高成员国之间职业教育与培训政策发展的透明度。在其实施的 10 年中，EQAVET 促进了国家质量保证体系的改革，到 2019 年欧盟所有国家都已根据职业教育与培训质量保证参考框架制定了国家质量保证方法，然而 EQAVET 没有为提高质量保证安排的透明度作出重大贡献。此外，它主要侧重于确保职业教育与培训机构的质量，促进学校（主要是初始职业教育与培训）的自我评估，以及进一步发展外部评估实践，在学习成果质量、认证和评估、利益攸关方协商、教师

---

① European Commission, "Report from the Commission to the European Parliament and the Council on the Implementation of the Recommendation of the European Parliament and of the Council of 18 June 2009 on the Establishment of a European Quality Assurance Reference Framework for Vocational Education and Training", https://op.europa.eu/en/publication-detail/-/publication/8a3ad2ad-88f6-11e3-9b7d-01aa75ed71a1.

和培训师的作用、基于工作的学习以及职业教育与培训的灵活性等方面存在缺陷和不足。① 为了改进上述不足、提高职业教育与培训质量保证的透明度、加强欧盟成员国之间的相互信任，2020 年 11 月 24 日，《欧盟理事会关于职业教育与培训促进可持续竞争力、社会公平和复原力的建议》提出了 EQAVET 框架的修订版（以下简称 EQAVET2020），对职业教育与培训质量保证参考框架的质量标准和指标进行了修订和补充。

1. 质量标准的修订

在质量周期的 4 个阶段（规划、实施、评估、审查），从职业教育与培训系统和职业教育与培训机构层面分别对各阶段的质量标准和指示性描述进行了补充和修订，使之不仅适用于初始职业教育与培训，也适用于继续职业教育与培训以及所有的学习环境，包括基于学校的学习和基于工作的学习，以及学徒计划等。修订具体体现在以下方面。

（1）体现学习成果

职业教育与培训质量保证的目的是使学习者获得更多的高质量学习成果，然而 EQAVET2009 在质量周期和质量指标中均未明确使用学习成果。在 EQAVET2020 中，学习成果被明确作为质量周期中的指示性描述内容，要求使用学习成果描述职业教育与培训的资格，机构和计划应使学习者达到预期的学习成果，并通过有效、准确、可靠的方法来评估学习者的学习成果。在规划阶段，系统层面增加了"用学习成果描述职业教育与培训的资格"描述；在实施阶段，机构层面增加了"职业教育与培训机构的课程使学习者能够达到预期的学习成果，并参与学习过程""职业教育与培训机构通过使用以学习者为中心的方法来满足个人的学习需求，使学习者能够获得预期的学习成果""职业教育与培训机构使用有效、准确和可靠的方法来评估个人的学习成果"。

---

① Council of the European Union, "Council Recommendation of 24 November 2020 on Vocational Education and Training (VET) for Sustainable Competitiveness, Social Fairness and Resilience 2020/C 417/01", https://op.europa.eu/en/publication-detail/-/publication/08b9af27-3465-11eb-b27b-01aa75ed71a1/language-en/format-PDF/source-295564628.

（2）促进利益相关者的参与

利益相关者主要包括学习者、职业教育与培训部门、企业和劳动力市场参与者以及地方政府，利益相关者多元化并全过程参与质量管理，能够持续改进质量管理、加强质量保证。在系统层面，职业教育和培训目标与实施计划的制定、监测和评估过程等都明确了利益相关者的参与。在机构层面，利益相关者的参与包括分析当地或个人需求、参与评估过程、与职业教育和培训机构合作制定举措、对职业教育与培训的过程和成果进行反馈。EQAVET2020 在质量周期的各阶段进一步强化利益相关者的参与，如在规划阶段，系统层面增加了"社会伙伴和所有其他相关的利益相关者参与制定不同层次的职业教育和培训目标"的内容，机构层面增加了"职业教育和培训提供者与利益攸关方一起规划合作计划"。在评估阶段，机构层面增加了"评估和审查包括数据的收集和使用，以及让内部和外部利益相关者参与的充分和有效的机制"。在审查阶段，机构层面增加了"学习者的反馈基于他们的个人学习经验和学习与教学环境，与教师、培训师和所有其他利益相关者的反馈一起，为进一步的行动提供信息"。

（3）增加数字技能方面的内容

随着数字化转型的加速，年轻人需要在其一生的学习和工作中不断发展数字技能。数字技能作为终身学习的关键能力之一，对个人学习和职业生涯都至关重要。为适应数字化转型对职业教育与培训带来的挑战，EQAVET2020 增加了数字技能和数字化准备方面的内容，关注教师的数字技能、对数字技术和在线学习工具的使用以及职业教育与培训机构的数字化准备等。如在实施阶段，系统层面增加了"实施计划包括对教师和培训师培训的具体支持，包括数字技能和环境可持续性"，机构层面增加了"职业教育与培训提供者通过使用数字技术和在线学习工具，促进学校和工作场所的教学和学习方法创新"。在评估阶段，机构层面增加了"根据国家和区域法规/框架或职业教育与培训提供者的倡议，定期进行自我评估/自我评价，还包含职业教育与培训机构的数字化准备情况和环境可持续性"。

(4) 强调可持续发展的质量保证

联合国可持续发展目标 4 提出"确保包容和公平的优质教育，让全民终身享有学习机会"，获得优质教育对于改善人们生活和可持续发展至关重要。EQAVET2020 在质量周期的不同阶段强调可持续发展，在职业教育与培训发展目标、教师技能培养、职业教育与培训机构评估中，将可持续发展作为新的质量保证目标，强调职业教育与培训具有可持续竞争力。如在规划阶段，系统层面增加了"描述职业教育与培训的中、长期目标，并将其与欧洲和可持续发展目标联系起来，同时考虑到环境可持续性因素"；在实施阶段，系统层面增加了"实施计划包括对教师和培训员培训的具体支持，包括数字技能和环境可持续性"；评估阶段，机构层面增加了"根据国家和区域法规/框架或职业教育与培训提供者的倡议，定期进行自我评估/自我评价，还包含职业教育与培训机构的数字化准备情况和环境可持续性"。

2. 质量指标的变化

EQAVET2020 的质量指标整体变化不大，一级指标仍然为 10 个，其中两项指标有所变化：一是指标 2 "对教师和培训者培训的投资"，在投资额度上增加了数字技能的投资；二是指标 10 改为"促进更好地获得职业教育与培训并为（潜在的）职业教育与培训学习者提供指导的方案"，在原来指标 10 "促进更好地获得职业教育与培训的方案"的基础上增加了"为（潜在的）职业教育与培训学习者提供指导"的内容，强调对学习者的指导。

针对 EQAVET2009 实施中质量保证安排透明度不高的问题，2020 年 11 月 24 日，《欧盟理事会关于职业教育与培训促进可持续竞争力、社会公平和复原力的建议》中明确提出："为了改善相互学习、提高职业教育与培训的质量保证安排的透明度和一致性，并加强欧盟成员国之间的相互信任，应在国家之间引入欧盟层面的质量保证同行审查。"试行同行评议的质量保证机制是 EQAVET2020 实施的主要特点之一。①

第三节　欧盟职业教育与培训机构的内部质量管理

快速变化的技术发展和全球竞争导致对高素质劳动力的需求不断增长，职业教育与培训在培养高素质劳动力方面发挥着重要作用，如何提高职业教育与培训的质量，使其更有吸引力、社会包容性和竞争力，成为欧洲各国共同的政策优先事项。自 2002 年以来，加强欧洲职业教育与培训合作的哥本哈根进程让所有利益攸关方参与，建立共同的欧洲目标并支持国家职业教育与培训系统的改革，提高欧洲职业教育与培训的绩效、质量和吸引力。2009 年 6 月建立的职业教育与培训质量保证参考框架包含质量保证和质量改进的行动模式，由共同的质量标准和指示性描述以及一套连贯的质量指标组成，应用于职业教育与培训机构和职业教育与培训系统层面。同时，欧盟将建立内部质量管理系统（Quality Management System，QMS）作为职业教育与培训机构有效保证和持续提升质量的重要途径，强调构建内部质量管理模式、完善管理机制，加强与利益相关者的合作、积极培育内部质量文化。

一　内部质量管理的维度

职业教育与培训机构的内部质量管理涉及学校工作的各个领域，即使是小型的职业教育与培训机构，其组织结构也很复杂，机构的各个部分通常都与质量有关，因此首要任务是区分不太重要和较重要的质量问题，并专注于特别相关的行动领域。职业教育与培训机构质量管理的典型领域包括机构管理、机构发展、人员和资源管理、外部合作、教学设施、绩效评估等，涉及以下质量目标和核心任务：（1）管理该机构：包括保证所有利益攸关方的参与、提高教学质量、优化教学流程；（2）发

----

① 刘丹丹、韩玉：《欧盟职业教育和培训质量保障参考框架的修订及其启示》，《中国职业技术教育》2022 年第 6 期。

展机构：包括就愿景和使命、质量目标和指标达成一致；（3）领导机构人员：发展教师、培训师和其他工作人员的能力；（4）优化资源管理；（5）增进与外部利益攸关方的合作和联系；（6）建设并提升教育教学设施；（7）观察、评估和分析过程、结果、成果和影响；（8）致力于不断提高质量。①

如图4-2所示，职业教育与培训机构的质量管理包括教与学过程管理和机构管理，一项特定的职能甚至一个部门负责实施和推动这些领域的所有质量改进活动。此外，质量管理包括对这些活动的监控，即评估和评价质量成果，在此基础上提出进一步提高职业教育与培训机构质量的建议。由于教学和学习是质量的核心，任何职业教育与培训机构的内部质量管理都将其活动主要集中在教学和学习上。质量管理首先涉及职业教育与培训计划及其主要组成部分的制定和提供，包括课程内容、应用的教学方法和评估学生表现的程序。教学过程的主要部分是招生和学生/学习者的专业定位；下游活动旨在支持学生就业或转入继续教育和高等教育机构，并提供后续服务。在教学和学习的同时，许多职业教育与培训机构提供咨询等额外支持，特别是针对移民和社会弱势学生。机构管理流程旨在确保教学和学习的适当环境和最佳基础性条件。在不同的管理任务中，对于质量最重要的是教师和培训师的发展和进一步培训、确保提供教学和培训的充足设施和设备，以及财务资源的有效管理。一个全面运作的内部质量管理体系涵盖多项基本任务或活动，应用一系列工具进行评估和分析，阐明和交流计划和取得的成果，并使用某些工具在职业教育与培训机构内促进质量文化，以及与外部利益相关者合作。

职业教育与培训机构内部质量保证体系的任务包括以下5个方面。（1）流程描述：这是职业教育与培训机构中所有外部质量认可的最突出的要求之一。内部质量保证体系建立并描述操作流程及其质量目标，以及管理和控制每项流程的个人责任，提供组织的整体情况。（2）自我评

---

① Cedefop, *Handbook for VET Providers*：*Supporting Internal Quality Management and Quality Culture*, Luxembourg: Publications Office of the European Union, 2015.

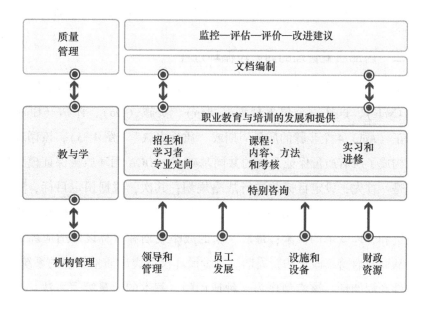

图4-2 职业教育与培训机构的主要质量领域

资料来源：Cedefop, *Handbook for VET Providers*：*Supporting Internal Quality Management and Quality Culture*，Luxembourg：Publications Office of the European Union，2015.

估：内部质量保证系统开发和提供必要的工具和手段，用于从工作人员、学生和外部利益攸关方那里收集信息和评估结果。(3) 监测和变革管理：质量保证系统通过持续监测、定期评估、评价和提出适应、改进和变革的建议，实施机构商定的质量保证流程。(4) 文件记录和存储：这是机构获得外部认可的另一个基本要求，内部质量保证体系必须确保指导职业教育与培训机构内部运作的所有文件以及提供给外部利益相关方的文件的记录和存储，这些文件包括：职业教育与培训机构的使命陈述和质量政策；主要过程描述和相关责任的定义；用于评估和评价的工具和手段；评估和评价的记录；所有建议、投诉和后续调查的记录；提高组织过程、计划和服务交付质量的讨论记录和结果。(5) 沟通：职业教育与培训机构内的质量保证系统应确保与员工、教师/培训师和学生的内部沟通，以及与普通学校、雇主和就业机构等外部利益相关者的沟通。①

二 内部质量管理的四阶段循环过程

质量管理体系（QMS）的基本方法基于 PDCA 循环或称戴明环（Deming Cycle），这是一个包含规划（Plan）、实施（Do）、评估（Check）和修正（Act）4 个步骤的质量周期或"质量之旅"（图 4-3），该循环和步骤构成了所有质量保证系统的共同基础。② PDCA 循环质量保证模型的原理是：首先，设定目标并进行战略规划；其次，根据预定目标，实施规划并持续监测和衡量结果；再次，根据已取得的成果，分析有助于质量改进和管理变革的因素；最后，新的战略规划和目标设定适应新的发展，从而开启持续改进的新周期。质量循环模型突出质量管理的系统性、连续性和周期性，该模型作为一种通用的、基本的质量管理方法，适用于所有质量管理体系。EQAVET 框架正是基于 PDCA 循环，构建了由规划、实施、评估和审查构成的质量保证周期模型和循环质量保证框架，包括：（1）目标设定和战略规划；（2）根据预定目标实施、持续监测和衡量结果的规则和条例；（3）根据取得的成果，分析有助于质量和管理变革的因素；（4）适应新发展的新战略规划和目标设定，从而开始新的持续改进周期。将 PDCA 循环应用于特定环境构成了职业教育与培训机构内有效的内部质量管理和质量文化的基本要素。虽然质量循环的原理容易理解，但在建立质量框架时，系统地、持续地和有规律地使用循环周期才是关键。

1. 制订战略规划

职业教育与培训机构的内部质量管理在行动前必须制定规划，质量规划意味着制定质量管理战略，而不仅仅是找到短期解决方案或纠正已经

---

① Cedefop, *Handbook for VET Providers*: *Supporting Internal Quality Management and Quality Culture*, Luxembourg: Publications Office of the European Union, 2015.

② Cedefop, *Handbook for VET Providers*: *Supporting Internal Quality Management and Quality Culture*, Luxembourg: Publications Office of the European Union, 2015.

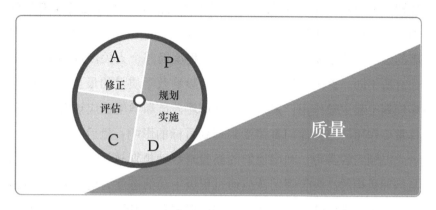

图 4-3 质量保证的戴明环模型

资料来源：Cedefop, *Handbook for VET Providers*: *Supporting Internal Quality Management and Quality Culture*, Luxembourg：Publications Office of the European Union, 2015.

发生的错误。战略规划着力于改善整个组织的质量，尤其是核心教学过程。战略规划必须回答以下问题：要实现什么目标；如何实现、由谁实现、何时实现；需要哪些资源。因此，战略规划可以理解为制定一个连贯的计划，通过适当的资源和系统的相应活动以实现机构自我界定的目标。根据职业教育与培训质量保证参考框架建议，战略规划应反映"战略愿景"并"包括明确的目标/目的、行动和指标"。[①]

由于职业教育与培训机构的组织复杂性，质量管理目标通常涉及多个层面，在战略规划中要建立目标的层次结构。顶层目标是对组织未来发展的展望，是一个普遍的、共同的愿景，通常较为抽象和模糊。在顶层目标下进一步确定子目标，然后根据子目标制订具体的行动计划，进而确定行动所需的资源和方法。为了衡量战略目标是否如期实现，必须为监测过程和结果确定适当的指标并开发相关测量工具。指标将提供关

---

① Council of the European Union, European Parliament, "Recommendation of the European Parliament and of the Council of 18 June 2009 on the Establishment of a European Quality Assurance Reference Framework for Vocational Education and Training", https：//op. europa. eu/en/publication - detail/-/publication/e4c8360e-4eed-441f-ba63-a3d6aa3537de.

于预期的质量目标是否实现以及实现程度的信息，指标应该是有形的、可测量的并附有具体的目标。在战略规划的制定和改进过程中，利益相关者的参与至关重要，尽管他们的参与程度因其个人关注点和责任的不同而有所不同。首先，教师和培训者是影响教学质量的最重要因素，在战略规划中起主导作用；其次，高级管理人员和学生也应该有发言权并发挥重要作用，因为他们直接受到规划目标的影响；最后，外部利益相关者应以顾问的身份，利用他们的经验来帮助规划教学和学习。职业教育与培训机构的高级管理团队应通过积极主动的态度为所有领域作出贡献，对组织的整体管理质量负责。制定战略规划的过程如图 4-4 所示。

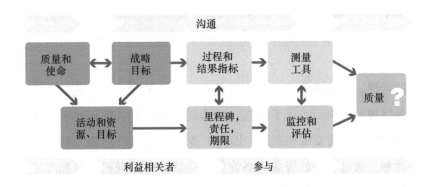

图 4-4 制定战略规划的过程

资料来源：Cedefop, *Handbook for VET Providers: Supporting Internal Quality Management and Quality Culture*, Luxembourg: Publications Office of the European Union, 2015.

2. 实施质量管理措施

实施阶段的质量管理如图 4-5 所示。首先，良好的组织内部关系和行政管理是职业教育与培训机构实施质量管理战略规划的关键因素，高级管理层、部门负责人、质量经理和其他员工之间的有效内部关系对于确保有目的和及时地实施计划活动以实现质量目标至关重要。一方面，在不同部门实施质量活动时必须有一定的自由度和灵活性，保证各级员工对质量过程拥有自主权，可以制定自己的目标并主动采取行动实现目标；另一方面，在偏离质量目标和相关活动的情况下，应由高级管理层确保组织内质量的一致发展，并在决策中建立明确的规则和透明度。

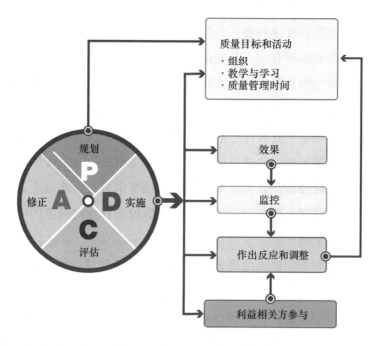

图4-5 实施阶段的质量管理

资料来源：Cedefop，*Handbook for VET Providers*：*Supporting Internal Quality Management and Quality Culture*，Luxembourg：Publications Office of the European Union，2015.

其次，员工（尤其是教师和培训者）的积极性和能力是质量改进活动成功的决定性因素。因此，职业教育与培训机构需要建立符合机构质量目标的员工职业发展战略。应引入招聘新教师和培训师的适当标准，制定进一步的工作人员培训计划，该计划不仅反映机构的发展需求，也考虑到个人的兴趣和潜力。为了提高工作人员的能力，职业教育与培训机构应制定适当的进一步培训方案，并采取措施认可工作人员的努力。员工评估是协调组织和个人发展需求的重要工具，许多以质量为导向的职业教育与培训机构持续地、系统地使用这一工具，以允许员工和高级管理层之间的相互反馈。工作人员评估每年进行一次，除了员工与管理人员之间的相互反馈，还讨论提高机构内部质量的措施、工作人员进一步培训的需求以及商定的目标、活动和期限等。

教与学是质量管理的核心，监控教与学以达到更好的质量，改进组织过程、教学和质量管理，是实施阶段的重要工作内容。监控是指使用指定的工具对过程进行直接和系统的观察，以得出立即改进的结论，其主要功能是提供有关过程的证据，以便在过程偏离最初意图时立即进行干预。例如，减少职业教育与培训中的辍学人数和提高毕业率是全欧洲一致同意的政策目标，监测可以通过实时收集相关信息来帮助实现这些目标。学生无故缺课被认为是即将辍学的预警信号，因此每个部门都应密切监控。当缺课人数超过一定水平时，学校应对这些特定的学生或学习者采取咨询策略。

课堂教学和车间培训的质量主要取决于教师和培训师。如果有适当的监控工具，他们可以自己监控课程质量并进行相应改进。事实上，以质量为导向的职业教育与培训机构已经开发了工具，帮助教师系统地评估他们的课堂质量，包括学生不同的学习风格、他们最喜欢的方法、促进自学以及所用学习材料的质量。这种自我指导的监测可以通过问卷收集学生的观点来补充，以获得学生对课堂的即时反馈。此外，一些职业教育与培训机构向学生发放问卷，让他们对自己的学习行为进行自我评估和反思。另一种监测课堂教学的方法是教师互评，教师相互听课，共同监测教学过程并提供专业反馈。虽然教师最初对参与这些活动存在疑虑，但就质量标准和评估项目达成一致有助于建立共同信任，并为合作奠定基础。监控还可以采取学生和教师组织自愿会议交流的形式，讨论和反思教学质量。师生围绕某些主题组织讨论并引导小组得出有助于提高质量的结果和结论。

3. 评估质量结果

EQAVET 建议书中的质量标准规定，"定期进行结果和过程评估，并通过监测予以支持"①。质量管理意味着系统地追求质量发展，并以事实和数据为基础。在所有采用内部质量管理体系的职业教育与培训机构中，收集评估质量目标实现情况的数据是一种普遍做法。数据收集应严格限定于职业教育与培训机构的预定质量目标实现情况及其教学和学习的核心过程以及利益相关者反馈收集的可接受范围内，同时利用职业教育与培训机构之外的专业支持进行数据收集和数据处理。一些基本数据，尤其是职业教育与培训项目运行的数据，在没有利益相关者参与的情况下，可以很快从组织的业务管理系统中提取出来，包括关于个人职业教育与培训方案参与率以及学生毕业率的信息。

除了数据收集，还应从职业教育与培训机构过程和结果评估中应包括的内部和外部利益相关者处收集反馈信息，这些利益相关者包括学生及其家长、教师和培训师及其他工作人员、毕业生及其雇主、合作开展基于工作培训的公司、商业组织（如工商会）和当地社区的其他利益相关者。其中，学生是提供反馈的最重要的利益相关者，通常他们的反馈收集是每年进行的，问卷重点应放在与学习过程有关的问题上，包含学生对课堂学习效果的认识、理论与实践的适当结合、新媒体的使用、自我组织学习的机会以及评估标准的明确性等问题。家长问卷主要涉及对以下问题的看法：参加的课程是否增加了知识和提高了能力，他们的孩子是否对学校、班级、教师和培训者做出了积极/消极的评价。教师、培训师和其他工作人员收集反馈的问卷涉及诸如机构的质量文化、高级管理层的业绩、参与的可能性、对交流和信息政策的满意度、工作氛围和处理冲突的方式等问题。调查往届毕业生的去向以获得他们就业状况的信息对于职业教育与培训机构的质量是至关重要的，这种调查主要涉及学生的就业状况以及对完成的教育和在工作场所使用获得的技能和能力

① Council of the European Union, European Parliament, "Recommendation of the European Parliament and of the Council of 18 June 2009 on the Establishment of a European Quality Assurance Reference Framework for Vocational Education and Training", https://op.europa.eu/en/publication-detail/-/publication/e4c8360e-4eed-441f-ba63-a3d6aa3537de.

的满意程度。对培训公司的反馈征集涉及对职业教育和培训机构与公司之间信息交流和合作的满意度、班级、课程和学习材料的质量、对机构形象的总体评估等。其他利益相关方，如工商会、商业组织、雇员组织或代表社会弱势群体的非政府组织主要提供他们对职业教育与培训机构质量和整体形象的看法。①

以质量为导向的职业教育与培训机构也可以定期评估员工在规定的任务方面的表现。评估标准包括一般专业态度（专业精神、方法论文化、评估/评价、培养天才学生）、具体教育活动（一般任务、课外活动）和其他质量相关方面（对机构及其质量使命的承诺、合作能力、管理伙伴关系、沟通、工作原则、管理）。对于特定的职位，可以增加额外的标准来评估员工如何执行管理任务，包括部门和合作伙伴关系的管理、领导能力、管理知识、创造力、沟通能力等。评估员工表现的另一个工具是部门负责人或职业教育与培训机构负责人的课堂观察，旨在通过确定教师和培训师个人能力的优势和有待提高的领域来促进他们的专业发展。为了获得客观和真实的评估，课堂观察通常由教师的自我评估和学生对教师表现的评估来补充。这些评估不具有控制功能，是纯支持性的。

自我评估是职业教育与培训机构质量方针的一个固有组成部分，是一个强有力的质量工具。在大多数情况下，它由职业教育与培训机构的核心质量团队协调和实施，在质量经理的负责下召集质量官员和专家，其他工作人员（包括教师和培训师）也被邀请参与这一过程。高级管理层也应参与其中，并激励教师、培训师和其他利益相关者组成小团队进行质量自我评估，在这一过程中，组织的优势和劣势在公开、坦诚的辩论中得到解决。此外，内部质量审核是职业教育与培训机构自我评估的另一个工具。这些审核由从教学和培训人员中招聘的兼职质量官员进行，他们利用自己的经验以及培训知识，以专业的观点审核组织的不同部门，根据审计结果向负责审计领域的工作人员提供即时反馈，以此推动质量

---

① Cedefop, *Handbook for VET Providers： Supporting Internal Quality Management and Quality Culture*, Luxembourg： Publications Office of the European Union, 2015.

发展。此外，他们编制审计报告，在年度规划和更新质量目标以及准备外部认证时会参考这些报告。这些报告将提交给高级管理团队，就进一步的变更和改进做出决定。

4. 作出变革和改进

PDCA 循环的最后阶段是将评估和评价结果转化为组织的变革和改进活动，这需要通过对质量因素进行专业分析，并制订一份详细的改进计划来提高整个组织及其核心流程的质量。此阶段包含以下 3 个步骤。①

第一步，分析影响质量的因素。图 4-6 根据日本质量理论家石川考郎（Kaouro Ishikawa）开发并以其命名的因果模型构建，它显示了导致或显著影响预期结果的要素，可以应用于许多领域来分析某些因素是否会以及如何影响质量。如图 4-6 所示，职业教育与培训机构的管理层、教师和培训师或现有设备均可能产生一定的质量效果，而外部环境/利益相关者、课程内容或使用的教学方法也可能是关键因素。在实践中，责任因素的相互作用特别重要，但每个因素的作用也应该单独分析。对潜在原因的分析越深入，采取行动提高质量的新选择就越清晰。例如，管理层

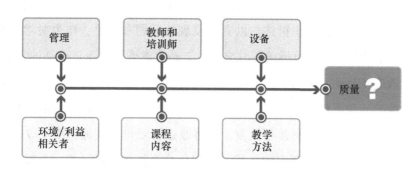

图 4-6 影响职业教育与培训质量的基本因素

资料来源：Cedefop, *Handbook for VET Providers*：*Supporting Internal Quality Management and Quality Culture*, Luxembourg：Publications Office of the European Union, 2015.

---

① Cedefop, *Handbook for VET Providers*：*Supporting Internal Quality Management and Quality Culture*, Luxembourg：Publications Office of the European Union, 2015.

可以加强其领导能力，教师和培训师可以获得更多的实践经验，对于职业教育与培训的外部管理机构则可以要求更换过时的技术设备。

第二步，在众多影响质量的因素中做出选择，确定行动的重点，为改变做准备。在这方面帕累托分析技术是一个有用的工具。帕累托分析也称为80—20法则，是一种优先考虑改进行动和寻找问题解决方案的工具。该规则指出，80%的问题源于20%的原因，通过确定关键的20%的原因，能够极大提高管理绩效。① 一旦确定了变革和改进的优先领域，接下来就可以讨论和商定改进办法。由于职业教育与培训机构、教师和培训师、其他员工、学生和其他利益相关者的期望和意图并非完全一致，因此需要找到各方都能接受的方案。有多种方法可以解决这些问题，比如组织思维导图会议或头脑风暴会议。后者是职业教育与培训机构质量保证和发展的一个重要工具，它以自由流动的形式来组织、汇集有经验的利益相关者，为职业教育与培训机构的进一步发展和克服失败提供解决方案和思路。

第三步，制订改进计划。改进计划建立在对成绩和不足的分析结果的基础上，同时考虑到挑战、机遇和可用于变革的资源。改进计划包括两方面内容：一是纠正措施，以克服发现的问题和不足，作为对学生和其他利益相关者主要投诉的即时响应；二是考虑到表现不佳或新的需求，采取适应性行动，对职业教育与培训机构以及职业教育与培训方案进行结构性改进和调整。改进计划经职业教育与培训机构高级管理层批准后，应传达给尽可能多的利益相关方，并将改进计划付诸实施。图4-7概述了如何将共同确定和商定的变革需求转化为详细的行动计划。行动计划旨在确保变革真正发生并对设想的改进过程进行监控和评估，以检查是否达到了预期效果。行动计划包括：拟采取的行动种类；负责实施的个人；开展行动计划所需的资源和工具；完成行动的截止日期；衡量是否

---

① Cedefop, *Handbook for VET Providers: Supporting Internal Quality Management and Quality Culture*, Luxembourg: Publications Office of the European Union, 2015.

真正达到预期效果的指标；预期进展的评估和评价。①

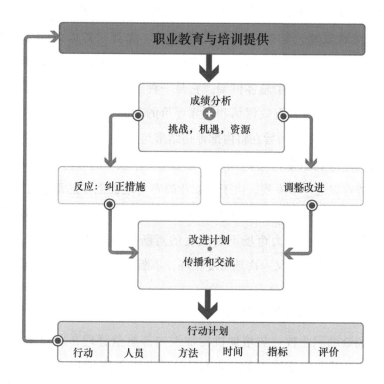

图 4-7　将改进需求转化为行动计划

资料来源：Cedefop，*Handbook for VET Providers*：*Supporting Internal Quality Management and Quality Culture*，Luxembourg：Publications Office of the European Union，2015.

　　为了使职业教育与培训机构为组织变革做好准备，有两种主要方法：一是提高组织中人员的能力，二是提高他们对变革的接受度。变革和改进通常会对人们提出新的和不同的要求，因此应确保他们掌握必要的能力、技能和专业知识，以应对新任务和不断变化的能力要求。在质量发展的所有阶段提供参与的机会则是接受变化和顺应即将到来的新需求的最好方法。为变化做好准备是任何组织迈向质量文化的必要前提。

――――――――

① Cedefop，*Handbook for VET Providers*：*Supporting Internal Quality Management and Quality Culture*，Luxembourg：Publications Office of the European Union，2015.

在经历了整个 PDCA 循环后，将重新进入循环的第一阶段，开始"规划 2.0 版"，即规划的高级版本，并为职业教育与培训机构建立一个连贯的发展战略，包括质量的持续改进。优势、劣势、机会和威胁（SWOT）分析为确定职业教育与培训机构的优势和劣势及其战略发展的机会和威胁提供了一个总体框架。它是一种工具，用于在对影响组织的内部和外部因素进行有效评估和可靠评价的基础上，为整个机构制定一致的战略。SWOT 分析旨在将内部评估结果与对职业教育与培训机构进一步发展的外部先决条件的调查结果结合起来，分析哪些劣势必须纠正、哪些优势可以进一步发展。由于对职业教育与培训创新的需求日益增长，质量发展并非线性过程，职业教育与培训机构必须适应商业世界日益迅速的变化，以及劳动力市场不断改变的对新技能和能力的需求。因此，质量发展意味着一次又一次地重复循环，不断地学习、适应和创新。

三 培育内部质量文化

欧盟鼓励职业教育与培训机构加强内部质量管理和培育质量文化，质量管理和质量文化代表了两种不同的质量概念和方法，在实践中相互补充。质量管理旨在引入并提供对规划的质量目标和协调活动的持续审查，以指导和控制职业教育与培训机构的质量。质量管理使用可靠和有效的工具收集数据，监测、评估和评价其对组织内服务质量影响的输入、输出和结果，它是一个基于事实、数据和组织内部测量的"硬"概念。质量文化则是一个"软"概念，取决于职业教育与培训机构中个人的普遍态度和行为。质量文化建立在质量管理的基础上，体现为运作良好的专业质量管理体系和敬业的员工之间的相互作用，这些员工在专业精神的指导下，表现出质量导向的行为。因此，质量文化的主要因素体现为个人在职业教育与培训质量中的作用和承诺。

职业教育与培训机构中质量的概念以及应用的质量管理根据它们提供的教育类型、组织传统以及区域或当地环境的不同而不同。职业教育与培训中质量管理的方法主要有 3 种：（1）关注工作领域，职业教育与培训提供者的质量主要是为了满足企业的要求和保证学生的就业前景；（2）关注学生的需求，职业教育与培训机构质量的核心概念在于教学和学习，以及提供个性化的培训，包括有针对性的支持，以及满足学生个人需求的能力；（3）关注组织过程的有效性和效率，对于这类职业教育与培训提供者来说，机构中管理过程的有效性和效率在其质量概念中起着核心作用，它们需要维持所有服务的有效组织，以便在市场上竞争。明确质量概念的重点有助于职业教育与培训机构制定愿景（Vision）和使命（Mission），促进可持续发展和质量文化的创建。愿景和使命为质量文化提供了情感和智力上的上层建筑：它们强化了职业教育与培训机构的企业形象，加强了员工对质量的认同和承诺。

愿景是对机构未来发展前瞻性期望的积极表达。从长远来看，它描述了该机构的一种状态，这种状态现在还不存在，但在未来应该可以达到。为了确保其可行性，愿景需要与职业教育和培训机构的发展战略相互联系和交叉评估。使命是成功实现梦想的手段，职业教育与培训机构的使命表达了它的自我形象、基本原则和主要目标，为整个组织提供方向。使命是规范管理的一部分，为战略、质量目标和操作行动提供框架。对文化的含义有许多不同的理解，其更具体的含义强调了每一种文化都是由某一群人"产生"的。根据这种理解，每种文化都有其日常活动实际组织的具体概念，这些概念基于知识和信仰、道德和法律、习俗、行为和决策规则的共同模式。在这些基本方面，文化可以被理解为特定价值观和道德规范的表达。这些基本价值观是职业教育与培训机构内每一种质量文化背后的驱动力，因为它们构成了理解其愿景、使命和质量目标的基础。

价值观是持久的，必须审慎地确定。价值观应该反映职业教育与培训机构对质量的概念和关注，不仅考虑到传统和环境，适合组织的未来发展，而且扎根于学生的头脑中。在职业教育与培训机构内建立共同的愿景和使命并非易事，应该让员工从早期就参与进来。同时需要领导决策和利益攸关方的参与，为实现质量目标协调各项活动，增强员工对组织的认同和对创建质量文化的承诺。

四 开展自我评估

自我评估是内部质量文化不可分割的一部分。EQAVET 建议提出各成员国建立质量保证国家参考点（NRPs），"支持自我评估作为质量保证的补充和有效手段"。自我评估是为了确定职业教育与培训机构的优势和需要改进的领域，从中得出改进计划并制定和实施具体的措施，从而提高其质量。自我评估没有适用于所有机构的单一方法，通常正规的外部认证体系为自我评估提供了指导方针。在一些欧盟成员国，不仅规定职业教育与培训机构有法律义务定期进行自我评估，而且国家当局也就如何进行自我评估提供了指导方针和标准。自我评估的最终目的是在机构中发展长期的质量管理系统和可持续的质量文化。重复开展自我评估可以不断地衡量机构已经取得的进步、比较当前和以前的表现，最终获得持续的质量发展。

职业教育与培训机构开展自我评估需要满足 3 个前提条件：（1）高级管理团队必须以内在信念和个人参与支持和指导项目；（2）用于实施该过程的资源必须是合理的和可获得的；（3）必须指定用于实施改进的资源。① 第一次自我评估建议分 4 个阶段进行，之后应在适当的周期内重复进行。这些阶段依赖于 PDCA 循环，通过一系列步骤实施。

第一阶段：规划自我评估

步骤 1：组织自我评估。（1）定义范围和方法：首先决定自我评估是针对整个机构还是仅仅包括一些部门，建议将重点放在几个精心选择的领域，这些领域有可能出现快速改善。（2）任命一名流程负责人或质量经理。流程负责人负责自我评估活动的操作、沟通、遵守时间表，并最终报告和记录结果。

任命一个合适的人来领导自我评估过程是高级管理团队要做出的关

---

① Cedefop, *Handbook for VET Providers*: *Supporting Internal Quality Management and Quality Culture*, Luxembourg: Publications Office of the European Union, 2015.

键决定之一。被任命的人员应熟悉职业教育与培训机构及其沟通方式、具备良好的质量管理知识，并被员工和外部利益相关者认为适合执行这些任务。如果被任命的人员在质量管理方面没有足够的经验，他们应该接受培训或者聘请外部专家来提供支持并共同参与自我评估过程。

自我评估的实施过程一般为4—6个月，大的机构可能需要更长的时间。

步骤2：建立沟通策略。（1）实施沟通计划：持续的沟通是成功进行自我评估的关键因素。沟通计划应明确沟通的内容和渠道，并考虑个人利益相关者的需求。（2）激励员工参与自我评估过程：沟通的方式和风格应为员工参与自我评估过程创造积极的环境、信心和动力。（3）决定利益相关方的参与：包括谁应该参与、如何参与、在流程的哪个阶段参与、以什么角色参与、谁应该在哪个阶段以什么详细程度获得信息。

第二阶段：实施自我评估

步骤3：组成自我评估团队。（1）代表组成：自我评估应由机构内跨层级团队的代表进行，成员应了解要评估的部门并自愿加入团队。（2）自我评估小组的规模：为了确保有效和相对非正式的工作方式，自我评估小组最好由8—10人组成。如果要对整个机构进行评估，应针对不同的主题组建相应的团队。

步骤4：组织培训。（1）培训自我评估小组：在1—2天的会议中，自我评估小组应了解质量管理和PDCA循环操作的基础知识，理解并同意自我评估流程。质量经理应向自我评估团队提供包含所有相关信息的指南，包括评估职业教育与培训机构所需的主要标准和指标。（2）在整个组织中发展质量能力：除了培训团队，还应召集所有员工举行会议，以广泛巩固对自我评估过程及其对组织内发展质量的重要性的理解。

步骤5：进行自我评估。（1）应采用反映商定标准和指标的可靠工具进行评估。陈述和结论应基于经验数据和证据；在适当的情况下，应收集来自不同利益相关者的反馈。（2）自我评估团队应就机构优势和最关键的改进领域达成共识。（3）自我评估小组应为行动计划提出一些初步想法。

步骤 6：基于结果起草报告。（1）自我评估报告应结构清晰，阐述有相关证据支持的优势和有待改进的领域，并提供改进措施的想法。（2）确保高级管理层正式接受该报告，并通过确认实施改进措施的承诺来批准该报告。

第三阶段：改变和改进

促进质量提高是自我评估工作的主要目标之一，也是促进职业教育与培训机构进一步战略发展的手段。

步骤 7：改进计划。（1）通过分析影响质量的主要和次要因素来补充自我评估。（2）区分纠正措施与结构调整和创新，纠正措施大多可以立即实施。（3）对需要改进的领域进行优先排序并为实施分配必要的资源。

步骤 8：传达改进计划。（1）为确保尽可能广泛的接受，应及时、公开地向所有员工通报自我评估流程、结果以及后续的改进措施。（2）沟通方式和方法可以基于步骤 2 中阐述的计划和原则。

步骤 9：组织变革和改进。（1）明确责任、活动、期限和指标，以监控改进行动的过程和结果。（2）让自我评估团队的成员参与改进活动，作为奖励他们努力的一种方式，促进获得他们的进一步承诺。（3）通过提供额外的知识和能力，耐心应对阻力，提供支持和尊重，确保为变革做好准备。

步骤 10：建立连贯的发展战略。（1）对组织进行 SWOT 分析，并将内部评估结果与对职业教育与培训机构进一步发展的外部先决条件的调查结果结合起来。（2）通过识别独特优势和进一步发展的关键因素来制定发展战略，将机构与其最强的竞争对手进行比较，以发掘尚未开发的潜力。（3）计划下一次自我评估：质量发展需要连续性和可持续性，自我评估应 1—3 年开展一次。

第四阶段：确保持续的质量发展

最后一个阶段建立在自我评估的基础上，但并不仅限于此，因为它的主要目标是在机构内创造质量专业精神并向质量文化发展。

步骤 11：保持追求更高质量的动力。（1）在机构内设立质量部门或质量经理，使质量工作更加专业化并强化其重要性。（2）为外部认可或认证做好准备，这是对内部质量努力的外部验证，有助于提升机构的声誉和吸引力。

步骤12：在机构内创造一种质量文化。（1）通过反思不同的概念并整合自己的方法来定义质量的内核。（2）反思基本道德价值观，为追求职业教育与培训机构的愿景、使命和战略质量目标提供指导。（3）为机构定义一个被广泛接受的愿景和使命，以强化企业形象，增强员工对它的认同感并提高他们对质量的承诺。（4）持续应用MERI循环中阐述的软技能，以确保组织内的质量文化（图4-8）。

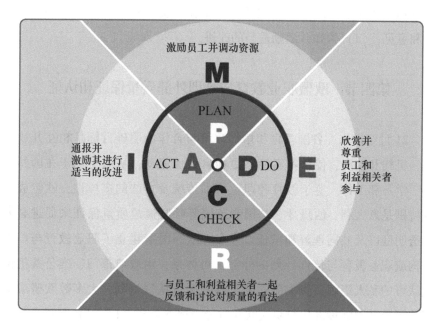

图4-8　MERI循环

资料来源：Cedefop, *Handbook for VET Providers*：*Supporting Internal Quality Management and Quality Culture*, Luxembourg：Publications Office of the European Union, 2015.

重要的是，要确保教师、培训师和机构其他工作人员了解并理解PD-CA循环的逻辑，这种思维和行为方式应融入职业教育与培训机构的日常生活，并系统地应用于其所有业务领域，从而为质量文化铺平道路。除了将这种态度和行为植入机构，质量文化的发展还受到人的因素的强烈影响，正如 MERI 周期中所解释的那样，人的因素通过利用适当的软技能得到支持和鼓励。MERI 循环中固有的软技能是 PDCA 循环中硬技能的补充和对应。虽然 PDCA 循环的技术活动是建立内部质量管理体系的先决条件，但 MERI 循环阐明了创建内部质量文化的要素。质量文化需要的不仅仅是 PDCA 循环活动所预见的，它主要产生于以共同的尊重和鼓励为特征的人际关系。具体而言，MERI 循环预见了以下活动来加强组织内的人际关系：（1）激励员工并调动资源进行改进；（2）欣赏并尊重员工和利益相关者的参与；（3）反馈并讨论工作人员和利益攸关方的评估、评价和意见；（4）告知并激励适当的改进。①

第四节　欧盟职业教育与培训外部质量保证和认证

21 世纪以来，各国教育和培训政策与合作的明确目标是相互开放资格、机构和制度，使学习者能够更加自由地流动，从而受益于在国外生活、学习和工作。鉴于教育和职业培训传统及方法的多样性，欧盟成员国特别是意大利、西班牙、德国和英国等呼吁通过质量保证来促进必要的透明度以及共同理解和信任。大多数欧洲国家建立了职业教育与培训机构或职业教育与培训计划的外部认可体系，由政府部门、准公共机构或认可的私人组织负责实施。除了这些国家认证计划，大多数欧盟成员国认可遵循国际标准化组织或欧洲质量管理基金会（EFQM）等最常见模式的认可/认证等同于其国家认可/认证。在许多国家，认证是职业教育与培训机构的一项要求，特别是那些旨在接受公共资助的机构。此外，外部认证有助于提高机构的声誉、增强其吸引力。

---

① Cedefop, *Handbook for VET Providers: Supporting Internal Quality Management and Quality Culture*, Luxembourg: Publications Office of the European Union, 2015.

一 职业教育与培训认证的概念和特征

认证（Accreditation）是对一个机构有能力执行特定任务的正式认可。教育与培训机构的认证是一个质量保证过程，通过该过程向机构授予认证地位，表明其已通过满足预定标准而得到相关立法或专业当局的批准。认证作为一种评估工具，不是由职业教育与培训机构实施，而是由官方任命或认可的外部机构执行这项任务。这种承认可能是由国家当局做出，或者在部门认证的情况下，由部门专业机构做出。职业教育与培训机构或职业教育与培训计划认证的目的是证明该机构或计划符合公开或专业规定的要求、预先确定的质量标准和某些政策目标。

在欧洲职业教育与培训体系中，认证的组织方式不同，不仅反映了国家、地区和部门的职业教育与培训传统和结构，还反映了国家或部门质量框架的性质和现状。所有与认证有关的活动都有一个共同点，即包含根据职业教育与培训的预定要求（目标、基准、质量标准）进行的外部评估，根据评估作出合理的判断，并最终作出对职业教育与培训机构及其培训计划的质量产生一定影响的决定。尽管不同的认证系统和程序之间存在差异，但职业教育与培训体系的认证包含一些共同的特征：（1）认证关注职业教育与培训提供者的质量（认证对象）；（2）认证过程遵循透明的标准、规定和规则；（3）认证是一个外部质量审查过程，用于审查职业教育与培训机构的质量保证，旨在进一步提高质量；（4）认证意味着对职业教育与培训机构申请的正式决定产生明确界定的后果，在积极的情况下导致对职业教育与培训机构的正式承认（包括授予资格的权利）；（5）认证并非一次性的程序，而是在一段时间内有效，需要更新以保持其有效性。[①]

认证也可以作为职业教育与培训机构内部质量工作的外部验证，因为它涉及外部专家的评估。理想情况下，内部和外部验证工作应该相互

[①] Cedefop, *Assuring Quality in Vocational Education and Training：The Role of Accrediting VET Providers*, Luxembourg：Publications Office of the European Union, 2011.

补充、相互促进。为了避免重复工作和资源浪费，认证和内部质量管理应紧密结合：一方面，确保内部质量管理与国家或部门认证系统的外部要求一致；另一方面，外部机构为实施认证所提供的资源和支持应当战略性地用于改进内部质量管理体系。

二 欧盟国家职业教育与培训认证制度

在欧盟成员国的职业教育与培训体系中，认证的含义差异很大，但有一个与质量和认证相关的核心要素是被普遍接受的，这就是需要对职业教育与培训质量进行外部评估。① 外部评估由获得认可并根据（积极的）评估结果给予认证的外部机构进行。

（一）认证的基本过程

外部评估或评价必须应用一些标准和准则来做出肯定或否定的决定。认证机构必须制定职业教育与培训提供者必须达到的准则和标准，以实现积极的外部评估。需要为职业教育与培训机构提供关于如何准备认证的指南，因为认证的标准和准则在不同国家之间或根据具体的培训领域会有很大的不同。尽管如此，这些标准和准则并非针对个别情况制定，而是始终适用于某种类型的职业教育与培训机构或职业教育与培训计划，以便进行比较、交流经验和最终制定基准。对于要达到的标准，既有明确的最低要求，也有优秀等级或水平。

在实践中，职业教育与培训机构的内部自我评估或内部质量管理体系的实施是所有认证程序的先决条件。此外，职业教育与培训机构的内部质量体系必须反映外部认证机构确定的准则和标准，尽管其内部质量体系通常可以根据具体的当地需求自由设计。在许多国家，包括丹麦、爱尔兰、荷兰和英国，职业教育与培训机构撰写的自我评估报告被用作外部评估的起点。

在职业教育与培训机构向相关认证机构提交认证申请后，将进行外

---

① Cedefop, *Accreditation and Quality Assurance in Vocational Education and Training: Selected European Approaches*, Luxembourg: Publications Office of the European Union, 2009.

部评估。在大多数情况下，认证机构将评估任务委托给职业教育与培训领域的专家，有时这些独立专家还包括同行，即同一领域其他职业教育与培训机构的代表。评估小组的其他成员可以代表学习者、社会伙伴、性别组织或代表民间社会的其他团体。如果评估结果是否定的，认证将被拒绝，职业教育与培训机构必须在改进其组织结构和培训质量后重新准备和申请。评估机构的决定通常包括作出必要改进的意见和建议，在一些国家，一个与认证机构相联系的外部机构可以为职业教育与培训机构提供专业支持，以改进评估中发现的缺陷。在其他情况下，当外部评估的结果不是太负面时，将要求职业教育与培训机构进行一些额外的改进。这些要求或者具有约束性或者在不太严重的情况下仅包括改进建议。在这两种情况下，职业教育与培训机构必须在改进报告中证明将进行相关的改变，以便外部评估机构能够提出积极的认证建议。

在积极的评估和认证建议之后，职业教育与培训机构将获得认证，相关组织或职业教育与培训计划将获得质量证书，该证书可用于职业教育与培训机构对外的宣传活动。质量证书有一定的期限，因此认证更新必须在规定的时间间隔后进行，通常为 5 年左右。再次认证相比于初始认证要简单一些，再次认证主要是对职业教育与培训机构的内部自我评估或质量管理体系的充分性进行评估。

（二）欧盟国家的职业教育与培训认证制度

在欧盟许多成员国，认证越来越多地被用作一种治理工具，以确保职业教育与培训机构和培训方案的质量。例如，德国、意大利、捷克、希腊、卢森堡、葡萄牙、罗马尼亚、斯洛文尼亚和芬兰等国家都建立了认证制度。在欧洲的行业层面，尤其是继续职业教育与培训领域，认证由职业教育与培训机构的专业组织和部门机构自己开展，在这些部门和分支机构中，职业教育与培训机构合作建立了自己的伞式组织，作为职业教育与培训机构的认证机构，并且制定了自己的认证系统和程序，创建了自己的质量标签，独立于公共机构。

1. 德国的认证制度

德国的职业教育与培训可以分为 3 个子系统。其中，初始职业教育与培训的双元制教育的大部分培训在公司进行，而理论学习在职业学校进行，该子系统受《职业培训法》和《手工业和贸易法》监管，另一项全国性条例规定了职业名称、培训期限、职业概况、框架课程和考试要求与规定。与该子系统并行的是基于学校的职业培训系统，该系统由学校当局负责，根据联邦或州法律运作。第三个子系统涵盖众多职前教育和培训计划，这些计划不授予官方认可的资格，但可能被认定为学校毕业或获得法律认可的"资格模块"。所有初始职业教育与培训都受州一级法规的指导，没有统一的认证系统。对于继续职业教育与培训，按照经费来源也分为 3 个子系统。最大的部分（近 48% 的费用份额）是公司内部培训，由公司自己出资和组织；继续职业教育与培训另外约 40% 的费用由培训者个人承担；第三个子系统涵盖积极的劳动力市场政策，其中公共开支约占整个 CVET 市场的 12%，自 2004 年以来针对公共资助的继续培训活动建立了一个全国性的认证体系，并制定了关于承认和批准继续教育和培训的条例—AZWV（认可和认证条例—继续教育）。[①] 随着哈兹（Hartz）改革的进行，新的就业制度影响了职业培训，特别是政府资助的继续培训。在此背景下，德国对职业教育与培训进行了重组，以加强职业教育与培训机构之间的竞争和透明度，提高继续培训的质量和效率。自 2004 年 7 月起，德国的职业教育与培训机构必须建立内部质量管理体系，并且必须由公认的机构根据质量标准进行评估。

（1）认证主体和认证机构

德国对职业教育与培训实行两步认证制度，包括认可和认证程序。在监管框架内，对职业教育与培训机构及其培训课程进行的外部评估称为认证（Certification）和许可（Licensing），发放许可证的机构称为认证机构（Zertifizierungsstellen）或专业中心（Fachkundige Stellen）。为了开

---

① Cedefop, *Assuring Quality in Vocational Education and Training*: *The Role of Accrediting VET Providers*, Luxembourg: Publications Office of the European Union, 2011.

展工作，这些机构或中心必须首先得到德国联邦就业局（Bundesagentur für Arbeit—公共就业服务局）的"认可"，从而成为整体认可机构（Anerkennungsstelle）。该机构指派外部专家担任评估员，此外成立了一个咨询委员会，向国家认证机构提供咨询意见并起草关于认证和认证程序的建议。咨询委员会包括1名州代表、1名工会和雇主协会代表、1名供应商协会代表、1名联邦教育和研究部代表、1名联邦劳动和社会事务部代表和3名独立专家，职业教育与培训机构的伞式组织按照年度轮换原则任命他们的代表。

机构的认证基于文件评估和通过现场考察验证，认证机构的认可是临时性的，最多只有3年的期限。认证可以适用于整个联邦、特定的工业或教育部门或某个地区。欧盟其他成员国的机构具有同等权利，条件是它们已经在同等程序中获得认可。咨询委员会发布的"专业中心认证指南"对这一认证过程进行了详细描述，该指南包含规则和程序步骤，是认证机构质量管理手册的一部分。在申请中，各机构必须记录其内部组织结构（法律形式、组织计划、员工总数）、其适用的认可/认证体系（质量管理手册、操作和工作说明、审批规则和要求、合同范本和证书样本）。认证机构必须有一个运行中的质量保证体系和"符合质量保证和开发标准的文件系统"，自2008年1月1日起，必须应用DIN EN ISO/IEC 17021标准进行认证和再认证。认证机构应符合以下条件：保证适当的组织结构以及可用的人员和财政资源；具备评估培训机构和培训方案的必要专业知识；具备独立性，在财务、人事或组织方面与培训机构不存在关联；采用咨询委员会的建议；对运营和商业秘密保密；有公认的质量保证和改进系统；建立了投诉程序。[1]

（2）职业教育与培训机构的认证

为了获得公共资金，职业教育与培训机构必须得到经认可的认证机构的认证，其培训课程必须获得许可。为了通过认证程序，职业教育与

---

[1] Cedefop, *Assuring Quality in Vocational Education and Training*: *The Role of Accrediting VET Providers*, Luxembourg: Publications Office of the European Union, 2011.

培训机构必须证明其财务效率和教育水平与质量，并满足一些具体要求。认证机构代表联邦就业局对职业教育与培训机构进行认证，培训机构可以在互联网上找到关于认证程序和认证机构的信息，并自行决定指定哪个机构进行认证。认证机构检查供应商（系统检查）及其培训方案（方案检查）是否符合质量要求。咨询委员会在其 2006 年 3 月 13 日的建议中规定了职业教育与培训机构的认证要求。根据这些建议，职业教育与培训机构的认证申请须包含以下文件或信息：机构使命；在设计和实施培训方案时考虑并不断融入劳动力市场趋势；业务目标以及教学和学习目标及其基本方法，包括就业的评估方法；培养个性化学习过程的方法；基于公认的方法定期评估培训方案，包括持续监测参与者的出勤率和辍学率、监测学习目标和就业率、利用评估结果持续改进培训设计和实施；组织结构和管理；机构内部审计系统；愿意与外部专家合作以提高质量等。①

认证标准基于 DIN EN ISO 标准以及德国联邦就业局的培训机构要求目录，对于职业教育与培训机构，适用以下标准：财务状况、专业能力和良好声誉；考虑劳动力市场的现状和趋势，以及参与者就业安置支持机制的可用性；管理、咨询和教学人员是否适合实施成功的培训方案；内部质量保证体系的应用。对于培训计划的认证，须满足以下要求：根据潜在参与者的要求制定量身定制的培训；考虑劳动力市场相关趋势和区域发展趋势；旨在提高参与者就业率的理念；有助于参与者获得资格（或资格模块）；提供表明所获得资格的证书；符合效率和成本效益原则的费用比率；培训持续时间限制在技术要求的范围；将实践学习单元融入培训。

（3）认证结果

对职业教育与培训机构的认证程序可在几周内完成，特别是在培训机构已经获得认证的情况下，将通过类似程序并根据类似标准颁发证书。

---

① Cedefop, *Assuring Quality in Vocational Education and Training: The Role of Accrediting VET Providers*, Luxembourg: Publications Office of the European Union, 2011.

认证机构决定职业教育与培训机构是否获得认证和许可。在"否定"的情况下，职业教育与培训机构可以在随后 3 个月内改进未被接受的标准；否则，申请将被拒绝。在作出"肯定"的决定后，认证机构将颁发证书，职业教育与培训机构可以在其宣传和营销活动中使用该证书作为质量标签。认证的最长期限为 3 年，同时每年必须由认证机构进行监控审计（Monitoring Audit），审计的重点是职业教育与培训机构的质量管理体系。

认证制度的主要目标是清理市场和提高质量，因为认证将导致不符合资质的培训机构被淘汰。认证制度的主要目的是让尽可能多的培训参与者找到工作并顺利通过考试，降低辍学率并对培训方案总体感到满意。从公共当局的角度来看，认证是高质量的保证，因此可被视为消费者保护的一种手段。从职业教育与培训提供者角度来看，培训市场日益激烈的竞争表明了证书对于市场准入的巨大重要性，供应商将他们的证书作为一种促销工具来吸引新的目标群体。

在德国的认证制度中，国家或准国家机构不参与职业教育与培训机构的认证，参与职业教育与培训机构认证的机构具有相对独立性，这为进一步审议教育制度提供了机会。再加上职业教育与培训机构可以自由选择他们合作的认证机构，德国作为一个高度自治的教育体系体现了一定的先进性，甚至被归为适合欧洲的认证方法。①

2. 意大利的认证制度

意大利的国家培训体系具有二元特征：学生初中毕业后可以进入国立职业学校或 21 个地区提供的职业培训机构。前者为基于学校的职业教育与培训，不需要认证；对于后者，职业教育与培训机构必须获得认证，在认证的基础上开展培训并向参与者提供由地区当局颁发的证书。意大利的职业教育与培训制度在很大程度上以市场体系为基础，每年地方政府都招标能够开办满足学生和雇主需求的初始和继续培训课程的职业教育与培训机构，这个系统每年都在变化，以满足新的需求。以前意大利

---

① Cedefop, *Accreditation and Quality Assurance in Vocational Education and Training*: *Selected European Approaches*, Luxembourg: Publications Office of the European Union, 2009.

的职业教育与培训系统没有为如何开展培训活动确定参考标准，少数培训机构通过获得 ISO-9000 标准认证克服了这一缺陷。然而，这种类型的认证仅提供了一些过程管理的保证，很少涉及培训产出的质量；此外，ISO-9000 认证需要一系列程序，可能给培训机构带来过多的官僚作风，对较小的职业教育与培训机构不利。解决这一问题的办法是制定一套最低的国家认证标准，地区政府可以根据地区或地方的需要增加或扩大其标准，目的是确保所有申请地区政府资助的培训机构能够根据最低质量标准开展职业培训活动。

2001 年，意大利劳工部批准了一项关于职业教育与培训质量的法令（第 166 号），引入了由地区当局资助的职业教育与培训机构认证制度，在国家一级确定了强制性的最低要求。该法令支持"培训中心和指导中心的认证"，界定了部门、对象、相应主题、类型、结构、程序、期限和效度、工作人员专业能力标准，并提供了认证运作模式试验的指南。在 2002 年 9 月 1 日国家和自治地区之间关于初始和继续培训中心认证常设对话会上达成的一项协议中，国家给予各地区自主权，以创建自己的认证模式，并基于一套确定的标准使用该模式。根据 2003 年关于职业教育和劳动力市场的另一项法令，各地区须编制在本地区运营的认证中心名单。

（1）认证主体

意大利规定由各地区负责职业教育与培训机构的认证。关于认证责任，2001 年 5 月 25 日第 166 号法律规定：①各区域负责其区域内机构或计划提供的服务的认证程序；②主管行政部门也可以利用外部资源进行调查、现场审计和相关检查，只要他们维护认证机构的独立性和客观性，同时尊重透明度和自由竞争。[1] 只有地区可以在受训人员完成特定培训计划后对其进行认证并颁发地区培训证书。各地区在法律上对其经费支出负责，并接受国家和欧洲审计法院的定期审计。

---

[1] Cedefop, *Assuring Quality in Vocational Education and Training：The Role of Accrediting VET Providers*, Luxembourg：Publications Office of the European Union, 2011.

（2）认证标准

意大利国家层面的认证标准总模式由工人职业培训发展研究所（IS-FOL）与社会伙伴组织共同制定。2007 年的一项决议规定了合格的培训机构须满足以下要求：①在法律和财务方面，申请者应证明其法律形式，提供关于其股本、组织章程和无犯罪记录的信息；②质量管理方面，申请者须提供其现有系统的信息，许多地区采用 ISO 9001：2000 体系作为认证的前提条件；③申请者须证明其管理能力，提供关于建筑物、专用于培训的空间、技术工具和计算机、信息标志及其运营时间的信息；④通过提交财务会计文件以及责任和偿付能力证明以证实其经济可靠性；⑤通过提供机构雇用的工作人员信息来证明其具备适当的专业技能；⑥通过机构与其工作领域相关参与者之间的正式合作协议来证明与地区的关系。[①] 由各地区详细定义技术和后勤设备、指标、具体数值以及认证要求的定期验证。

在 2009 年 1 月 23 日第 18 号政府公报公布的国家和地区之间的新协议中，ISFOL 提出了新的认证"政策方针"，由各地区解释和执行。新政策方针基于 4 项总体指导原则：支持终身学习方法、加强控制并确保实效、简化并核实认证要求以及创造协同效应。指导原则被分为 5 项主要标准，每项标准都规定了若干要求和操作性指示：标准 A 涉及职业教育与培训机构的基础设施条件、后勤和资源；标准 B 涉及机构的财务状况；标准 C 涉及专业资源和管理能力；标准 D 涉及培训活动的效率和效果；标准 E 涉及与区域相关机构和组织的关系。[②] 对于这 5 项标准中的每一项，国家法令都规定了衡量和评估的定量和定性指标、反映定量数据水平和定性信息特征的参数。地区政府评估这些要求是否得到满足，只有成功证明自己达到最低要求的职业教育与培训机构才能获得认证并被允

---

① Cedefop, *Assuring Quality in Vocational Education and Training*：*The Role of Accrediting VET Providers*, Luxembourg：Publications Office of the European Union, 2011.

② Cedefop, *Assuring Quality in Vocational Education and Training*：*The Role of Accrediting VET Providers*, Luxembourg：Publications Office of the European Union, 2011.

许参加地区招标。这些机构进入每年更新的地区认证机构名录，只有登记册上的职业教育与培训机构才能开展职业培训活动。

（3）认证过程

以伦巴第地区为例，该地区创建了两个专业网站，一个提供关于伦巴第职业教育与培训系统认证过程和文件的所有必要信息，另一个为认证的职业教育与培训机构排名系统的信息。认证指南可在一个名为 CRS 的新工具包中在线获得，认证步骤如下：①职业教育与培训机构提交认证申请；②伦巴第地区检查员现场考察；③地区根据认证要求进行验证；④网上公布认证名单。整个申请过程可以通过提交电子认证文件在线完成。提交申请 30 天后，申请者将收到对其请求的回复。认证必须每年更新。如果没有达到认证要求，认证将暂停一年，在此期间，职业教育与培训机构不能提供培训服务。如果一年后所有要求都已达到，认证再次生效。如果一年后仍未达到要求，职业教育与培训机构最多可在 5 年后再次申请认证。

（4）认证结果

成功的认证对职业教育与培训机构和受训者都可以带来一系列的好处。培训机构可以向地区提出他们的培训计划，地区政府决定哪些计划符合该地区的需求，并支持根据职业标准确定的专业资格发展。此外，培训机构可以获得该地区公司的失业者/雇员的培训资金，成为职业教育与培训机构和指导中心网络的成员，以及根据新的立法与劳动服务中心合作。随着通过新的 DOTE 制度（或嫁妆制度）进行的培训改革，每个雇员有机会获得 5000 欧元资金参加由获得认证的机构提供的培训。这一改革将个人及其选择自由置于培训课程的中心，政府为职业培训提供的财政资源由个人分配和使用，个人可以从该地区网站上提供的培训方案目录中自由选择并查看他们感兴趣的职业教育与培训机构的质量排名。

（三）认证的外部评估措施

职业教育与培训认证的一个重要特点是包含根据预定要求（目标、

基准、质量标准）进行的外部评估，外部评估可以包括各种措施，旨在确保职业教育与培训提供者的质量保证体系有效维持和提高其培训质量。根据外部评估的背景、传统和实际程序，欧盟成员国职业教育与培训认证的外部评估措施包括批准和注册、检查和外部评估。

1. 批准和注册

大多数国家都有自己的批准或注册程序，至少在初始职业培训和涉及公共培训资金的情况下是如此。批准或注册程序以国家法律和法规为基础，这些法律和法规规定了职业教育与培训机构在开展培训计划之前必须达到的某些框架标准。批准和注册通常是一次性申请，如果成功，职业教育与培训机构将正式注册，注册机构将有权向参加培训计划的学习者授予证书或为培训计划申请公共资金。一般来说，一旦达到某些强制性的最低要求，就会获得批准。这些要求通常包括某些输入标准（人员资格、标准设备的可用性）或过程标准（课程要求、能力水平、考试标准）。这种定性的初步批准往往伴随着定期更新的定量批准，在相关培训计划涉及公共资金的情况下大多如此。在这些情况下，通常称为许可，在公共资金批准前还要与就业系统中的现有需求进行比较，确定是否需要相关的资格或培训方案，以及在多大程度上（数量上）需要这些资格或培训方案。在这种情况下，资金数额取决于对相关需求的预测。例如，德国每年参加公共资助的继续培训计划的人数由就业机构根据相关资格档案的就业前景确定。这是为了确保公共资金得到有效利用，使供求充分匹配，特别是避免劳动力市场无法吸收的过剩技能的产生。

批准和注册作为传统的方法，用于所有涉及公共资金或官方认可的资格授予的认证程序，其重点是输入和过程标准。成功的批准并不是培训提供有效性的明确标志，而是某些最低要求得到满足的保证，这是与外部机构评估和评价的其他措施的主要区别。欧洲的总体趋势是更大程度地包容地区利益攸关方，减少与投入和课程有关的标准，国家框架更加灵活，职业教育与培训机构有更多的选择，使培训方案适应当地的需要和需求。

2. 检查和外部评估

在一些国家，最初批准之后，作为公共支持的外部措施，将对职业教育与培训机构开展外部评价活动，以补充自我评估，重点评估培训方案和服务提供的情况。这些活动通常持续进行，平均时间跨度约为 5 年。在荷兰和英国，检查是强制性的，并基于具有广泛标准和指标的国家检查框架，该框架在职业教育与培训机构如何起草自我评估报告的指南中进行了说明。因此，检查框架和自我评估报告具有共同的结构，自我评估报告作为检查的一部分，为外部评估奠定基础。

在不符合质量标准的情况下，外部评估导致吊销许可证的负面后果很少发生。这是由于检查和评估的作用发生了变化，检查和评估与控制的关系不大，而是作为与职业教育和培训机构对话的一部分，目的是支持他们努力提高质量。通过外部评估，向职业教育与培训机构提供评估报告，并提供机构监测和机构自我评估报告以及方案改进计划的反馈。大部分职业教育与培训机构发现外部评估过程非常有价值，因为它有助于不断提高工作质量。各国在评估的透明度和公布检查结果方面有不同的政策。例如，在爱尔兰，FETAC 会发布关于培训方案评价结果的报告；在英国，负责检查的国家机构在其网站上公布检查报告；在其他国家，由职业教育与培训机构决定其质量保证体系外部评估结果的公布范围。①

认证是对职业教育与培训机构的质量进行外部评估的结果，许多成员国使用这种评估来确保整个机构或特定的培训方案遵守某些预先确定的标准和准则。认证通常会产生公认的质量印章或质量标签，质量标签不是一劳永逸的，而是必须在连续的周期内进行更新，平均时间跨度约为 5 年。大学课程的认证本身已经成为一项欧洲标准。在某些国家，使用 3 种不同程度的认证：（1）尚未开始的新的大学课程可以被认可为"同行认可的课程"；（2）已经实施了至少一年的大学课程归为"预认证

---

① Cedefop, *Accreditation and Quality Assurance in Vocational Education and Training*: *Selected European Approaches*, Luxembourg: Publications Office of the European Union, 2009.

课程"；（3）至少有两批毕业生的课程被归类为完全"认证课程"。① 在一些成员国，认证不仅用于高等教育，也用于职业教育与培训，以取代以前的检查。获得认证是一个相当广泛的程序，在某些情况下，这一特点彰显公共当局的认证和强制性检查程序之间的区别。

（四）欧盟国家职业教育与培训认证的异同

欧盟国家职业教育与培训认证呈现多样性，既存在共同的相似性，又有一定的差异性，这种异同体现在认证对象、认证机构、认证标准、规范和指标以及认证结果等方面。

1. 认证对象

鉴于认证是一个多步骤的过程，认证的对象在认证过程的不同阶段有所不同。在第一次核准中，重点是投入标准和过程标准，而稍后阶段进行的外部评价更侧重于培训方案的效果和效率，更侧重于产出和成果。首次批准通常涉及职业教育与培训机构的基础设施和技术设备或职业教育与培训方案、教师和培训者的资格、培训方案的内容、持续时间以及学员为获得某种资格证书必须通过的考试种类。认证对象的第二个不同是职业教育与培训方案和职业教育与培训机构之间的不同。迄今为止，许多认证侧重于职业教育与培训方案，而对职业教育与培训机构的整体认证相当罕见。在一些国家，第一次审批集中在机构上，职业教育与培训计划实施与其一起接受评估。

2. 认证机构

传统上，教育或劳动部负责职业教育与培训机构和职业教育与培训方案的认证，特别是在涉及公共资助的情况下。许多国家部委开展的业务工作得到准公共机构的支持，批准或认证职业教育与培训机构是其任务之一。因此，在大多数国家，政府部门不会自己进行认证，而是依托与政府部门关系密切的其他机构，包括与各部门合作或具有独立地位的

---

① Cedefop, *Accreditation and Quality Assurance in Vocational Education and Training*: *Selected European Approaches*, Luxembourg: Publications Office of the European Union, 2009.

外部机构。从 Cedefop 的职业教育与培训质量保证虚拟社区提供的欧洲国家的认证机构列表，可以发现一些国家的认证机构涵盖的业务范围相当广泛，如比利时的 Belcert①、荷兰的 RvA②、葡萄牙的 IPQ③、英国的UKAS④ 对所有部门的产品、系统和人员进行认证，无论私营部门还是公共部门，它们还作为国家伞式组织，认证那些开展外部评估和评价的机构。意大利独立认证和检验机构协会（AIOICI）代表了国家认证和检验机构的整体利益，其主要重点是促进和提高公众对认证和检验认识的宣传活动。法国国家评价委员会（Comité National d'Évaluation）的作用是评估公共部门的政策，并在一定程度上侧重于初始和高等教育；丹麦评估研究所（EVA）开展从小学和青年教育到高等教育和成人继续培训的教学评估，这两个国家认证机构的职能范围更接近职业教育与培训。其他国家的认证机构专注于高等教育的质量保证和认证，如芬兰高等教育评估委员会和西班牙加泰罗尼亚大学系统质量保证局。德国高等教育认证机构是一个独立的组织，主要负责对德国高等教育机构和方案的认证机构进行认证，例如 Acquin（认可、认证和质量保证研究所），它是一个私营机构。葡萄牙 Inafop（国家教师培训认证研究所）是一个旨在确保和提高高等教育中教师培训方案的质量的专门机构。只有爱尔兰的 FETAC (继续教育与培训授证委员会）和瑞典合格职业培训局（Swedish Myndigheten for Kvalificerad Yrkesutbildning）是唯一专门为职业教育与培训机构和职业教育与培训方案设计的准公共机构。⑤

3. 认证标准、规范和指标

不同国家和部门认证中应用的标准、准则和指标在概念和定义上往往有很大的差异。例如，在意大利，各地区适用的国家认证框架包括以

① 比利时产品、质量体系或人员认证机构认证体系。
② 荷兰认证委员会，在所有部门开展工作，包括私营部门和公共部门。
③ 葡萄牙质量研究所，是协调葡萄牙质量体系、认证经济主体和计量的公共实体。
④ 英国认可机构，负责评估和认证评估机构是否符合国际公认标准。
⑤ Cedefop, *Accreditation and Quality Assurance in Vocational Education and Training: Selected European Approaches*, Luxembourg: Publications Office of the European Union, 2009.

下标准和指标：（1）机构的管理；（2）财务状况；（3）教职员工的特点；（4）以往培训活动的效率和效果；（5）与当地职业教育和培训机构的联系。[①] 许多地区为职业教育与培训机构准备认证提供支持，特别是起草自我评估报告，因为提交自我评估报告是认证的必要先决条件。认证程序包括审查职业教育与培训机构的自我评价以及证明认证标准和指标的其他文件。文件审查通过对职业教育与培训机构的实地考察来补充。在与员工和学生的会谈中，评估专家小组将核查所获得的信息并收集额外信息。在许多情况下，来自其他职业教育与培训机构的同行包括学生将成为评估小组的一部分。根据考察的结果，评估团队将起草一份报告，然后与被认证机构的自我评估报告进行比较。如果两个报告之间存在重大差异，将要求职业教育与培训机构澄清情况，然后再决定职业教育与培训方案或职业教育与培训机构是否可能获得认证。

4. 认证结果

认证可能获得成功，也可能被否定。成功的认证有不同的含义。如果认证是合法提供培训和教育的前提条件，那么对职业教育与培训机构来说，得到认证将是最重要的结果。成功的认证还可能使职业教育与培训机构获得公共资金或财政支持。此外，成功的认证可以获得质量标签，可用于职业教育与培训机构的对外宣传和营销。不过只有在继续培训中质量标签才变得重要，因为该领域更多的是由市场力量驱动，而不像初始培训那样更多地依赖政府和公众的支持。因此当市场发挥更大的作用时，优质标签对职业教育与培训机构更有吸引力。

虽然高等教育的认证结果在认证机构的网站上广泛公布，职业教育与培训的认证结果如何公开却没有通用指南。通常结果由认证机构保存，不向公众公布，由职业教育与培训机构决定公布的细节。一些机构可能会提供外部质量评估的完整情况，其他机构则可能只公布其优势或改进计划。质量认证中的一个主要挑战是向公众提供质量评估的结果，并让

---

① Cedefop, *Accreditation and Quality Assurance in Vocational Education and Training*：*Selected European Approaches*, Luxembourg：Publications Office of the European Union, 2009.

利益攸关方参与公开讨论，分析哪些因素导致了具体的结果并确定未来改进的方向。

　　尽管不同的认证程序之间存在差异，认证仍然呈现一些共同的特征。第一，认证涉及职业教育与培训方案和职业教育与培训机构的质量两个层面；第二，认证遵循透明的标准、规定和规则；第三，认证是一个外部质量审查过程，用于审查职业教育与培训方案或职业教育与培训机构的质量保证和质量改进；第四，认证产生明确界定的后果，在大多数情况下为通过正式决定产生的正式认可（授予资格的权利）。[①] 认证意味着建立专门的独立机构来评估和提高培训质量，它与职业教育和培训系统治理的体制框架密切相关。认证寻求必要的质量工具来评估培训的投入（如设备、培训员的资格）、过程（课程）、结果（证书）和成果（就业能力），认证是在培训机构中提升自主权、责任和自我评估文化的一种手段。基于以上共同要素，认证可以成为促进职业教育与培训的质量和问责制的有力工具。

---

　　① Cedefop, *Accreditation and Quality Assurance in Vocational Education and Training: Selected European Approaches*, Luxembourg: Publications Office of the European Union, 2009.

第五章

欧盟教师教育质量保证政策与方法

教师在帮助学生发展他们的才能、发挥他们的潜力以及获得作为公民和劳动者所需的知识和技能方面发挥着至关重要的作用。高质量的教师和教学是高质量教育与培训的先决条件，后者是各国长期竞争力的强大决定因素。欧盟高度重视教师在欧洲教育系统中的重要作用，将提高教师教育质量作为教育政策的重要优先目标，自 21 世纪以来提出了一系列提高教师教育质量的政策建议，推出支持教师教育的行动计划，强调教师教育的质量保证。欧盟委员会与欧盟成员国密切合作，帮助他们制定教师教育政策并使之现代化，支持教师在整个职业生涯中持续发展，并与其进行更广泛的社区合作。

第一节 职业危机背景下的教师教育

在所有教育体系中，教师都是学生学习过程的重要驱动力。欧盟理事会关于未来欧洲教师和培训师的结论强调教师在很大程度上影响着学生的成绩，教师在支持青年人发展知识、技能和价值观并充分发挥他们作为学生和未来公民的潜力方面发挥着至关重要的作用。高质量的教师是成功的教育体系的基石之一。近年来，整个欧洲正面临着教师职业危机，许多欧洲教育系统正遭受教师短缺之苦。① 教师在不同学科和地理区域的分布不均衡、教师队伍老龄化、教师离职率高以及初始教师教育入学率低都加剧了这一问题，许多教育系统同时面临着几个挑战。此外，教师职业在不断发展，教师面临着越来越多的要求、责任和期望。各国的政策制定者共同努力，以确定使教师职业缺乏吸引力的挑战，同时寻找解决方案，缓解教师短缺对教学造成的影响并保持高质量的教学标准。欧盟理事会关于未来欧洲教师和培训师的结论②和欧盟委员会关于学校发展和卓越教学的通信③指出，将从国家和欧洲层面干预的不同领域，其中包括初始教师教育（ITE）、持续专业发展、教师职业框架、教师评估和教师福利等，重塑初始教师教育、改善教师工作条件、改革职业道路，实现教师持续专业发展的现代化。

一 初始教师教育和入职教育

初始教师教育（ITE）和入职教育是教师专业发展持续进程的第一步。《欧盟委员会入职手册》指出，"成为一名教师应被视为一个渐进的过程，包括初始教师教育、入职阶段和持续专业发展"。初始教师教育是教师持续专业发展过程的起点，其组织方式在决定教师的质量和数量方面起着关键作用，它旨在为未来的教师提供核心专业能力，并培养他们未来角色和责任所需的态度。它提供了树立职业意识的机会，通常通过校内实习获得第一次教学经验。在大多数欧洲教育系统中，高等教育机构是初始教师教育的主要提供者。随着欧洲高等教育区和博洛尼亚进程

---

① 李志涛：《欧洲多国面临"教师荒"》，《中国教师报》2023 年 3 月 1 日第 3 版。

② Council of the European Union, "Council Conclusions on European Teachers and Trainers for the Future 2020/C 193/04", https://op. europa. eu/en/publication–detail/–/publication/ac4c748c–aa18–11ea–bb7a–01aa75ed71a1/language-en/format-PDF/source-295576541.

③ Directorate-General for Education, Youth, Sport and Culture（European Commission）, European Commission, "Communication from the Commission to the European Parliament, the Council, the European Economic and Social Committee and the Committee of the Regions School Development and Excellent Teaching for a Great Start in Life", https://op. europa. eu/en/publication–detail/–/publication/aa9ffc00–4524–11e7–aea8–01aa75ed71a1.

的发展，许多教育系统对初始教师教育进行了改革，以适应新的三周期结构（学士/硕士/博士）。同时，在职业生涯的早期阶段进行入职培训可以让教师巩固知识和技能，并将它们与真实的学校环境联系起来。它还通过提供个人支持和帮助教师应对他们在最初几年教学中可能面临的挑战，促进教师向专业的过渡。大多数欧洲教育系统为新获得资格的教师提供结构化的入职培训。

欧洲和各国的政策制定者都非常关注初始教师教育和入职教育的质量。欧盟委员会关于有效师资培训的结论认为，提供高质量的初始教师教育和入职培训是确保教师具备有效课堂教学相关能力的一个重要因素。① 此外，结构化入职阶段在确保新获得资格的教师继续专业化和支持他们过渡到专业活动方面发挥着至关重要的作用。欧盟委员会 2020 年 5 月 26 日关于欧洲未来教师和培训师的结论强调："应特别关注新手教师，为他们提供额外的指导和辅导，以帮助他们的职业生涯起步。"欧盟的政治文件一直强调，高质量的初始教师教育和对新合格教师的支持在吸引和留住高潜力教师候选人方面发挥着重要作用。2020 年欧盟委员会关于欧洲未来教师和培训师的结论重申，初始教师教育的质量有助于提高教师职业的吸引力，需要"在教师和培训师教育和培训的所有层面和所有部分采取互补和全面的方法，包括初始教师教育、入职教育和指导"②。

（一）初始教师教育

主流初始教师教育的组织在整个欧洲有很大的不同，可分为两种主要模式：并行模式和连续模式。并行模式从一开始就致力于初始教师教育，除了专业科目，还提供普通学术科目；连续模式包括在特定领域接受高等教育的学生在单独的连续阶段继续接受专业教师培训的方案。并

---

① Council of the European Union, "Council Conclusions of 20 May 2014 on Effective Teacher Education", https://op. europa. eu/en/publication - detail/-/publication/ed7084c8 - f389 - 11e3 - 831f - 01aa75ed71a1/language-en/format-PDF/source-295576771.

② Council of the European Union, "Council Conclusions on European Teachers and Trainers for the Future 2020/C 193/04", https://op. europa. eu/en/publication - detail/-/publication/ac4c748c - aa18-11ea-bb7a-01aa75ed71a1/language-en/format-PDF/source-295576541.

行模式通常被认为允许更综合的学习体验，连续模式则通常被视为提供更灵活的教师资格准入，因为它允许在培训的后期阶段做出专业选择。超过一半的欧洲教育系统为初中教师提供两种培训途径，在另外一些教育系统，其主流初始教师教育仅提供并行模式［比利时（法语社区）、丹麦、德国、奥地利、罗马尼亚、斯洛伐克、瑞典、阿尔巴尼亚和土耳其］或仅提供连续模式（爱沙尼亚、西班牙、法国、塞浦路斯、卢森堡、葡萄牙等）。大学初始教师教育的学士学位课程通常持续 4 年，少数教育系统［比利时（法语社区和弗拉芒语社区）、罗马尼亚和英国（英格兰）］的期限为 3 年；在希腊、塞浦路斯、立陶宛、荷兰和英国（苏格兰），根据连续模式组织的初始教师教育课程持续 5 年。在完成 5 年初始教师教育课程后通常授予硕士学位。

无论采用哪种模式、无论达到哪种资格水平，初始教师教育的内容对于教师完全胜任其工作尤为重要。欧盟的政策文件一直强调，未来的教师不仅应该在学习期间掌握学科知识，还应该发展专业技能。欧盟理事会 2014 年关于有效教师教育的结论认为，学科知识和专业技能是有效初始教师教育的核心要素；[1] 欧盟委员会关于学校发展和卓越教学的通信强调，优质初始教师教育应结合学科知识、教学理论和充分的课堂实践。[2] 专业培训是初始教师教育的一部分，它为未来的教师提供从事教学职业的具体理论知识和实践技能。校内实习是专业培训的一个组成部分，可以包括教学观察，有时也包括教学本身。通常这是一种在真实工作环境中进行的无偿实践培训，可以融入初始教师教育方案的不同阶段。几乎所有教育系统都要求将专业培训纳入初始教师教育方案，大多数教育

---

[1]　Council of the European Union, "Council Conclusions of 20 May 2014 on Effective Teacher Education", https：//op. europa. eu/en/publication－detail/－/publication/ed7084c8－f389－11e3－831f－01aa75ed71a1/language-en/format-PDF/source-295576771.

[2]　Directorate-General for Education, Youth, Sport and Culture (European Commission), European Commission, "Communication from the Commission to the European Parliament, the Council, the European Economic and Social Committee and the Committee of the Regions School Development and Excellent Teaching for a Great Start in Life", https：//op. europa. eu/en/publication－detail/－/publication/aa9ffc00－4524－11e7－aea8－01aa75ed71a1.

系统规定了专业培训的最低期限；而在一些教育系统（希腊、斯洛伐克、英国、拉脱维亚、荷兰和斯洛文尼亚等），专业培训所占的比例由初始教师教育院校自行决定。学校实习也是欧盟大多数教师（约 84.3%）初始教师教育的一部分，这一比例在芬兰达到约 98.1%，英国（英格兰）达到约 97.1%，比利时（弗拉芒语社区）达到约 95.0%，最低的是捷克（约 66.9%）和西班牙（约 67.3%）。①

除了主流初始教师教育，一些教育系统引入了教师教育的替代途径，以应对教师短缺问题。获得教师资格的替代途径是指作为获得教师资格的替代切入点，与常规初始教师教育计划一起推出的教育或培训方案。与初始教师教育主流方案相比，这些方案通常具有高度灵活性、持续时间较短以及部分或全部以就业为基础的特点。这种途径有助于吸引其他领域的高质量毕业生和高技能专业人员，从而使教师职业多样化。教师教育替代方案通常针对在教育内外获得专业经验的个人或其他学科的毕业生，它们可以提供灵活的注册形式，如非全日制、远程或混合学习，以及夜校课程。在整个欧洲，18 个教育系统报告引入了教师资格的替代途径，其中有两种主要途径：（1）面向专业人员的短期课程。该途径主要为其他高等教育领域的毕业生设计。比利时（德语社区）、丹麦、马耳他、奥地利、斯洛伐克、瑞典和土耳其都制定了面向专业人员的短期方案。参加这类课程的候选人必须至少持有学士学位，个别国家（如斯洛伐克）要求具备硕士学位。在丹麦，没有高等教育学位的考生除了完成职业高中教育课程，还必须证明在教育领域有两年的专业经验。面向专业人员的短期课程与初始教师教育连续模式第二阶段的组织和内容有许多相似之处。它们通常由师范教育机构提供，教学内容包括教育学和心理学学科、方法论、教学法和实践培训，时间通常持续 1—2 年。只有比利时（德语社区）例外，其替代方案要求 30ECTS，相当于一个学期的学

① European Commission, European Education and Culture Executive Agency, A. Motiejūnaitė-Schulmeister, I. De Coster, O. Davydovskaia, et al., *Teachers in Europe: Careers, Development and Well-Being*, Publications Office of the European Union, 2021.

习。（2）基于就业的培训。参加以就业为基础的方案的学生在学校工作的同时参加个人培训方案，具有专业经验的候选教师以及具有学科知识的应届毕业生通常会参加这些课程。除了主流初始教师教育方案，一些教育系统［德国、拉脱维亚、立陶宛、卢森堡、荷兰、英国（英格兰和威尔士）以及瑞士］也会提供替代性的就业培训。此外，在爱沙尼亚、法国和英国（苏格兰），获得教师资格的替代途径遵循不同的模式。例如在爱沙尼亚，其他领域的专业人员可以通过国家专业资格制度获得教师资格，任何人只要表现出教师专业标准中描述的必要能力，就可以获得专业证书，培训课程不是必修的。尽管一些欧洲教育系统引入了教师资格的替代途径，但通过这种方式获得资格的教师人数仍然很少。根据TALIS 2018，欧盟整体上只有约 4.4% 的人通过快速通道或专业教师教育计划获得教师资格。①

（二）教师入职教育

从初始教师教育到专业教师的过渡对教师和教育系统来说都是一个关键阶段。正如欧盟委员会《教师职业入职政策制定者手册》中所述：“新教师从初始教育转入职业生涯的时间点被视为对进一步的职业承诺和发展以及减少教师离职人数至关重要。”欧盟委员会关于学校发展和卓越教学的通信强调了在教师职业生涯的早期阶段为他们提供具体支持的重要性。2020 年欧盟委员会关于欧洲未来教师和培训师的结论重申，应该为新手教师“提供额外的指导和辅导，以促进他们开始职业生涯，并帮助他们应对面临的特殊需求”。新教师入职培训是指对新教师持续至少几个月的结构化支持阶段，在此阶段教师全部或部分完成有经验教师所完成的任务并获得报酬。入职教育具有重要的形成性和支持性成分，通常包括额外的培训以及个性化的帮助和建议。此外，在一些教育系统中，它作为正式招聘之前的试用期，成功完成入职阶段教育是获得正式教师

---

① European Commission, European Education and Culture Executive Agency, A. Motiejūnaitė - Schulmeister, I. De Coster, O. Davydovskaia, et al. , *Teachers in Europe: Careers, Development and Well-Being*, Publications Office of the European Union, 2021.

资格的强制性先决条件。

在欧洲，对新教师提供早期职业支持是一种普遍的做法。在大多数教育系统中，入职教育是强制性的，只有少数教育系统（爱沙尼亚、斯洛文尼亚、芬兰、瑞士的一些州和挪威）的入职教育是推荐性的。结构化入职教育可以有不同的组织方式。在大多数教育系统中，入职培训在教师的第一份工作合同开始时组织，可能在试用期进行。在一些教育系统中，开始入职的教师已经完全合格；而在另外一些教育系统中，入职培训是教师迈向完全合格的一个额外步骤。一些国家（如德国、法国、塞浦路斯）的入职培训在初始教师教育的框架内进行。入职期通常为一年，在西班牙和塞浦路斯，培训期限不超过 6 个月；而在卢森堡、匈牙利、马耳他和挪威，新任教师有权参加为期两年的入职培训。在一些教育系统中，入职时间不固定。然而，最高官方文件可能会限制必须完成入职培训的时间。如比利时（弗拉芒语社区）和斯洛伐克规定，新教师必须在职业生涯的头两年内完成入职培训；在爱尔兰，入职培训在学校第一份工作开始后的 3 年内进行；在芬兰，入职时间长短由当地学校自主决定。近年来，一些教育系统［比利时（弗拉芒语社区）、立陶宛和奥地利］引入了新手教师强制性入职培训，挪威则建议对未来/初任教师进行入职培训。根据 TALIS 2018 年的调查，欧盟 43.6% 的教师表示他们在第一次就业期间参加了正式或非正式的入职培训，其中 6 个教育系统［法国、意大利、塞浦路斯、罗马尼亚、英国（英格兰）和土耳其］超过欧盟水平，在英国（英格兰）达到 72.0%；而在比利时（法语社区）、爱沙尼亚、匈牙利、葡萄牙和挪威，只有不到四分之一的教师报告参加了入职培训。①

虽然新手教师的强制性入职培训在欧洲被广泛监管，但它可以以不同的方式设计并包含若干要素。其中一些要素在最高当局发布的官方文

① European Commission, European Education and Culture Executive Agency, A. Motiejūnaitė-Schulmeister, I. De Coster, O. Davydovskaia, et al., *Teachers in Europe*: *Careers*, *Development and Well-Being*, Publications Office of the European Union, 2021.

件中作出规定，而其他要素则由地方当局或学校自行决定。常见的入职管理要素包括教学指导、专业发展活动（课程和研讨会）、团队教学和入职期间减少教学负担。在几乎所有规范入职教育的教育系统中，为所有新获得资格的教师提供指导支持是强制性的，辅导被认为是上岗培训方案的主要支柱。通常，被指派的导师是经验丰富的老师，有时会接受入职方面的培训。导师可以使用一系列策略来支持和监督新手教师。实习教师和导师之间的互动可以从简单的指导到密集的日常监测和支持，密切合作可能包括相互备课、相互观察课堂以及定期反馈和辅导。导师通常在入职培训结束时参与实习教师的评估。第二个最普遍的结构化入职要素是课程和研讨会。课程和研讨会可以在校园内外进行，一些国家的立法规定了这些活动的最低小时数，如西班牙（加那利群岛为 100 小时，纳瓦拉社区为 16 小时）、意大利（38 小时）和马耳他（40 小时）。减轻教学/工作负担是对新教师入职期间特别有益的支持，有助于新教师向职业生活的平稳过渡。受益于教学时间减少的新手教师可以充分参与上岗活动，利用这些时间备课并建立自己的专业网络。但各国关于减少新教师入职期间教学工作量的规定差异很大。如在法国、立陶宛和匈牙利，新手教师工作量减少 50%；而在英国（苏格兰）和挪威，总工作量分别减少 10% 和 6%；在卢森堡，新手教师入职第一年教学工作量减少 36%，第二年减少 18%。① 尽管团队教学被认为是同伴协作的一种有效形式，只有少数教育系统［德国、法国、波兰、英国（苏格兰）等］将其作为新教师入职培训的要素。此外，在比利时（弗拉芒语社区）、芬兰和瑞士的一些州，由地方或学校当局决定入职培训的内容。

在大多数欧洲教育系统中，不管新教师入职培训是强制性的或推荐性的，在入职培训结束时都要经过一个正式的评估。评估旨在确保新任

---

① European Commission, European Education and Culture Executive Agency, A. Motiejūnaitė-Schulmeister, I. De Coster, O. Davydovskaia, et al., *Teachers in Europe: Careers, Development and Well-Being*, Publications Office of the European Union, 2021., Motiejūnaitė-Schulmeister, A., De Coster, I., Davydovskaia, O., et al., *Teachers in Europe: Careers, Development and Well-being*, Publications Office of the European Union, 2021.

教师完全具备独立工作的必要实践技能，并在工作环境中获得足够的经验。当入职培训是资格认证过程的一部分或发生在试用期时，最终评估采取总结性评估的形式。入职培训结束时的评估可能出于不同的目的，包括确认或完成教师资格、确认雇用和提供反馈等。欧洲一半以上的教育系统需要在新教师入职结束时进行评估，以确认是否正式雇用。在这些教育系统中，入职是试用期的一部分。在几乎一半的教育系统中，新教师入职结束时的评估旨在完成或确认教学资格。如在德国、法国和塞浦路斯，入职培训在初始教师教育期间进行，其结果将用于初始教师教育期末的最终评估；在克罗地亚、罗马尼亚、斯洛文尼亚等，评估采取专业考试的形式，也称为"国家"考试，评估过程可以用不同的方式来组织；在卢森堡、马耳他和英国（苏格兰），成功完成入职培训分别有助于最终认可、注册和认证为完全合格的教师。在大约一半的教育系统中，要求在新教师入职培训结束时进行评估，以便教师收到基于持续和最终评估的反馈和建议。

二 教师持续专业发展

终身学习对每个人尤其是从事传递知识和促进学习的教师至关重要。欧盟委员会关于到 2025 年实现欧洲教育区的通信强调"教师和培训师需要持续的职业发展机会"；欧盟委员会关于未来欧洲教师和培训师的结论确认，当教师参与持续的专业发展时，可以实现高质量的教学和学习，因此结论强调"必须进一步发展和更新教师与培训师的能力，以确保他们的专业知识并增强他们的自主性和参与度"，邀请成员国"促进和支持教师和培训师更多地参与持续专业发展"[①]。

TALIS 2018 年的数据显示，欧盟国家参与持续专业发展活动的教师

---

① Council of the European Union, "Council Conclusions on European Teachers and Trainers for the Future 2020/C 193/04", https://op.europa.eu/en/publication-detail/-/publication/ac4c748c-aa18-11ea-bb7a-01aa75ed71a1/language-en/format-PDF/source-295576541.

比例很高，其中约 92.5% 的初中教师在调查前的 12 个月内参加过至少一种专业发展活动。教师持续专业发展活动包括参加课程/研讨会、阅读专业文献、参加教育会议、正式资格认证计划等（图 5-1）。平均而言，教师在调查前的 12 个月内参加了 3—4 种不同类型的专业发展活动。[①] 欧盟委员会关于未来欧洲教师和培训师的结论强调，"提供各种培训模式是有益的，包括面对面、虚拟、混合和基于工作的学习"，并要求成员国"在协作、同行观察和同行学习、指导、辅导和网络的基础上，为教师和培训师提供有影响力的、基于研究的持续专业发展机会"[②]。尽管如此，分析教师参与不同类型的专业发展活动表明，传统类型的培训仍然占主导地位。教师对"信息传递"类型的专业发展活动的参与度最高，这些活动不一定涉及参与者之间的互动。

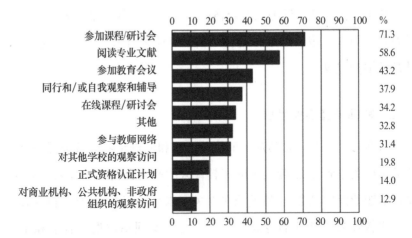

图 5-1 欧盟初中教师调查前 12 个月参加不同类型专业发展活动的比例（2018 年）

资料来源：欧律狄刻，基于 TALIS 2018 年调查。

① European Commission, European Education and Culture Executive Agency, A. Motiejūnaitė - Schulmeister, I. De Coster, O. Davydovskaia, et al., *Teachers in Europe： Careers, Development and Well-Being*, Publications Office of the European Union, 2021.

② Council of the European Union, "Council Conclusions on European Teachers and Trainers for the Future 2020/C 193/04", https://op. europa. eu/en/publication-detail/-/publication/ac4c748c-aa18-11ea-bb7a-01aa75ed71a1/language-en/format-PDF/source-295576541.

（一）教师持续专业发展政策和法规

国家政策和法规为教师参与专业发展建立了框架。各国以不同的方式规范教师的专业发展，分为两种类型，一种是将持续专业发展视为教师的一项专业职责，另一种是视为一项可选活动。一般而言，如果参与持续专业发展在顶层法规中有明确定义，则被视为教师的职业职责；如果顶层政策文件中没有规定教师必须参加持续专业发展，那么它被认为是可选的。此外，持续专业发展可以根据分配给每位教师参加各种持续专业发展活动的时间来定义，包括两种类型的时间分配：强制性和权利性。当每个教师都必须在一定的时间内完成一定最低数量的持续专业发展时，持续专业发展被认为是强制性的；当持续专业发展被定义为一项权利时，每位教师在教学时间之内或之外都有一定数量的持续专业发展时间，教师没有义务利用这些时间，但学校有义务提供机会。与此同时，教师参与持续专业发展可能是职业发展所必需的。在具有多级职业体系的国家，完成一定数量或特定主题的持续专业发展活动可能是职业晋升的强制性要求；在职业结构单一的国家，专业发展可能是薪资晋升的先决条件。

在几乎所有欧洲国家，持续专业发展都是教师的职业职责，只有部分国家（丹麦、爱尔兰、荷兰、挪威和土耳其）的教师可以选择参加持续专业发展，持续专业发展并非教师的法定义务。在大约三分之一的欧洲教育系统，参与持续专业发展是教师的法定职业职责之一，但法规和政策文件并没有规定作为持续专业发展权利的最低强制学时数或时间。超过一半的欧洲国家的最高法规规定了每位教师参加持续专业发展的强制或可用（作为一项权利）时间。在一些国家，持续专业发展被视为一种权利，在最高级别的法规或集体协议中规定了一定的时间，最常见的做法是每年给予约 5 个工作日的持续专业发展时间，但一些国家建议给予更多时间。例如在瑞典，根据集体协议，专职教师的专业发展应该以每年 104 个小时（大约 13 天）为目标，当向所有教师及员工提供持续专业发展时，校历允许学校最多关闭 5 天；在捷克，根据《教育工作人员法》第24条，参加继续教育的教师有权每学年享有12个工作日的自学时间，这可能会受到学校运营条件的限制，因为要由学校负责人决定教师参加专业发展的具体时间。①

在欧盟国家，被视为强制性或应享权利的持续专业发展天数或小时数通常包括在教师的正常工作量中，在学校一级组织的持续专业发展尤其如此。此外，各国支持和鼓励教师参加校外组织的其他类型的持续专业发展，大多数国家的最高法规（法律或集体协议）还会为教师提供带薪学习假，时间从少于一周到超过一个月不等。其中，短期带薪学习假（少于一周）最常见，主要用于教师参加会议或研讨会、参加考试或观摩访问其他学校；教师参加暑期学校、撰写论文、开展研究项目等可以享受中等长度的学习假（1—4周）；长期学习假（超过一个月）通常授予参加正式学位课程、参与研究和创新教育项目或公司培训计划的教师。许多国家允许教师休不同类型和时长的学习假，但对带薪学习假的总长度作出限制。

（二）学校层面的教师持续专业发展规划

为了平衡个人和组织学习需求以及国家层面的政策优先事项，学校在为教师规划持续专业发展方面发挥着重要作用。在大多数欧洲教育系统中，学校必须制订教师持续专业发展计划，通常它是学校发展计划的一部分且每年更新。学校的教师持续专业发展计划包含的要素有计划的活动、成果、时间框架或预算等。例如，《克罗地亚初等和中等学校教育法》规定，学校的年度工作计划应包括一项教师持续专业发展计划，该计划根据学校的需求和教师委员会每年确定的强制性持续专业发展领域制定。学校的持续专业发展计划应规定每位教师预计持续专业发展时数的类型和数量，此外要求教师至少每年提交一份专业发展报告。在匈牙利，学校的持续专业发展计划必须说明提供的正式大学课程和其他活动、

---

① European Commission, European Education and Culture Executive Agency, A. Motiejūnaitė-Schulmeister, I. De Coster, O. Davydovskaia, et al., *Teachers in Europe: Careers, Development and Well-Being*, Publications Office of the European Union, 2021.

分配的预算以及替换持续专业发展教师的计划。持续专业发展计划根据五年计划每年更新一次。所有学校工作人员都必须参与发展过程，并批准其参与持续专业发展计划。部分教育系统［如意大利、卢森堡、英国（威尔士和北爱尔兰）等］要求学校每2—3年更新一次持续专业发展计划。

在一些教育系统中，持续专业发展计划是强制性的，但其内容或规定由学校决定。例如在捷克，持续专业发展计划是学校的强制性文件，但没有规定具体要求。学校要求在其关于学校活动的年度报告中纳入有关持续专业发展的信息，而不是具体说明持续专业发展规划的相关规定。部分（三分之一）的欧洲教育系统不强制学校制订持续专业发展计划，其中一些国家对教师强制实施持续专业发展计划，而不是针对学校。在某些情况下持续专业发展规划由地方或区域一级制定。例如在挪威，地方一级的教师职业发展计划是强制性的，地方当局与其学校和当地大学以及师范学院合作，制订当地的持续专业发展计划；在法国，国家培训计划是在学院一级（教育部的主要行政区域）通过学院培训计划制订的，并通过学校提供给教师。

（三）教师持续专业发展协调机构

教师的持续专业发展可以采取不同的形式并由各种机构提供。为了确保教师的持续专业发展活动得到协调、保证其质量并为教师和学校提供支持，许多国家在教育部之外设立了一个协调教师持续专业发展的机构或部门。该机构的职能包括制定国家课程、管理国家考试和测试系统、质量保证、教师评估、认可外国资格、管理各种资助方案、教育研究等。教师持续专业发展协调机构的能力和责任因国家而异，其最常见的任务是提供有关持续专业发展的信息。协调机构通常公布现有（或经认可的）持续专业发展方案清单，或维护可搜索的数字信息平台。在一些国家，持续专业发展协调机构本身组织和实施持续专业发展活动，通常持续专业发展协调主体为学校和教师提供方法上的支持。持续专业发展协调机构的另一个常见职能涉及对不同持续专业发展提供者的管理。大多数持续专业发展协调机构控制整个持续专业发展提供者的质量，分析持续专业发展需求并协调持续专业发展提供。在某些情况下，这些机构负责持续专业发展方案及课程的正式认可或认证程序。持续专业发展协调机构有时还充当地区/地方持续专业发展提供者或其他网络组织的协调机构。

在没有持续专业发展最高协调机构或外部机构的国家，通常由最高教育当局（如教育部）进行协调，这些职能也可以分散到地区/地方实体或学校网络。如果没有全国持续专业发展协调机构，持续专业发展提供者自己分析需求，实施持续专业发展计划并向教师和学校提供信息。一些国家有几个持续专业发展协调机构或若干实体负责与持续专业发展有关的活动，这在分散的教育系统（如德国）中尤其常见。还有的国家（如意大利）的持续专业发展协调职能由外部机构和教育部分担。

第二节　欧盟教师教育质量政策与措施

欧盟认为，教师的知识、技能以及学校领导者的素质是实现高质量教育成果的最重要因素。社会、文化、经济和技术变革对教师职业提出了新的要求，加速扩大了发展以能力为中心的教学方法的需求，教师不仅需要开发新的学习环境和教学方法，而且需要高度的专业性。为此，不仅要确保担任教学和学校领导职务的人员具备高素质，而且要为各级教学人员提供高标准的初始教育和持续专业发展。教师教育方案是培养教师和学校领导履行其职责以及确保教师和学校领导持续专业发展的关键因素，应以扎实的学术研究和广泛的实践经验的均衡结合为基础，并将初始教师教育、早期职业支持（入职培训）和持续专业发展视为一个连贯的整体。

一　欧盟教师教育质量政策

里斯本欧洲理事会（2000 年 3 月 23—24 日）的结论强调投资于人对于欧洲在知识经济中的地位至关重要，呼吁成员国"采取措施消除教师流动的障碍并吸引高素质教师"。自里斯本战略实施以来，欧盟不仅将加强教师教育纳入教育与培训战略目标，而且出台了一系列提高教师教育质量的政策文件。

（一）欧盟提高教师教育质量政策的发展

欧盟在其教育与培训战略和行动计划中将加强初始教师教育和教师持续专业发展、促进教师的流动性作为重要目标之一。在教育与培训战略方面，《教育和培训 2010 年工作计划》的目标 1.1 "改进教师和培训者的教育与培训"强调吸引并留住合格和积极进取的人才进入教师行业的重要性，教师的技能需要满足不断变化的社会需求，应充分支持教师和培训者应对知识社会的挑战，包括从终身学习的角度提供初始培训和在职培训，确保所有科目和层级的教师有足够的入门水平，同时吸引其他领域有专业经验的人士加入教师和培训师队伍。《欧洲教育与培训合作2020 战略框架》在"实现终身学习，促进人员流动"战略目标下提出：逐步扩大学习者、教师和教师培训师的流动性，使在欧洲和更广泛的世界范围内的海外学习常态化和规范化；为了提高教育与培训的质量、确保高质量的教学，需要加强初始教师教育，为教师和培训师提供持续的专业发展机会，使教学成为有吸引力的职业选择。《欧洲教育和培训合作战略框架（2021—2030 年）》将"提高教育专业的能力和积极性"作为战略重点之一，提出将各级教师、培训师、教育和教学人员以及教育和培训领导者置于教育和培训的核心，为了支持教育和培训的创新、包容、质量和成就，教育工作者必须具有高度的能力和积极性，并在他们的职业生涯中提供一系列专业的学习机会和支持。在教育行动计划方面，2006 年 11 月 15 日建立的终身学习行动计划在子计划"夸美纽斯计划"下制定了提高师范教育质量和欧洲维度的具体目标。在建立欧洲教育区的过程中，欧盟将"教师和培训师"作为欧洲教育区建设的 6 个维度之一，在此维度下，欧盟委员会将推出一系列举措，以更好地支持教师、培训师和学校教育领导者的能力发展和职业道路，包括：在新的 Erasmus计划下启动 Erasmus＋教师学院，以创建教师教育机构和教师协会网络；

制定欧洲国家职业框架发展指南，支持学校教育专业人员的职业发展；作为未来流动性框架工作的一部分，与 Erasmus+教师学院保持一致，提高欧洲教师学习流动的数量和质量；设立欧洲创新教学奖，以表彰在教学创新领域作出杰出贡献的教师及其学校的工作。

进入 21 世纪以来，欧盟出台了一系列提高教师教育质量的政策文件。2007 年 11 月 15 日，欧盟理事会和成员国政府代表共同通过了《关于提高教师教育质量的结论》，承诺在其职责范围内努力提高成员国的教师教育质量，使教师职业成为有吸引力的职业选择，提出了 9 个方面的政策重点和措施。(1) 努力确保教师：拥有高等教育资格证书，在研究型学习和教学实践之间取得适当的平衡；拥有学科专业知识以及所需的教学技能；在职业生涯初期获得有效的早期职业支持；在整个职业生涯中都能获得充分的指导和支持，以审查他们的学习需求，并通过正式、非正式和非正规学习（包括交流和出国实习）获得新的知识、技能和能力。(2) 努力确保承担领导职能的教师除具备教学技能和经验外，能接受高质量的学校管理和领导力培训。(3) 确保教师初始教育、早期职业支持和进一步专业发展的协调、连贯、资源充足和质量保证。(4) 采取措施提高教师所需的资格水平和实践经验。(5) 鼓励学校与教师教育机构之间建立更密切的联系和伙伴关系，确保这些机构提供连贯、高质量和相关的教师教育计划，有效响应学校、教师和整个社会不断变化的需求。(6) 使教师在初始教师教育、早期职业支持和持续专业发展过程中促进能力的获得，包括：教授横向能力，如关于关键能力的建议书中概述的能力；在相互尊重和合作的基础上，创造安全和有吸引力的学校环境；在来自不同社会和文化背景、具有广泛能力和需求（包括特殊教育需求）的学生班级中进行有效教学；与同事、家长和更广泛的社区密切合作，等等。(7) 为教师教育机构和师范教育机构提供适当的支持，使其能够对师范教育的新需求做出创新反应。(8) 支持教师和教师教育工作者的流动计划。(9) 采取适当的措施使教师职业成为更具吸引力的职业选择。①

2008年9月23日欧洲议会通过的关于提高教师教育质量的决议指出，高质量的教师培训与学生取得高成功率之间存在明显的正相关关系。决议认为，结合旨在招募最优秀人才从事教师职业的政策提供更多更高质量的师范教育，应是所有教育部门的主要优先事项；为了在《里斯本战略》中提出的2010年教育和培训目标方面取得重大进展，即提高教育质量，要在整个欧盟加强终身学习，成员国必须更加重视教师培训并为其投入更多资源；在教师的整个职业生涯中促进持续和连贯的专业发展，加强跨国对话和经验交流；在招聘和留住最佳教师的同时，通过使教师职业具有足够的吸引力，确保学校教育各级教师队伍的构成体现社会和文化多样性。决议强调信息通信技术的发展给教师带来的挑战和机遇，鼓励在初始和继续培训中将信息通信技术教育列为优先事项，以确保教师掌握最新技术发展及其教育应用的最新知识以及在课堂上利用这些知识的必要技能。决议呼吁通过终身学习计划支持教师教育，强调教师流动有助于在教学中传播思想和最佳实践、促进外语技能的提高以及对其他文化的了解。决议强调每一位教师都应具备至少一门外语的资格证书。②

鉴于教师的知识、技能和态度以及学校领导的素质是实现高质量教育成果的最重要因素，欧盟理事会2009年11月26日通过的关于教师和学校领导专业发展的结论指出，教师教育方案是培养教师和学校领导履行其职责以及确保教师和学校领导持续专业发展的关键，需要确保高质

① Council of the European Union, Representatives of the Governments of the Member States, "Conclusions of the Council and of the Representatives of the Governments of the Member States, Meeting Within the Council of 15 November 2007, on Improving the Quality of Teacher Education", https: // op. europa. eu/en/publication-detail/-/publication/6027862c-6e90-4d92-a355-ff7322cd8044.

② Committee on Culture and Education (EP Committee), European Parliament, "Improving the Quality of Teacher Education European Parliament Resolution of 23 September 2008 on Improving the Quality of Teacher Education (2008/2068 (INI))", https: //op. europa. eu/en/publication-detail/-/publication/5b4b1660 - 8a6e - 4bb8 - 8c3c - ed5c7cd52105/language - en/format - PDF/source - 295577172.

量，与需求相关并以扎实的学术研究和广泛的实践经验的均衡结合为基础。根据终身学习的概念，教师教育和发展应该是一个连贯的统一体，涵盖初始教师教育、入职教育和持续专业发展，重点应加强以下方面：所有新获得资格的教师在其职业生涯的最初几年都得到充分和有效的支持和指导；鼓励教师不断反思其教学实践；对所有教师的工作表现进行定期反馈，帮助其确定职业发展需求并制订相应的专业发展计划；为教师提供充分的机会，以在其整个职业生涯中更新、发展和拓展他们的能力；教师专业发展方案具有相关性，根据需要量身定制，牢牢植根于实践并保证质量；鼓励并促进教师和学校领导充分利用国内、国际交流和流动计划及网络提供的机会；鼓励教师和学校领导参与高级专业培训和发展、从事教学研究并利用各种机会发展他们在其他专业领域的知识。①

在瞬息万变的世界中，教师的角色在发生变化，他们面临着新技能要求、技术快速发展、社会与文化多样性日益增加以及满足更加个性化的教学和特殊学习需求的挑战。欧盟理事会在 2014 年 5 月 20 日关于有效教师教育的结论中指出，教师教育是提高专业吸引力和教师质量的更广泛政策目标的一个组成部分，需要适当的选拔、招聘和留用政策、有效的初始教师教育、早期职业支持、职业生涯的专业学习和发展、教学反馈和教师激励措施。教师教育计划应该足够灵活，以应对教与学的变化。初始教师教育应为未来的教师提供高质量教学所需的核心能力，并激发他们在整个职业生涯中获得和更新能力的动力。教师教育计划应考虑帮助学习者获得横向能力的有效方法，如数字素养、学会学习、创业、创造性和批判性思维，以及加强语言能力。初始教师教育和教师持续专业发展应以健全的教学研究为基础，并采用基于实践社区、在线学习和同伴学习的成人学习方法。结论还指出，改进教师教育计划和招聘流程需要确定教师在其职业生涯不同阶段所需的专业能力，专业能力框架可通

---

① Council of the European Union, "Council Conclusions of 26 November 2009 on the Professional Development of Teachers and School Leaders", https: //op. europa. eu/en/publication-detail/-/publication/b5a1ab2b-e5e3-45e0-af4c-a8632ebe66b3/language-en/format-PDF/source-295490947.

过定义教师应具备或获得的知识、技能和态度来提高质量标准。欧盟鼓励各成员国促进教师发展综合专业能力框架，确定教师在职业生涯不同阶段或不同教学情境下所需的能力和素质。同时，鼓励建立教师教育工作者专业能力框架，加强合作和同行实践交流，发展新教师的校本辅导等领域。①

在社会、人口、文化、经济、科学、环境和技术不断变化的背景下，教育和培训领域正在发生变化，教师和培训师的职业也在发生变化，持续的创新和挑战不仅会影响教师和培训师所需的能力，还会影响其福祉以及教师职业的吸引力。欧盟理事会在 2020 年 5 月 25 日关于未来欧洲教师和培训师的结论中指出，教师和培训师有责任促进学习者获得关键能力和专业技能，不仅让他们为未来成功做好准备，而且培养他们的社会责任感和公民参与意识，传递人类价值观，以及支持他们的个人成长和幸福。结论强调要进一步发展和更新教师和培训师的能力，确保他们的专业知识，培养他们的个人和职业福祉、动机和价值感，使他们做好充分应对变化的准备，同时鼓励他们在其职业中积极主动、勇于创新。为此，有必要进一步制定国家政策，以有针对性和全面的方式支持教师和培训师的工作，同时考虑到教师和培训师自身的要求和培训需求，以及更广泛的学习群体的需求、教育研究的相关结果和国家教育与培训政策的总体目标。此外，提供多种培训模式，包括面对面、虚拟、混合和基于工作的学习。根据国情，制定相关的教师和培训师综合能力框架。欧盟建议各成员国在制定与教师和培训师的教育和培训相关的政策时，对教师和培训师的初始教育、入职培训和持续专业发展采取综合办法；促进并支持教师和培训师更多地参与持续专业发展，采取进一步措施消除参与和机会方面的障碍，对持续专业发展的价值进行适当评估和认可；鼓励教育和培训机构在协作、同行观察和同行学习、指导、辅导和联网

---

① Council of the European Union, "Council Conclusions of 20 May 2014 on Effective Teacher Education", https：//op. europa. eu/en/publication-detail/-/publication/ed7084c8-f389-11e3-831f-01aa75ed71a1/language-en/format-PDF/source-295576771.

的基础上，为教师和培训师提供有影响力的、以研究为基础的持续专业发展机会；激励教育和培训机构将教师和培训师的流动性（物理、虚拟或混合流动）纳入其学习、发展和国际化战略，包括利用欧洲工具，如eTwinning（电子结对）和 EPALE（欧洲成人学习电子平台），作为学习课程的组成部分。①

（二）欧洲教师能力和资格共同原则

教育和社会的变化对教师职业提出了新的要求。教师除了传授基本知识，还应帮助学生通过获得关键技能而不是记忆信息来成为自主学习者；教师需要开发更具协作性和建设性的学习方法，并成为辅导员和课堂管理者，而不是课堂培训者。此外，面对来自不同背景、能力和残疾程度不同的学生，教师要对学生个性化的学习需求做出反应；随着学校自主权的增加，教师可能还要承担额外的决策或管理任务。这些变化要求教师不仅要获得新的知识和技能，而且要不断发展这些知识和技能。调查结果显示，欧盟国家教师满足学校教学需求所需的技能短缺，特别是缺乏应对教育新发展方面的能力，包括个性化学习、促进学生自主学习、应对异质课堂、使学生为充分利用信息社会做好准备等。此外教师教育的不同要素之间缺乏连贯性和连续性，教师的初始师范教育与入职培训、在职培训和职业发展之间缺乏系统的协调，特别是为教师提供的在职培训十分有限。为了提高教师教育质量、促进教师能力发展，欧盟提出有必要制定教师专业能力框架。

作为对欧盟理事会将教师教育确定为一个关键问题的回应，欧盟委员会于 2002 年成立了一个工作组，该工作组汇集了参与 2010 年教育和培训工作计划的 31 个国家的代表，其工作目标是思考如何改进教师和培训师的教育。为了确保所有教师获得从事教师职业所需的知识和技能，2004 年欧洲理事会和欧盟委员会关于在教育和培训领域实现里斯本目标

_____

① Council of the European Union, "Council Conclusions on European Teachers and Trainers for the Future 2020/C 193/04", https: //op. europa. eu/en/publication – detail/ – /publication/ac4c748c – aa18–11ea–bb7a–01aa75ed71a1/language–en/format–PDF/source–295576541.

进展情况的联合报告呼吁为教师和培训师所需的能力和资格制定欧洲共同原则。在此背景下，工作组与成员国任命的专家合作起草了一套欧洲教师能力和资格的共同原则，并于 2005 年在一次由高级决策者、教师教育领域的专家和主要利益攸关方参加的欧洲会议上进行了测试。[①] 教师专业能力框架阐明了支撑良好教学的关键要素，即教师支持学生在校学习所需的知识、技能、态度和价值观。"欧洲教师能力和资格共同原则"根据欧洲各地教师和教师教育者的经验编写，得到了利益攸关方的认可，许多欧盟成员国将共同的欧洲原则应用于本国教师教育政策的制定和发展。

1. 欧洲教师能力和资格的共同原则

（1）教师职业的合格性：所有教师都应具有高等教育学历，初级职业教育领域的教师应具有较高的专业资格和适当的教学资格。每一名教师都应有继续深造的机会，以最大限度发展他们的教学能力、增加他们在专业领域的发展机会。应确保教师拥有广泛的学科知识、良好的教育学知识、指导和支持学生所需的技能和能力，以及对教育的社会和文化层面的理解。

（2）教师需要终身学习：应支持教师在其整个职业生涯中的持续专业发展。教师及其学校应充分认识到获取新知识的重要性，教师能够创新并使用证据来指导他们的工作。学校应重视终身学习，以便教师在整个职业生涯中不断发展和适应。应鼓励教师反思有效实践的证据，参与当前的创新和研究，以跟上不断发展的知识社会。应鼓励教师积极参与职业发展，包括在教育系统以外的机会，并对他们的学习成果予以承认和奖励。

---

① European Commission, "Commission Staff Working Document-Accompanying Document to the Communication from the Commission to the Council and the European Parliament-Improving the Quality of Teacher Education-Impact Assessment（SEC/2007/0931 final）", http：//eur-lex. europa. eu/legal-content/EN/TXT/? uri = celex% 3A52007SC0931. The Common European Principles（Annex II of this document）are based on the work of a European expert group of Member State representatives.

（3）教师职业的流动性：流动应该是初始和继续教师教育计划的核心组成部分。应鼓励教师参与欧洲项目，到其他欧洲国家工作或学习，以实现职业发展。教师的身份应在国外得到承认，他们的国外学习经历在本国应得到承认和重视。教师还应该有机会在不同层次的教育之间流动，并在教育部门内从事不同的职业。

（4）教师是基于伙伴关系的职业：教师教育的机构应与学校、当地社区、基于工作的培训机构和其他利益攸关方合作开展工作。高等教育机构需要确保他们的教学受益于当前实践的知识。教师教育伙伴关系强调实践技能以及学术和科学基础，应该为教师提供反思自己和他人实践的信心和能力。教师教育应该得到支持，成为学习和研究的对象。

2. 提高教师教育质量的政策建议

根据"欧洲教师能力和资格共同原则"，欧盟委员会提出可以采取以下政策步骤提高教师教育的质量。[1]

（1）促进终身学习

初始教育不能为教师提供终生教学所必需的知识和技能，每个教师的教育和职业发展都应被视为一项终身任务，国家应作为一个连贯的系统进行协调、提供足够的资金，建立一个无缝的教师教育和发展的连续供应体系，包括初始教师教育、入职教育以及包括正式、非正式和非正规学习机会在内的职业生涯持续专业发展。使教师在任职的前三年参加有效的入职培训；在其整个职业生涯中，可以获得经验丰富的教师或其他相关专业人员的结构化指导和辅导；在学校机构更广泛的发展计划背景下，参与他们的培训和发展需求的定期讨论。此外，在教师的职业生涯中，应鼓励和支持他们通过正式、非正式和非正规手段扩展和发展自己的能力，使他们相关的正式和非正式学习得到认可；使教师获得其他

---

[1] European Commission, "Communication from the Commission to the Council and the European Parliament-Improving the Quality of Teacher Education", https：//op. europa. eu/en/publication-detail/-/publication/1470f875-50bb-4331-a41d-9f1783d1b09c.

持续专业发展的机会，如交流和实习（无论是否通过终身学习计划资助）；使他们有机会和时间获得进一步的资格，参加高等教育水平的学习和研究。

（2）使教师获得必要的技能

在职业生涯的每一个阶段，教师都需要具备或能够获得全面的学科知识、态度和教学技能，以便帮助学生发挥他们的全部潜力。教师需要获得以下必要的技能：确定每个学习者的具体需求，并通过运用广泛的教学策略来应对这些需求；支持年轻人发展成为完全自主的终身学习者；帮助年轻人获得欧洲关键能力参考框架中列出的能力；在多元文化环境中工作（包括理解多样性的价值和尊重差异）；以及与同事、家长和更广泛的社区紧密合作。此外，教师有足够的机会获得、发展和运用领导技能也将是有利的。

（3）促进反思与研究

教师应能够掌控自己的学习道路，有责任发展关于教育和培训的新知识。在自主终身学习的背景下，教师应系统地反思他们的实践、开展基于课堂的研究、将课堂和学术研究成果融入教学、评估教学策略的有效性、并进行相应的改进，以及评估自身的培训需求。

（4）提高教师的资格水平

鉴于对教师要求的复杂性、他们需要掌握的知识和技能的范围以及他们需要在真实的课堂上获得足够的实践经验，应制定初始教师教育课程的高标准。多数成员国高中教师的初始教育课程至少持续5年，并获得大学水平的资格；部分成员国要求初中教师至少接受5年大学水平的初始教育。对教师资格的要求还可以进一步提高。

（5）加强高等教育中的师范教育

为确保高等教育有足够的能力提供所需数量和质量的师范教育、促进教学的专业化，高等教育的硕士和博士（以及学士）阶段应提供师范教育方案。应加强教师教育者、实习教师、工作世界和其他机构之间的联系。高等教育机构在与学校和其他利益攸关方发展有效的伙伴关系方面发挥着重要作用，以确保教师教育课程基于确凿的证据和良好的课堂实践。教师教育从业人员应具备课堂教学的实际经验，并在教师所需的技能、态度和能力方面达到很高的标准。

（6）体现多样性

教师职业充分反映其所处社会的多样性（如在文化、母语和能力方面），应采取措施确保教师队伍的构成充分反映社会的多样性，特别是消除文化和性别平衡的障碍。

（三）欧洲教师能力框架

根据联合国教科文组织的框架，能力（Competence）指"拥有足够的技能、能力、知识或培训，以允许在特定背景下的适当行为，无论是言语还是行动"。能力由认知（知识）、功能（知识的应用）、个人（行为）和道德（指导行为的原则）组成。因此，能力取决于一系列的知识、技能、态度和价值观。欧盟委员会和欧洲议会 2006 年 12 月通过的关于终身学习关键能力的建议影响了教师专业能力框架的设计，因为教师能力必须与学生相关能力一致。例如，在法国，2017 年 9 月的一项教师能力框架强调了与公民教育、掌握法语、使用 ICT 支持学习以及教师团队工作相关的能力的重要性。在更广泛的层面上，教师专业能力框架除了强调知识，还强调学生学习过程的知识、支持以学生为中心的学习的教学策略以及教师的人际交往能力，为教授基于能力的课程提供了有效的基础。

1. 教师的关键能力

教师除了需要具备所有公民都应该具备的关键能力，还需要具备特定的能力，以使他们能够在包含不同能力和不同背景的学生的环境中工作。基于"欧洲教师能力和资格共同原则"，欧盟提出了欧洲教师应具备的关键能力。

（1）与他人合作的能力：教师应基于社会包容和培养每个学习者潜

力的价值观；了解人类的成长和发展，在与他人交往时表现得自信；与作为个体的学习者一起工作，支持他们发展成为充分参与和积极的社会成员；以增加学习者集体智慧的方式工作，与同事合作以改进其学习和教学。

（2）使用知识、技术和信息的能力：教师应能使用各种类型的知识，能够获取、分析、验证、思考和传播知识，并在适当的情况下有效利用技术；教师的教学技能应使他们建构和管理学习环境，并对教育方式做出选择；教师应能自信地使用信息通信技术，能够有效地将信息通信技术融入学习和教学，能够通过网络指导和支持学习者；教师应对学科知识有很好的理解、坚持终身学习；教师应能从自己的经验中学习，并根据学习者的需求匹配广泛的教学和学习策略。

（3）与社会合作和在社会中工作的能力：教师应帮助学习者做好准备，以欧盟公民的身份承担全球责任；能够促进欧洲的流动性和合作，并鼓励跨文化的尊重和理解，尊重并意识到学习者文化的多样性和确定共同价值观之间的平衡；教师需要了解社会凝聚力和社会排斥的因素，并意识到知识社会的道德层面；教师应能有效地与当地社区以及教育领域的合作伙伴和利益相关者（家长、教师教育机构和代表团体）合作；教师的经验和专业知识应使他们为质量保证作出贡献。

教师在所有这些领域的能力发展应嵌入终身学习的连续过程，包括初始教师教育、入职培训和持续专业发展，因为不能指望他们在完成初始教师教育时具备所有必要能力。

2. 21 世纪教师的教学能力

教师职业面临快速变化的需求，需要教师具备新的教学能力，以帮助学习者掌握在快速发展的社会中所需的能力。教师的教学能力是知识、技能、理解、价值观和态度的复杂组合，21 世纪教学所需能力的范围和复杂性都大大增加。除少数国家外，大多数欧盟成员国政府没有规定教学人员应具备的能力。在此背景下，欧盟提出了教学人员所需能力的框架，包含了知识和理解、技能、态度 3 个维度（表 5-1）。

表 5-1   21 世纪有效教学所需的能力

知识和理解	学科相关知识
	教学内容知识，即关于学科内容和结构的深度知识：（1）任务、学习环境和目标的知识；（2）了解学生已掌握的知识和经常性的、特定学科的学习困难；（3）教学方法和课程材料的宏观知识
	教育学知识（教学和学习过程的知识）
	课程知识（学科课程的知识，如特定学科内容的有计划和有指导的学习）
	教育科学基础（跨文化、历史、哲学、心理学、社会学知识）
	教育政策的背景、制度和组织
	包容性和多样性问题
	在学习中有效使用技术
	发展心理学
	小组活动和动力、学习理论、学习动机
	评价和评估过程与方法
技能	规划、管理和协调教学
	使用教学材料和技术
	管理学生和小组
	监控、调整、评估教与学目标和过程
	为专业决策和教学改进收集、分析、解释证据和数据（学校学习成果、外部评估结果）
	使用、开发和创造研究成果，为实践提供信息
	与同事、家长和社会服务机构合作
	谈判技巧（与多个教育利益相关者、行动者及环境的社会和政治互动）
	用于个人和专业团体学习的反思、元认知和人际交往技能
	适应具有交叉影响的多层次动态特征的教育环境（从政府政策的宏观层面到学校环境的中观层面，以及教室和学生动态的微观层面）
态度	认识论意识（关于学科领域的特征和历史发展及其与其他学科领域相关的地位的问题）
	变革倾向、灵活性、持续学习和专业提高，包括学习和研究
	致力于促进所有学生的学习

续表

态度	促进学生作为欧洲公民的民主态度和实践的倾向（包括对多样性和多元文化的欣赏）	
	对自己的教学持批评态度（检查、讨论、质疑实践）	
	团队合作、协作和加入网络的倾向	
	自我效能感	

资料来源：European Commission，"Commission Staff Working Document Supporting the Teaching Professions for Better Learning Outcomes Accompanying the Document Communication from the Commission Rethinking Education：Investing in Skills for Better Socio – Economic Outcomes"，https：// op. europa. eu/en/publication-detail/-/publication/79b11bf0-872d-4c8b-ae2c-3c4a26dbb885.

　　"核心"教学能力是所有教师开展教学需要具备的能力，此外，特定领域或环境下的教师需要特定的能力来教授特定年龄组（如成人）或特定环境（如工作场所）的特定科目。欧盟委员会 2011 年"幼儿教育和保育的能力要求"和 2010 年"成人学习专业人员的关键能力"分别针对幼儿教育和保育以及成人学习的教学人员提出了开展有效教学所需的能力。除了有效教学所需的能力，教师的个人品质、态度和价值观是能否成为高效教师的关键因素（表 5-2）。价值观、能力和态度紧密联系，拥有一定的态度、信念或能力只是开始，将它付诸实践需要知识和在现实生活中实现它的技能。例如，欧洲特殊教育发展机构确定了 4 项核心价值观，作为所有教师工作的基础，使教育实现真正的包容性，这 4 项价值观是重视学习者的多样性、支持所有学习者、与他人合作以及个人专业发展。

表 5-2　　　　　　　　　　　　**高效教师的特征**

类别	特征	描述
专业性	承诺	承诺尽一切可能帮助每个学生，让所有学生都能成功
	信心	相信自己有能力变得高效并接受挑战
	可信赖	一致和公平、信守承诺
	尊重	相信所有人都很重要并值得尊重

续表

类别	特征	描述
思考/推理	分析思维	逻辑思考、分解事物、识别因果的能力
	概念思维	发现模式和联系的能力，即使存在大量细节
预期	推动改进	为学生和学校设定并实现挑战性目标的不懈努力
	信息搜寻	推动发现更多信息，深入事物的核心；好奇心
	倡议	推动立即行动以预测和预防事件
领导力	灵活性	能够并愿意适应形势的需要并改变策略
	有责任	设定明确的预期和量化目标并让他人对绩效负责的驱动力和能力
	学习热情	支持学生学习并帮助他们成为自信和独立的学习者的驱动力和能力

资料来源：European Commission，"Commission Staff Working Document Supporting the Teaching Professions for Better Learning Outcomes Accompanying the Document Communication from the Commission Rethinking Education：Investing in Skills for Better Socio - Economic Outcomes"，https：//op. europa. eu/en/publication-detail/-/publication/79b11bf0-872d-4c8b-ae2c-3c4a26dbb885.

2013 年，欧盟委员会"教师专业发展"专题工作组发布了关于发展教师能力以提高学习效果的最终报告，在这份报告中，教学被认为需要"知识、技能、理解、价值观和态度的复杂和动态的结合；它们的获得和发展是一项长期的事业，需要反思、有目的的实践和高质量的反馈"。因此，教师发展被认为是一个持续的过程，从初始教师教育开始，贯穿整个教师生涯。2014 年，欧盟理事会鼓励欧洲国家促进"教师综合职业能力框架"的发展。教师能力框架可用于各种目的，包括确定个人发展需求和提高全体教师的技能。发布能力框架的官方文件包括立法文件（法令、法律等）、法规（针对初始教师教育或持续专业发展）或国家计划，以及关注教师能力或教师标准的独立文本。除少数教育系统（比利时、保加利亚、希腊、克罗地亚、塞浦路斯、芬兰、冰岛等）外，绝大多数欧洲国家已经建立了由最高教育当局定义的教师能力框架。[1]

---

① European Education and Culture Executive Agency，Eurydice，A. Delhaxhe，P. Birch，S. Piedrafita Tremosa，et al.，*Teaching Careers in Europe：Access，Progression and Support*，Publications Office，2019.

二 欧盟提高教师教育质量的措施

欧盟重视通过促进教师流动性提高教师和教育工作者的技能、能力，欧盟理事会 2020 年 5 月关于未来欧洲教师和培训师的结论和 2022 年 4 月关于在初始和在职教育与培训期间加强教师和培训师的流动性的结论提出，要支持成员国之间教师和培训师的流动，促进教师和培训师的专业发展，包括利用欧洲工具，如 eTwinning、欧洲成人学习电子平台和 Eras-mus+教师学院等，通过相互协作、同行学习、指导、辅导等方式，在欧盟层面为教师和培训师提供有影响力的持续专业发展机会。

（一）促进教师跨国流动

教师跨国流动①对教师专业发展至关重要，研究表明，跨国流动为教师提供了与不同教育系统直接接触的独特机会，让教师反思自己的教学方式，以及与国外同行交流他们在国家课程、学生评估、教学工具使用、教学自主权和工作条件方面的经验。跨国流动还可以帮助教师消除对其他教学方法或策略的怀疑，为他们提供直接的机会来观察这些策略对学生的影响，这种经历反过来会激励他们获得新的技能并参与持续的职业发展。同时，教师对一个主要语言不是母语的国家进行工作访问有助于提高他们的语言技能，这对那些教授现代外语的人来说特别重要。此外，学生可以从教师跨国流动中受益，因为教师有动力改善他们的教学风格，并在学校的教学中传授更多欧洲或国际层面的知识，通过流动促进教师的开放度，这对于自身无法出国的学生尤为重要。

1. 欧盟促进教师流动的举措

出于职业发展目的促进教师的跨国流动一直是欧盟的长期优先事项。2009 年，欧盟理事会关于教师和学校领导专业发展的结论强调，需要逐步扩大跨国流动，特别是教师的流动，以期"使在国外的学习——无论是在欧洲还是在更广阔的世界——成为常规而不是例外"。2014—2020

---

① 此处的"流动"指出于职业目的的向居住国以外的国家的实际流动，包括在初始师范教育（ITE）期间以及作为一名实习教师。私人流动性，如非职业目的的出国度假旅行不包括在内。

年，Erasmus+计划的目标之一是进一步加大学校工作人员流动的强度和扩大规模，这对于提高欧盟的学校教育质量十分必要。尽管欧洲的教师跨国流动计划因新冠疫情一度中止，但 2020 年 5 月欧盟委员会关于"未来欧洲教师和培训师的结论"强调，学生和实习教师的跨国流动是教育和培训机构质量的关键因素。①

2022 年 4 月，欧盟理事会通过的关于在初始和在职教育与培训期间加强教师和培训师的流动性的结论指出，跨国流动有助于教师广泛能力的发展，然而欧洲只有少数教师出于职业目的出国。2018 年，欧盟约40.9%的教师作为学生、教师或两者至少出国一次，只有约五分之一（20.9%）的初中教师报告他们在学习期间出过国。欧洲国家之间的教师流动参与率有很大差异，教授的科目之间也有很大差异，因为流动性往往仍然是语言教师的特权。教师和培训师流动的主要障碍包括资金和认可问题。实践表明，教师和培训师的流动有助于：促进他们的个人和学术发展、培养他们的自信心；改善他们的专业实践和教学知识、技能和能力，提升适应性、就业能力和职业发展；改善教育实践；提高教师职业的吸引力。据此，欧盟提出，为了到 2025 年实现平等就业、向所有教师和培训师提供流动机会的目标，需要根据国家教育制度和政策，酌情消除现有障碍。在欧盟层面，将通过以下举措支持成员国之间教师和培训师的流动：（1）Erasmus+等欧洲资助计划；（2）未来的欧洲学校教育平台，包括 eTwinning 和学校教育门户、欧洲成人学习电子平台以及促进欧盟教育和培训机构伙伴关系倡议等；（3）Erasmus+教师学院，将根据2025 年后的进一步发展进行评估；（4）相关的欧洲大学倡议。②

① Council of the European Union, "Council Conclusions on European Teachers and Trainers for the Future 2020/C 193/04", https：//op. europa. eu/en/publication-detail/-/publication/ac4c748c-aa18-11ea-bb7a-01aa75ed71a1/language-en/format-PDF/source-295576541.

② Council of the European Union, "Council Conclusions on Enhancing Teachers' and Trainers' Mobility, in particular European Mobility, During their Initial and In-Service Education and Training 2022/C 167/02", https：//op. europa. eu/en/publication-detail/-/publication/25baec55-c10f-11ec-b6f4-01aa75ed71a1/language-en/format-PDF/source-295577544.

2. 欧盟教师跨国流动现状

欧盟委员会关于"未来欧洲教师和培训师的结论"强调，跨境流动是"一种强大的学习体验，也是培养参与者的社会、跨文化、多语言和人际交往能力的宝贵机会"，对师范生和实习教师都是如此。TALIS 2018调查结果显示，欧盟约 40.9% 的教师至少以学生、教师或两者身份出国一次；与 TALIS 2013 年调查数据对比，2018 年所有欧洲国家的教师流动性都有所增强，有出国经历的教师比例从 2013 年的约 28.0% 上升到 2018年的约 44.0%，提高了 16 个百分点。陪同访问学生、语言学习和作为教师教育一部分的学习是教师出国的 3 个最常见的原因，所占比例分别约为 51.5%、50.1%、48.0%。在欧盟一级，约 37.0% 的流动教师出国是为了与学校建立联系，部分国家（爱沙尼亚、拉脱维亚、匈牙利、罗马尼亚、斯洛文尼亚和芬兰）超过一半的流动教师将此作为出国的原因。相比之下，欧盟只有约 29.6% 的流动教师将"在国外教学"作为流动的原因。①

在欧盟，大约 70% 的现代外语教师都曾出国流动，与社会研究、阅读、科学和数学等科目的教师相比，他们的流动性最大。外语教师是所有国家中流动性最大的，冰岛除外。这是因为现代外语教师需要训练和练习他们所教的语言，因此与其他学科的教师相比，外语教师的跨国流动更是一种职业需要。外语教师出国学习的目的在某种程度上不同于其他学科的教师。外语教师出国专业旅行的最常见原因是"语言学习"（约76.3%），该比例是其他科目教师（约 38.1%）的近两倍；"作为师范教育的一部分进行学习"（约 66.8%）是外语教师流动的第二大原因，也大大高于其他科目的教师（约 39.4%）；"陪同访问学生"是外语教师出国旅行的第三大原因，而对于其他学科的教师来说，这是最常见的原因。在语言教师之后，第二大流动教师群体是社会研究教师，然后是阅读、写作和文学教师。这两个群体中约有 40% 的人出于职业目的出国。科学

① European Commission, European Education and Culture Executive Agency, A. Motiejūnaitė-Schulmeister, I. De Coster, O. Davydovskaia, et al., *Teachers in Europe*: *Careers*, *Development and Well-Being*, Publications Office of the European Union, 2021.

和数学教师是欧盟中跨国流动性最小的群体，分别只约有 32.9% 和 29.6% 的教师曾因职业目的出国。虽然流动性对语言教师专业发展的作用更加明显，但其他科目的教师也可以从跨国流动中受益。例如，除了语言技能，跨国流动可以提高教师对变化的开放程度以及跨文化和教学能力。

　　教师跨国流动可以在学习期间、在职阶段或两者兼而有之。作为初始教师教育的一部分，国际流动对于"拓宽优质教学方法的多样性以满足学生需求"非常重要，这一点在关于 2025 年实现欧洲教育区的通信中得到强调。2018 年，欧盟约五分之一（20.9%）的教师在学习期间出国，不同国家的实习教师流动性差异很大。例如在塞浦路斯，大约一半的教师在学习期间出国；在丹麦和荷兰，略多于三分之一的教师在学生时代拥有国际流动经历；而在拉脱维亚、葡萄牙、罗马尼亚和土耳其，只有大约 10% 或更少的教师在学习期间出国。2013—2018 年，欧盟初始教师教育学生的流动性比例增加了 13 个百分点，增长幅度从塞浦路斯的 27.6 个百分点到拉脱维亚、葡萄牙和罗马尼亚的 5 个百分点不等。大约三分之一（32.9%）的在职教师出于职业目的出国，不同国家之间存在一些差异。冰岛是全欧洲教师流动性最大的国家，约 79.2% 的教师在职业生涯中出国；爱沙尼亚、塞浦路斯、拉脱维亚、荷兰、斯洛文尼亚和芬兰大约一半的教师在任职期间有过一次出国经历；教师职业生涯中跨国流动率最低的是比利时（法语和弗拉芒语社区）、保加利亚、克罗地亚、意大利、马耳他、斯洛伐克和土耳其等，低于欧盟水平。从 2013—2018 年，在职教师的流动性比例增加了 11.2 个百分点，荷兰的增长率最高（约 21.1%），意大利（约 5.1%）和瑞典（约 4.7%）的增长率最低。此外，欧盟国家 12.9% 的教师在学习期间和作为实习教师时都有跨国流动经历。①

---

　　① European Commission, European Education and Culture Executive Agency, A. Motiejūnaitė-Schulmeister, I. De Coster, O. Davydovskaia, et al., *Teachers in Europe：Careers, Development and Well-Being*, Publications Office of the European Union, 2021.

3. 支持教师跨国流动的计划

教师跨国流动不仅得到欧盟层面的推动和赞助，也得到国家一级资助计划的支持，其目的是促进教师的跨国流动以实现教师的职业发展。少数欧洲国家，主要是西欧和北欧国家建立了教师跨国流动的资助计划（表5-3），资助计划可能适用于所有学科的教师，也可能专门针对外语教师，一些没有中央计划的国家也有区域流动计划。一些国家（比利时、捷克、爱尔兰、法国、克罗地亚、奥地利、芬兰、瑞典等）签订了支持教师跨国流动的双边协议，跨国流动计划有不同的目的和目标，如提高语言技能、发展或增强教学技能或促进文化意识。流动计划可以在持续专业发展活动、语言援助或交流计划的背景下进行，包括考察访问、培训课程、工作实习、参加会议或授课。国家计划支持的流动期长短各不相同，在一些教育系统中，教师出国短期学习，通常是一周或两周。例如，在比利时（法语和弗拉芒语社区），德语教师可以在德国参加为期一周的培训课程；在比利时（弗拉芒语社区），法语教师可以在法国参加为期两周的培训课程；在比利时（法语社区），荷兰语教师可以在荷兰参加为期4天的培训课程。在西班牙，专业访问（Estancias Profesionales）计划支持小学和中学教师在国外进行为期两周的学校观察，无论他们教授什么科目。一些国家还开展支持教师长期出国的流动计划。例如，在法国，教师可以参加不同的交换计划，让他们与另一个国家的教师交换一整学年的职位，其中包括与7个欧洲国家的合作计划、与北美的交流和世界范围的交流；奥地利的教师可以在国外学习一年，参加语言援助计划。

在欧盟层面，教育领域通过夸美纽斯计划以及伊拉斯谟+计划的关键行动1（Key Action 1）支持教师流动，主要目的是以结构化课程、工作见习或教学的形式为教师在国外提供职业发展机会，从而提高教师的能力。相比国家资助计划，欧盟支持教师流动计划是教师使用的主要资助方案。通过欧盟计划出国从事专业工作的流动教师比例约为22.5%，相比之下，使用国家或地区计划的教师比例约为15.0%。在一些国家（如比利时、丹麦、马耳他、芬兰和瑞典），这一趋势甚至更加明显，由欧盟资助出国的教师人数至少是由国家或地区资助出国的教师人数的两倍或更多。相比之下，在克罗地亚、塞浦路斯和匈牙利，两种资金来源的影响大致相同。总体上，欧盟资助计划是促进欧洲教师跨国流动的最重要的财政支持手段之一。

表 5-3　　　　　　欧洲教育系统促进初中教师跨国流动的
国家资助计划（2019 年/2020 年）

教育系统	名称	目标群体	目的地国家	流动期限
比利时（法语社区）	荷兰教师研讨会	荷兰语教师	荷兰	4 天
	德国教师研讨会	德语教师	德国	1 周
比利时（弗拉芒语社区）	Francoform	法语教师	法国	2 周
	德国弗兰德教师研讨会	德语教师	德国	1 周
捷克	根据捷克—巴伐利亚/捷克—萨克森工作计划为德语教师举办的国际教学讲习班	德语教师	德国—巴伐利亚/萨克森	1—2 周
	法语教师的教学实习	法语教师	比利时—瓦隆	3 周
德国	比利时法语教师的持续专业发展课程	法语教师	比利时	1 周
	西班牙教师的影子工作	所有讲西班牙语的教师	西班牙	2—3 周
	学校：未来的伙伴	来自国外的德语教师	德国	3 周
丹麦、爱沙尼亚、拉脱维亚、芬兰、瑞典、冰岛、挪威	Nordplus 初中子计划	所有教师	北欧和波罗的海国家	从 5 个工作日到 1 年
爱尔兰	法国/爱尔兰专业教师访问	法语教师	法国	1—2 周
	德国教师交流计划	德语教师	德国	1 学期

续表

教育系统	名称	目标群体	目的地国家	流动期限
西班牙	专业访问	所有教师	14 个欧洲国家①	2 周
法国	CIEP 专业访问	外语教师	7 个欧洲国家②	1—2 周
	儒勒·凡尔纳（Jules Verne）计划	所有教师	没有预定的国家	1—3 年
	语言、教育学和文化的完善阶段	所有教师	9 个欧洲国家	2 周
	Codofil	所有教师	美国	1 年
克罗地亚	双边合作	法语、德语和历史教师	法国、德国、以色列	
奥地利	语言援助计划	所有教师	12 个国家	6—8 个月
	奥地利教师赴法国和西班牙访问计划	法语和西班牙语教师	法国、西班牙	1—2 周
	奥地利教师在国外奥地利学校的访问计划	所有教师		1—2 周
	双语学校奥地利教师访问计划	德语教师		1—2 周
芬兰	Pohjola-Norden 赠款用于北欧国家的教师交流和课程	所有教师	北欧国家	1—2 周
瑞典	阿特拉斯（Atlas）会议	所有教师	所有国家	
英国	连接教室	所有教师	海外超过 30 个参与国家	大约 1 周
	富布赖特国际教师教学项目杰出奖	所有教师	美国	1 学期
挪威	TROLL 奖学金	法语教师	法国	2—21 天

资料来源：European Commission, European Education and Culture Executive Agency, A. Motiejūnaiť -Schulmeister, I. De Coster, O. Davydovskaia, et al., *Teachers in Europe：Careers, Development and Well-Being*, Publications Office of the European Union, 2021.

① 比利时、丹麦、德国、爱尔兰、法国、意大利、荷兰、奥地利、葡萄牙、芬兰、瑞典、英国、瑞士和挪威。

② 德国、爱尔兰、西班牙、意大利、奥地利、葡萄牙和英国。

（二）推行电子结对

2005 年 1 月，欧盟为贯彻信息化行动计划，在中小学校推行电子结对，以提高教师和学生在不同文化间的交流能力、增强掌握信息通信技术的技能、促进教育方法革新、创造有吸引力的学习环境、增强语言学习和文化对话能力。此外，通过交流实践经验，建立跨国的、多学科的合作项目，提高教师和指导人员在教学与合作项目中应用信息技术的技能。eTwinning 是欧盟委员会在 Erasmus+计划下资助的学校行动，是终身学习计划下夸美纽斯计划的一部分，它为欧洲国家的学校教师、班主任、图书管理员等提供了一个交流、合作、开发项目、分享的平台，利用信息通信技术为学校提供支持、工具和服务，促进欧洲的学校合作。eTwinning 还为教育工作者提供免费和持续在线专业发展的机会。自 2005 年启动以来，eTwinning 吸引了成千上万的学校教师和员工，目前拥有超过 94.6 万名注册用户，开展的项目超过 9.3 万个。① eTwinning 已从一个基层倡议发展成为一个活跃的学校社区，涉及 40 多个国家 23.3 万多所学校的 105.3 万多名学校工作人员。eTwinning 由欧洲学校网（European Schoolnet）运行的中央支持服务系统（CSS）协调，并在国家一级得到 37 个国家支持服务中心的支持。

1. eTwinning 促进教师专业发展

eTwinning 合作模式包括学校结对、教师结对、教师小组结对、图书馆员结对、指导顾问结对等。教师结对既可以是不同国家的同一学科教师进行课程合作，也可以是不同国家不同学科教师在同一主题上进行交叉课程合作，或两个教师设立的同一合作活动等。eTwinning 的核心是至少由两所学校开展的合作项目，项目可以选取任何主题、采取不同的形式，具有很大灵活性和弹性，但应在信息通信技术的使用与课堂活动之间取得良好的平衡，并且适合参与项目学校的国家课程。eTwinning 提供

---

① A. Licht, I. Pateraki, S. Scimeca, *eTwinning Schools: Towards a Shared Leadership Approach—Quantitative and Qualitative Analysis of the eTwinning School Practices*, Brussels: Central Support Service of eTwinning–European Schoolnet, 2020.

了一个安全的数字平台，教师可以在此参与各种活动，从设计和实施欧洲协作项目到建立网络，从参加虚拟小组到专业发展和同伴学习。eTwinning 平台提供 30 多种语言版本，为教师提供一系列资源和学习机会。这些资源的主题包括参与 eTwinning 的好处、21 世纪的技能、ICT 在教育中的使用以及用于启发和指导的项目工具包。教师与来自参与 Erasmus+计划的国家的同事一起组织和开展现场和在线活动，在 TwinSpace（私人的协作空间）环境的支持下参与合作项目。示范项目将被授予国家和欧洲质量标签，eTwinning 奖金获得者得到最高认可。

eTwinning 社区由成千上万的教师和教育工作者组成，他们分享包容性学校的愿景，以有意义的方式使用信息和通信技术，充分利用 21 世纪的技能。在欧洲学校教育平台上，eTwinning 区域提供项目工具包、实践示例、证明书和在线环境，电子结对者（eTwinners）可以根据自己的兴趣创建项目、分享和一起学习，在网上、学校、eTwinning 活动和会议上以及任何场景进行交流并建立联系，以更好地改进教学。eTwinning 社区成员可以从网络研讨会、短期和长期在线课程（包括 MOOCs）、自学材料、会议和其他现场专业发展机会中受益，在这些机会中，社区成员可以接触到许多领域的专家并提高他们的技能。eTwinning 为社区的所有成员提供一系列在线专业发展机会，从有经验的电子结对者到新成员，每个人都有机会在 eTwinning 获得专业发展。例如，参加为期 10—15 天的学习活动，活动涉及多个主题，教师在专家的带领下，积极参与和讨论。eTwinning 平台为注册用户提供公共区域和私人区域，一旦注册账户，电子结对者就可以进入 eTwinning Live（教师个人与社区的界面），在这里可以参加或创建活动、开发项目、加入或创建小组、就各种主题交流信息和最佳做法、参加合作伙伴论坛、参加有助于提高专业发展的学习活动。如果参与具体项目，将可以访问 TwinSpace，这是一个安全的在线工具，合作伙伴可以在这里一起工作，成功完成他们的项目。

自 2005 年启动以来，eTwinning 在教师专业发展中发挥了核心作用，当时的重点主要是学校伙伴关系。多年来，在线和面对面专业发展机会的类型和频率都有了极大的增加，各种各样的选择也更多，从 6 周的课程到 2 周的学习活动、短期研讨会和专业发展研讨会。2014 年，电子结对者还可以参加一种新形式的专业发展活动，即学校教育门户的教师学院提供的慕课（MOOCs），它是 eTwinning 门户的一个补充平台。对 eTwinning 参与者的调查表明，eTwinning 不仅在教学和学习领域有积极影响，而且在更深远的层面上也有积极的影响，如教师专业发展认同感、提升对自己能力的信心、在国家和欧洲层面培养公民意识，以及提高理解并处理多元文化和社会变革的复杂性的能力。《2019 年 eTwinning 监测报告》显示，关于对教学实践的影响，约 90% 的 eTwinning 参与者认为 eTwinning 提高了基于项目的教学技能和跨课程技能，约 87% 的参与者认为教学技术和技能有所提高，约 86% 的参与者认为提高了跨课程评估技能，约 85% 的参与者认为提高了与其他学科的教师合作的技能，约 84% 的参与者认为在给定情境下选择正确的教学策略的能力得到了提升。eTwinning 还促进了教师将技术应用于教育目的，eTwinning 参与者中，约 80% 的教师使用 ICT/多媒体/互联网备课，约 80% 的教师在课堂上使用 ICT/多媒体/互联网，约 76% 的教师参加在线培训课程，约 73% 的教师在课堂上准备和使用数字演示，约 72% 的教师为学生创建自己的数字学习材料。① 可见，参与 eTwinning 提高了教师的教学实践和数字技能。

2. eTwinning 融入初始教师教育

eTwinning 是欧洲的学校社区，它吸引了从幼儿教育和保育到小学和中学以及其他学校包括初始职业教育与培训的教师和工作人员。在 eTwinning 项目中，教师与学生以及来自其他国家参与 Erasmus+计划的同事一起，设计和实施在线或混合学习活动。2012 年，在"未来教师的 eTwinning"（eTwinning for Future Teachers）试点项目下，eTwinning 启动了欧洲项目，该项目汇集了来自部分欧洲国家的初始教师教育机构及其国家支

① A. Gilleran, *eTwinning in an Era of Change-Impact on Teachers' Practice, Skills, and Professional Development Opportunities, as Reported by eTwinners-Full Report*, Brussels: Central Support Service of eTwinning-European Schoolnet, 2019.

持组织，将 eTwinning 融入初始教师教育。此后，"未来教师的 eTwinning"正式成为一项主流活动。《2023 年 eTwinning 监测报告》显示，eTwinning 以多种形式被纳入各国初始教师教育课程，如本科、研究生和硕士学位课程，同时允许根据教师教育机构和教师教育者的需求和背景因素进行调整，即 eTwinning 允许一定的灵活性和定制化，教师教育机构和教师教育者可以调整其方法，以适应各自的需求和背景。在法国，eTwinning 被纳入国际多语言和跨文化硕士学位课程，这是一门侧重于国际多种语言和跨文化的选修课，实习教师与其他实习教师一起创建 eTwinning 项目。在德国，eTwinning 被纳入一门名为"eTwinning 和 Erasmus+促进跨文化的基于项目的学习"的专门混合学习课程，实习教师与来自不同国家的其他实习教师一起设计和实施 eTwinning 项目。在意大利，eTwinning 被融入课程的各个方面，如英语实验室、ICT 课程和培训课程。在教师教育的最后两年里，实习教师被要求在 TwinSpace 和学校完成相应的任务。在西班牙，eTwinning 已被纳入本科和研究生课程，并且是实习教师的必修课，eTwinning 已经作为一门独立的课程和其他课程（如教育学和教学法）的一部分融入教学，并被正式列入大学课程。①

eTwinning 为教师教育者和实习教师带来了与普通 eTwinning 参与者相同的积极体验：国际化、能力发展、教学方法的新知识、同伴支持和社区参与。更具体地说，在初始教师教育中，eTwinning 为教师教育者和实习教师带来了以下方面的影响和作用：提高教师教育机构的国际化、包容性和开放性；提供机会培养教师教育者和未来教师的关键能力；通过超越传统大学教学的创新方法影响教师教育者的教学实践；为实习教师实践在初始教育期间所学的内容提供教学空间；通过提供替代性、创新性和有吸引力的教学方法，提高实习教师的积极性，从而提高教师职业的吸引力；通过与其他国家的同龄人互动，提高实习教师的跨文化和数

---

① Nikolaos Mouratoglou, Irene Pateraki and Santi Scimeca, *The Impact of eTwinning on Initial Teacher Education: Placing Teacher Educators and Student Teachers in the Spotlight-Full Monitoring Report*, Luxembourg: Publications Office of the European Union, 2023.

字能力；提高实习教师的教学能力，主要是跨学科教学和基于能力的方法；向无法出国学习的实习教师提供国际合作的机会和跨国学习体验；促进实习教师在其初始师范教育期间建立一种持续专业发展的文化；鼓励实习教师和教师教育者进一步获得 Erasmus+计划提供的欧洲机会，以加强教师教育的"欧洲维度"。①

总体而言，"未来教师的 eTwinning"倡议被视为一种创新的学习体验，显示了提高初始教师教育有效性的巨大潜力。对于教师教育者而言，eTwinning 通过使用各种数字工具提高了他们的沟通技能和信息通信技术能力，这反过来又推动了教学实践的改进。因此 eTwinning 有助于教师教育者学习新工具、了解新的教学方法和理念，以及与欧洲各地的教师教育者开展国际合作。eTwinning 还为教师教育者提供了一个试验创新方法的机会，促进了创新方法的实施和不同领域能力的提升。eTwinning 允许实习教师与在职教师一起工作，这种经历使他们在实践中可以应用学习期间学到的知识，提高了他们的自信，以及在与欧洲同行的在线合作中提高他们的跨文化、数字和教学能力。此外，eTwinning 已被证明是提高大学教育的实用性和弥合理论与实践之间差距的一个有价值的工具，它提供了一种替代性的、更具创新性的大学教学方式，这对于多年来一直使用相同教学方法的教师教育者来说非常有益。基于"未来教师的 eTwinning"倡议，eTwinning 从教师专业发展的平台逐渐融入初始教师教育，对初始教师教育的数字化范式转型、教师教育机构的国际化以及教师教育者、实习教师的跨国合作和能力发展均产生了积极影响。

（三）建立 Erasmus+教师学院

欧盟理事会 2019 年关于进一步发展欧洲教育区的决议邀请欧盟委员会"开发新的手段来培训和支持有能力、有积极性和高素质的教师、培训师、教育工作者和学校领导，并促进他们的持续专业发展和高质量的、

---

① Nikolaos Mouratoglou, Irene Pateraki and Santi Scimeca, *The Impact of eTwinning on Initial Teacher Education: Placing Teacher Educators and Student Teachers in the Spotlight-Full Monitoring Report*, Luxembourg: Publications Office of the European Union, 2023.

以研究为基础的教师教育"。欧盟委员会 2020 年 5 月关于未来欧洲教师和培训师的结论重申了教师作为欧洲教育区基石的作用，呼吁进一步支持教师的职业和能力发展及其职业生涯所有阶段的福祉。结论强调了教师流动的作用以及将流动作为教师初始和继续教育一部分的必要性。2020 年 9 月欧盟委员会关于在 2025 年前实现欧洲教育区的通信承认教师和培训师的关键作用，提出了拥有高度胜任和积极的教育工作者的愿景，这些教育工作者可以从其各种职业生涯中的一系列支持和专业发展机会中受益，它提出了一系列行动来应对教师职业面临的挑战，包括启动 Erasmus+教师学院（Erasmus+ Teacher Academies）的计划。

欧盟委员会的数字教育行动计划（2021—2027 年）强调，需要确保所有教师和培训师有信心和能力有效和创造性地使用技术来吸引和激励学习者，确保所有学习者在一个越来越数字化的世界中发展其学习、生活和工作的数字能力。欧盟理事会关于面向欧洲教育区及之外的欧洲教育与培训合作战略框架（2021—2030 年）的决议提到了 Erasmus+教师学院在促进联网、知识共享、流动性以及在教师和培训师职业生涯的所有阶段为其提供学习机会方面的潜力。TALIS 调查结果显示，欧盟国家中仅有平均不到 20%的初中教师认为他们的职业受到社会的重视；2019 年教育和培训监测表明，一些欧洲国家面临严重的教师短缺，无论是全面短缺还是在科学等特定学科情况下，如针对有特殊需要学生的教师短缺。此外，尽管提供了广泛的持续专业发展，欧洲教师仍然自我报告缺乏专业发展机会；尽管流动有诸多好处，但它仍未有效融入教师教育，仍然需要完善政策来消除许多实际障碍。Erasmus+教师学院将解决这些问题，以加强教师教育在欧洲层面的合作、推动教师教育的创新和实践。

1. Erasmus+教师学院的目标

Erasmus+教师学院是欧洲教育区和 Erasmus+计划（2021—2027 年）的旗舰倡议之一，它们将在教师职业生涯的各个阶段为教师提供支持并加强教师教育和持续职业发展（CPD）机构之间的合作和联系。Erasmus+教师学院旨在通过初始和继续教师教育促进更深入的合作，支持教师和培训师的职业发展。建立 Erasmus+教师学院的总体目标是构建教师教育与培训提供者的欧洲伙伴关系，发展教师教育的欧洲维度和国际视野。Erasmus+教师学院将体现语言和文化多样性，根据欧盟教育政策的优先事项发展教师教育，为实现欧洲教育区的目标作出贡献。具体目标是：(1) 通过创建教师教育实践网络和社区，将初始教师教育（未来教师的职前教育）提供者和继续专业发展（在职）提供者、教师协会、相关部委和利益攸关方等聚集在一起，制定和试验有效、可获得和可转移的专业学习战略和方案，从而促进欧洲教师教育政策和实践的改进。(2) 通过与其他欧洲国家的教师教育者和教师进行创新和务实的合作，以及分享欧洲教师教育进一步发展的经验，加强教师教育的欧洲维度和国际化。这种合作将解决欧盟有关教师教育的主要优先事项，如数字世界中的学习、可持续性、公平和包容性，并为教师提供有关这些主题的课程、模块和其他学习机会。(3) 在初始教师教育中联合开发并测试不同的流动模式（虚拟模式、物理模式和混合模式），作为教师持续专业发展的一部分，以提高流动的质量和数量，使流动成为欧洲教师教育的组成部分。(4) 加强教师教育机构之间的可持续合作，以期为欧洲和国家层面的教师教育政策提供信息。①

2. Erasmus+教师学院的项目内容

Erasmus+教师学院汇集提供初始和继续教师教育的机构，它们共同努力，提高初始教师教育的质量，并为教师在职业生涯的最初几年提供支持。它们还将反思在整个职业生涯中保持教师专业能力更新的行动，包括参加专业网络和社区以及出国学习的机会。负责教师教育的公共和私人机构或教师协会也可以加入。

Erasmus+教师学院将合作开展为期 3 年的项目，内容包括：(1) 在共同问题上发展创新做法，如有效利用数字工具和在线学习、可持续环境教育、性别敏感教学、多语言教室教学和创建包容性学校；(2) 创造

① European Commission, *Erasmus+ Teacher Academies*, Luxembourg: Publications Office of the European Union, 2022.

学习机会，如为教师职业生涯的各个阶段开设联合课程或模块；（3）促进学习流动机会，以便在教师和教师教育者之间建立可持续的跨国合作，使流动成为教师初始和持续学习的组成部分。随着 Erasmus＋教师学院的发展，它们将有助于欧洲和国家层面的教师教育政策，促进欧洲教师教育机构之间建立长期伙伴关系和合作。通过 Erasmus＋教师学院，大学、教师教育学院等机构将通过组织和参与跨境学习交流和活动，如联合暑期课程、学生和教师的交流访问以及其他跨校园合作，进一步拓展教师教育的欧洲维度。课程参与者（实习教师、教师和学校领导）将从专业学习机会中受益，学习的质量有保证且得到认可，并根据教师的需求量身定制。参与者能够加入专业网络和社区，以丰富他们的职业生涯并提高技能。

3. Erasmus＋教师学院开展的活动

Erasmus＋教师学院开展的活动包括：与教师教育机构、教师协会、参与教师教育的公共组织和其他相关方合作并建立网络和实践社区，为教师和学校的初始及持续专业发展制定创新战略和方案；围绕教师教育和教师共同关心的具有挑战性和新的教学能力，开发并提供联合、创新和有效的学习模块，满足实习教师和在职教师的不同需求；开发具有欧洲特色的联合学习课程，包括各种形式的流动性活动，如建立暑期学校、学生和教师参观考察以及其他形式的跨校园协作（含物理和虚拟协作）；确定消除流动障碍的有效方法，包括实际安排和对学习的认可，以提高流动的数量和质量，并将其作为教师初始和持续学习的组成部分；让学校特别是培训学校参与实验和分享创新的教学方法（包括远程和混合教学方法），等等。

Erasmus＋教师学院通过创建国家和欧洲层面教师教育和培训机构的欧洲伙伴关系，增强教师教育的欧洲维度和国际化。在国家教师教育系统内现有的创新和有效做法的基础上，开展创新的欧洲合作并大力发展教师教育政策和做法。同时通过消除流动的实际障碍和制定成功的流动战略和计划，为流动成为欧洲教师教育的组成部分铺平道路。Erasmus+教师学院有助于提高教师职业的吸引力，并确保教师、教育工作者和学校领导获得高质量的初始教育和持续的职业发展。

2022 年 2 月，欧盟公布了首批 Erasmus+教师学院计划的 11 个入选项目。首批候选项目由来自 23 个国家的 182 个组织联合组成申请单位，包括职前教师教育机构、教师继续教育机构、教学实践培训机构以及与教师教学或研究、资格认证及质量保障相关的机构。这些教师学院以多语言和多元化为基础，通过发展教师教育与各类培训机构之间的合作关系，提高教师教育的质量，强化教师教育的欧洲维度。2023 年 3 月，欧盟委员会推出了 16 所新的 Erasmus+教师学院，包括：创新的数字 GEO 学院、基于自然的解决方案学院、欧洲创新性和包容性学习教师学院、音乐教师教育学院等。这些学院将为处于职业生涯各个阶段的教师提供学习机会，包括跨国流动、学习平台和专业社区等。16 个新学院与 2022 年第一次入选的 11 个项目一起，将根据欧盟教育政策的优先事项发展教师教育，从多语言使用、语言意识和文化多样性等方面支持教师发展，提前两年实现了到 2025 年创建 25 所 Erasmus+教师学院的目标。①

第三节　欧盟教师教育质量保证方法

在里斯本进程中，提高教育与培训系统的质量和有效性是到 2010 年要实现的 3 个主要目标之一。在此背景下，欧盟委员会成立了一个"改善教师和培训师教育"专家组。2004 年春，该专家组的一个小组与指标和基准常设小组合作，讨论了"制定适当的指标来衡量教师教育的改善，特别是他们的持续专业发展"问题。该小组将发展教师初始和在职教育

---

① European Commission, "16 New Erasmus+ Teacher Academies to Promote Excellence in Teacher Education in Europe", https://education.ec.europa.eu/news/16-new-erasmus-teacher-academies-to-promote-excellence-in-teacher-education-in-europe.

的评估和认证系统确定为改善教师教育的优先事项之一。在实施方法上，欧盟对教师教育质量保证的关注与高等教育领域博洛尼亚进程的后续行动这一更广泛的背景密切有关。欧洲高等教育质量保证协会 2005 年 5 月在卑尔根举行的高等教育部部长级会议上通过了欧洲高等教育质量保证的标准和准则，ENQA 指出："院校应该制定政策和相关程序，以保证其课程和资格授予的质量和标准；它们还应该明确地致力于发展一种文化，这种文化承认质量和质量保证在其工作中的重要性。"为了衡量教师教育的改进程度，制定质量控制措施是重要的一步。教师教育质量保证包括初始教师教育和继续（在职）教师教育两个领域，通常涉及教师教育机构或计划的评估和认证。

一 初始教师教育的质量保证

在欧盟范围内，几乎所有国家都有评估初始教师教育的规范体系，然而各国对初始教师教育评估程序的监管程度以及评估适用的法规有所不同。大多数国家的教师教育评估适用于高等教育评估的一般规定，除了高等教育评估或认证的法律框架，没有专门针对教师教育的评估制度。少数国家的教师教育评估由一般和具体的法规管理。在大多数情况下，具体的法规适用于初始教师教育的特定阶段，包括教师专业培训阶段或者是入职阶段。如在德国，具体规定仅适用于教师培训机构组织的入职阶段的评估；法国的情况类似，除了一般规定，具体规定适用于大学教师教育学院提供的培训评估；在波兰，大学提供的师范教育根据高等教育质量控制的一般条例进行评估，而具体条例适用于师范学院。

评估过程包括外部评估和内部或自我评估，外部评估由大学或教师教育学院之外的机构或人员进行，内部或自我评估通常由教师教育机构自己进行。外部和内部评估是密切相关的，一种评估可能依赖于或借鉴另一种评估的结果。外部评估在大多数国家是强制性的，在一些国家（德国、西班牙和法国）是推荐的。在德国，如果大学校长或教育学院的院长基于内部评估的结果认为有必要，即可建议进行外部评估；西班牙的国家质量评估和认证机构（ANECA）不要求高等教育机构进行评估，但允许它们在正式征求意向后自愿申请外部评估。内部评估的情况与此类似，在大多数国家是强制性的，在西班牙、法国、塞浦路斯和斯洛文尼亚等国是建议性的。①

（一）初始教师教育的外部评估

外部评估旨在收集与教师教育机构或计划有关的数据、信息和证据，以便对其质量做出评价。这种外部审查通常由专家、同行或检查员小组进行，目的是对特定环境下提供的教育质量做出独立判断。这种评估可能以各种方式影响一个机构，包括机构改进计划或对资金产生影响。

1. 外部评估机构和评价者的资格要求

所有对外部评估有正式要求的国家都有关于负责外部评价的机构的相关规定。在大多数情况下，外部评估由代表公共当局的评估机构、委员会或独立机构进行。在比利时（弗拉芒语社区）、荷兰、斯洛文尼亚和斯洛伐克，一个委员会和一个独立机构共同协调外部评估程序；在塞浦路斯、波兰（针对师范学院）和冰岛，教育部直接负责外部评估；在法国，教育部与独立机构分担责任；在比利时（德语社区），教育部与教育督察局分担责任；在英国（英格兰、威尔士和北爱尔兰）、爱尔兰，初始教师教育由学校督学进行外部评估；在瑞典和英国（苏格兰），由教育机构开展外部评估。

在大部分教育系统中，外部评估小组成员必须包括同行、评估专家或两者兼而有之，但爱尔兰（教学评估）和英国（北爱尔兰）仅要求有督察员参加。比利时、法国、波兰和英国（英格兰和威尔士）的外部评估成员须包含督察员，这些督察员需要有教学或行政背景。在德国和希腊，督察员可以自愿参与。比利时（法语社区）、希腊、拉脱维亚、匈牙利、奥地利、葡萄牙、斯洛伐克、冰岛和德国明确规定必须有外国专家

① European Commission, European Education and Culture Executive Agency, Directorate-General for Education, Youth, Sport and Culture, Eurydice, *Quality Assurance in Teacher Education in Europe*, Brussels: Eurydice, 2006.

参与外部评估；比利时（弗拉芒语社区）、荷兰、芬兰、瑞典和挪威强制或建议将学生纳入外部评估团队，在德国，学生参与是可选的。一些国家还规定了外部评估委员会的具体组成。例如在捷克，认证委员会由部长提名、政府任命的 21 名成员组成，任期 6 年。在西班牙，外部评估委员会必须在其成员的培训和经验方面保持平衡，一般包括以下 3 名成员：主席，通常为一名大学教授，其职能是主持和指导外部评估过程并监督报告的编写；一名学术成员，通常为来自在大学技术部门工作过的人员，或具有所教学科评估经验的专家；最后一名是其专业活动与所教科目相关的成员。在葡萄牙，在教育、艺术、科学和创业领域拥有公认专业知识的人有资格被任命为外部评估员。在芬兰，教育部任命了一个由 12 名成员组成的委员会，成员分别来自大学、理工学院、学生群体和雇主群体。①

2. 外部评估的标准或官方文件

外部评估的标准主要来自各种官方文件，包括高等教育的一般立法、初始教师教育的条例或准则、未来教师的资格标准、关于教师/学生比例、学生成绩等的一系列评价标准或具体国家指标。其中，高等教育立法和评估标准是教师教育外部评估中最常用的标准来源。大多数国家还有专门涉及教师教育的文件，一些国家参考与教师教育有关的其他具体文件，包括规章或准则。例如在英国的英格兰，《2005—2011 年授予合格教师资格的初始教师培训检查框架》规定了合格教师资格标准和初始教师培训要求。苏格兰的《初始教师教育课程指南》对初始教师教育的要求做出了规定，并具体说明了诸如课程长度、学校经验的数量和必修课程内容等事项；《初始教师教育标准：基准信息》包含一套课程参考基准和在课程结束时学生应该达到的预期成果；《初始教师教育计划认证评估框架》和《初始教师教育计划认证安排》为认证程序的运作提供了详细

---

① European Commission, European Education and Culture Executive Agency, Directorate-General for Education, Youth, Sport and Culture, Eurydice, *Quality Assurance in Teacher Education in Europe*, Brussels: Eurydice, 2006.

指导。①

3. 外部评估的范围

外部评估的范围涉及内部评估的结果、教师教育的课程内容、教学方法、评估方法，还涉及专业培训与普通教育之间的平衡、教学实习学校安排的管理、学校与潜在伙伴的关系以及教师教育机构的人力资源管理（例如教师培训者或其持续专业发展所需的资格），评估的其他重要方面包括教员/学生比例、学生表现、学生的态度和动机、学生对所受教育的评价以及学校的基础设施（包括图书馆、ICT 设施和实验室等）。

许多国家对教师教育机构的外部评估几乎涵盖以上所有内容，个别国家涉及的内容较少。几乎所有国家的法规都规定，外部评估必须考虑内部评估程序，或者建议这样做。在丹麦、奥地利、芬兰和瑞典，没有关于外部评估范围的规定。在这些国家，外部评估人员或要求评估的机构决定评估的范围。除少数国家（捷克、爱尔兰、塞浦路斯和斯洛文尼亚）外，所有国家的外部评估都考虑到学生的表现，其中一半以上的国家考虑到学生的态度和意见。

4. 外部评估程序和机制

外部评估可以以不同的方式进行，通常基于现场考察和内部评估报告。现场考察包括与管理人员、学术和行政人员以及学生的面谈或调查，对实习教师的直接相关考察也可能包括在内。一般来说，各国在外部评估中采用以上所有或几乎所有程序，少数国家（丹麦、奥地利和芬兰）没有关于外部评估程序的具体规定。其中实地考察对于外部评估是强制性或建议性的，只有斯洛文尼亚和斯洛伐克除外，这两个国家的实地考察是选择性的。许多国家外部评估过程的规章规定实地考察包括与学校管理层、学术和行政人员、学生的面谈。在拉脱维亚和荷兰，与学生的面谈是强制性的，而与管理层和员工的面谈是选择性的。在西班牙，对

---

① European Commission, European Education and Culture Executive Agency, Directorate-General for Education, Youth, Sport and Culture, Eurydice, *Quality Assurance in Teacher Education in Europe*, Brussels: Eurydice, 2006.

不同群体的访谈旨在获得足够的数据，使外部评估委员会能够将调查结果与学校自我评估的信息进行对比，确保与不同群体的面谈侧重于此前分析过的、得出相互矛盾的结论的方面，或者那些特别重要、不清楚或结论不充分的方面。课堂观察并非外部评估的主要程序之一，但在一些国家的法规中强制规定了这一点。

在几乎所有建立了外部评估法规的国家，内部评估的结果都被考虑在内。在一些国家（比利时、捷克、希腊、西班牙、爱尔兰、拉脱维亚、立陶宛、匈牙利、荷兰、波兰、葡萄牙等），内部评估和外部评估相当于一个单一的过程，其组织方式如下：教师教育机构进行内部评估，目的是提供具体信息并将报告提交给外部评估人员，由他们进行实地考察并撰写评估报告。在其他国家，内部评估报告并非专门为外部评估目的而编写。

5. 外部评估的频率

对提供初始教师教育的机构和计划进行外部评估的频率在各国之间差异很大，在大多数欧洲国家，对提供初始教师教育的机构和计划的外部评估在中央或国家一级确定的固定时间间隔内进行，一些国家有多种不同固定时间间隔的外部评估。外部评估的固定间隔从每年一次到每12年一次不等。其中，爱尔兰和英国（英格兰）的评估频率最高。爱尔兰每年都会有约10%的小学教师教育最后一年的学生在他们的教学实践中被选中进行评估，他们注册的机构会收到一份评估报告。大多数定期进行外部评估的国家，其外部评估模式受教师教育计划或机构的认证和再认证程序的制约。

在一些教育系统，外部评估的频率因计划或机构而异。在比利时（法语社区）、捷克、法国、英国（北爱尔兰）和冰岛，外部评估的频率由负责评估的机构确定；在德国、西班牙、奥地利和芬兰，高等教育机构也参与进行外部评估的决定；在丹麦，外部评估可以应各种机构的要求进行。例如，丹麦的教师教育计划评估可以由丹麦评价研究所（EVA）主动进行，也可以应政府、各部、咨询委员会、地方当局和机构的要求进行；在德国，外部评估由大学和教师培训中心发起进行，如果是教师培训机构，则由教育部发起进行，各州的立法规定所有外部评估都应定期进行，但没有具体规定其频率；在西班牙，国家质量评估和认证机构每年或每两年向希望接受评估的高等教育机构发出通知并接受申请，是否接受评估由机构负责人决定；在奥地利，外部评估可应大学或教育、科学和文化部的要求进行。①

（二）初始教师教育的内部评估

初始教师教育的内部评估（自我评估）由特定机构或计划的工作人员负责，这一过程包括系统收集数据并问询学生、教师和其他工作人员，形成自我评估报告。欧盟绝大多数国家都有内部评估的法规，在大部分国家，内部评估是强制性的，少数国家推荐使用（西班牙、法国、塞浦路斯和斯洛文尼亚）或可选（马耳他）。

1. 内部评估的协调机构和参与人员

组织和协调内部评估的责任在不同国家由不同的机构承担，如被评估机构的管理层或董事会、机构内部设立的特别评估委员会或教师代表理事会。在大多数国家，协调是学校管理层或评估委员会的责任。例如，在德国的教师培训机构中，负责协调内部评估的主要机构是管理层。然而，在一些州还可能包括州教师培训办公室或类似机构的管理人员，以及接受评估的教师培训机构的工作人员。在波兰的大学，教师教育学院或大学主席负责内部评估。学院理事会通常选举一个委员会，该委员会必须进行评估并准备一份书面报告。在教师培训学院，内部评估由学院理事会进行，而管理团队通常负责教学评估。

内部评估的参与者可以是有关机构的管理人员、教学人员或学生，也可以是特别评估专家。这些专家可以代表该机构的负责人或董事会行事，或者仅向负责进行评估的工作人员提供方法或技术支持。在大部分

---

① European Commission, European Education and Culture Executive Agency, Directorate-General for Education, Youth, Sport and Culture, Eurydice, *Quality Assurance in Teacher Education in Europe*, Brussels: Eurydice, 2006.

制定了内部评估法规的国家，要么强制要求机构管理层、学术人员代表和学生参与内部评估，要么建议他们参加。而在爱尔兰，只有代表校长或董事会工作的评估专家才能参与内部评估；在意大利，管理层和学术人员都不参与评估；在荷兰，管理层的参与是可选的。在一些国家，执行内部评估的责任由机构内设立的特别评估委员会承担，该委员会的组成各不相同。例如，在德国的大学和教育学院，机构内的评估委员会由教授和其他教学人员以及一些学生组成；在希腊，院系评估小组应由教授或助理教授一级的教学或研究人员以及一名学生代表组成，在某些情况下行政人员代表也可以参加；在西班牙，评估委员会通常必须由被评估的学习计划的负责人担任主席，成员包括教师、行政和服务人员、学生以及质量技术部门的一名成员，各委员会最多有 7 名成员。此外，一些国家吸纳其他人员参与内部评估，包括机构的非学术人员、来自商业部门或其他学术界的外部利益攸关方，以及机构的前毕业生。

2. 内部评估的标准

教师教育机构内部评估的标准主要来自各种官方文件，如关于高等教育的立法、初始教师教育条例、未来教师的资格标准、评估标准清单（专门为内部评估制定的清单或为外部评估采用的清单）或可用于制定内部评估标准的国家指标。几乎所有国家都利用关于高等教育立法来建立内部评估的标准，同时结合上述其他文件。一些国家制定了特别文件，包括内部评估标准清单，以支持高等教育机构的工作。例如，在比利时（法语社区），内部评估报告由评估委员会根据方法指南起草，该指南作为评估框架，包含建立高等教育评估机构的立法中规定的指标清单。在西班牙，国家质量评估和认证机构提供了两个主要的方法指南，以支持大学开展机构自我评估：第一个是评估模式 2004—2005，包含 6 项标准，确定了自我评估过程中需要评估的最重要的方面，即教育计划、课程组织、人力资源、物力资源、教育过程和教育结果；第二个是自我评估指南，旨在促进机构自我评估。此外，一些国家将外部评估报告或标准用于内部评估。①

3. 内部评估的范围

教师教育机构内部评估的范围与外部评估类似，侧重于教师教育课程的内容、所使用的教学方法、专业培训与普通教育之间的平衡、实习教师的学校安排、教师/学生比例以及教育机构基础设施等方面。大多数国家的内部评估涵盖以上所有内容，意大利是唯一一个在内部评估条例中不考虑教师教育课程内容的国家。一些国家的内部评估还涉及其他方面，如内部评估中的组织问题或以学生为中心的社会问题。此外，一些国家（比利时、捷克、希腊、爱沙尼亚、西班牙、立陶宛、拉脱维亚、匈牙利、斯洛伐克等）内部评估的内容和范围在很大程度上取决于外部评估的需要，这些国家的教师教育机构进行内部评估时要么强制性使用外部评估标准，要么在实践中很普遍或者有相关文件规定了机构自我评估期间应调查的问题，以及评估报告中涵盖的详细信息。还有一些国家（丹麦、法国、塞浦路斯、卢森堡、奥地利、波兰、斯洛文尼亚、芬兰、瑞典等）没有关于内部评估确切范围的正式规定。

4. 内部评估的程序和机制

各国内部评估的程序或机制包括与学校管理层的面谈或调查、与学术和行政人员的面谈或调查、对学生的采访或调查、课堂观察。在大多数国家，上述 3 种类型的面谈或调查是强制性的或被推荐。在比利时、德国、爱沙尼亚、西班牙和保加利亚，它们与课堂观察一起使用。学生访谈或调查是最广泛使用的内部评估方式。在意大利、拉脱维亚和斯洛伐克，它们是唯一的强制性程序。例如，在斯洛伐克，学生必须每年完成问卷调查，问卷主要关注他们对教学的满意度。

5. 内部评估的频率

欧盟各国教师教育机构开展内部评估的频率存在一定差异，部分国

---

① European Commission, European Education and Culture Executive Agency, Directorate-General for Education, Youth, Sport and Culture, Eurydice, *Quality Assurance in Teacher Education in Europe*, Brussels: Eurydice, 2006.

家的机构内部评估每年进行一次；个别国家（如保加利亚）一年进行多次；另有一些国家的高等教育机构必须定期进行内部评估，时间间隔从 3 年到 10 年不等。① 在这些国家，内部评估时间大多数取决于外部评估的时间，即两种类型的评估必须在同一学年进行；或者内部评估在两次外部评估之间进行，但不一定与外部评估在同一年。在爱尔兰，每 10 年必须进行一次内部评估，其结果是对高等教育机构采用的质量保证程序进行外部评估。在捷克、德国（提供学士和硕士课程的大学和教育学院）、匈牙利和英国（苏格兰），教师教育机构必须进行年度内部评估，并在外部评估时编写特别评估报告。在匈牙利，要求每 4 年提交一次中期报告。在所有拥有计划或机构认证程序的国家，最初的认证通常包括内部评估。

（三）评估结果的使用和发布

教师教育机构或计划评估的结果可以以不同的方式使用，对机构或计划产生直接或间接的影响。例如，质量不达标的教师教育机构必须制订和实施改进计划，以及接受后续评估，甚至有相应的处罚措施，如终止教师教育机构授予资格的权利或者削减资金。高绩效表现的教师教育机构则可能带来更多的资金投入。除了对教师教育机构的影响，教师教育机构或计划评估的结果也可以提供给机构的工作人员、学生和一般公众，来自所有机构的评估结果可以整理和总结形成有关初始教师教育整体质量的国家报告。

1. 评估结果的使用

绝大多数国家的规章制度规定，外部评估对教师教育计划或机构的影响涉及其（重新）认证、获得资金或后续评估行动，视具体情况而定。评估结果用于就机构及其提供教师教育和授予相应资格以及获得公共资金的权利做出重大决定。在实行认证程序的国家，如果外部评估的结果导致拒绝对计划或机构进行认证，可能会对它们获得的公共资金产生影

① European Commission, European Education and Culture Executive Agency, Directorate-General for Education, Youth, Sport and Culture, Eurydice, *Quality Assurance in Teacher Education in Europe*, Brussels：Eurydice, 2006.

响。只有在少数国家（如西班牙、瑞典），认证程序不以任何方式影响资金。在外部评估结果规范化使用的国家，当一个教师教育机构或计划没有达到所要求的质量标准时，通常会采取后续行动，包括制订改进计划，并在一段时间后进行新的外部评估。关于内部评估，大多数国家的法规允许制定改进计划，这种计划在一些国家是强制性的，也有一些国家没有制定改进计划的规定，这是因为这些国家强调机构的自主性。在大多数国家，内部评估的结果通常会在外部评估中得到考虑和使用，如果结果不佳，则可能成为进一步进行外部评估的因素之一。

2. 评估结果的公布

大多数国家系统地公布教师教育机构或计划的外部评估结果，只有少数国家（捷克、意大利、斯洛伐克、芬兰和瑞典等）要求系统公布内部评估结果。外部评估报告通常由负责外部评估的机构或由教育部在其网站上公布，或在高等教育机构独立伞式组织的网站上公布。在其他一些国家（德国、匈牙利、荷兰、挪威等），外部评估的结果也在教育小册子、会议、报刊文章上公布。几乎所有强制公布外部评估结果的国家都会采取措施，以确保评估结果直接提供给机构管理层，而且往往提供给其学术人员和学生。相比之下，芬兰没有向有关机构成员传达外部评估结果的特殊渠道；在波兰和比利时（法语社区），只有管理层能够系统地获得评估结果；在奥地利，评估结果通常提供给利益相关者。①

二 在职教师教育的质量保证

在欧盟一些国家，在职教师教育方案的设计已经完全下放，由学校负责。因此，学校和地方教育当局根据教师和学校的技能与发展需求提供培训。鉴于在职教师教育提供者的多样性以及学校在选择在职教师教育机构方面越来越大的自主权，质量控制问题因此变得至关重要。

---

① European Commission, European Education and Culture Executive Agency, Directorate-General for Education, Youth, Sport and Culture, Eurydice, *Quality Assurance in Teacher Education in Europe*, Brussels: Eurydice, 2006.

1. 在职教师教育机构类型和相关法规

欧盟国家在职教师教育机构包括以下主要类型：高等教育机构、初始教师教育机构、公共部门在职教师教育中心、教师工会或教师协会、私营部门培训中心（如语言学校）、其他机构（例如非政府组织、私营公司）。绝大多数国家存在上述所有或几乎所有类型的在职教师教育机构，少数国家只有1—2种类型的机构。例如，在挪威，高等教育机构是在职教师教育的唯一提供者；在希腊，公共部门在职教师教育中心是唯一提供在职教师教育的机构。

在质量保证方面，大多数国家的在职教师教育机构都遵守认证或评估①条例。在比利时（德语社区）、瑞典和挪威，有关初始教师教育机构或计划评估的规定也适用于在职教师教育的评估。在德国、西班牙、匈牙利、荷兰、波兰、葡萄牙、斯洛文尼亚、保加利亚和罗马尼亚等，认证和评估条例适用于所有类型的在职教师教育服务提供者。在其他国家，条例仅适用于在职教师教育的评估或认证，或者仅适用于某些在职教师教育机构。

2. 认证、评估在职教师教育机构的程序和机构

认证和评估在职教师教育机构的程序分外部评估/认证和内部评估，其中外部评估/认证包括现场考察、分析书面计划、分析机构的自我评估报告和审查其他背景文件等程序。一些国家（西班牙、拉脱维亚、匈牙利、荷兰、波兰、葡萄牙、斯洛伐克、保加利亚和罗马尼亚等）强制性使用以上所有程序，几乎所有有正式规定的国家的外部评估程序都包含分析书面计划和实地考察。在所有有相关规定的国家，内部评估都是在职教师教育机构或计划认证和评估的强制性组成部分，而在比利时的德语社区和斯洛伐克为推荐使用，在斯洛文尼亚是可选的。在强制或建议

---

① 评估是对教师教育机构或计划的质量进行系统和批判性的分析，从而得出判断或改进建议的一般过程；认证则是由相关立法和专业当局判定一个机构或方案是否符合预定标准，以便提供教师教育或培训，并授予相应的资格（如果有的话）。认证程序的前提是要对拟认证的计划或机构进行评估。

进行内部评估的国家，通常也强制或建议在外部评估期间分析自我评估报告。

不同的外部机构负责认证或评估在职教师教育提供者，包括相关评估机构或委员会、教育部、代表公共当局工作的独立机构（如审计机构）、专门为学校教育或在职教师教育设立的督察机构、外部评估专家或其他机构，视具体国家而定。大多数教育系统由评估机构或委员会或教育部负责在职教师教育机构的认证和评估。如在德国一些州、匈牙利、斯洛文尼亚、芬兰、挪威和保加利亚，由评估机构或评估委员会对在职教师教育机构进行认证或评估；在捷克、丹麦、爱沙尼亚、希腊、意大利、拉脱维亚、匈牙利、波兰、斯洛伐克等，教育部或其相关部门或委员会承担认证或评估在职教师教育机构的责任；在荷兰、葡萄牙和罗马尼亚等，一个代表公共当局的独立机构负责在职教师教育机构的认证或评估。①

3. 在职教师教育机构认证或评估的范围和频率

在职教师教育认证或评估涵盖的范围与初始教师教育类似，包括在职教师教育计划的内容、所用的教学方法、可用的人力资源、教学质量、参与者对所提供的活动的看法、活动是否符合他们的期望，以及基础设施如 ICT 设备、教材等。

只有部分国家规定了在职教师教育评估或认证程序的频率，从每年一次到 6 年一次不等。大部分国家没有关于在职教师教育评估或认证程序频率的具体规定。

4. 评估结果的使用和公布

在职教师教育的认证和评估结果可以以不同的方式使用，并对机构或计划产生影响。评估结果通常用于改进教师教育供给的质量，负面的评估结果可能导致撤销对某一机构或计划的认证。评估和认证结果也可

① European Commission, European Education and Culture Executive Agency, Directorate-General for Education, Youth, Sport and Culture, Eurydice, *Quality Assurance in Teacher Education in Europe*, Brussels: Eurydice, 2006.

以作为信息提供给在职教师教育活动规划的不同参与者，尽管结果的公布没有一个明确的模式。

值得注意的是，欧洲教师教育评估和质量保证仍处于改革过程中，这是因为教师教育受多种重要因素影响。由于初始教师教育机构或计划通常是高等教育的一部分，因此也受到高等教育部门改革的影响，特别是与博洛尼亚进程有关的改革。质量保证的发展是博洛尼亚进程的主要特点之一，作为这一进程的一部分而进行的改革对初始教师教育机构或计划产生影响。在此背景下，许多国家对初始教师教育和在职培训进行改革，并对教师教育评估程序作出相应调整。

第六章

欧盟幼儿教育和保育质量保证政策与方法

　　自 1992 年欧盟理事会关于儿童保育的建议出台以来，幼儿教育和保育① (Early Childhood Education and Care，ECEC) 成为欧洲政策议程的重要主题。长期以来幼儿教育较为注重对儿童的教育功能，进入 21 世纪以来，由于对儿童营养、健康、卫生状况以及儿童认知和社会情感发展的关注，国际上开始重视儿童早期保育，将保育和教育作为幼儿发展不可分割的有机整体，一种综合的 "幼儿教育和保育" 方法变得越来越突出。各国通常将 3 岁至小学入学前的教育规定为学前教育阶段，以 3 岁作为学前教育的起点，将 3 岁儿童入园率作为衡量学前教育普及水平的一个重要指标。随着国际社会对幼儿教育和保育重要性认识的不断提高以及早期教育需求的扩大，一些国家积极面向 3 岁以下儿童提供保育服务。欧盟国家 3 岁以下儿童的保育参与率较高，尤其在北欧国家，丹麦、芬兰、瑞典等国的早期教育均从 1 岁开始。研究表明，高质量的幼儿教育和保育有益于儿童的认知、语言和社会发展，是儿童终身学习、社会融合、

---

　　① 联合国教科文组织相关报告对幼儿教育和保育采取整体性定义，指儿童从出生到上小学期间以正规、非正规和非正式的保育方式，保障他们的生存，促进他们的成长、发展和学习的各种各样的安排，包括家庭养育、社区儿童保育、学校提供的正规学前教育等。根据欧盟理事会关于儿童保育的建议的定义，"幼儿教育和保育" 指向从出生到义务教育小学年龄的儿童提供教育和保育的任何受监管的安排，包括保育中心和家庭日托、私人和公共资助的教育或保育，以及学前服务的提供，无论其环境、资金、开放时间或内容如何。

个人发展和未来就业能力的重要基础。为幼儿提供高质量、负担得起的早期教育和保育是欧盟及其成员国教育政策的重要优先事项。

第一节　欧盟幼儿教育和保育质量政策

欧盟认为，高质量的幼儿教育和保育可以为个人和社会带来广泛的短期和长期利益；确保在整个欧盟范围内获得负担得起的优质幼儿教育和保育系统是欧洲社会权利的支柱，也是确保智能、可持续和包容性经济增长的重要因素。从儿童社会适应性的角度来说，学前教育的回报率是最高的；高质量的幼儿教育和保育服务是缩小社会经济不平等引发的学业差距的一种有效途径，幼儿教育和保育质量被越来越多的人认为是关系孩子未来教育发展的关键一步。进入 21 世纪以来，欧盟委员会将幼儿教育和保育作为与成员国合作的优先主题，重点促进幼儿教育和保育服务全面、公平的普及，提高幼儿教育和保育质量，加强对幼儿师资的支持力度。从欧盟范围来看，各成员国在努力增加幼儿教育和保育机会的同时，越来越关注幼儿教育和保育的质量。

一　高质量幼儿教育和保育的重要性

从经济的角度看，欧盟政策议程主要关注幼儿教育和保育可获得性和可及性；而从教育的角度看，质量问题变得越来越重要。经验证据表明，为了让儿童受益于幼儿教育和保育，提供的服务必须是高质量的。研究显示，高质量的幼儿教育和保育可以提高儿童随后的学校表现，低质量的幼儿教育和保育则可能会削弱这种表现。因此，欧盟将提高幼儿教育和保育的质量作为其教育政策的重点关注领域。

（一）幼儿教育和保育的质量内涵

在欧洲，幼儿教育和保育系统有两种主要组织方式。一种是年龄较小和较大的儿童分别设置，通常在 3 岁左右过渡。通常情况下，为 3 岁以下儿童提供的服务侧重于儿童保育，而为较大儿童提供的学前教育则强调教育目标。另一种是在儿童整个年龄范围内单一设置，直到小学教育开始。在单一环境中，保育和早期教育是服务的组成部分。在大多数欧洲国家，根据儿童的年龄，以中心为基础的幼儿教育和保育①以两种不同的形式提供，只有不到三分之一的国家拥有单一的环境。单一设置结构主要在北欧国家以及几个波罗的海和巴尔干半岛国家采用。在约四分之一的欧洲国家，单独和单一设置都可用。② 因此，在约四分之三的欧洲教育系统中，儿童必须在 3 岁时过渡到一个新的环境，这也意味着跨越幼儿教育和保育系统中的结构性边界，只有部分教育系统（比利时、捷克、丹麦、西班牙、法国、匈牙利、马耳他、荷兰和葡萄牙）为这种过渡提供支持。③

幼儿教育和保育的质量是一个复杂的概念，实现、提高和进一步发展质量的措施是相互依赖的，不能孤立地考虑。虽然在幼儿教育和保育服务方面没有国际公认的质量概念，但在欧盟范围内已经确定了有助于产生和保证高质量的措施。从内涵上分析，幼儿教育和保育的质量包括结构质量、过程质量和结果质量 3 个方面。④ 结构质量着眼于幼儿教育和保育系统的设计和组织，通常包括与认证和批准相关的规则、对受过专业培训的员工数量的要求、课程的设计、与幼儿教育和保育提供资金有关的法规、工作人员与儿童的比例、确保所有儿童得到公平对待并符合其个人需求的安排，以及满足为幼儿提供保育和教育的健康和安全要求

---

① 欧盟国家的幼儿教育和保育包括基于中心和基于家庭的提供方式。以中心为基础的幼儿教育和保育服务是指在家庭之外提供的服务，如保育院、日托中心、幼儿园或托儿所；基于家庭的幼儿教育和保育在提供者的家中提供（例如，在儿童自己的家中或其他地方）。除了这两种类型，一些成员国还提供基于学校的教育（即幼儿教育和保育在学校提供，通常还提供初等教育）。所有这些类型都受到监管，必须满足一系列要求和条件。

② European Education and Culture Executive Agency, Eurydice, *Key Data on Early Childhood Education and Care in Europe*: *2019 Edition*, Publications Office of the European Union, 2019.

③ European Education and Culture Executive Agency, Eurydice, *Key Data on Early Childhood Education and Care in Europe*: *2019 Edition*, Publications Office of the European Union, 2019.

④ Directorate-General for Education, Youth, Sport and Culture (European Commission), European Commission, "Commission Staff Working Document Accompanying the Document Proposal for a Council Recommendation on High Quality Early Childhood Education and Care Systems", https://op.europa.eu/en/publication-detail/-/publication/1d785384-5dc7-11e8-ab9c-01aa75ed71a1.

所需的物质条件。过程质量着眼于具体环境中的实践，通常包括游戏在课程中的作用、幼儿教育和保育机构与儿童家庭之间的关系、员工与儿童之间以及儿童个体间的关系、以综合方式提供照料和教育的程度、幼儿教育和保育环境中家长的参与和工作人员的日常教学实践。结果质量着眼于儿童、家庭、社区和社会的利益，其中与儿童相关的成果通常包括：儿童的情感、道德、心理和身体发展水平；儿童的社会技能以及为进一步学习和成人生活做准备；儿童健康及其入学准备。

分析发现，质量是基于每个孩子的形象——一种儿童应该如何在社会中学习和成长的观点。对于儿童和童年的共同形象的重要性存在广泛共识，因为这影响到幼儿教育和保育服务的设计和提供，有助于成员国评估幼儿教育和保育服务的质量。儿童是有能力、有冒险精神和积极的学习者，他们从学习、照护和玩耍中受益。儿童被视为自身学习的积极参与者，是教育和照料过程的核心。儿童不仅仅是教育的接受者，他们在构建自己的学习中也发挥着积极的作用。这一形象包括一个明确的共识，即儿童是独特的，他们有不同的情感、身体、社会和认知需求。

（二）政策考量：为什么支持提供高质量的幼儿教育和保育

高质量的幼儿教育和保育带来的益处是多方面的，其积极影响包括个人和公共利益。研究表明，高质量的幼儿教育和保育有益于 3 岁以下儿童和 4 岁至入学年龄儿童的认知、语言和社会发展，从而为儿童以后在教育、福祉、就业能力和社会融合方面的成功奠定基础，这对于来自弱势背景的儿童更是如此。

1. 幼儿教育和保育是投资回报率最高的教育时段

联合国教科文组织从经济学角度指出，幼儿教育和保育的投资回报率高于其他任何阶段的教育。对幼儿教育和保育的投资可以通过降低辍学率、复读率、对社会救济的依赖、犯罪率等费用而节约公共资金，而拥有优质保教经验的儿童更容易接受高等教育，顺利就业，获得较高的收入，为社会作出更大的贡献。OECD 通过研究得出结论：幼儿教育和保育与日后更佳的学习成绩密切相关，接受过学前教育的 15 岁学生通常比没有接受过的学生成绩更好。世界银行认为儿童早期是人力资本累积最为关键的时期，早期儿童发展干预能对儿童的入学准备和成就产生显著和持久的效益；相比基础教育、高等教育等其他教育阶段，在儿童早期阶段进行投资能够最大限度地获得人力资本累积（投资回报随着年龄增长而降低）。欧盟认为从儿童社会适应性的角度来说，学前教育的回报是最高的；越早投资于教育，效率越高且越有利于促进公平。有关教育投资与收入关系的多项研究也证明了"学前教育具有较高的经济回报率"的结论。诺贝尔经济学奖得主詹姆斯·赫克曼通过对芝加哥亲子中心、高瞻/佩里幼儿项目等的深入分析，提出了"学前教育是回报率最高的教育时段"的观点。在不同的教育阶段中，早期儿童教育投资的回报最高，特别是那些来自弱势背景的儿童，而后期阶段的教育投资往往有利于来自较高社会经济背景的儿童（如图 6-1 所示）。

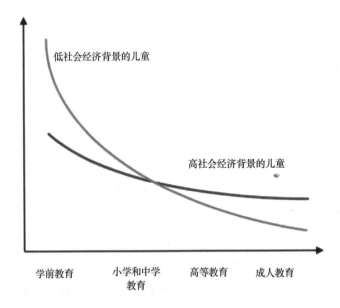

图 6-1　不同教育阶段的投资回报率（低社会经济背景和高社会经济背景儿童比较）

资料来源：European Expert Network on Economics of Education（EENEE），*Benefits of Early Childhood Education and Care and the Conditions for Obtaining Them*，Luxembourg：Publications Office of the European Union，2018.

2. 对教育成果的积极影响

儿童早年的经历对他们童年和一生的社会情感和认知发展有着深远的影响。英国的一项研究发现，在控制了背景因素的影响后，相比未接受学前教育的儿童，接受学前教育的儿童在语言、预阅读和早期数字概念方面的成绩更好。参加 2—3 年高质量学前教育的儿童与未接受学前教育的儿童比较，他们的识字能力发展提前了近 8 个月。高质量的学前教育对 11 岁儿童阅读/英语和数学成绩的益处持续存在，参加高质量的幼儿教育和保育对 11 岁儿童的识字和算术技能的影响可以等同或超过其他因素；参加了高质量学前班的 14 岁学生在英语、数学、科学方面有更好的成绩。在中学结束时（16 岁），学前教育质量仍然预示着与更好的期末考试总成绩以及英语和数学成绩相关联的高质量学术成就，上过高质量幼儿园的学生更有可能在期末考试中取得优异成绩。[1]

经合组织的 PISA 调查表明，参加幼儿教育不到一年的 15 岁学生比参加一年或更长时间幼儿教育的学生在科学能力方面表现低于基线水平的可能性高 3.1 倍左右。经合组织 2011 年的一份报告也发现，一些国家15 岁学生的识字率与参加幼儿教育和保育有很大关系，这些国家的幼儿教育和保育持续时间较长，并且采取措施保持其质量。[2] 多个国家的研究也证实，高质量的幼儿教育和保育有助于儿童顺利完成义务教育。幼儿教育阶段培养的早期认知能力，包括早期识字、语言和算术，构成了在学校进一步发展相关能力的基础，有助于避免早期能力差距；同时，幼儿教育培养的亲社会行为、自我调节和良好的学习倾向有助于避免与成绩不良和辍学相关的非认知特征。

---

[1] Directorate-General for Education, Youth, Sport and Culture (European Commission), European Commission, "Commission Staff Working Document Accompanying the Document Proposal for a Council Recommendation on High Quality Early Childhood Education and Care Systems", https://op. europa. eu/en/publication-detail/-/publication/1d785384-5dc7-11e8-ab9c-01aa75ed71a1.

[2] OECD, "Investing in High - Quality Early Childhood Education and Care", http://www. oecd. org/education/school/48980282. pdf.

3. 有助于加强劳动力市场成果

除了教育成果，参与幼儿教育和保育的人比那些没有参与的人在劳动力市场上可以取得更好的成果，包括劳动力市场参与、收入、生产率、就业能力和就业机会。针对欧盟成员国的研究发现，参与幼儿教育和保育对学生未来的教育程度和工资都有显著而持久的影响。例如，Dumas和 Lefranc 通过对法国幼儿教育和保育参与率的研究发现，额外一年的幼儿教育和保育增加了约 3% 的平均收入，降低了约 2% 的辍学率。这是因为接受过幼儿教育和保育的人通常比没有接受过的人教育程度更高，他们在劳动力市场上也有更好的机会。关于对儿童父母的影响，缺乏正规的儿童保育服务会导致有工作的父母特别是女性减少工作时间或退出劳动力市场。这些服务在离家实际距离和开放时间方面的可获得性可能会对女性就业构成障碍，服务质量差对女性参与劳动力市场也有很大影响。近三分之一的欧洲父母由于儿童早期教育和保育服务质量低而不使用这些服务。因此，更好地提供负担得起的、可获得的和高质量的幼儿教育和保育，可以对父母特别是母亲参与劳动力市场产生直接的积极影响。

4. 促进社会包容，打破贫穷的代际循环

高质量的幼儿教育和保育服务必须考虑到服务的可获得性、可负担性和可用性，它将不同背景、不同出身和不同社会经济地位的孩子聚集在一个相同的环境中。一些儿童可能因其个人情况或因其家庭属于社会弱势群体而处于不利地位，包括残疾儿童、有精神健康问题的儿童、接受替代照料的儿童、面临被忽视/虐待风险的儿童、无证儿童移民/寻求庇护者、家庭生活贫困或处于社会不利地位的儿童、移民或第二语言背景的儿童、家庭获得服务有限的儿童、罗姆人和游民儿童等。研究表明，高质量的幼儿教育和保育对弱势背景儿童的影响比优势儿童更大，它可以有效支持社会包容和促进社会凝聚力。高质量的幼儿教育和保育可以"从起点开始"为处境不利的儿童创造相对公平的成长环境，有助于消除弱势儿童与来自优势背景儿童之间的差距，为他们成功过渡到小学和有质量的终身学习做好准备，是打破贫穷代际循环、帮助弱势儿童脱离贫

困的关键环节。

联合国教科文组织提出，幼儿教育和保育既是一项权利，也是促进发展和减少贫困的一个重要因素。在幼儿期奠定坚实的基础（包括良好的健康、营养和成长环境）可以帮助儿童向小学平稳过渡，使他们获得更好的机会完成基础教育，开辟一条走出贫困和劣势的道路。世界银行的研究表明，针对弱势群体（来自低收入或其他弱势环境的儿童）的高品质幼儿发展方案具有7%—16%的潜在年回报率。① OECD 强势开端报告 Ⅲ（Starting Strong Ⅲ）强调：早期教育和保育机会为幼儿尤其是低收入和第二语言群体背景的幼儿提供了生命中的强势开端；高质量的幼儿教育和保育有助于为儿童终身学习奠定基础，让儿童的学习更加公平，有利于减少贫困并提高社会的代际流动等。② 经合组织的 PISA 测试结果表明，高质量的幼儿教育和保育服务是缩小社会经济不平等引发的学业差距的一种有效途径。

二 欧盟幼儿教育和保育质量政策

人生的最初几年是发展基本能力和学习倾向的最关键时期，这些能力和学习倾向会对以后的教育和就业前景以及更广泛的人生成就和满足感产生重大影响。尽管有证据表明，有效地投资于优质的早期教育比后期干预更有效，在整个生命周期中能带来可观的回报，尤其是对弱势群体而言，但在欧盟层面，幼儿教育和保育受到的关注往往少于其他阶段的教育和培训，开展的关于幼儿教育和保育的研究以及为成员国制定和实施幼儿教育和保育政策收集的信息相对较少。不过这种情况已经发生了改变，自 21 世纪以来，为所有儿童增加获得和参与幼儿教育和保育的机会并提高其质量受到了欧盟政策的极大关注。普遍和公平地获得幼儿教育和保育是优质教育的一个重要特征，它有助于缩小成绩差距，可

---

① The World Bank, *Investing in Young Children*: *An Early Childhood Development Guide for Policy Dialogue and Project Preparation*, Washington D. C.: The World Bank, 2011.

② OECD, *Starting Strong Ⅲ*: *Early Childhood Education and Care*, Paris: OECD, 2012.

获得性和质量是欧盟高质量幼儿教育和保育系统基本特征的两个重要方面。

（一）扩大幼儿教育和保育机会

获得普遍提供的高质量、包容性幼儿教育和保育服务对所有人都有利，不仅有助于儿童释放他们的潜力，也有助于让父母和其他家庭成员改善就业、参与工作相关培训、父母教育和休闲相关活动。尤其是高质量的幼儿教育和保育使父母能够更好地协调家庭和工作责任，从而提高就业能力。为了消除阻碍女性参与劳动力市场的因素，2002 年巴塞罗那欧洲理事会制定了到 2010 年要实现的儿童保育目标：为至少 90% 的 3 岁至义务教育年龄儿童和至少 33% 的 3 岁以下儿童提供幼儿教育和保育。《2011—2020 年欧洲性别平等公约》（European Pact for Gender Equality 2011—2020）重申了这些目标。但各国实现巴塞罗那欧洲理事会目标的进展不平衡。到 2008 年，对于为 0—3 岁儿童提供托幼服务，有 5 个国家超过了 33% 的目标，另外 5 个国家基本接近，但大多数国家都落后于 33% 的目标，有 8 个国家仅达到 10% 或更低。对于为 3 岁以上儿童提供早期教育，有 8 个国家超过了 90% 的目标，3 个国家接近这一目标，约三分之一的成员国低于 70%。①

2009 年通过的《欧洲教育与培训合作战略框架》强化了儿童早期教育和保育，在新的教育基准中增加了学前教育指标，即到 2020 年，4 岁至义务教育开始的幼儿教育和保育参与率达到 95%。为了促进妇女参与劳动力市场、加强所有儿童的社会和认知发展，近年来欧盟进一步提高了幼儿教育和保育的目标。2021 年 2 月通过的《迈向欧洲教育区及之外（2021—2030 年）欧洲教育与培训合作战略框架的理事会决议》强调，"优质的幼儿教育和保育发挥着特别重要的作用，应进一步加强，将其作为未来教育成功的基础"，并提出到 2030 年欧盟至少 96% 的 3 岁至义务

---

① Council of the European Union, "Communication from the Commission Early Childhood Education and Care: Providing All Our Children with the Best Start for the World of Tomorrow", https://op.europa.eu/en/publication-detail/-/publication/f9674565-5714-4453-8dd1-72126e63b423.

初等教育起始年龄的儿童应参与幼儿教育和保育。[①]

照顾孩子尤其是照顾年幼孩子的责任是女性参与劳动力市场的一个重大制约因素，提供负担得起的高质量保育服务对妇女的就业状况有着重大的积极影响。随着整个欧盟幼儿教育和保育服务的增加，性别就业差距从 2002 年的 17.7 个百分点减少到 2021 年的 10.8 个百分点，然而近年来的进展停滞不前。欧洲社会权利支柱强调性别平等、工作与生活的平衡以及幼儿教育和保育作为欧盟主要目标的重要性。该支柱指出，必须确保和促进所有领域的男女平等待遇和机会，包括参与劳动力市场、就业以及职业发展，它还承认儿童有权获得负担得起的高质量幼儿教育和保育。2022 年 11 月，欧盟通过《关于幼儿教育和保育的理事会建议：巴塞罗那 2030 年目标》，该建议提出了欧盟层面高质量幼儿教育和保育服务的 3 个具体指标：（1）到 2030 年至少 45% 的 3 岁以下儿童参与幼儿教育和保育；（2）到 2030 年至少 96% 的 3 岁至义务初等教育起始年龄的儿童参与幼儿教育和保育；（3）儿童每周参加幼儿教育和保育的时间不少于 25 小时。[②] 欧盟鼓励成员国根据本国国情，提供更多的可获得、负担得起和高质量的幼儿教育和保育，以支持和促进妇女积极参与劳动力市场、促进儿童的社会和认知发展，特别是弱势儿童或来自弱势背景的儿童。

（二）提供高质量的幼儿教育和保育

欧盟认为，幼儿教育和保育是成功的终身学习、社会融合、个人发展和日后就业能力的重要基础。作为对家庭核心作用的补充，幼儿教育和保育具有深远和持久的影响，这是后期采取的措施所无法实现的。儿

---

① Council of the European Union, "Council Resolution on a Strategic Framework for European Co-operation in Education and Training Towards the European Education Area and Beyond（2021-2030）", https：//op. europa. eu/en/publication - detail/-/publication/b004d247 - 77d4 - 11eb - 9ac9 - 01aa75ed71a1.

② Council of the European Union, "Council Recommendation of 8 December 2022 on Early Childhood Education and Care：The Barcelona Targets for 2030 2022/C 484/01", https：//op. europa. eu/en/publication-detail/-/publication/11f9517d-800f-11ed-9887-01aa75ed71a1/language-en/format-PDF/source-295577906.

童早期的经历构成了所有后续学习的基础，如果在早年打下坚实的基础，以后的学习会更有效，更有可能持续终生，从而减少过早辍学的风险，提高教育成果的公平性，减少人才流失和社会、卫生甚至司法系统公共支出方面的社会成本。幼儿教育和保育有潜力让年轻人在未来的世界中拥有一个良好的开端，在为提高未来欧盟公民的能力奠定基础方面发挥着至关重要的作用。幼儿教育和保育服务的设计和提供应满足所有儿童的全方位需求，包括认知、情感、社会和身体需求。幼儿教育和保育课程的内容应该超越认知学习，包括社会化和一系列非认知方面；员工能力是高质量幼儿教育和保育的关键，应制定政策吸引、培养和留住合格的员工；要将保育与教育结合起来，提高幼儿教育和保育的质量、公平性和系统效率；要确保幼儿教育和保育的质量保证：设计协调一致的教学框架，让主要利益相关方参与其中；要加强不同政策部门如教育、就业、卫生和社会政策之间的密切合作。2011 年 6 月，欧盟发布《为我们所有的孩子提供明天世界的最佳开端》的幼儿教育和保育理事会结论，指出高质量的儿童早期教育对所有儿童都有益，尤其是对于那些在社会经济上处于不利地位、有移民背景或有特殊教育需求（包括残疾）的儿童，通过帮助缩小成就差距并支持认知、语言、社会和情感发展，可以打破通常导致提早辍学和贫困代际传递的恶性循环。提供高质量的幼儿教育和保育与确保其可用性和可负担性同样重要，需要关注环境和基础设施、人员配备、课程、治理和质量保证等问题，为此欧盟提出：应促进跨部门和综合的保育和教育服务方法，以整体方式满足所有儿童的认知、社交、情感、心理和身体需求；应推广适合儿童发展的课程和计划，促进儿童认知和非认知技能的获得，同时认识到游戏的重要性；应支持幼儿教育和保育工作人员的专业化，重点发展他们的能力、资格，提高工作条件和专业声望；应鼓励幼儿教育和保育服务与儿童父母、家庭和社区密切合作；应为社会经济弱势、有移民背景或有特殊教育需求（包括残疾）的儿童提供公平获得高质量、包容性的幼儿教育和保育机会；应在包括家庭在内的所有主要利益相关者的参与下促进幼儿教育和保育的质量保证。①

改善获得早期儿童教育和保育服务的质量在欧盟其他相关政策领域也得到了高度重视。2013 年欧盟委员会发布的《投资于儿童：打破不利循环的委员会建议》强调了提供高质量、包容性幼儿教育和保育，确保其可负担性，并根据家庭的需求提供服务，特别考虑到弱势儿童需求的重要性。欧洲社会权利支柱（European Pillar of Social Rights）根据第 11 项原则确定了儿童享有负担得起的幼儿教育和优质保育服务的权利，同时，来自弱势背景的儿童应该有权获得平等机会。在《通过教育和文化加强欧洲认同》的通讯中，欧盟委员会提出了欧洲教育区的愿景，承认幼儿教育和保育在为学校和一生的学习奠定坚实基础方面的作用。2017 年欧盟委员会关于学校发展和优秀教学的通信和委员会关于学校发展和优秀教学的相关结论着重强调了改善获得幼儿教育和保育服务的机会和质量的必要性。欧洲议会在 2017 年 9 月 14 日关于欧洲新技能议程的决议中呼吁成员国扩大获得幼儿教育和保育的机会并提高质量，解决缺乏足够的基础设施为所有收入水平的家庭提供优质和可获得的儿童保育的问题，并考虑向生活贫困和受社会排斥的家庭提供免费机会。2018 年 1 月，欧盟委员会通过了一项关于终身学习关键能力的理事会建议提案，其中包括幼儿教育和保育，提出在早期教育中支持能力发展的重要性，重点是社会和情感能力。

高质量的幼儿教育和保育在改善教育成果包括发展儿童社会能力方面发挥着决定性的作用。研究表明，参与高质量的幼儿教育和保育有助于获得更高的基本技能，是防止辍学的有力措施。经合组织国际学生评估项目 PISA 也显示，接受学前教育超过一年的学生在 15 岁时数学成绩更好。近年来在努力提高机会和参与的同时，人们越来越关注幼儿教育

---

① Council of the European Union, "Council Conclusions on Early Childhood Education and Care: Providing all Our Children with the Best Start for the World of Tomorrow", https://op.europa.eu/en/publication-detail/-/publication/f9674565-5714-4453-8dd1-72126e63b423/language-en/format-PDF/source-295578106.

和保育的质量。2019 年 5 月 22 日欧盟通过的《关于高质量幼儿教育和保育系统的理事会建议》指出，学习是一个渐进的过程，儿童在早年打下坚实的基础是更高水平的能力发展和教育成功的先决条件，对儿童的健康和福祉至关重要。因此，幼儿教育和保育应被视为教育和培训系统的基础，并成为教育连续体的一个组成部分。建议书重申，幼儿教育和保育的投资回报率是所有教育阶段中最高的，特别是对处于弱势地位的儿童而言。建议书强调，只有高质量的幼儿教育和保育服务才能带来益处，低质量的服务对儿童和整个社会都有重大的负面影响。因此，幼儿教育和保育的政策措施和改革需要优先考虑质量因素。欧盟建议各成员国根据"幼儿教育和保育质量框架"以及欧洲社会权利支柱的第 11 项原则，改善获得高质量幼儿教育和保育系统的机会，具体为：努力确保幼儿教育和保育服务是可获得的、负担得起的和包容性的；支持包括领导者在内的幼儿教育和保育人员的专业化；加强早期课程的开发，关注儿童的兴趣，满足每个儿童的独特需求和潜力，包括有特殊需求或处于弱势或不利处境的儿童；促进在适当层面对幼儿教育和保育服务进行透明和一致的监测和评估，以便制定和执行政策；确保为幼儿教育和保育服务提供充足的资金和法律框架，等等。① 建议书提出了幼儿教育和保育质量框架的关键要素，支持成员国努力改善其幼儿教育和保育系统的可及性和质量。

　　欧盟认为，高质量的幼儿教育和保育对于确保儿童从参与幼儿教育和保育活动中受益至关重要，成员国应确保提供高质量的幼儿教育和保育，同时考虑到关于高质量幼儿教育和保育系统的建议中列出的各个方面，包括获得幼儿教育和保育服务的机会、工作人员的资格和工作条件、教学课程、监测和评估以及幼儿教育和保育服务的治理和融资，尤其是工作人员/儿童比率、工作人员资格和持续专业培训等因素。《关于幼儿

---

① Council of the European Union, "Council Recommendation of 22 May 2019 on High-Quality Early Childhood Education and Care Systems", https://op.europa.eu/en/publication-detail/-/publication/38e20eca-876b-11e9-9f05-01aa75ed71a1.

教育和保育的理事会建议：巴塞罗那 2030 年目标》要求为所有儿童提供高质量的幼儿教育和保育服务，以促进儿童身体、社会、情感、认知和教育发展及福祉，增进父母对幼儿教育和保育服务的信任。同时鼓励成员国根据理事会关于高质量幼儿教育和保育系统的建议制定国家或地区质量框架，质量框架应特别规定：考虑到儿童的年龄以及任何残疾或特殊教育需求，保证适当的工作人员—儿童比例和班级规模；支持所有幼儿教育和保育工作人员的专业化，通过充分和终身的培训机会，提高所需的初始教育水平、确保持续的专业发展；营造安全、养育和关爱的环境，提供适合各类儿童和各年龄组具体需求的优质课程和学习机会，以及为儿童发展潜力提供各种可能性的社会、文化和物质空间。①

第二节　欧盟幼儿教育和保育质量框架

优质幼儿教育和保育的好处不仅在教育方面相对明显，其作用也扩展到社会和经济领域。有鉴于此，欧盟委员会将幼儿教育和保育确定为奠定未来欧盟公民能力提升基础的关键，并将幼儿教育和保育的质量改进视为其更广泛议程的一部分，该议程旨在培养更高技能的劳动力，使其能够为技术变革作出贡献并适应技术变革。此外，高质量的幼儿教育和保育使父母能够更好地协调家庭和工作责任，有助于男女之间更公平地分配家庭责任，对就业产生积极影响。最后，在欧盟发展高质量的幼儿教育和保育也被视为欧盟儿童权利议程的一部分，向来自弱势背景的儿童提供高质量的幼儿教育和保育是一个重要工具。欧盟在其一系列政策文件中确定了改善获得幼儿教育和保育机会的目标并确保其质量的措施，制定幼儿教育和保育质量框架，为高质量的幼儿教育和保育系统提

---

① Council of the European Union, "Council Recommendation of 8 December 2022 on Early Childhood Education and Care: The Barcelona Targets for 2030 2022/C 484/01", https://op.europa.eu/en/publication-detail/-/publication/11f9517d-800f-11ed-9887-01aa75ed71a1/language-en/format-PDF/source-295577906.

供关键原则和欧洲方法，作为保证并提升幼儿教育和保育质量的重要的治理工具。

一　欧盟幼儿教育和保育质量框架的发展

欧盟成员国都无一例外地向义务教育年龄以下的儿童提供某种形式的幼儿教育和保育，该政策传统上是作为鼓励妇女进入劳动力市场的措施制定的。越来越多的成员国不仅关注幼儿教育和保育的可获得性，而且强调提高幼儿教育和保育的质量，认为提供高质量的幼儿教育和保育与确保其可及性和可负担性同样重要。

（一）欧盟幼儿教育和保育质量分析框架

为了从欧盟层面提供有关优质幼儿教育和保育的观点，为成员国制定提高幼儿教育和保育质量的政策提供参考，2012 年欧盟委员会成立了 ECEC 专题工作组，作为教育和培训 2020 年工作计划的一部分。在随后两年时间里，该小组与幼儿教育和保育以及辍学问题联合利益攸关方小组的专家和关键决策者围绕高质量 ECEC 的特征进行了持续的对话和协商，达成了广泛共识。2013 年 5 月，欧洲议会内部政策总局发布了《幼儿教育和保育质量》，该报告基于实证研究文献和欧盟委员会、欧洲议会确定的政策优先事项，提出了欧洲幼儿教育和保育质量的分析框架，包括：（1）获取/参与；（2）政治、法律和金融体系；（3）员工；（4）课程；（5）家长参与（表 6-1）。① 该研究旨在促进 ECEC 质量专题工作组开展的工作，为幼儿教育和保育制定一个欧洲质量框架，作为开放式协调方法进程的一部分。

1. 获取/参与

《欧洲教育与培训合作战略框架》为欧盟成员国幼儿教育和保育的幼儿参与率制定了共同目标：到 2020 年向至少 95% 的 4 岁至义务教育年龄

---

① Directorate-General for Internal Policies of the Union (European Parliament), "Quality in Early Childhood Education and Care", https://op.europa.eu/en/publication-detail/-/publication/8c274366-7bc4-435e-b573-8db78da69968.

的儿童提供 ECEC 服务；对于 3 岁以下的儿童，参与率应达到 33%。在此
共同目标下，几乎所有欧盟成员国都制定了政策，以实现欧洲 2020 年目
标。特别关注具有弱势背景或来自特定（弱势）地区的儿童，这些儿童
需要通过优质幼儿教育和保育服务的早期干预获得额外的支持。扩大还
意味着成员国在幼儿教育和保育参与方面更加重视区域差异，应确保欧
盟国家更多农村地区的儿童享有平等机会。

表 6-1　　　　　　　　欧洲幼儿教育和保育质量构成要素

质量要素	欧盟委员会定义的优先事项①	欧洲议会确定的优先事项②
获取/参与	确保充分（普遍）的 ECEC 服务	ECEC 的普遍提供
政治、法律、金融体系	整合教育与保育系统	更好的整合服务
员工	ECEC 工作人员的专业化	提供员工和优质服务
	吸引、教育和留住合格员工	
	改善员工的性别平衡	
课程	课程的认知/非认知元素之间的适当平衡	以儿童为中心的方法
	设计连贯、协调良好的教学框架	
家长参与	儿童在家庭和 ECEC 之间的过渡	父母的参与

资料来源：Directorate-General for Internal Policies of the Union（European Parliament），"Quality in Early Childhood Education and Care"，https：//op. europa. eu/en/publication-detail/-/publication/8c274366-7bc4-435e-b573-8db78da69968.

2. 政治、法律和金融体系

越来越多的欧盟成员国正在努力整合治理结构，为所有年龄组的儿

---

① Council of the European Union，"Communication from the Commission Early Childhood Education and Care：Providing all Our Children with the Best Start for the World of Tomorrow"，https：//op. europa. eu/en/publication-detail/-/publication/f9674565-5714-4453-8dd1-72126e63b423.

② Committee on Culture and Education（EP Committee），European Parliament，"Early Years Learning European Parliament Resolution of 12 May 2011 on Early Years Learning in the European Union"，https：//op. europa. eu/en/publication-detail/-/publication/c125f18d-4375-11e2-9b3b-01aa75ed71a1/language-en/format-PDF/source-295578706.

童提供幼儿教育和保育服务，因为在政策范围内对儿童发展采取整体方法会带来更好的教育成果。尽管幼儿教育和保育政策的权限可能会在不同层级的政府之间分配，但国家一级通常至少有一些权限来决定幼儿教育和保育领域的支出。调查数据显示幼儿教育和保育的支出水平占国内生产总值的百分比在成员国之间的差异很大。尽管投资幼儿教育和保育本身不会自动提高质量，但成员国在幼儿教育和保育上更多的投资与其在国际测试（如 PISA）中的成绩之间存在明显的正相关关系。因此，强有力的财政支持对于提高幼儿教育和保育的质量至关重要。

3. 员工

称职的员工是提供优质幼儿教育和保育的关键因素，然而欧盟几乎没有关于员工素质政策的共同标准。欧盟各国对幼儿教育和保育工作人员有各种不同的最低资格要求，总体上各国不需要整个幼儿教育和保育工作人员队伍拥有高等教育资格，因为具有职业资格的工作人员可以执行辅助工作。然而，为了确保基本的质量水平，对于一些幼儿教育和保育从业者设立最低资格标准是必要的。大多数成员国试图使幼儿教育和保育从业者专业化，该目标在政策设计或财政支持的程度上存在相当大的差异。这与更非正式类型的家庭日托特别相关，这些家庭日托在自己家里照顾孩子，因此不受大多数规定的约束。然而，持续的专业发展对幼儿教育和保育"正规"从业者的质量也很重要。此外，工作条件如工作环境、工资和工作福利等与工作人员素质相关的制度至关重要，这些更广泛的工作条件影响员工的工作满意度，从而影响所提供的幼儿教育和保育的质量。

4. 课程

研究者和决策者一致认为，对幼儿来说重要的是不仅要发展对进入小学教育很重要的认知因素，而且要发展非认知因素。在为终身学习奠定基础的过程中，这两个因素同等重要。尽管欧盟内部总体上保持了这种平衡，但就如何制定详细的国家课程指南存在很大差异。一些成员国为接近义务教育年龄的儿童推出学前方案，为儿童进入小学教育做准备。

在整个欧盟，幼儿教育和保育计划正越来越多地集中于提高更多的教育层面，如算术和识字。所有成员国都出台了政策举措，以帮助面临风险的儿童，将他们纳入现有的幼儿课程活动。然而，这种活动的目的和结果在各个幼儿教育提供者之间以及在不同地区之间往往非常不同，需要更多的证据来对这些尝试和做法做出明智的政策选择。研究表明，训练有素的幼儿教育和保育专业人员在成功帮助面临风险的儿童方面发挥着至关重要的作用。

5. 家长参与

家长参与对于提供高质量的幼儿教育和保育是绝对必要的，他们是儿童发展的关键利益攸关方，这对于少数群体或处境不利的儿童来说尤其重要。因为家长参与有助于减少家庭和学校环境之间的差异，从而提高儿童的教育成绩、降低以后的辍学率。尽管法律、法规和规章可能会对家长参与给予一定的关注，但在整个欧盟范围内，家长参与通常是由个体教育提供者来决定的。家长参与需要区分以儿童为中心和以机构为中心两种情况，因为两者有不同的基本目标。以儿童为中心的家长参与有助于儿童的发展，而以机构为中心的家长参与更侧重于家长与幼儿教育和保育机构之间的交流。结合政府制定的现有质量标准，以机构为中心的家长参与可以成为有效的质量保证工具。当挑剔的父母表现得像建设性的消费者时，他们有可能影响幼儿教育和保育提供者的质量。因此，训练有素的 ECEC 专业人员在有效地与家长互动方面发挥着重要作用，无论是关注儿童还是关注 ECEC 机构。

（二）幼儿教育和保育质量框架关键原则

高质量的幼儿教育和保育是保证所有儿童成功的终身学习、社会融合、个人发展和未来就业能力的重要基础，为儿童提供高质量、负担得起的幼儿教育和保育是欧盟及其成员国的一个重要优先事项。欧盟成员国一直在制定政策，以增加幼儿教育和保育供给并提高其质量。2011 年，应成员国的要求，欧盟委员会启动了一个合作进程，以应对为所有儿童提供幼儿教育和保育以及提高 ECEC 服务质量的双重挑战。该进程包括在

2012 年成立一个专题工作组，作为教育和培训 2020 年工作计划的一部分。在欧盟委员会的主持下，2014 年 ECEC 专题工作组提出了《幼儿教育和保育质量框架关键原则提案》，该文件通过与来自 25 个国家（加上挪威和土耳其）的专家以及来自 55 个欧洲利益相关者组织的相关团体的政策合作过程制定，在希腊担任主席国期间组织的幼儿教育和保育国际会议上进行了讨论和商定。它旨在支持决策者并鼓励成员国为了儿童个人和社会的利益，进一步提高幼儿教育和保育的质量。在开放式协调方法背景下，幼儿教育和保育专题工作组使用同行学习方法制定在欧洲范围内提高幼儿教育和保育质量的建议，其重点是确定和审查有助于改善幼儿教育和保育质量和机会的关键政策行动，通过审查成员国政策和实践的现有证据以及跨国研究结果，将儿童置于其质量框架的中心。该小组强调了 5 个领域，分别是幼儿教育和保育的可获得性、工作人员、课程设置、评估和监测、治理和资金。

1. 质量框架的 3 个原则

质量框架基于 3 个关键原则，这 3 个原则被认为是发展并维持高质量幼儿教育和保育的基础。①

（1）幼儿教育和保育服务需要以儿童为中心，尊重儿童的意见，让儿童积极参与

儿童是"知识的共同创造者"，他们需要并希望与其他儿童和成人互动。幼儿教育和保育服务需要以儿童为中心，尊重儿童的意见并积极让儿童参与日常决策。幼儿教育和保育服务应提供一个养育和关爱的环境，一个社会、文化和物质空间，为儿童发展其现在和未来的潜力提供各种可能性。幼儿教育和保育旨在提供一种基于教育和保育不可分割的基本假设的整体方法。

---

① Proposal for Key Principles of a Quality Framework for Early Childhood Education and Care, Report of the Working Group on Early Childhood Education and Care under the Auspices of the European Commission, October 2014.

（2）家长作为幼儿教育和保育服务合作伙伴的参与至关重要

家庭是儿童成长和发展的重要场所，父母（或主要照顾者）对每个儿童的福祉、健康和发展负责。家庭的特点是巨大的社会、经济、文化多样性，这种多样性应该作为欧洲社会的基本要素受到尊重。在国家、地区或地方法规规定的范围内，家庭应充分参与子女教育和照料的各方面。为了使这种参与成为现实，幼儿教育和保育服务应与家庭合作设计，以信任和相互尊重为基础。这种伙伴关系可以通过开发满足父母需求的服务来支持家庭，兼顾家庭和工作时间。幼儿教育和保育服务可以补充家庭，为父母和儿童提供支持和额外的机会。

（3）需要对高质量服务有共同的理解

高质量的幼儿教育和保育服务对于促进儿童的发展和学习至关重要，从长远来看，还能增加他们受教育的机会。幼儿教育和保育质量框架分享了欧盟委员会儿童保育网络提出的质量基本假设。1996年，该网络提出了所有成员国在10年期间要实现的40个目标。该网络还强调质量是一个基于价值观和信仰的相对概念，定义质量应该是一个动态、持续和民主的过程，需要在定义某些共同目标、将它们应用于所有服务以及支持各个服务的多样性之间找到平衡。

质量框架基于对儿童应该如何在社会中学习和成长的共同观点：儿童是有意愿、有冒险精神和积极的学习者，他们从学习、照护和游戏中受益；儿童是自身学习的积极参与者，是教育和照料过程的核心；儿童不仅仅是教育的接受者，他们还在构建自己的学习中扮演着积极的角色；儿童有不同的情感、身体、社会和认知需求，在设计和实施早期儿童教育和保育服务时应认识到这些需求。儿童的教育和保育以及他们的认知、社交、情感、身体和语言发展都很重要。教育和保育的均衡结合可以促进儿童的福祉、积极的自我形象、身体发育及其社会和认知发展。通过游戏开展学习的重要性也得到了理解和支持。在整个质量框架中有一个潜在的假设：幼儿教育和保育方案（有时基于课程或一套教育准则）是通过被视为自发和无组织的游戏来提供的，这是一项由儿童主导和发起的活动，它为儿童提供了探索他们的兴趣以及思考与他们的生活相关和有意义的问题的机会，工作人员的作用是通过创造合适的环境和使用教学方法来鼓励儿童玩耍。

这种对游戏的强调体现在幼儿教育和保育课程（或指导方针）中，鼓励儿童通过游戏来学习。游戏维系孩子的兴趣，鼓励他们解决问题，培养独立性。孩子们学会行使选择权并为自己的学习承担越来越多的责任，有利于培养他们的信心。研究表明，游戏支持元认知能力的发展，这些能力与幼儿教育和保育的长期收益相关（如语言能力和逻辑推理）。游戏可以成为促进正规学习的有力工具，成熟的符号游戏有可能影响特定的读写和计算技能，国际文献综述的研究结果也证实了这一点。因此，应该承认儿童理解周围世界并赋予其意义的重要性并为他们提供机会，儿童游戏应该成为提高儿童学习能力的教育和保育计划的核心。幼儿的学习过程高度依赖于他们所处的社会环境、他们与其他儿童和成人之间稳定的互动、自由和无条件的玩耍以及自由表达的空间和时间。在教育和关爱的环境中玩耍是儿童生活的一部分，在这里他们能够做出自主选择。

2. 质量框架的基本内容

《幼儿教育和保育质量框架关键原则提案》由 10 项广泛的行动声明组成，每项声明都建议成员国加强幼儿教育和保育的质量、强调高质量的幼儿教育和保育基于高期望，这些声明基于 5 个维度：可获得性、工作人员、课程、监测和评估、治理和资金（图6-2），每个维度包含两项质量声明。① 这 10 项声明可供成员国制定幼儿教育和保育政策，支持决策者和鼓励所有成员国为了儿童个人和社会的利益，进一步提高幼儿教育和保育的质量。它还可以刺激系统一级的自我反思，将这些行动声明与当地情况结合，为加强幼儿教育和保育提供新的动力。

---

① Proposal for Key Principles of a Quality Framework for Early Childhood Education and Care, Report of the Working Group on Early Childhood Education and Care Under the Auspices of the European Commission, October 2014.

图6-2　幼儿教育和保育质量框架

（1）可获得性：①向所有家庭及其子女提供负担得起的服务。高质量普及教育的潜在好处对来自弱势和边缘化群体的儿童尤为重要，应该为出生到儿童开始义务小学教育的阶段提供幼儿教育和保育服务。为了适应父母的情况并鼓励所有家庭使用幼儿教育和保育服务，需要在开放时间和方案内容方面体现灵活性。②鼓励参与、加强社会包容和体现多样性的服务。幼儿教育和保育的成功包容性的基础是：促进幼儿教育和保育利益的合作，涉及地方组织和社区团体；尊重和重视父母的信仰、需求和文化；保证幼儿教育和保育环境/中心欢迎所有儿童和家庭；采取积极主动的方法，鼓励父母利用幼儿教育和保育服务；促进幼儿教育和保育中心、卫生和社会服务部门、地方当局和学校部门的工作人员之间的密切合作。

（2）工作人员：①合格的工作人员，他们的初始和继续培训使他们能够履行其专业职责。将幼儿教育和保育工作人员视为专业人员是关键，职业发展对工作人员的教学质量和孩子的成绩有着巨大的影响，为从事幼儿教育和保育工作的工作人员（如幼儿教师、助理、教育工作者、家庭日托保育员等）制订共同的教育和培训方案有助于协作和增进对质量的理解。②支持性工作条件，包括为观察、反思、计划、团队合作和与父母合作创造机会的专业领导。良好的工作条件有益于员工个人发展并有助于留住他们。政策措施影响幼儿教育和保育服务的结构质量，包括当地确定的员工规模、儿童与成人的比率、工作时间和工资水平，有助于使幼儿教育和保育职业成为一个有吸引力的选择，良好的工作条件也可以减少该领域的人员流动。

（3）课程：①基于教学目标、价值观和方法的课程，使儿童能够以全面的方式发挥其全部潜力。儿童的教育和保育以及他们的认知、社交、情感、身体和语言发展都很重要，课程应设定共同的目标、价值观和方法，反映社会对 ECEC 环境在鼓励儿童充分发展潜能方面的作用和责任的期望。课程的实施需要在一个开放的框架内进行规划，以整体的方式承认并满足儿童的不同兴趣和需求。②课程要求员工与孩子、同事和家长合作并反思自己的做法。课程是促进儿童之间以及儿童、家长和 ECEC 工作人员之间的交流并建立共同理解和信任的重要工具，制定课程合作办法的一个重要因素是，每个工作人员有能力分析自己的做法，确定哪些做法是有效的并与同事合作，制定基于证据的新方法。课程可以通过实验和创新来促进儿童的学习，同时鼓励与家长合作。

（4）监测和评估：①监测和评估获得地方、区域和国家层面的相关信息，以支持政策和实践质量的持续改进。对幼儿教育和保育的系统监测有助于在相关的地方、区域或国家层面生成适当的信息和反馈，这种信息应支持公开交流、协调一致的规划、审查、评价和 ECEC 的发展，以追求系统各层级的高质量。②监测和评估符合儿童的最大利益，应开展监测和评估，以支持儿童、家庭和社区。所有利益攸关方，包括幼儿教育和保育人员，都应参与监测和评估过程。

（5）治理和资金：①幼儿教育和保育系统中的利益相关方应对自己的角色和责任有明确的共同理解，并与伙伴组织合作。鉴于幼儿教育和保育服务的跨部门性质，政府、利益攸关方和社会伙伴需要共同努力，确保服务的成功。可以通过立法、法规和指导来建立对协作重要性的明确期望，这种协作支持为儿童、家庭和当地社区带来高质量的成果。

②立法、法规和资金支持在实现公共补贴或资助的幼儿教育和保育的普遍法定权利方面取得进展，并定期向所有利益攸关方报告进展情况。结构或立法安排通过赋予家庭获得负担得起的服务的权利，支持获得幼儿教育和保育。监测幼儿教育和保育的接受情况，可以确保资金得到有效利用。为了在普及获得幼儿教育和保育服务的权利方面取得进展，需要采取措施强调幼儿教育和保育服务的吸引力和价值。

这些提议的声明针对从出生到义务教育年龄范围的儿童，基于上述声明，ECEC 专题工作组提议，在欧洲层面确立幼儿教育和保育服务质量的欧洲基准，该质量基准将与 2020 年教育和培训关于 ECEC 提供的数量基准同时运作。此外，可以用支持每项声明的指标来补充基准，每一项声明有 3—4 项指标的清单，各国可以从中选择 1—2 项或根据本国国情量身定制。

3. 质量框架提案的影响

2017 年，教育和培训社会专家网络（NESET Ⅱ）发布的一份报告显示，通过对欧盟 24 个成员国和挪威的幼儿教育和保育质量框架或同等战略政策文件的考察证实，一些国家（比利时、捷克、法国、德国、希腊、爱尔兰、意大利、葡萄牙等）已经利用关于幼儿教育和保育质量框架的提议来支持其国家的幼儿教育和保育改革，另外一些国家（丹麦、挪威、奥地利等）开展了旨在提高幼儿教育和保育系统质量和可及性的改革，制定或开发国家幼儿教育和保育质量框架。① 各成员国近年来采取了以下政策措施来提高幼儿教育和保育的质量：提高幼儿教育和保育服务和教学方法的包容性（具体涉及可获得性、可负担性、有用性、可理解性和可取性的标准）；以尊重儿童的全面发展和学习策略的方式改进教学实践，同时对儿童的需求和潜力的多样性作出反应（具体涉及教学指南、

---

① NESET II ad hoc Question No. 4/2017, the Current State of National ECEC Quality Frameworks or Equivalent Strategic Policy Documents, Governing ECEC Quality in EU Member States, https://www.researchgate.net/publication/322491141_'The_current_state_of_national_ECEC_quality_frameworks_or_equivalent_strategic_policy_documents_governing_ECEC_quality_in_EU_Member_States'_NESET_II_ad_hoc_question_No_42017.

课程）；加强早期教育工作人员的专业化（具体涉及专业准备、持续专业发展和持续支持以及工作条件）；监测和评估课程实施情况以及从参与的角度持续改进实施程序和工具；制定并实施治理和筹资战略或计划，以便更好地协调不同部委和部门之间的倡议、更好地与地方当局保持一致，增加跨部门合作并提高利益相关者的参与。总体上，欧盟幼儿教育和保育质量框架在部分成员国中发挥了重要作用，通过指导政策协商和宣传进程，触发了改革或维持了现有的改革。尽管如此，在大多数情况下，欧盟成员国的改革并没有基于全面的国家或区域幼儿教育和保育质量框架，一些国家已经实施或正在制定一系列举措和措施，以改善幼儿教育和保育服务的可及性和质量，但大部分没有涵盖质量的所有方面。这一状况表明，欧盟《幼儿教育和保育质量框架关键原则提案》提供了一个很好的基础，但如果能通过政治举措扩大其应用的规模，将会受益匪浅。

（三）幼儿教育和保育质量指标

提高整个欧盟幼儿教育和保育系统的质量和有效性有助于确保可持续、公平和包容性的经济增长，优质和无障碍的幼儿教育和保育系统对于支持所有人过上成功的生活同样重要，为幼儿提供高质量、负担得起的幼儿教育和保育是欧盟及其成员国的一个重要优先事项。2014年欧盟委员会ECEC专题工作组关于幼儿教育和保育质量框架是向高质量幼儿教育和保育迈出的重要一步，其补充了以前的欧洲倡议。随后欧盟委员会与欧洲幼儿教育和保育专家合作，在工作组学校质量分支下，确定一套可选指标，以补充幼儿教育和保育质量框架。专家们于2017年9月和12月召开会议，确定了22项指标（表6-2），用于评估幼儿教育和保育体系在各成员国的有效性以及支持和促进幼儿教育和保育质量与实践的能力。每项指标都适用于从出生到开始义务教育的儿童并且适用于私营、公共或志愿部门提供的服务。在22项指标中，专家们确定了10个他们认为特别重要的指标即"核心"指标（表6-2中加粗显示），涵盖质量框架中的5个维度和10项声明，这些核心指标为幼儿教育和保育质量的各个方面提供了全面的衡量标准。

表 6-2 幼儿教育和保育的 22 项指标

声明			指标
1	向所有家庭及其子女提供负担得起的服务	1	获得政府资助的儿童参加 ECEC 的百分比
		2	对于平均国民收入的父母来说，用于支付一个孩子每周至少 30 小时的 ECEC 服务所需的可支配收入的百分比
2	鼓励参与、加强社会包容和体现多样性的服务	3	鼓励弱势家庭参与 ECEC 服务的系统级政策
		4	定期接受 ECEC 服务的儿童比例
3	合格的工作人员，他们的初始和继续培训使他们能够履行其专业职责	5	完成与其角色有关的专业教育的直接从事 ECEC 工作的人员的百分比
		6	至少在工作的前 6 个月获得正式支持的工作人员百分比
		7	完成领导能力培训或拥有公认的相关领导资格的 ECEC 领导者百分比
		8	在初始培训方案中获得至少 3 个月相关工作经验的直接从事儿童工作的 ECEC 工作人员百分比
4	支持性工作条件，包括为观察、反思、计划、团队合作和与父母合作创造机会的专业领导	9	公共部门雇用的 ECEC 工作人员（资格条件与小学教师相似）的平均工资占小学教师平均工资的百分比
		10a	儿童与直接从事儿童工作的所有工作人员的平均比率
		10b	儿童与直接从事儿童工作的受过专业培训的工作人员的平均比率
		11	工作人员用于准备和反思（即他们不直接从事儿童工作）时间的百分比
5	基于教学目标、价值观和方法的课程，使儿童能够以全面的方式发挥其全部潜力	12	有正式、经批准的或强制性的 ECEC 课程框架
		13	以 ECEC 课程框架为基础开展儿童工作的机构的百分比

续表

	声明		指标
6	课程要求员工与孩子、同事和家长合作，并反思自己的做法	14	课程或其他指导性文件要求工作人员利用儿童、家长和同事的反馈，系统地改进其实践
		15	被要求使用基于儿童在 ECEC 学习经历为基础的课程的小学百分比
7	监测和评估获得地方、区域和国家层面的相关信息，以支持政策和实践质量的持续改进	16	关于 ECEC 系统质量的信息被用作改进的基础
		17	公开 ECEC 系统的质量信息
8	监测和评估符合儿童的最大利益	18	具有关注儿童最佳利益的监测系统的 ECEC 机构的百分比
		19	利用行政和教学数据提高教学质量的 ECEC 机构的百分比
9	幼儿教育和保育系统中的利益相关方对自己的角色和责任有明确的共同理解，并知晓应该与伙伴组织合作	20	有正规的制度使家长和伙伴组织能够与 ECEC 机构合作
10	立法、法规和资金支持在实现公共补贴或资助的幼儿教育和保育的普遍法定权利方面取得进展，并定期向所有利益攸关方报告进展情况	21	为所有儿童提供公共资助的 ECEC（每周至少 15 小时）的年龄
		22	ECEC 支出占国内生产总值的百分比

资料来源：European Commission, Directorate-General for Education, Youth, Sport and Culture, *Monitoring the Quality of Early Childhood Education and Care：Complementing the 2014 ECEC Quality Framework Proposal with Indicators：Recommendations from ECEC Experts*, Publications Office, 2018.

这套质量指标旨在支持各成员国根据国家立法以及幼儿教育和保育实践的条件对幼儿教育和保育系统的质量进行自我反思和改进，它提供了一个"工具箱"，各种用户可以从中选择与其特定系统和背景相关的指标，作为发展高质量幼儿教育和保育系统的重点。此外，这套指标系统旨在支持国家和地区层面的评估，以提高幼儿教育和保育系统的绩效。

通过质量衡量标准，提供有助于欧盟成员国提高幼儿教育和保育质量的工具。为了支持每项指标的使用，专家们还确定了指导性问题，这些问题旨在鼓励自我反省，并帮助该套指标的使用者评估其幼儿教育和保育系统的绩效。

（四）欧盟幼儿教育和保育质量框架质量声明

2019 年，欧盟《关于高质量幼儿教育和保育系统的理事会建议》认可了欧盟幼儿教育和保育质量框架，该质量框架在 2014 年 ECEC 专题工作组《幼儿教育和保育质量框架关键原则提案》的基础上，总结了欧盟成员国的良好实践和最新研究成果，提出了高质量幼儿教育和保育系统的关键原则和欧洲方法，为幼儿教育和保育系统的发展提供方向和治理工具。欧盟幼儿教育和保育质量框架（2019 年版）包括 10 项质量声明，涵盖 5 个质量领域：可获得性、员工、课程、监测和评估以及治理和资金，这些质量声明描述了实践中高质量幼儿教育和保育的主要特征（表 6-3）。该框架的主要目标是描述一个能够为所有儿童及其发展提供高质量服务的幼儿教育和保育系统，它遵循以下原则：高质量的服务对于促进儿童的发展和学习至关重要，从长远来看，增加了他们受教育的机会；家长作为高质量幼儿教育和保育服务的合作伙伴的参与至关重要——家庭是儿童成长和发展的最重要场所，家长（和监护人）对每个儿童的福祉、健康和发展负责；幼儿教育和保育服务需要以儿童为中心，让儿童积极参与并承认儿童的观点。

表 6-3　　　　　欧盟幼儿教育和保育质量框架（2019 年版）

质量领域	质量声明	政策含义
可获得性：所有儿童获得高质量的幼儿教育和保育服务有助于他们的健康发展和教育成功，有助于减少社会不平等、缩小不同社会经济背景儿童之间的能力差距	所有家庭及其子女都可获得且负担得起幼儿教育和保育	享有幼儿教育和保育服务的普遍法定权利为惠及所有儿童提供了坚实的基础，高质量的幼儿教育和保育要消除阻止家庭和儿童参与的障碍
	鼓励家庭参与、加强社会包容和体现多样性	通过让父母、家庭和保育人员参与决策过程（如家长委员会）来积极鼓励他们参与幼儿教育和保育

质量领域	质量声明	政策含义
员工：工作人员是儿童福祉、学习和未来发展成果的最重要因素，因此员工的工作条件和职业发展被视为质量的重要组成部分	员工合格且训练有素，能够履行其专业职责	有效的幼儿教育和保育系统考虑提高工作人员的专业地位，这是质量的关键因素之一，方法是提高资格水平、打造有吸引力的专业地位和灵活的职业前景、培养一支拥有幼儿教育专业资格的高素质辅助教学人员队伍
	为员工提供支持性工作条件，包括专业领导以及为观察、反思、计划、团队合作和与父母合作创造机会	旨在改善工作条件的幼儿教育和保育系统，包括适当的工资水平，可以使幼儿教育和保育成为合格工作人员就业更具吸引力的选择
课程：课程是改善儿童福祉、发展和学习的有力工具，一个广泛的教学框架规定了通过满足儿童兴趣、需求和潜力的教育和保育实践来维持儿童发展和学习的原则	提供基于教学目标、价值观和方法的课程，使儿童能够充分发挥他们的潜力，满足他们的社会、情感、认知和身体发展以及福祉的需求	明确的课程为保育、教育和社会化提供一个连贯的框架，这种框架定义了教学目标，使教育工作者能够针对儿童的个人需求采取个性化的方法，为高质量的学习提供指导
	课程实施中要求员工与孩子、同事和家长合作并反思自己的实践	课程可以帮助家长、利益相关者和工作人员更好地参与，确保更充分地响应儿童的需求、兴趣和潜力
监测和评估：通过指出优势和不足，监测和评估过程可以成为提高幼儿教育质量的重要组成部分，支持利益相关者和决策者采取主动行动，满足儿童、父母和当地社区的需求	通过地方、区域和/或国家层面的监测和评估信息，支持政策和实践质量的持续改进	在国家、地区和地方层面，收集有关幼儿教育和保育服务和员工或课程实施的透明信息有助于提高质量
	监测和评估要符合儿童的最大利益	混合监测方法（如观察、记录、对儿童能力和学习的叙述性评估）可以提供有用的信息并说明儿童的经历和发展，包括帮助他们顺利过渡到小学
治理和资金：要使幼儿教育和保育服务在儿童的个人发展、学习以及缩小成绩差距和促进社会凝聚力方面发挥作用，治理和供资至关重要	利益相关者对其角色和责任应有清晰和共同的理解，并且与合作伙伴组织合作	利益攸关方的参与对于设计和实施幼儿教育和保育服务至关重要，整合或协调负责幼儿教育和保育不同法规的服务机构，可以对系统的质量产生积极影响

质量领域	质量声明	政策含义
	加强对普遍享有高质量、负担得起的幼儿教育和保育的立法、监管和资金支持，并定期向利益攸关方报告进展情况	通过逐步建立统一的法定权利，可以更好地提高为所有儿童提供服务的质量，包括促进从小参与幼儿教育和保育

资料来源：Council of the European Union, "Council Recommendation of 22 May 2019 on High-Quality Early Childhood Education and Care Systems", https：//op. europa. eu/en/publication - detail/~/publication/38e20eca-876b-11e9-9f05-01aa75ed71a1.

二 欧洲幼儿教育和保育质量现状与政策措施

在欧盟幼儿教育和保育质量框架的 5 个质量领域中，可获得性反映接受幼儿教育和保育的机会、可负担性、灵活性等，员工、课程、监测和评估、治理和资金是 4 个关键的质量维度。近年来幼儿教育和保育成为欧洲教育政策的重要组成部分，然而许多欧洲国家尚未实现幼儿教育和保育服务的普及和高质量。欧盟委员会关于在 2025 年前建立欧洲教育区的呼吁承认，幼儿教育和保育在入学机会、质量和可负担性方面存在不足。欧洲幼儿教育和保育仍然面临确保机会和提高质量的任务。

（一）幼儿教育和保育的可获得性

在欧洲，有两种保障普遍获得幼儿教育和保育的方式。一种是将接受幼儿教育和保育作为法定权利，另一种则是强制要求接受幼儿教育和保育服务。这两种方式都要求公共当局保证儿童接受幼儿教育和保育的学位，区别在于法定权利意味着儿童有权利接受幼儿教育和保育，强制性则规定儿童有法定义务接受幼儿教育和保育。根据法定权利，公共当局必须保证在父母要求的年龄范围内为任何儿童提供一个学位，相比之下，在幼儿教育和保育是义务教育的国家，公共当局必须保证为法定义务涵盖的年龄范围内的所有儿童提供足够数量的学位名额。欧洲各国在保证儿童获得 ECEC 学位的年龄上存在显著差异。一些国家（丹麦、德国、爱沙尼亚、拉脱维亚、斯洛文尼亚、芬兰、挪威和瑞典）保证为每个幼儿（6—18 个月）提供一个 ECEC 名额，通常是在育儿假结束后立即提供；其他一些国家（比利时、捷克、西班牙、法国、卢森堡、匈牙利、波兰、英国等）保证在政府补贴的 ECEC 中为 3 岁或更早一点的儿童保留一个学位。大约四分之一的欧洲教育系统为 ECEC 最后 1—2 年的 4—6 岁儿童提供保证名额。通常这项规定明确针对初等教育并且是强制性的。约四分之一的欧洲教育系统没有法律框架来确保获得 ECEC 学位。然而一些国家的 ECEC 参与率仍然很高，这些国家通常将幼儿教育和保育作为教育系统的一部分，幼儿教育和保育的起始年龄从 4 岁、3 岁甚至 2 岁开始。许多欧洲国家将义务教育权利延伸到了幼儿教育和保育，例如，捷克、克罗地亚、立陶宛、芬兰和瑞典在开始小学教育之前实行一年的义务幼儿教育和保育，希腊将义务幼儿教育和保育的期限从一年延长到两年，匈牙利从一年延长到三年，捷克、波兰和葡萄牙已经提出或扩大了对幼儿教育和保育的法定权利。[1]

在欧洲，大多数家庭需要为 3 岁以下的孩子支付 ECEC 费用，平均每月费用最高的国家是爱尔兰、荷兰、英国和瑞士。然而，对于年龄较大的儿童来说，ECEC 可获得性和可负担性要好得多，大约一半的欧洲国家为 3 岁以上的儿童提供免费的 ECEC。学龄前儿童家庭免费获得 ECEC 的趋势随着幼儿年龄的增长而增加，在义务初等教育开始前的最后一年，免费提供 ECEC 的做法几乎遍及整个欧洲。对于 3 岁以下的儿童，大多数国家都制定了政策，为弱势儿童和家庭提供优先入学和费用减免服务。生活贫困的儿童是最常见的目标群体，家庭收入是一个普遍的标准，通常与家庭组成结合使用，单亲家庭的孩子通常受益于有针对性的减免措施。

除了以机构为基础的 ECEC，大多数欧洲国家还提供以家庭为基础的 ECEC。后者通常由保育员在家为 3 岁以下甚至更小的孩子提供照护。在少数几个欧洲国家，儿童看护成为 ECEC 服务的重要组成部分。法国是唯

---

[1] European Education and Culture Executive Agency, Eurydice, *Key Data on Early Childhood Education and Care in Europe*, 2019, Publications Office, 2019.

一一个由保育员照看的幼儿多于由托儿所照看的幼儿的欧洲国家。另外一些国家（比利时、丹麦、德国、荷兰、芬兰、英国、瑞士和冰岛）有很大比例的 3 岁以下儿童由保育员照顾，但以机构为基础的服务占主导地位。以家庭为基础的 ECEC 通常更注重儿童保育而不是教育，它通常属于负责家庭、儿童和社会服务的部门管理。一些教育系统没有为以家庭为基础的 ECEC 提供教育指导。[①]

（二）政策整合：通向高质量 ECEC 之路

幼儿教育和保育是在义务初等教育开始前为儿童提供的服务，它包括两个方面：（1）照料（或儿童保育）：在父母工作的情况下能够确保儿童安全和照料的服务；（2）幼儿教育：具有支持儿童发展和为初等教育做准备的教育成分的服务。儿童保育是年幼儿童的重点，幼儿教育则是小学教育前较大儿童的教育。通常，从第一阶段（保育）到第二阶段（幼儿教育）的过渡发生在孩子 3 岁左右。在一些国家，过渡期可能早至 2 岁半或晚至 4 岁。在法规及管理上，通常按"3 岁以下"儿童和"3 岁及以上"儿童进行区分。在欧洲，ECEC 系统有两种主要组织方式：（1）分开模式：年龄较小和较大的儿童分别安置，通常在 3 岁左右过渡，为 3 岁以下儿童提供的服务侧重于保育，为较大儿童提供的学前教育则强调教育目标；（2）单一模式：整个年龄范围的儿童以单一方式提供服务，直到小学教育开始，在单一环境中，保育和早期教育是整体服务的组成部分。然而，儿童保育和幼儿教育之间的传统界限正在变得模糊，一种综合、一体化的幼儿教育和保育[②]方法变得越来越突出，欧洲国家越来越多地整合其幼儿教育和保育政策和法规。在大多数欧洲国家，以机

---

① European Education and Culture Executive Agency, Eurydice, *Key Data on Early Childhood Education and Care in Europe*, *2019*, Publications Office, 2019.

② 一体化的幼儿教育和保育是指所有幼儿（0 岁—小学学龄儿童）就读于相同的早教中心，所有从业人员达到相同的教育与培训要求，保证服务于不同年龄段儿童的从业人员更加专业化，从而确保所有阶段儿童发展的连贯性。一体化的幼儿教育和保育服务消除了人为的年龄分组，可以确保制定统一的政策和目标，统筹早期教育资源，统一对各类服务的监管、拨款与人员配置，提供更加协调与目标明确的服务，消除早期教育机会与质量的差异。

构为基础的 ECEC 以两种不同的形式提供，大约三分之一的国家采取单一安置方式，主要包括北欧国家以及波罗的海和巴尔干半岛的一些国家。

1. 治理模式

幼儿教育和保育服务的质量在很大程度上取决于其治理的性质，将整个幼儿教育和保育阶段的责任委托给一个部门或最高当局有助于促进连贯的政策，以及确保更高质量的服务。这种单一管理模式已被大多数欧洲教育系统采用，拥有单一管理模式的国家也从这种综合治理体系中受益，这些国家的幼儿教育和保育通常由教育部负责。而在幼儿教育和保育分开设置的国家，普遍实行双重管理模式，幼儿教育和保育的责任由两个不同的部门（或最高当局）分担。教育部或其他最高教育机构负责 3 岁及以上儿童的学前教育，针对 3 岁以下幼儿的"儿童保育类"服务则属于另一个部门或政府机构的职权范围，通常是儿童或家庭事务管理部门。幼儿教育和保育服务提供既有单一模式又有分开模式的国家倾向于采取一体化管理的单一治理模式。在大多数实行一体化管理的国家，教育当局掌握着幼儿教育和保育服务的治理权力，丹麦、德国和爱尔兰是少数几个由负责儿童服务或家庭事务的部门对整个幼儿教育和保育阶段进行管理的国家。①

2. 幼儿教育和保育的高素质员工

幼儿教育和保育工作人员支持儿童的发展、确保儿童的健康和福祉、指导他们的日常生活和活动。受过高等教育或更高水平培训的高素质员工更有可能使用适当的教学方法、创造激励性的学习环境、提供良好的关怀和支持。对幼儿教育和保育工作人员设定较高的最低入职要求，对于提高专业人员的地位和薪酬也很重要。相关国际组织提出，师幼比②和教师学历资格是幼儿教育和保育质量的准确预测器。联合国教科文组织认为，幼儿教育师资的专业素养和工作态度是影响保教质量的关键因素

---

① European Education and Culture Executive Agency, Eurydice, *Key Data on Early Childhood Education and Care in Europe*, 2019, Publications Office, 2019.

② "师幼比"是指一名教师与他（她）所负责照顾的幼儿人数之比。

之一，而一个国家的幼教师资政策（包括培训和聘任制度、工资待遇、工作条件、激励制度等）往往决定着幼教师资队伍的整体素质。OECD 通过研究发现：幼儿教育与保育带来的经济与社会回报取决于不同的质量指标，如师幼比、早期教育持续时间及起点年龄等；师幼比是高质量学习环境最准确的预测器，在确保儿童更好发展方面发挥关键作用。OECD 在"强势开端"（Starting Strong）系列报告中明确提出，更高的师幼比与儿童更好的发展结果有关，OECD 还建议设定幼儿教育和保育服务的适宜师幼比的低限（如 1∶15）。此外，"学历资格"是教师质量的一个非常强的预测器，设定保教人员的最低资格水平对于确保儿童健康发展具有非常重要的作用。欧盟认为优秀师资是实现高质量幼儿教育和保育的关键，确保幼儿教育和保育质量的最好方法就是保证所有师资具备充分的资格并且使其在整个职业生涯中接受高质量的培训。

部分欧洲国家对幼儿教育和保育第二阶段（3—6 岁）师资的学历资格要求较高，对第一阶段（0—3 岁）的要求则较低。为从事幼儿教育的工作人员确立初步的资格要求是确保一支合格工作人员队伍的起点，持续职业发展也至关重要，因为后者支持员工在其职业生涯中不断提升知识和技能。只有约四分之一的欧洲教育系统规定幼儿教育的核心从业人员必须接受持续专业发展教育，并明确了在规定时间内的最短持续时间。强制性持续专业发展通常意味着为工作人员参与专业发展活动提供支持，例如，在工作时间提供持续专业发展并报销课程或差旅费。然而并非所有国家都强制性要求幼儿教育和保育工作人员参与专业发展活动，在一些国家，持续专业发展仅仅是一项专业义务或者可选择。对于教学辅助人员来说，强制性持续专业发展非常罕见，卢森堡、斯洛文尼亚和英国（苏格兰）是仅有的要求所有教学辅助人员都必须参加持续专业发展的欧洲教育系统。在半数雇用教学辅助人员的教育系统中，这些工作人员不需要具备与其专业相关的初始资格。此外，教学辅助人员很少有义务开展持续专业发展活动。因此，相当一部分从事幼儿教育和保育的工作人员没有接受过任何与 ECEC 有关的正式培训。

3. 教育方针（课程）

越来越多的人认为，儿童早年接受的教育为其终身学习打下基础。因此，所有欧洲国家的最高当局都发布了官方指导方针，以确保幼儿学习环境成为有意义的教育场所。这些指导方针的内容各不相同，通常包括儿童发展或学习目标以及适合幼儿年龄的活动，有时采取标准课程的形式。这些课程旨在提高保育和学习的质量，确保幼儿教育和保育的所有服务都达到高标准。在大约三分之一的欧洲国家，教育指南仅适用于3岁及以上的儿童，在这些国家，"儿童保育型"教育和"学前教育"之间的鸿沟依然存在。[①]

教育指导方针建立了儿童学习和发展的领域，作为幼儿教育和保育日常活动的重点。这些学习领域适用于整个幼儿教育和保育阶段，包括：情感、个人和社会发展；身体发育；艺术技巧；语言和沟通能力；对世界的理解；合作技巧；健康教育。其他学习领域如早期外语学习和数字教育很少被提及，而且学习领域更多是针对年龄较大的儿童。此外，大多数国家的教育指导方针提供了关于幼儿教育教学方法和评估方法的建议，其中所建议的教学方法鼓励通过游戏开展学习，强调成人在游戏中鼓励儿童思考的关键作用。大多数国家强调在成人发起的活动和儿童发起的活动之间找到正确的平衡，而不太强调让父母参与儿童的学习。在评估方法上，所有提供评估准则的国家都提到儿童观察，大多数国家都明确提到保留观察结果的书面记录，这种观察采取的形式往往倾向于持续观测，而不是定期的短期观测，档案袋评价和自我评估则不被推荐。

第三节　欧洲幼儿教育和保育质量保证方法

幼儿教育和保育质量框架的5个方面对于保证高质量的幼儿教育和保育服务至关重要，其中评估和监测是关键方面之一。评估和监测可以

---

① European Education and Culture Executive Agency, Eurydice, *Key Data on Early Childhood Education and Care in Europe*, *2019*, Publications Office, 2019.

侧重于任何层级的幼儿教育和保育，包括机构层面、地方一级或整个幼儿教育和保育系统，它可以由幼儿教育和保育机构自己在内部进行，也可以由不直接参与幼儿教育和保育活动的外部评估者实施。在提高幼儿教育和保育质量的总体框架内，评估和监测涉及许多不同的过程和程序，例如，检查法规是否得到遵守，以及支持和保障儿童福祉和发展的现有流程是否具有高质量。

一　幼儿教育和保育环境的外部评估

在欧洲国家，提高幼儿教育和保育质量的手段之一是对幼儿教育和保育环境（ECEC Settings）进行评估。评估可以涵盖幼儿教育和保育的许多方面，重点强调的两个主要质量维度是结构质量和过程质量。① 结构质量指检查环境是否符合幼儿教育和保育在健康和安全、员工资格或班级规模等方面的框架条件，还可以包括检查教学计划是否符合国家最高教育指南中规定的标准。过程质量指环境支持学习过程的程度，评估的主要领域是课程如何实施（活动的质量和种类）、工作人员与儿童之间的互动和关系的质量以及儿童之间互动的质量。结构质量和过程质量都是提供高质量幼儿教育和保育以及建立有效的幼儿教育和保育系统所必需的。

（一）外部评估机制

大约三分之一的欧洲国家建立了幼儿教育和保育评估系统，不仅评估幼儿环境的结构质量，而且评估过程质量。大约一半的国家没有规定对 3 岁以下的儿童环境进行外部评估或者只评估结构质量。在德国、立陶宛和北欧国家，幼儿教育和保育机构有义务评估其服务质量，这些机构（包括地方当局/市政当局、非政府组织或其他私人机构）在所使用的方法上有很大的自由。在德国，监测和评估质量的责任由地方当局或其他提供幼儿教育和保育的机构承担。若要获得营业执照，幼儿教育和保

---

① European Education and Culture Executive Agency, Eurydice, *Key Data on Early Childhood Education and Care in Europe*, *2019*, Publications Office, 2019.

育的个体提供者必须在其服务计划中解释他们将如何在幼儿教育和保育环境中评估和发展服务质量。在芬兰，市政当局有法定义务评估自己的幼儿教育和保育服务，但评估结构和程序属于市政自治范围，评估的目的是支持教育发展和改善学习条件。市政当局编制的课程文件必须解释如何在不同的 ECEC 服务机构中实施国家幼儿教育和保育核心课程，以及如何监测、评估和改善学习环境。在这些国家，虽然确保幼儿教育和保育质量的主要责任在于地方一级，但在某些情况下，最高当局也可能参与幼儿环境评估，包括对一些幼儿教育和保育环境进行考察，以评估服务的具体方面，从而对整个幼儿教育和保育系统的服务质量做出判断。还有一些机制确保地方当局履行其质量保证职责，例如在德国，当地的青年福利办公室有法律义务检查幼儿教育和保育提供者是否制定了评估工具和措施。一些国家还制定了风险评估措施，以确保在特定环境中发现严重问题时国家或区域机构进行干预，确保问题得到解决。例如在瑞典，如果任何人包括家长向瑞典学校监察局投诉，监察局会对这些问题进行调查并就学校必须采取哪些措施进行改进做出决定。

(二) 外部评估的重点

对年龄较大儿童的幼儿教育和保育环境的外部评估通常关注结构质量和过程质量。对于更年幼的儿童，在欧洲 14 个教育系统中，以机构为基础的幼儿教育和保育环境的外部评估的主要重点是结构质量；而在其他 16 个教育系统中，外部评估也涵盖过程质量。[①] 幼儿教育和保育环境外部评估范围的差异往往与负责外部评估的机构类型有关。当教育督察机构或负责更高一级教育（如初等教育）评估的部门对幼儿教育和保育环境进行外部评估时，通常关注环境在多大程度上支持了学习过程（即关注过程质量）；而当负责家庭、社会事务或青年事务的机构对幼儿教育和保育环境进行外部质量保证评估时，这些机构通常侧重于遵守规范和标准的情况（即关注结构质量），这些机构包括负责教育评估以外的机

---

① European Education and Culture Executive Agency, Eurydice, *Key Data on Early Childhood Education and Care in Europe*, *2019*, Publications Office, 2019.

构，如负责家庭、儿童或社会事务的部委或其他最高机构［比利时（法语社区）、捷克、爱尔兰、葡萄牙、罗马尼亚、斯洛伐克和土耳其］、保育部门的检查服务［英国（威尔士）］、地区健康和社会保健机构［英国（北爱尔兰）］、地区社会顾问（希腊）、地方当局（波兰）或当地儿童保护服务机构（法国）。不过，在比利时（弗拉芒语社区）、卢森堡、匈牙利、荷兰、瑞士，尽管对幼儿环境的外部评估由督察部门或负责社会事务或青年（而不是教育）的机构进行，但这些国家侧重于评估幼儿环境在多大程度上支持了学习过程。①

（三）外部评估的频率

外部评估的频率或者由负责评估的机构决定，或者只在特定情况下进行（如收到投诉时）。一些国家（捷克、法国、波兰、罗马尼亚和斯洛伐克）没有规定对幼儿环境进行外部评估的频率。例如，在斯洛伐克，根据劳动、家庭和社会事务部编制的年度评估计划以及在收到投诉等特殊情况下，对 3 岁以下儿童环境进行外部评估。相比之下，在比利时（法语社区）、爱尔兰、希腊、葡萄牙、英国（北爱尔兰）和土耳其，则是对幼儿环境进行定期评估（从每 6 个月到每 3 年）。例如在爱尔兰，儿童和家庭机构每 3 年检查一次幼儿教育和保育提供者的质量监管框架，其中包括评估遵守促进儿童保育、安全、学习和发展的法规的情况。在西班牙、拉脱维亚、斯洛文尼亚、英国（英格兰和苏格兰）和塞尔维亚，针对更年幼儿童 ECEC 环境的外部评估按照一个循环模型进行，在该模型中，所有幼儿环境按照最高当局规定的时间间隔进行评估。在爱沙尼亚，每年约有 10%的学前机构根据当年确定的主题优先事项（例如特殊教育需求或学习环境）进行外部评估，如果被投诉也会进行评估。在克罗地亚，当怀疑一个机构不依法运作时，会向该机构派出一个检查组，审查其行为是否符合最高当局制定的教学标准。

对于年龄较大的儿童，对 ECEC 环境的外部评估通常是评估较高教育

① European Education and Culture Executive Agency, Eurydice, *Key Data on Early Childhood Education and Care in Europe*, *2019*, Publications Office, 2019.

层级的机构的责任，这种评估通常包括过程质量。在一些国家（如爱尔兰），更具体的评估机构与评估教育内容的督察局一起评估遵守规定的特定方面，这些评估的定期性和标准化程度因国家而异。它们通常基于评估框架并按照设定的频率进行。然而，在比利时（法语社区）和波兰，评估和选择 ECEC 环境的标准每年分别由督学和教育部部长确定。在法国，评估传统上侧重于个别工作人员，但也对学前学校进行外部评估。除了教育部提供的指标，没有对学前学校进行外部评估的标准化协议，正在起草的名为《信托学校》的立法将在评估领域引入一系列重要措施。

二 幼儿教育和保育环境的内部评估

除了外部机构的评估，幼儿教育和保育机构工作人员进行的内部评估是质量保证和改进的另一个重要方面。内部评估是一个质量控制过程，旨在评估或监测幼儿环境的表现、报告总体质量、提出改进幼儿教育服务或实践的方法。评估结果可包括自我评估报告、年度活动报告、发展计划或修订的教学计划。并非所有欧洲国家都有关于幼儿教育和保育环境内部评估的法规或建议，特别是对于幼儿教育和保育两个年龄组分开设置的国家，如比利时（德语社区）、保加利亚、捷克、希腊、法国、匈牙利、马耳他、波兰、罗马尼亚等。此外，一些国家（如意大利、奥地利）在整个幼儿教育和保育阶段都没有关于内部评估的国家层面的建议或要求。在奥地利，对幼儿教育和保育环境进行内部评估的安排由各州决定。①

在欧洲，基于义务的程度、规定的频率和内部评估的预期结果，同时考虑各机构制定自己的内部评估策略的要求，国家层面关于 ECEC 环境的内部评估的规定可以分为 3 类，即松散型、中间型、强力型（表 6-4）。在"松散型"教育系统中，内部评估不是强制性的，而是推荐性的。这些教育系统［德国、爱尔兰、克罗地亚、荷兰、葡萄牙和英国（英格

① European Education and Culture Executive Agency, Eurydice, *Key Data on Early Childhood Education and Care in Europe*, *2019*, Publications Office, 2019.

兰、威尔士和北爱尔兰等)〕存在一个对 ECEC 环境进行内部评估的框架，但 ECEC 机构在如何执行这项任务方面有很大的自主权，因为没有规定的频率或预期结果。其中两个国家（爱尔兰和克罗地亚）的情况略有不同，这两个国家为幼儿教育和保育提供标准化的自我评估流程。例如在克罗地亚，2012/2013 年以来国家教育外部评估中心每年向希望根据《幼儿和学前教育机构自我评估手册》中规定的标准化程序进行自我评估的 ECEC 机构发出呼吁，这一过程包括自我评估报告和在国家教育外部评估中心支持下制订的发展计划的实施。

表 6-4　　　　　　欧洲幼儿教育和保育机构内部评估框架类型

松散型	中间型	强力型
·推荐性的 ·没有确定的频率 ·没有明确的结果 ·不需要制定自己的战略	·强制性的 ·没有特定的频率，但必须定期或持续 ·要求机构制定自己的策略 ·结果并不总是确定的	·强制性的 ·1—3 年的特定频率 ·确定的结果 ·不需要制定自己的战略

资料来源：European Education and Culture Executive Agency, Eurydice, *Key Data on Early Childhood Education and Care in Europe*, 2019, Publications Office, 2019.

在大多数教育系统中，内部评估的最高框架属于"强力型"。内部评估是强制性的，必须定期进行，从每年一次到每 3 年一次不等。最高当局确定内部评估的主要结果，可以是自我评估报告、年度活动报告、发展计划或机构教学计划的修订。在比利时（法语社区）、西班牙、波罗的海三国、斯洛文尼亚、斯洛伐克、瑞士等，内部评估贯穿整个幼儿教育和保育阶段，其中大多数国家的幼儿教育和保育在整个年龄范围内属于同一主管部门。一些教育系统〔比利时（法语社区）、斯洛伐克、瑞士和土耳其〕由不同当局负责 3 岁以下和 3 岁以上儿童的幼儿教育和保育，虽然在两个阶段都有强有力的评估框架，但内部评估的规定有所不同。例如在比利时（法语社区），为了更新质量证书，幼儿教育和保育机构需要每 3 年评估一次其改进计划的执行情况，并与出生和儿童办公室

(Birth and Childhood Office) 的日托机构协调员一起，修订其教育和保育计划，制订一项新的提高质量计划。在学前学校，参与理事会每年评估学校的成绩，学校计划必须相应修改。在另外一些国家，强有力的内部评估框架仅适用于年龄较大的儿童的 ECEC 环境。在法国，学前教育工作人员必须对他们的学校计划进行自我评估并做出相应的修改；在波兰，学前教育机构负责人制订新的监管计划并在每学年开始时提交给教师委员会，该计划考虑了前一个计划的结果以及教育部确定的优先事项。

一小部分国家的内部评估框架属于"中间型"，这些国家的幼儿教育和保育机构的内部评估是强制性的，但幼儿教育机构负责制定自己的战略。通常来说，国家法规强调定期或持续进行内部评估，但没有规定具体的时间间隔。此外，在比利时（弗拉芒语社区）、捷克、丹麦、芬兰、瑞典和英国（英格兰、威尔士和北爱尔兰），内部评估结果的使用也由幼儿教育和保育机构决定。例如在芬兰，根据《幼儿教育和保育法》（Act on ECEC），地方一级的定期评估是提供者（市政当局或私人服务提供者）的法定义务，国家核心课程进一步阐述了在提供者和机构一级进行评估的义务。地方课程必须说明如何实施国家幼儿教育和保育核心课程，同时说明如何在幼儿教育和保育环境下对其进行监测和评估。芬兰教育评估中心（FINEEC）于 2018 年秋季发布了国家指南和建议，旨在支持幼儿教育和保育机构开展系统的、以目标为导向的自我评估。在瑞典，根据学前教育课程，校长必须系统和持续地计划、监督、评估和改善学前教育。相比之下，在挪威、冰岛和英国（苏格兰），必须在报告或发展计划中说明调查结果和有待改进的地方。例如在挪威，所有幼儿园都必须根据自己的计划、《幼儿园法》和框架计划，定期评估自己的教学实践。在年度计划中，每个幼儿园必须解释将如何评估自己的教学实践。

三　利益相关者参与

各利益相关方参与幼儿环境的评估对于提高幼儿教育和保育的质量非常有益，外部和内部环境的评估为家长和孩子的参与提供了机会。欧洲国家的父母比孩子更经常地参与幼儿环境的评估，其中 30 个教育系统制定了让家长参与 ECEC 环境评估的指导方针；相比之下，只有 15 个教育系统有关于儿童参与这一过程的指南。此外，对于年龄较大的儿童，更常见的是让父母和儿童都参与 ECEC 环境评估。在 17 个教育系统中，父母参与对年幼儿童环境的评估，这大约是父母参与对大龄儿童环境评估的教育系统的一半。①

（一）家长参与

在一些国家，父母的评估意见通过他们在一个正式机构的代表表达，该机构有权参与内部评估过程，这在爱沙尼亚、西班牙（一些自治区）、立陶宛、斯洛文尼亚等适用于整个 ECEC 年龄范围。在比利时（法语和德语社区）、保加利亚、匈牙利、波兰、罗马尼亚、阿尔巴尼亚和瑞士的一些州，这种方式适用于大龄儿童环境的评估。家长作为这一正式机构的成员参与内部评估过程的方式因国家而异，从讨论和批准评估报告到促进内部评估过程的发展。例如在比利时（德语社区），家长是教学委员会的成员，该委员会检查幼儿园的结构、方法和结果是否以及在何种程度上符合幼儿园计划中规定的目标；在西班牙，包括家长在内的学校董事会根据学校发展计划和年度总体方案评估学校的总体运行情况以及学校的成绩。此外，在比利时（弗拉芒语社区）、英国，最高指南要求或建议父母参与对 ECEC 环境的内部评估，但没有具体说明如何实施；在比利时（弗拉芒语社区）和英国（英格兰），检查员应检查父母是否有机会参与对幼儿环境的内部评估。

父母参与评估其子女在 ECEC 环境中的教育和保育质量以及了解他们对所提供服务的看法的其他方式包括访谈、调查或在机构层面的焦点小组。这些方法是建议性的，适用于整个 ECEC 阶段（如西班牙）或对年龄较大的儿童采用这些方法（如匈牙利、马耳他、波兰和葡萄牙）。一些国家还设计了统一的问卷，以支持家长参与 ECEC 环境的内部评估。在爱

---

① European Education and Culture Executive Agency, Eurydice, *Key Data on Early Childhood Education and Care in Europe*, *2019*, Publications Office, 2019.

沙尼亚和挪威，最高当局定期向家长发放调查问卷并向 ECEC 机构提供关于其调查结果的反馈，以支持内部质量保证进程；在克罗地亚，国家教育外部评估中心建立的自我评估程序中包括要求家长填写标准化问卷的规定。此外，可以收集父母的意见，作为 ECEC 环境外部评估程序的一部分，包括在整个 ECEC 阶段（英国）或幼儿教育和保育的最后几年（马耳他、葡萄牙和阿尔巴尼亚）向父母发放标准化问卷。在其他国家如荷兰，父母通过与家长委员会协商，参与市政卫生局对幼儿环境的检查；在罗马尼亚，监察局用于评估大龄儿童 ECEC 环境的框架（国家学前教育具体质量标准）的一些指标侧重于家长的意见。通过标准化的问卷调查，就各种问题征求家长的意见，主要涉及与父母的合作和沟通、安全问题、儿童学习和保育的质量以及总体满意度，还涉及其他领域，如儿童福利［马耳他、英国（苏格兰）和挪威］、适应儿童需求或支持过渡［英国（苏格兰）和挪威］、户外活动（葡萄牙和挪威）以及 ECEC 工作人员（克罗地亚）。一些北欧国家将让家长参与 ECEC 环境评估的责任下放给了地方一级。在丹麦、芬兰、瑞典和冰岛，法规规定家长必须有机会评估其子女的 ECEC 环境，由地方当局或 ECEC 机构决定如何进行评估。①

（二）儿童参与

欧盟委员会关于高质量幼儿教育和保育系统的建议强调赋予儿童参与评估过程的机会的重要性。这种参与考虑到了以儿童为中心的观点，因为收集儿童对其日常活动以及与同伴和从业人员互动的反馈是确保儿童利益处于评估和改进过程中心的有效方式。目前，允许儿童发表意见的参与式评估方式仅适用于部分欧洲国家，而且只有少数教育系统规定在这一过程中必须考虑所有年龄阶段儿童的意见。在北欧国家、西班牙（加泰罗尼亚和巴伦西亚两个自治区）以及英国（苏格兰），在 ECEC 环境评估中会考虑年幼儿童的意见，但没有提供实施指南，使得评估者在

---

① European Education and Culture Executive Agency, Eurydice, *Key Data on Early Childhood Education and Care in Europe*, *2019*, Publications Office, 2019.

设计工具和程序方面有相当大的自主权。

在丹麦、西班牙、芬兰、瑞典、冰岛、挪威等国家，法规或课程中规定对幼儿教育和保育环境的评估要考虑儿童的意见。例如在丹麦，根据《日托法》和强化课程，应从儿童的角度评价环境，同时考虑到儿童对其环境的体验；在芬兰，根据《ECEC法案》，幼儿教育和保育提供者有法定义务确保儿童及其父母有机会参与其ECEC环境的规划和评估；在挪威，根据《幼儿园框架计划》，"儿童应当能够定期积极参与幼儿园活动的规划和评估，所有的孩子都应该对幼儿园发生的事情有发言权"。儿童参与的手段或程序则由当地决定。在另外一些国家（英国、葡萄牙、罗马尼亚、阿尔巴尼亚、马耳他等），对ECEC环境进行外部评估的最高准则或框架要求考虑儿童的意见。例如在葡萄牙，《学前教育机构检查手册》中有一节检查员征求儿童意见的专题，包括他们喜欢的活动、他们选择游戏活动的自由以及他们与教育工作者的互动；在罗马尼亚，对较大儿童的ECEC环境进行外部评估框架的一些指标（国家学前教育具体质量标准）要求评估者关注学前儿童的意见。在英国（英格兰、威尔士和北爱尔兰），根据现有的学校检查框架，3岁及以上儿童的意见有助于幼儿园/小学的外部评估。在英国（苏格兰），苏格兰教育部和照料监察局的检查方法包括与所有年龄的儿童交谈，以了解他们对服务的看法，关于如何征求儿童意见的服务文件也被视为审查过程的一部分。此外，根据早期学习和儿童保育部门内部评估框架，有效利用儿童、父母/照料者和家庭的意见来改善幼儿教育和保育质量被认为是一种非常有效的做法。

四 评估结果

对单个幼儿教育和保育机构的评估结果可用于帮助这些机构改进自身的做法、提高幼儿教育和保育质量，同时可用于监测和评估整个幼儿教育和保育系统。在地方、区域或最高一级汇总和报告调查结果是开展全系统评估的一种常见方法。欧洲大部分（约三分之二）的教育系统都有某种形式的机制，确保以这种方式收集和使用幼儿教育和保育环境评估的结果。这些报告可能专门针对幼儿教育和保育，也可能涵盖其他教育层次。例如在葡萄牙，教育督察局利用汇总的调查结果编写关于较大儿童环境的概览报告；在荷兰，市政卫生服务部门进行的地方评估的结果每年都写进督察局编写的教育状况报告。报告的重点各不相同，在一些国家（西班牙、斯洛文尼亚和瑞典），评估机构的活动是主要重点；在其他国家（如比利时、荷兰、马耳他、英国和斯洛伐克），督察局编写的报告主要概述教育系统的优势和劣势，包括幼儿教育和保育。例如在斯洛文尼亚，首席督学必须至少每年一次向部长报告学校督学的工作，该报告必须包括对个别幼儿园和学校进行检查的次数的信息，以及观察到的任何违规行为和实施的制裁信息，包括对以前实施的制裁的回应，此外必须对遵守立法要求以及保护幼儿园和学校儿童权利的情况进行全面评估。在英国（英格兰），学校督导机构 Ofsted 在其年度报告中公布对各个学校和环境的调查结果概述，以及早期教育的研究报告，以提高整体教育质量，并向决策者报告教育系统的效率。这些综合报告通常提供国家概况，也可能侧重于较小的区域，例如联邦或权力下放的区域，或地区/地方政府的区域，取决于外部评估者的具体层级。

虽然单个幼儿教育和保育机构环境的内部评估报告在一些国家（如爱尔兰、罗马尼亚等）被提交给最高当局，但通常不汇总产生 ECEC 系统更广泛的报告，只有少数国家例外。例如爱沙尼亚教育和研究部的外部评估司汇总了学前机构至少每 3 年进行的内部评估数据；在克罗地亚，国家教育外部评估中心于 2017 年发布了一份报告，汇总了自 2012/2013 年以来幼儿教育和保育机构可获得的自我评估结果。

根据汇总结果生成报告只是监控幼儿教育和保育系统的一种方式，一些国家的教育部门专门负责编制关于幼儿教育和保育体系的国家统计数据和专题报告，国家调查以及委托开展的研究项目也可能是重要的信息来源。此外，一些国家建立了专门评估整个教育系统质量的国家机构，其中包括幼儿教育和保育部分。这些机构可能参与评估个别幼儿教育和保育环境，它们处理来自不同层面（中央和地方）的大量数据，并负责传播数据和分析，但其主要重点是教育系统。例如在丹麦，丹麦评估研究所系统地收集、分析和传播关于日托的知识，对具体主题进行方案评估和国家评估，如质量管理、儿童视角、日托中的评估文化、父母合作、学习环境的组织或从日托到学校的过渡。这些评估涉及日托设施的样本，主要目的是在国家一级提供有关幼儿教育和保育的信息。在法国，总督察局负责在系统层面监督教育政策的执行情况以及教学质量，同时开展专题研究，包括对教育机构的抽样调查和实地考察。2017 年，总督察局发表了一份关于学前机构的专题报告。此外，教育统计局（DEPP）制作并发布了国家级数据和研究结果。在芬兰，芬兰教育评估中心是一个独立的政府机构，负责国家教育评估。其任务是根据教育和文化部批准的国家评估计划对幼儿教育和保育实施外部评估，并在质量管理相关问题上支持幼儿教育和保育供应商。幼儿教育和保育评估的目的是促进有利于儿童福祉、发展和学习的条件，确保法律的精神得到遵守，为当地发展幼儿教育提供信息并作为政治决策的基础。其中 2018—2019 年进行的评估项目侧重于幼儿教育和保育国家核心课程的实施。①

总之，幼儿教育和保育的监测和评估是欧盟的一种常用措施，旨在确保幼儿教育和保育服务提供的质量。监测和评估工作主要集中在 4 个方面：服务质量；工作人员质量；课程实施情况；儿童发展和成果。首先，幼儿教育和保育服务的质量由一系列因素决定，其关键指标包括教学方法、员工薪酬、工作条件、员工资质和经验、专业学习和发展支持、团队规模以及充足的学习和游戏资源等。一般来说，各国为这些决定因素制定了具体的准则或最低标准。其次，幼儿教育和保育工作人员的质量由个人、机构、机构间和国家治理能力决定，这些能力都对幼儿教育和保育的质量产生影响。在幼儿教育和保育条款中，所有成员国都要对员工的表现进行监督和评估。再次，为了确保幼儿教育和保育的课程与

---

① European Education and Culture Executive Agency, Eurydice, *Key Data on Early Childhood Education and Care in Europe*, *2019*, Publications Office, 2019.

内容符合 ECEC 的所有规定，欧盟成员国通常制定需要达到的课程标准和指导方针。标准和准则通常由国家层面提出，在一些国家（如德国）也涉及区域层面；指导方针和标准与一个更广泛的框架相联系，该框架还包含其他相关的问题，例如 ECEC 工作人员所需的资格。最后，虽然在监测服务质量、工作人员质量和课程实施方面有广泛的共识，但关于监测和评估儿童发展却存在争议。学术界对这种评估的可行性和可取性提出了严重关切，其有效性的结果也没有定论。如 Taguma 和 Litjens 认为，对结果进行正式评估以确定入学准备情况可能会对儿童发展产生负面影响；另外，非正式监测例如通过观察儿童的发展具有积极的效果。在此方面，有大量来自不同学科的学者认为，对儿童发展成果的评估不是一个好的质量指标。此外，学术界围绕义务教育年龄之前的标准化测试存在许多争议，许多人认为对学龄前儿童的测试是不可行的，反对将它作为一个原则。① 尽管存在上述担忧，但欧盟委员会、欧盟委员会教育、视听与文化执行署（EACEA）、欧律狄刻、欧盟统计局的报告显示，所有欧盟成员国都通过官方教育指导方针监测与儿童进步和发展有关的课程和学习目标。此外，除了 ECEC 规定的能力监测和规划系统，通常还定期评估儿童的进步、成就和成果。在监测和评估中，关键利益攸关方（如有经验的从业人员或儿童、家庭）的参与至关重要。

---

① European Commission, Directorate - General for Education, Youth, Sport and Culture, K. Lenaerts, M. Vandenbroeck, M. Beblavý, *Benefits of Early Childhood Education and Care and the Conditions for Obtaining Them*, Publications Office, 2018.

第七章

欧盟教育质量政策和质量保证方法的分析与借鉴

进入 21 世纪以来，面对全球化和知识经济的挑战，欧盟将教育和培训作为促进经济增长、创新、可持续就业能力和社会凝聚力的关键因素。提高教育和培训系统质量不仅是欧盟的内在权能，也是欧洲经济、社会发展的现实需要。在推进一体化进程中，以欧盟为主导并基于博洛尼亚进程、哥本哈根进程和建设欧洲教育区等政策工具，欧盟各国在高等教育、职业教育与培训以及基础教育、教师教育、幼儿教育和保育等领域加强质量保证的政策与实践，对于确保欧洲教育和培训系统满足利益相关者的质量要求发挥了重要作用。当前中国教育在经历了以普及化为重点的规模扩张期后，进入高质量发展阶段，在实现教育现代化的进程中，一方面要构建高质量教育体系，提升学校育人水平；另一方面要建立健全质量保证体系，确保实现国家教育质量目标。因此欧盟提高教育质量的政策措施和质量保证方法对于中国建设高质量教育体系具有现实的借鉴意义。

第一节 欧盟优质教育政策的分析与借鉴

欧盟作为一个有影响力的区域性政治和经济联盟，在推进欧洲一体化进程中，从政策和法律文本、经济社会整体规划、教育与培训战略框架等层面，将提高成员国教育和培训质量作为其战略优先事项。欧盟在法律赋权的范围内，通过与成员国建立的"开放式协调机制"，在教育领域发起并推动了一系列发展优质教育的改革倡议和行动计划，对于提升欧盟国家的整体教育质量和全球竞争力发挥了重要作用。

一　欧盟优质教育政策的路径特征

欧盟作为区域国家间联盟，对成员国优质教育的促进作用体现为支持性、协调性或补充性，欧盟开发了"开放式协调方法"作为政策治理工具和行动计划的主要实施机制。为了提高成员国的教育质量、实现"教育和培训系统成为世界质量的参考"目标，欧盟将"提高教育和培训的质量与效率"作为教育发展规划的重要战略目标，同时制定监测战略目标实现程度的教育质量指标和基准，推进以能力为导向的教育，促进人员流动与机构合作，将教育数字化转型作为提高教育质量和包容性的重要手段。从实施效果看，欧盟在教育和培训领域发起的众多倡议和行动计划对于提高成员国教育质量、实现与欧盟主要目标趋同发挥了重要作用，在一种"软"法律框架下促进了优质教育政策的实施和成员国之间的合作。欧盟发展优质教育的政策路径和方法体现为"一个政策工具""一个行动支点""一个内在价值取向"和"一个外部驱动因素"。

（一）构建教育质量评估指标和基准是欧盟发展优质教育的重要政策手段和治理工具

教育质量评估指标和基准是引领和推动教育高质量发展的重要政策工具。欧盟在推进优质教育过程中重视目标驱动和基于证据的政策制定，通过可测量、可比较的指标和基准监测战略目标的实现程度，评估成员国的教育质量，在此基础上帮助成员国制定或完善自己的政策，实现欧盟提出的主要目标，推动成员国整体教育质量的提高。《里斯本战略》实施以来，为了实现2010年教育发展的三大战略目标，欧盟逐步建立并完善监测实现里斯本教育和培训目标进展的核心指标，同时建立教育和培训欧洲平均表现的参考水平（欧洲基准），用于监测《教育和培训 2010 年工作计划》《欧洲教育和培训合作 2020 战略框架》《欧洲教育和培训合作战略框架（2021—2030 年）》战略目标的实现程度以及成员国教育系统取得的进展。欧盟开发的学校教育质量指标不仅作为成员国评估其学校教育发展状况的重要依据，也是欧洲各国制定教育政策的参考指标。构建教育质量指标并制定欧盟层面的目标基准成为欧盟推进教育发展战略、提高整体教育质量的重要政策手段和治理工具，对于实现"使欧洲教育成为世界教育质量的参照系"目标，进而实现欧盟整体战略提出的"促进经济增长、实现充分就业、增进社会聚合、提高欧盟竞争力"等经济社会发展目标作出了积极贡献。构建教育质量评估指标和基准并开展评估监测是欧盟基于证据的教育质量政策的重要体现，通过系统收集和分析国际可比数据，不仅可以衡量欧洲层面战略实施的总体进展，同时可以监测各成员国实现欧盟既定目标的状况，为循证决策提供证据。

（二）促进人员流动是欧盟发展优质教育的政策支柱和行动支点

促进人员跨国流动一直是欧盟教育质量政策的基本支柱，欧盟认为，流动本身不应被视为目的，而应该被视为加强欧洲公民意识和竞争力、扩大和丰富年轻人的培训和经验、提高他们的多面性和就业能力以及通过语言技能和接触其他文化发展跨文化理解能力的首选手段。[①] 在全球化背景下，海外学习经历被认为是拓宽学生思维、超越本国文化和学术范式以及提升学生视野和增进国际理解的决定性因素。在教育或工作期间出国学习对学生和教师而言是一种丰富的经历，可以发展和提高个人、社会和专业技能。首先，学习流动性被广泛认为有助于通过获得核心技能和能力，尤其包括语言能力和跨文化理解，以及一般的社会和公民技能、创业精神、解决问题的技能和创造力，增强年轻人的就业能力。其

---

① Council of the European Union, "Conclusions of the Council and of the Representatives of the Governments of the Member States, Meeting Within the Council of 21 November 2008 on Youth Mobility", https: //op. europa. eu/en/publication – detail/-/publication/6c0955ed – 3350 – 4c31 – 9d14 – 32437c8df66c.

次，跨国流动有助于教师广泛能力的发展，包括外语技能，此外同行之间的观点和经验交流有助于改善教师的专业实践和教学能力、促进教师的专业发展。因此，欧盟将促进人员跨国流动作为教育和培训政策的重要优先事项。博洛尼亚进程将促进学生、教师的流动性和提高高等教育质量作为该进程的核心目标；职业教育与培训领域的哥本哈根进程的目的是创建一个欧洲终身学习区，提供更大的学生和教师流动性，加强机构间的合作。为了促进成员国之间学生和教师的流动，欧盟推进实施了一系列流动性计划，涵盖高等教育、基础教育、职业教育与培训以及成人教育等各级各类教育领域，流动对象则涵盖学生、教师、培训者和其他教育人员，这些计划对于提高成员国的教育和培训质量、帮助年轻人通过流动获得关键技能和能力、通过建立知识密集型社会来增强欧洲的竞争力发挥了积极作用。

（三）在终身学习关键能力框架下推进以能力为导向的教育是欧盟优质教育的内在价值取向

20 世纪下半叶的发展为欧洲带来了根本性的社会和经济变革，全球化及其在文化、政治、经济和环境领域的表现是这一转变背后的主要力量。为了快速应对国际新秩序的挑战，同时维护和提高其社会经济标准，欧盟将知识视为推动经济增长的最宝贵资源，知识被认为是个人和职业发展的驱动力，因而越来越关注和重视知识、技能、能力、态度，使欧洲公民能够在新兴的知识驱动型社会中发挥积极作用。面对欧盟扩大、人口老龄化、移民增加、职业道路日益复杂、失业率居高不下以及相关的社会排斥风险，欧洲各国开始仔细研究成年人未来需要具备的关键能力。欧盟认为，为了使年轻人做好准备成功应对信息社会的挑战，并从信息社会提供的机会中获得最大利益，教育应培养学生在一生中成功参与社会至关重要的能力，即关键能力。欧盟通过制定终身学习关键能力框架，确定了对公民个人成功、健康和可持续生活方式、就业能力、积极的公民身份和社会包容至关重要的 8 项关键能力。基于该框架，促进成员国教育和培训体系向能力导向转变，将培养学生的关键能力作为优质教育的重要特征，重新审视以知识为中心的教学体系、构建以能力为导向的教育模式成为欧盟的价值追求。在欧盟的倡导和推动下，终身学习关键能力框架成为欧洲教育和培训体系向能力导向转变的一个促进因素，欧盟成员国纷纷制定战略，支持在欧洲参考框架下推进以能力为导向的学校教育。

（四）数字化背景下的教育模式转型和创新是欧盟发展优质教育的外部驱动因素

从教育发展的外部环境看，信息技术的飞速发展带来了前所未有的获取信息和资源的途径，它改变了人们交流的方式、互动的方式、产业运作的方式，同时改变了人们学习的方式。信息技术在教育领域带来了一场深刻的革命，教育技术的进步被认为是改善教学成果、提高教育质量和包容性的重要手段之一。欧盟充分认识到信息技术在改善教育和培训系统方面的潜力，将更好地利用信息技术助推教育变革作为教育政策的优先事项，发挥数字化转型这一外部力量为教育转型提供的载体平台和驱动作用，积极促进数字技术在教育领域的应用，基于数字技术平台打造创新和激励的学习环境，增强学习和教学灵活性，促进个性化学习，推动教育实践的创新。为了支持高质量的教育、培养欧洲公民在数字时代必需的数字技能、提高教育机构的创新和数字能力，欧盟出台了两期数字教育行动计划并制定欧洲数字能力框架，涵盖公民、教育工作者和教育机构，确保教育和培训适应数字化转型并进一步提高欧洲教育的质量和包容性。数字教育行动计划特别指出，数字教育不是一个边缘问题，而是 21 世纪学习、教学和评估的核心组成部分。2020 年以来，欧盟更加强调教育数字化转型的重要性，倡议并要求成员国重新考虑如何有目的地和战略性地将数字技术嵌入教育实践，将以应急为重点的临时远程教育发展为更有效、可持续和公平的数字教育，以确保欧洲的教育和培训系统更高质量化、更易获得、更具包容性。

二 欧盟优质教育政策对中国教育高质量发展的启示

高质量发展是新阶段中国教育发展的时代要求和价值追求，教育高质量发展需要创新驱动，以改革思维、国际视野推动教育提质升级，找准教育高质量发展的着力点，优化教育高质量发展的目标路径。借鉴欧盟经验，中国应打造以质量基准和能力框架（"两足"）为"内核"、以教育国际化和教育数字化（"两翼"）提供助力的教育高质量发展模式。基于"两足"构建能力中心的教育范式和高质量教育监测机制，推动教育内涵式、转型发展，为高质量教育奠定基础；通过教育国际化和数字化转型"两翼"提供的引擎和助力，塑造新动能新优势，推动高质量教育体系建设。在教育治理上，创新教育质量政策和管理范式，优化教育治理机制和发展路径。

（一）制定教育高质量指标体系和监测基准，引领教育高质量发展目标和方向

教育标准是引领教育高质量发展的重要政策工具。近年来欧盟及其成员国越来越重视基于循证的政策制定，通过可测量、可比较的指标和基准监测战略目标的实现程度，评估成员国的教育质量，以此推动教育质量的提高。当前中国在推进教育高质量发展中，对于"高质量"的具体内涵尚没有作出清晰的界定，同时缺乏衡量"高质量"的指标和基准，不仅无法监测教育质量的实现程度，也缺乏明确的发展目标，因此需要构建表征教育高质量的指标体系。鉴于教育质量是一个多维的、相对的概念，不同阶段、不同类型的教育质量有不同的内涵，应从教学、科研、服务、师资、成果、基础设施、学术环境等不同维度反映教育的"优异""卓越""达成目标""满足需求"等高质量特征，针对各级各类教育（学前教育、基础教育、高等教育、职业教育）乃至同一级教育不同阶段（如基础教育的小学、初中、高中）制定相应的高质量指标体系。同时，对于可量化的指标制定具体的基准，为评估教育质量提供可监测的标准，以此衡量教育质量发展程度和水平，引领教育高质量发展的方向，提高教育质量政策的循证性和目标的可监测性。教育指标体系和监测基准的制定要立足中国国情，反映中国教育发展实际和教育现代化战略目标，具有可行性、实效性和可操作性。

（二）构建学生发展关键能力框架，推进能力导向的教育模式和创新人才培养机制

教育目标导向是决定育人方式和人才培养质量的关键，20 世纪 90 年代以来，中国积极转变以片面追求升学率为目标的应试教育，大力推行素质教育，素质教育的育人方式不断发展，新时期素质教育以培育学生核心素养为首要目标。[①] 关于核心素养，经合组织、教科文组织、世界银行等国际组织和美国、英国、法国、德国、澳大利亚、芬兰等发达国家都建立了学生核心素养模型，以此指导其教育实践，推进教育目标的贯彻与落实，促进教育质量的提高。2016 年发布的《中国学生发展核心素养》将核心素养分为文化基础、自主发展、社会参与 3 个方面，包含人文底蕴、科学精神、学会学习、健康生活、责任担当、实践创新 6 大素养以及 18 个基本要点。[②] 欧盟将培养学生的关键能力作为优质教育的重要特征，通过制定终身学习关键能力框架，促进成员国教育和培训体系向能力导向转变，支持并推进以能力为导向的教育。在技术和资讯高度发达的今天，学生获取知识的途径和方式越来越多元化，能力成为决定未来成功的关键因素，因此应改变以知识为中心的教学体系，构建以能力为导向的教育模式。聚焦提升人才核心竞争力，培养对学生未来成功、可持续发展、健康生活、积极的公民意识等至关重要的能力，构建学生发展关键能力框架。以此为基础，推动中国教育范式转向，构建以"培养学生发展关键能力"为统领的课程、教学和评价体系，推动人才培养模式的深刻转型。

（三）促进教育对外开放和交流，提升全球化时代学习者的核心技能和专业能力

全球化是当今社会、经济、文化、教育的基本特征。在全球化背景下，海外学习经历有助于拓宽学习者的思维认知，发展并提高个人、社会和专业技能。当前全球教育国际化面临挑战，包括英国、德国在内的

[①] 张志勇：《素质教育的提出、内涵、发展及其实施环境》，《人民教育》2021 年第 11 期。
[②] 核心素养研究课题组：《中国学生发展核心素养》，《中国教育学刊》2016 年第 10 期。

发达国家纷纷出台新的国际教育战略，推动国际教育复苏并实现可持续增长。以英国为例，2021年2月，英国发布《国际教育战略：2021年更新：支持复苏，推动增长》，提出实施更具针对性的国际教育战略，在重点领域采取进一步关键行动，包括加强国际学生来源市场的多元化、提升国际学生的留学体验、面向全球输出教师培训课程、构建全球网络和教育合作伙伴关系、采取积极措施促进教育出口。[①] 中国应以更加主动的姿态，构建全方位、宽领域、多层次的教育对外开放格局，加大对学生、教师赴国（境）外学习交流的支持力度，推进各级各类教育学生的交流访学，设立政府资助项目，支持优秀学生到国（境）外进行短期学习交流，以拓宽学生视野、丰富学生的学习体验；建立教师交流项目，重点支持高校相关专业教师到国外顶尖水平的高校或研究机构开展交流或合作研究，以及支持中小学外语教师到所教外语的母语国进行学习交流，从而促进教师的语言和跨文化能力发展，提升专业技能。

（四）推动教育数字化转型和创新，构建更加优质、高效、包容的教育生态体系

数字化转型是当前世界范围内教育转型的方向，是改善教学成果、提高教育质量和包容性的重要手段和方式。欧盟将促进数字技术在教育领域的应用、推进教育数字化转型作为教育政策的重要优先事项，将教育数字化作为改善教学成果、提高教育质量和包容性的重要手段之一，通过数字技术的应用打造创新的学习环境，增强学习和教学灵活性，促进个性化学习，推动教育实践的创新。数字技术为优化教育路径、重塑教育形态、推动教育模式转型提供了新的重大机遇，为教育变革和教育高质量发展提供了创新平台和动力引擎，也带来了新的挑战。中国要充分利用大力发展数字经济和加快新型基础设施建设的先发优势，把握教育数字化转型的契机，深化实施教育数字化战略，构建全民终身学习的数字教育体系，推进线上线下融合的混合学习模式，改善教学方法和学

---

① 李志涛、曲垠姣：《后疫情时代英国国际教育战略走向及启示》，《黑龙江高教研究》2023年第2期。

习方式，增强教学过程的创造性、体验性、互动性和启发性，推动各级各类教育数字转型、智能升级、融合创新，构建更加优质、包容的教育生态系统，以教育数字化助推教育高质量发展，为教育现代化提供支持和动力。

（五）创新教育质量政策机制和管理范式，丰富教育治理手段和政策工具

欧盟在一种"软"法律框架下推进优质教育的政策机制和治理模式可以为中国完善教育治理体系提供参考。欧盟作为区域性经济和政治联盟，虽然有责任和义务帮助提高其成员国教育与培训系统的质量，但必须在法律规定的权能领域内发挥作用，为此欧盟确定了"开放式协调方法"作为政策治理工具和行动计划的主要实施机制，该机制下的政策方法和手段包括共同确定要实现的目标、建立共同的测量工具以及交流经验、传播最佳做法等。该方法为欧盟国家之间的合作提供了一个新框架，有助于帮助成员国通过制定自己的政策实现欧盟提出的目标，实现与欧盟主要目标更大程度趋同。因此它可以被看作一种"软"法律，作为一种政府间决策形式，体现欧盟参与欧洲教育事务遵循的辅助性、支持性、补充性等原则。中国幅员辽阔，各地区经济、社会和教育发展不平衡，采用整体"一刀切"的刚性管理模式不一定适合各地教育发展的实际。因此国家在出台教育发展和管理"硬要求"的同时，可以在涉及教育质量等领域制定相关"软政策"，以建议、意见或其他工作文件的形式，发挥国家政策对各地区教育发展的引领、指导、推动作用，促进各地区结合自身发展水平和基础条件，创新发展路径和模式，探索适合本地区特点的政策实施机制，实现向国家共同目标的逐渐趋同，加强"软政策"和"柔性治理"在达成教育质量发展目标中的作用。

第二节 欧盟教育质量保证的分析与借鉴

提高教育和培训系统质量是欧盟及其成员国的共同目标，质量保证

是实现这一目标的重要手段。欧盟在推进欧洲一体化进程中，主导并开发了博洛尼亚进程、哥本哈根进程和欧洲教育区等政策工具，在各级各类教育中加强质量保证，支持成员国制定质量保证政策，构建覆盖所有教育层次的质量保证体系。质量保证对于提高各级各类教育教学的质量、巩固学生知识、技能、能力的相关性、提高资格和能力的透明度及相互信任、促进欧盟范围内的学习流动性发挥了关键作用，质量保证是欧盟及其成员国教育质量政策的核心和重要组成部分。

一　基础教育质量保证的分析与借鉴

20 世纪末以来在教育问责运动和国际组织学生学业成就评价项目推动下，欧盟国家加强了以学校评估和质量监测为重点的基础教育质量保证政策。基础教育质量保证体现了学校外部评估与内部评估相结合、定性信息与定量数据相结合、政府主导与专业指导相结合、学校主体与利益相关者参与相结合等特点。基础教育质量保证政策及措施可以为中国深入推进"双减"背景下构建高质量基础教育体系提供相关启示。

(一) 基础教育质量保证的特征

质量保证在系统地收集和分析证据以进一步改进教育质量方面发挥着关键作用。在欧盟国家，质量保证作为确保学校教育系统符合国家质量目标的一种方式，旨在支持学校教育实现和维持现有的质量标准并加强这些标准。二十几年来，质量保证作为确保实现和不断提高质量的一种方式，一直是欧盟教育和培训领域议程的重点。欧盟国家基础教育质量保证体现了以下特征。

1. 通过质量保证提高学校教育质量，提高学习成果透明度和信任度

自 20 世纪末以来，加强教育问责运动、提高基础教育质量成为各国教育改革的目标和价值追求。开发强有力的质量保证体系对于确保欧洲学校的学生接受高质量的教育至关重要，这也是提高欧盟成员国之间教育体系透明度和信任进程中的一个关键步骤。通过质量保证提高学校教育质量，总体目标是改善所有儿童和青少年的学习和福祉，为增强整个

欧洲的学生流动性创造条件，特别是通过促进相互承认文凭和国外学习时间。2017 年 11 月，在哥德堡召开的欧盟国家元首和政府首脑峰会上提出了到 2025 年建立欧洲教育区的构想，欧洲教育区的关键内容之一是促进成员国之间在相互承认高等教育和高中教育文凭以及在国外学习期间的成果方面的合作。在 2018 年 5 月关于实现欧洲教育区愿景的结论中，欧盟国家的教育部部长强调了教育与培训提供者和其他利益相关者可以通过促进质量保证和制定改进的评估程序在增强信任方面发挥关键作用。① 2020 年 9 月，欧盟委员会推出了一系列新举措，在加速欧洲教育区建设过程中提升教育质量、促进学习者和教师的自由流动。② 可见，欧盟基础教育质量保证政策一方面旨在确保所有学生接受高质量的教育，另一方面在建设欧洲教育区的进程中为提高整个欧洲的学生流动性创造条件，特别是相互承认教育资格以及提高在国外期间学习成果的透明度和信任。

2. 以学校评估为主，外部评估与内部评估相结合

教育质量保证包括旨在实现、保持或提高特定领域教育质量的政策、程序和实践，并且依赖于评估过程。欧盟国家基础教育质量保证方法和手段多样，包括学校评估、教师评价、国家标准化考试、国际评估测试等。欧盟国家基础教育质量保证本质上是各国教育督导的一部分，虽然并非所有国家都存在教育督导制度，③ 但各国普遍构建了学校质量保证体系。传统上欧洲国家教育督导中"督政"的职能较少，但近年来逐渐呈现加强的趋势；而随着教育管理向地方政府和学校放权，教育督导进一

① Council of European Union, "Council Conclusions on Moving Towards a Vision of a European Education Area", https：//eur‐lex. europa. eu/legal‐content/EN/TXT/PDF/? uri = CELEX：52018 XG0607（01）&rid=4.

② Directorate‐General for Education, Youth, Sport and Culture（European Commission）, European Commission, "Communication from the Commission to the European Parliament, the Council, the European Economic and Social Committee and the Committee of the Regions on Achieving the European Education Area by 2025", https：//op. europa. eu/en/publication‐detail/‐/publication/c8e92a1e‐0346‐11eb‐a511‐01aa75ed71a1.

③ 例如，芬兰于 1991 年废除了教育督导制度，转而构建以"教育评价网络"为核心的教育质量监测体系。

步突出"督学"功能,对学校的督导评估成为教育督导的重要内容。其中,学校评估是一种广泛应用于欧盟国家基础教育质量保证的方法,虽然其重要性因国家而异,事实上每个国家都形成了侧重不同方面的评估文化。20世纪80年代以来,教育系统权力下放的趋势以及一些国家赋予地方和学校更大的自主权是支持学校评估发展的重要因素。虽然21世纪以来国际组织学生学业成就评估项目推动了全球范围内基础教育质量监测和评价运动的发展,学校评估作为监控和提高整体学校质量的方法,在基础教育质量保证中仍然发挥重要作用,具有不可替代的地位。

3. 以证据为基础,定性评价与定量评价相结合

学校评估需要以证据为导向,评估者收集、分析、解释和使用一系列定性和定量数据以全面了解学校和学生的表现并制定明确的学校发展战略的动机和能力至关重要。欧盟国家基础教育质量保证以学校外部评估、学校内部评估、学生学业成就监测为主要手段,通过收集、分析学校发展和运作的定性信息以及学生成绩、学校绩效表现的定量数据,对学校教育质量作出整体评价。定性信息包括学校发展规划、教学内容、政策文件或内部法规、实地考察或调查访谈了解的信息等;定量数据主要是学生在国家考试或国际评估测试中的成绩或表现、班级规模、师生比例、辍学率、教师流动率等指标数据。评估报告中呈现的结果除了定性结论,通常也采用量化评分方法(如德国一些州采用Likert5级量表计分法)。2004年,只有约四分之一的欧洲国家允许学校使用学生测试结果等指标,将学生的表现与类似条件下的其他学校或全国平均水平进行比较。目前在大部分(约三分之二)的教育系统中使用学生测试结果,使该指标成为第二个最常用的内部评估工具,这种趋势与近年来许多国家引入强制性国家测试机制一致。无论定性信息抑或定量数据,欧盟国家基础教育质量保证方法均强调以证据为基础,在政策取向上体现出从行政导向(如教育督导)向专业取向(评估、监测)发展的趋势,加强循证(Evidence-Base)的基础教育质量保证政策,这与欧盟委员会致力推

进的"以证据为基础的欧洲教育政策制定"是一致的。①

4. 学校外部评估的标准、框架、过程呈现统一化和趋同化

在大多数情况下,学校外部评估侧重于广泛的学校活动,包括教育和管理、学生成绩以及遵守法规的情况。为了支持外部评估工作,欧盟大多数国家制定了中央层面的学校评估标准,同时构建了结构化和统一的框架,涵盖学校评估涉及的领域、评估方法、实施程序、评估结果呈现等。该框架不仅规定了外部评估须关注的内容,还建立了"好学校"的标准。虽然评估活动的范围和具体内容因国家而异,但学校外部评估的实施过程在整个欧盟国家非常相似,均包含风险评估、实地考察、形成报告3个步骤。一些国家(丹麦、爱尔兰、荷兰、瑞典等)将风险评估作为第一步,旨在将评估工作重点放在表现不佳的学校或在不同学校中进行选择;实地考察是所有学校外部评估过程的常见模式,旨在为评估者提供学校绩效和运作的第一手证据;最后形成最终的学校评估报告。评估标准、框架、过程的趋同性反映出欧盟国家学校外部评估模式的共同特征和规律。

5. 采取多种措施支持学校开展内部评估

在欧盟国家,通常大多数质量保证活动的责任由学校外部机构承担,同时鼓励学校组织内部质量保证活动。大多数教育系统既进行学校外部评估又开展内部评估,两者高度融合。自21世纪初以来,已有十多个教育系统将学校内部评估从推荐变为强制。欧洲议会和理事会均强调学校内部评估对提高质量的作用,许多教育系统要求学校每年进行一次内部评估。学校内部评估由学校自己发起和执行,内部评估的实施和成效受学校评估能力的影响。为了促进学校内部评估的规范化和有效性,几乎所有国家(保加利亚除外)都采用至少一种或多种措施支持学校进行内部评估,包括内部评估方面的专业培训、外部评估框架的使用、提供与其他学校进行比较的指标、具体的指导方针和手册、在线论坛、来自外

---

① 俞可、陈丹、赵帅:《循证:欧盟教育实证研究新趋向》,《华东师范大学学报》(教育科学版) 2017 年第 3 期。

部专家的建议以及财政支持，其中最常见的支持方式是提供指南和手册。此外，约三分之二教育系统允许学校使用学生考试成绩等指标与其他学校或全国水平进行比较，并引入了强制性国家考试机制。许多国家将支持有意义的学校自我评估作为制定质量保证政策的重要考虑因素，这些措施促进了学校内部评估的开展。

6. 加强对质量风险学校的"差异化"评估

欧洲一些国家在开展学校外部评估时先进行初步的风险评估，以确定需要重点关注的学校，特别是表现不佳或风险评级较高的学校，构建学校评估的"差异化检查"系统。例如，荷兰自2008年以来实施"基于风险的评估"模式，建立严格的风险分析系统，通过对质量风险信号、年度自评报告和学生学业成就进行分析，确定存在质量风险的学校并开展针对性评估，以此督促薄弱学校改进，提高学校评估的效率。[①] 除荷兰外，丹麦、爱尔兰、瑞典等近年来也引入了基于风险的学校评估方法。这种方法将评估者的工作重点放在没有达到预期标准的学校（如丹麦、爱尔兰、荷兰），或者在不同类型的学校检查中进行选择（如瑞典）。这种评估方法将注意力和资源集中在最需要改进的学校，以提高评估的效果和效率，加强外部评估在找出学校弱点并帮助学校改进方面的作用。

7. 利益相关者参与在质量保证中发挥重要作用

支持广泛的利益相关者[②]参与质量保证过程至关重要。利益相关方的广泛参与可以提升透明度、信任、共同责任以及对如何实现改进的持续思考。在基础教育质量保证实践中，中央或地方政府以及其他独立的监督或咨询机构发挥主导作用，地方或地区当局参与质量保证活动和程序的设计和实施，学校在质量保证中居于主体地位，同时重视发挥其他利益相关者在质量保证中的作用。欧洲议会和理事会在《欧洲在学校教育

---

① 刘学东、汪霞：《基于风险的督导：荷兰教育督导的理念与实践》，《比较教育研究》2018年第6期。

② 利益相关者是对改善学校教育感兴趣和/或负有责任的个人、团体或正式组织，他们包括学生、家长、教师、校长、地方当局、社会合作伙伴、雇主组织、研究人员、非政府组织等。

质量评估方面的合作》报告中，强烈建议学校利益相关者参与学校评估，使其共同承担改善学校的责任。许多欧洲国家要求在学校评估中有利益相关者的参与，尽管在参与的方式、内容和程度方面存在差异。在学校外部和内部评估中，通常会咨询学生以监测教育投入的质量，如教学质量或学校氛围；家长参与学校质量保证活动通常取决于学校与家长互动的能力以及学校人口的社会经济特征。此外，一些国家努力让雇主和高等教育代表参与。学校利益相关者参与保证了各方意见的代表性，有助于构建学校改进的责任共担机制。

在意大利，学校评估以改进为导向，学校自我评估和外部评估共享同一个框架，该框架支持评估过程的透明度和利益攸关方的参与。在自我评估阶段，当学校完成自我评估报告时，会让学生、家长、教师、行政和辅助人员以及地方机构和网络代表参与。如果没有进行公开磋商，则在任何情况下都要考虑不同相关方的利益。学校外部评估通过采访学生、家长、教师、行政人员和辅助人员，来了解他们对所涵盖的不同领域的看法。最后，通过社会报告活动，学校向所有利益相关者开放，解释和说明结果。与此同时，学校准备好与利益相关者开展地方对话。

（二）基础教育质量保证的启示

基础教育是教育系统的奠基工程，基础教育质量是决定一个国家整体教育质量和人才培养水平的关键环节。自20世纪末以来，加强教育问责运动、提高基础教育质量成为各国教育改革的目标和价值追求。当前中国基础教育已经从以提高普及率为重点的规模扩张期转向以提高质量为重点的内涵发展阶段，从满足民众"有学上"的需求向确保所有学生"上好学"的方向发展。建设高质量基础教育体系一方面要深化育人方式改革，提升教育教学质量；另一方面要建立健全质量保障制度，构建有本土特色的基础教育质量保证体系。中国基础教育质量保证以教育督导为主要特征，教育督导作为教育法规定的一项基本教育制度，在督促政府、学校落实教育法律法规和教育方针政策、规范办学行为、提高教育质量方面发挥了重要作用。随着中国教育事业的不断发展，教育督导的内容和侧重点从学校办学条件的督导检查向提高教育质量的方向转变。① 进入 21 世纪，中国教育督导制度不断完善，逐步形成了督政、督学、评估监测三位一体的教育督导体系。2020 年 2 月，中共中央办公厅 国务院办公厅印发《关于深化新时代教育督导体制机制改革的意见》，明确了新时期督政、督学、评估监测的重点。基础教育质量保证政策与实践对中国构建基础教育高质量发展的保障体系提供了启示。

1. 质量保证重点由行政取向的"督导"向专业取向的"评估""监测"转变

在基础教育质量保证上，中国应将学校评估和学生学业成就监测作为教育督导的重要内容。首先，学校作为教育政策的执行者和教育行为实施者，学校评估是改善学校组织和运作以及提高教育质量的重要途径，在督学方式上应由行政取向的"督导"向专业取向的"评估"转变。依托专业力量或第三方教育评估机构，对学校办学水平、教育质量、学校管理等开展全面、客观的评价，真正实现管办评分离，增强评估的独立性、专业性、权威性，让教育督导"长牙齿"，充分发挥评估结果的改进和问责功能。其次，应加强学生学业成就监测，一方面进一步完善国家、省市基础教育质量监测与评价体系，另一方面积极参与国际评估测试（PISA、TIMSS、PIRLS 等），通过国际横向比较与深入分析，为中国基础教育质量改进提供更加全面、客观的证据支撑。

2. 制定学校评估的统一框架，细化实施方案

2021 年 3 月和 12 月，《义务教育质量评价指南》和《普通高中学校办学质量评价指南》（简称《指南》）相继印发，明确了基础教育学校评估的指导思想和原则，制定了学校办学质量评价指标，在评价方式上提出将"自我评价与外部评价相结合"作为应遵循的原则之一。借鉴欧盟国家基础教育保证政策与实践，为推进落实《指南》，应从国家层面制定基础教育质量评估框架和实施方案，为省市、县区及学校开展基础教

① 陈慧娟、辛涛：《我国基础教育质量监测与评价体系的演进与未来走向》，《华东师范大学学报》（教育科学版）2021 年第 4 期。

育质量评估提供指导和参考指南。评估框架应详细规定各级政府、教育主管部门、学校在基础教育质量评估中的职责以及评估程序、评估方法、结果使用、人员资格等，增强可操作性，提高评估的科学性、规范性。

3. 建立学校内部评估机制并构建支持指导体系

中国教育督导评价应在坚持政府主导的基础上凸显学校主体，除督导部门的外部评估外，强化学校内部评估，建立健全学校自我评估机制，充分发挥学校自我评价对教育质量和学校运作的改进功能。为提升学校开展内部评估的实施能力，应构建相应的支持指导体系，包括制定内部评估框架，明确评估方法、程序和对结果的分析使用，对评估人员进行培训，提供专家指导、指南和手册等。应加强内部评估与外部评估的沟通协作，鼓励将学校内部评估结果作为外部评估信息的一部分，使外部评估更好地聚焦需要关注的领域。在支持学校自我评估过程中，应尊重学校内部评估的专业自主性，为学校采用自下而上的参与式方法留出空间。

4. 加强对质量风险学校的"差异化"督导评估

中国各省市、县区在开展学校督导评估时，可结合本地实际建立类似的风险评估系统，通过对学生学业成绩、学校自评结果、质量风险信息（如来自家长、学生的投诉，媒体、网络报道等）的综合分析，确定表现欠佳或质量有待改进的学校。重点关注基础薄弱学校、问题学校、新建学校等，针对这些学校制定个性化评估方案，开展针对性评估督导。通过分类督导、精准化督导，促进表现欠佳学校改进教育教学和学校管理，提高教育质量。

5. 发挥利益相关者参与在基础教育质量保证中的作用

教育是重要的民生工程，教育质量评价不仅是管理者和举办者的责任，教育对象（学生）、教育活动的重要参与者（家长）均会对教育获得感、幸福感、满意度作出自己的评价，社会舆论能在一定程度上反映学校的办学质量和声誉，基础教育阶段之后的高等学校和用人单位能基于标准对学校育人质量作出评价。因此在学校督导评估和自我评估中，应充分发挥利益相关者的作用，构建学生、家长、社区成员、高校和企业代表等广泛群体参与的评估机制，赋予各利益相关者在学校评估中的意见表达权、建议权，使其共同承担改进学校的责任，促进基础教育质量的提高。

二 高等教育质量保证的分析与借鉴

高等教育的质量保证可以理解为旨在实现、保持或提高质量的政策、程序和实践，早在 2003 年，欧洲高等教育区的教育部部长们就认识到"高等教育质量是建立欧洲高等教育区的核心"，同时强调"高等教育质量保证的主要责任在于每个机构本身，这为真正的问责制提供了基础……"① 在博洛尼亚进程开始时，欧洲只有很少的高等教育系统拥有公认的质量保证体系。因此，质量保证的兴起是博洛尼亚进程以来欧洲高等教育区最显著和变革性的发展之一，经过二十几年的改革，现在绝大部分欧洲国家都在全系统范围内建立了内部和外部质量保证体系，质量保证体系成为欧洲高等教育机构变革的关键驱动力，对于提高欧洲高等教育教学和研究的质量、提高资格和能力的透明度和相互信任、促进欧盟范围内的学习流动性发挥了关键作用。高等教育质量保证的发展体现了明显的政策驱动性，博洛尼亚进程对于欧洲高等质量保证体系的建立发挥了重要的促进和催化作用。

(一) 高等教育质量保证的特征

博洛尼亚进程加速了欧洲高等教育的改革步伐，推动了高等教育质量保证的政策与实践。博洛尼亚进程的主要目标之一是提高欧洲高等教育的质量，以此作为提高其吸引力和竞争力以及促进流动性的一种手段。《博洛尼亚宣言》鼓励各国在高等教育质量保证方面进行合作，以制定可比较的标准和方法。自博洛尼亚进程启动以来，参与方一直非常重视高等教育质量保证，将质量保证作为博洛尼亚进程的关键行动方针之一。

---

① European Commission/EACEA/Eurydice, *The European Higher Education Area in 2015: Bologna Process Implementation Report*, Luxembourg: Publications Office of the European Union, 2015.

博洛尼亚进程的多层次、多主体治理过程也体现在质量保证体系中，一方面，将通过构建欧洲高等教育区质量保证的共同标准和指南、开发共同的质量保证方法和程序作为高等教育质量保证的重要政策工具；另一方面，欧洲高等教育质量保证协会和欧洲高等教育质量保证注册处作为一种明确的机制，确保外部质量保证机构按照欧洲高等教育区质量保证标准和指南运行及其合规性，不仅增强了高等教育质量保证的统一性，而且提高了透明度和规范性，体现了质量保证的"欧洲维度"。高等教育质量保证的特征反映在质量保证的机制、标准、规范、方法和评价主体等多个维度。

1. 在质量保证机制上强调外部质量保证与内部质量保证的结合

在建立高等教育质量保证程序和方法过程中，欧盟委员会提出质量保证程序应包括高等教育机构的内部自检部分和基于外部专家评估部分。欧洲高等教育区质量保证标准和指南在欧洲高等教育质量评估试点项目和欧盟理事会建议所依据的共同原则基础上进行了拓展，提出高等教育机构对其提供的质量及其质量保证负有主要责任，同时质量保证过程的透明度和使用外部专业知识也很重要。因此，ESG 力求在高等教育机构内部质量文化的创建和发展与外部质量保证程序可能发挥的作用之间寻求适当的平衡。一方面，高等教育机构对其提供的教育质量负主要责任，通过健全的内部质量保证系统确保其活动的质量并持续改进；另一方面，内部质量保证体系得到外部质量保证活动的支持和补充，高等教育机构通过参与外部质量保证活动，支持并加强其内部系统和教育提供。欧洲高等教育机构内部质量保证的标准和指南明确规定高等教育机构应定期接受符合 ESG 的外部质量保证，包括采取不同的形式、侧重不同的组织层面（如项目、教师或机构）；欧洲高等教育机构外部质量保证的标准和指南强调外部质量评估机构必须应用内部质量保证的标准，以检查其有效性。高等教育机构的自我评估为外部质量保证提供基础，外部质量保证承认内部质量保证标准，确保高等教育机构开展的内部工作与其进行的任何外部质量保证直接相关，从而加强内部和外部质量保证之间的联系。可见，高等教育质量保证的内部机制与外部机制相辅相成，在尊重欧洲高等教育系统多样性和自主性的同时，强调质量保证是内部和外部保证相结合的过程以及内、外部机制在质量保证中的共同作用。

2. 在质量保证规范上强调对外部质量保证机构的元评估

随着博洛尼亚进程的推进，欧洲高等教育外部质量保证的范围进一步扩大，质量保证机构不断增加，无论欧洲高等教育区质量保证标准和指南的制定者还是欧洲各国教育部部长，都意识到需要建立一个可以执行欧洲质量保证框架的官方注册机构，对质量保证机构遵守 ESG 的合规性进行审查，使高等教育机构能够在欧洲登记册注册的质量保证或认证机构中选择满足其需求的机构。因此，欧洲高等教育区质量保证标准不仅包含高等教育机构的内部质量保证和外部质量保证标准，而且包含质量保证机构的质量保证标准，3 个部分相互关联，共同构成了高等教育质量保证框架的基础。其中，外部质量保证机构的欧洲标准和指南将质量保证原则应用于质量评估机构本身，质量保证机构的质量保证沿用高等教育机构外部质量保证的标准，同时对质量保证机构的法律地位、开展的活动、资源、机构使命、独立性、机构使用的外部质量保证标准和流程、问责程序作出了规定，特别是要求质量保证机构制定内部质量保证流程，至少每 5 年进行一次外部审查，以证明其遵守 ESG。随着 ESG2015 的采用，质量保证的"EHEA 模型"变得更加巩固、清晰和可见。欧洲质量保证登记作为一种明确的机制来保证质量保证机构的合规性，它已成为欧洲高等教育区的一个既定特征。建立高等教育质量保证机构元评估机制的主要目的是促进各国质量保证机构之间的合作，防止发生不规范甚至违法的认证行为，① 质量保证机构的元评估有助于保证外部质量保证机构按照共同标准和指南制定的路线发展，其主要作用之一是加强相互信任。

---

① 刘晖、孟卫青、汤晓蒙：《欧洲高等教育质量保证 25 年（1990—2015）：政策、研究与实践》，《教育研究》2016 年第 7 期。

3. 在质量保证标准上强调"以学生为中心""以学习成果为重点"的教与学评估

2005 年欧洲高等教育区质量保证标准和指南的实施促进了高等教育质量保证的规范和发展，与此同时，包括质量保证在内的欧洲高等教育框架和格局发生了重大变化。博洛尼亚进程的行动方针和承诺方面取得了重大进展，如制定资格框架、转向以学生为中心的学习并强调学习成果等。虽然大多数外部质量保证侧重于教学和学习领域，越来越多的欧洲质量保证机构和其他利益相关者认识到质量保证必须与其他博洛尼亚行动路线相结合，如认可、资格框架和学习成果，一些国家质量保证的重点开始从以输入为中心的"资源和过程"标准向预期的学习成果评估和"促进学生学习"转变。ESG2015 考虑了自 2005 年以来欧洲高等教育的发展，包括转向以学生为中心的学习、对灵活学习路径的需求以及对正规教育之外所获得能力的认可。其中，高等教育机构内部质量保证标准和指南突出以学生为中心的学习、教学和评估，包括：尊重和关注学生的多样性及其需求，提供灵活的学习路径；灵活运用多种教学方式和方法；定期评估并调整授课方式和教学方法；鼓励学习者的自主意识，同时确保教师提供充分的指导和支持等，并且更加强调学生作为学习过程的共同创造者的积极作用。由此可见，欧洲高等教育质量保证标准不仅关注"资源和过程"，而且更加重视以学生为中心的学与教，进一步加强"以学习成果为重点"的教与学评估，发挥质量保证在确保高等教育实施过程"以学生为中心"并提高学习成果方面的重要作用。

4. 在质量保证方法上强调程序、范围的开放性和机构的独立性、自主性

共同的质量保证方法和程序是高等教育质量保证的重要政策工具，是质量保证"欧洲维度"的重要体现。高等教育质量保证方法和程序体现了较大程度的开放性：一方面，欧洲高等教育区质量保证标准和指南为欧洲高等教育区的质量保证提供以过程为导向的标准和指导方针而不

包括详细的"程序"，同时为成员国保留了多样性的空间，ESG"承认国家高等教育体系的首要地位、在国家体系中机构自主权的重要性，以及不同学科的特殊要求"，它旨在适用于欧洲的所有高等教育机构和质量保证机构，无论其结构、功能和规模以及它们所在的国家体系如何；另一方面，从适用范围看，与ESG2005相比，ESG2015考虑了高等教育国际化程度的提高、数字化学习的普及和新的教学形式对高等教育质量保证的影响。ESG2015还强调了对欧洲高等教育区所有高等教育机构的适用性，"无论学习方式或授课地点如何"①。高等教育质量保证从最初主要面向"传统"的高等教育进一步扩大到包括电子学习、跨境高等教育、欧洲联合学习计划以及终身学习等在内的新领域。质量保证范围的扩大使ESG2015不仅涵盖教学和学习，而且应对高等教育国际化程度的提高、数字学习的传播以及新的教育提供方式和对正规教育之外获得的能力的认可，从而使ESG能够更好地适应欧洲高等教育区的新发展。在质量保证的实施上，20世纪90年代之前欧洲4国（丹麦、法国、荷兰、英国）高等教育评估通用的4项原则中即包含"质量评估程序和方法独立于政府和高等教育机构"，ESG2015进一步明确了质量保证机构的独立性，包括组织的独立性、运行的独立性和正式结果的独立性，强调在不受第三方影响的情况下，质量保证机构对其活动和结果承担全部责任。为了提高质量保证的可信度和透明度，在高等教育质量保证发展过程中相继成立了欧洲高等教育质量保证协会和欧洲高等教育质量保证注册处，作为欧洲质量保证机构的专门组织以及博洛尼亚进程中执行质量保证领域政策的正式工具。EQAR按照ESG要求对外部质量保证机构进行审查，建立合格的质量保证机构名单供高等教育机构选择，提高了高等教育机构的自主性和质量保证的透明度。尽管如此，并非所有欧洲高等教育区国家都准备好在系统的基础上建立信任，并使所有高等教育机构都能够由

---

① ENQA, ESU, EUA, EURASHE, *Standards and Guidelines for Quality Assurance in the European Higher Education Area（ESG）*, Brussels, 2015.

来自另一个国家符合 ESG 要求的质量保证机构进行评估。① 虽然信任的条件已经实现，但信任的实践仍有待完善。

5. 在质量评价主体上强调利益相关者的多方参与

欧洲高等教育质量评估试点的经验表明，质量保证的内部评估应该让机构内的所有相关者，特别是学生，参与自我反思的过程；外部评估应该是胜任和独立的同行之间合作协商和建议的过程，现场考察期间的讨论应包括所有相关参与者。校友、雇主和其他相关社会团体也应包括在内，外国专家可以为"同行小组"作出有益的贡献。评估机构的成员应包括教师代表、社会经济界代表、学生、区域机构、校友会和所有其他相关团体。在博洛尼亚进程中，学生参与高等教育治理是欧洲高等教育区的基本价值观之一，即学生不应该被视为高等教育课程的被动消费者，相反他们应该积极参与学习过程的各个方面，包括质量保证。1998年 9 月欧盟理事会第 98/561/EC 号建议提出，基于共同特征建立透明的质量保证体系，特征之一是根据质量保证的目的，吸收有关各方的参与。共同特征与欧洲 4 国的通用原则构成了高等教育质量保证体系的基本框架，其中包括"评估过程体现利益相关方的参与"。在 2015 年的埃里温会议上，欧洲高等教育区国家的高等教育部部长提出"积极让学生作为学术界的正式成员以及其他利益相关者参与课程设计和质量保证"②。欧洲高等教育区质量保证标准和指南进一步促进了高等教育质量保证中利益相关者的参与，ESG2015 提出高等教育机构在内部评估中应确保鼓励学生发挥积极作用，外部质量保证应由来自机构、学者、学生和雇主/专业人员在内的外部专家组执行。对高等教育机构的调查显示，欧盟成员国的内部质量保证程序通常包括广泛的利益相关者群体。在项目设计、评估和课程开发中，学术人员发挥着最大的作用；学生作为有影响力的

① European Commission/EACEA/Eurydice, *The European Higher Education Area in 2020: Bologna Process Implementation Report*, Luxembourg: Publications Office of the European Union, 2020.

② European Commission/EACEA/Eurydice, *The European Higher Education Area in 2020: Bologna Process Implementation Report*, Luxembourg: Publications Office of the European Union, 2020.

利益相关者群体，经常参与内部质量保证活动。近年来将利益相关者纳入外部质量保证的程度进一步提高，几乎所有质量保证机构都将学生和学术人员作为其外部质量保证活动的一部分，绝大多数质量保证机构还将外部专家（如利益集团、专业人士）、雇主和外国专家纳入外部质量保证程序。利益相关者参与不仅使质量保证尽可能考虑到学生、其他利益相关者和社会的需求和期望，同时有助于提高质量保证的专业性，特别是学术人员和外部专家的参与，通过学者、同行专家提供的广泛专业知识，提升内部和外部评估的专业化水平。

（二）高等教育质量保证的启示

随着中国经济社会和教育事业的发展，高等教育规模不断扩大，高等教育毛入学率从 2012 年的 30%提高至 2021 年的 57.8%，[①] 高等教育从大众化阶段进入普及化阶段。与此同时，高等教育质量保证问题成为社会各界关注的焦点。长期以来，中国缺乏高等学校内部对教育质量积极主动的自我约束机制和独立性、制度化的外部质量监控、保障和评估体系。20 世纪 90 年代，中国开始实施高校本科评估，2003 年在全国启动高校本科教学评估并建立了 5 年一轮的高等学校评估制度。从政策执行主体、评估内容、评估方法与程序等来看，中国的高等学校评估制度作为一种外部质量保证机制，以政府为主导；与此同时，外部质量保证机构发育不健全，元评估机制尚未建立，"管办评分离"的高等教育质量保证体系有待完善。在高质量发展和"双一流"建设的背景下，中国应积极开展高等教育质量保证活动，借鉴欧盟高等教育质量保证方法和经验，建立具有中国特色的高等教育质量保证体系，完善框架体系、法律体系、组织体系，构建内、外相结合的质量保证机制，加强质量保证标准建设，强化高等学校"质量文化"建设，增强质量保证工作的自主性、独立性，建立"多元参与"的质量保证机制。

---

① 《高等教育：从大众化到普及化》，人民网 http://edu.people.com.cn/n1/2022/0530/c1006-32433463.html。

1. 构建内、外机制相结合的高等教育质量保证体系

当前中国的高等教育质量保证以教学评估为主要形式，这是一种外部质量保证活动，大都由教育主管部门或半官方机构发起和组织；与此同时，高校内部的质量保证机制和持续改进机制尚未建立，内部质量保证缺乏积极性、主动性，甚至高校的内部质量保证活动主要为了应付外部评估，内部质量保证沦为外部质量保证的附属品。[①] 中国高校质量保证主要基于政府教育主管部门开展的教学评估，高校内部尚未普遍形成自发的质量保证机制和长效性的质量保证模式，导致高校内外部质量保证分离，尚未形成一体化的高等教育质量保证体系。[②] 从功能上看，外部质量保证更多强调"监控""问责"功能，而内部质量保证过程更加以质量提高和改进为导向。以质量改进为导向的内部质量保证反映了高等教育内在的学术性价值，而以问责为导向的外部质量保证反映了高等教育外在的社会性要求，[③] 两方面相互协同、缺一不可。因此，在实践中应构建内、外部相互协调、相互促进的质量保证体系，统筹内、外部质量保证活动，保持问责与改进之间的平衡。一方面，强化高等学校在质量保证中的主体地位，强调自我评估的重要性；另一方面，完善高等教育外部质量保证体系，建立包含评估、认证等多种方式的质量保证机制。应树立内外部协调、统一的质量保证理念，内部质量保证以学生为中心，关注教育教学过程；外部质量保证以结果为导向，关注教学投入、过程和结果全要素，全面保证高等学校的人才培养质量，内、外部质量保证体系相互作用、相互影响，两者相互衔接配合。在此基础上，制定适合中国高等教育实际的质量保证政策和程序，采取科学客观的方法，进一步完善外部质量保证机制，同时引导高校结合自身特点建立分层、分类的内部质量保证模式，构建内、外部机制相结合的高等教育质量保

① 陈寒：《欧洲高等教育区质量保障标准：发展与启示》，《中国高教研究》2018年第6期。
② 陈凡：《欧洲高等教育质量保障新标准：理念与启示》，《中国高教研究》2016年第6期。
③ 魏署光：《欧洲高等教育质量保障研究》，硕士学位论文，华中科技大学，2009年。

证体系。

2. 制定高等教育质量保证标准体系，提升标准的全面性、科学性、适用性

中国的高等教育外部质量保证手段主要有高校评估、专业认证等，高校评估依据《普通高等学校本科教学工作合格评估指标体系》《普通高等学校本科教学工作审核评估方案》等政策文件。其中，《普通高等学校本科教学工作合格评估指标体系》立足中国实际情况，内容比较全面，可操作性较强，但在国际视野方面还有待加强。[①] 此外，该标准的制定主体为教育管理部门，主要从高等教育举办者和管理者角度制定的指标和基本要求，在指标制定主体上缺乏广泛的多元参与。高等教育教学评估作为一种外部质量保证机制，上述标准主要供评估专家组对学校进行评估时使用，可视为质量保证机构对高等学校进行外部评估的标准，缺乏高校内部质量保证的标准与指南。一方面，这种状况使高校成为被动接受评估检查的对象，难以调动高校作为质量保证主体的积极性、主动性；另一方面，缺乏内部质量保证标准不利于高校创建"质量文化"，不利于教育质量的持续提升。因此，应构建并完善中国高等教育质量保证标准，涵盖质量保证机构的外部质量保证标准、高等学校的内部质量保证标准以及对质量保证机构进行评估认可的标准。质量保证标准的制定主体应多元化，不仅应包括教育管理者、评估专家，还应包括高等学校、专业组织、外国专家、学生等方面代表，吸纳不同利益相关者的意见、建议，提高标准的全面性、系统性。同时，高等教育质量保证标准应尊重高等学校的多样性，增强学校在质量保证中的自主权，提高标准的灵活性和适用性。评估指标和标准应考虑不同地区、不同层次、不同定位和不同类型高校的实际，体现分类评估的原则，避免采用统一的标准来评估、衡量高等学校，构建多元化的质量保证标准，为高校提供更宽松的学术

---

① 邓国民：《欧洲高等教育区高等教育质量保证体系及启示》，《广东广播电视大学学报》2013 年第 3 期。

环境和发展空间。①

3. 加强高等学校内部质量保证，强化"质量文化"建设

高等教育质量保证的责任主体在于高校本身，从根本上提高高等教育质量，不仅要建立高校内部的质量保证机制，还要构建以质量改进和发展为基础的质量文化，将"有形"的组织和制度建设与"无形"的文化和意识构建结合起来。首先，中国各高校应借鉴欧盟国家的成功经验，建立和完善学校的质量保证组织体系。当前中国大多数高校设立了教育教学质量监督中心或评估科，少数高校专门设置了教育教学质量保障与监测的机构，这些机构的成员主要是行政人员，质量文化意识和理念认识不足，机构的职能主要是监督教育教学管理行政性事务，真正的教育教学监督较少。② 高校应在高校层面和各院系层面加强质量保证组织建设，包括成立学校质量保证委员会领导和统筹开展学校质量保证活动，其成员应包括学术、行政和科研人员以及学生、各个院系设立质量保证委员会的分支机构。各级质量管理机构各司其职、各负其责，共同组织开展各种质量保证活动，确保学校整体教学质量。其次，高等学校质量保证必须高度重视质量文化建设，将质量保证纳入学校发展战略，因为有效的高校内部质量保证机制的运行离不开文化建设。如果说组织和制度是质量保证的外在约束，那么质量文化则是促进质量保证的内生动力，它体现为高校对质量的一种内在信仰和自觉认知，有助于转化为自觉行动，使学校从上到下把质量看作学校的价值追求和办学的核心目标。质量文化建设主要在于高校自身，要重视大学自主与学术自由，为学校建立和发展内部质量文化提供内在驱动力。政府应为高校质量文化建设创造宽松、自由的环境，同时逐步转变职能，从"主导者"的身份向"监督者"的身份转变，深化教育管理与办学机制改革，逐步建立和完善统

① 朱建成：《欧盟高等教育质量评估及其启示》，《长春工业大学学报》（高教研究版）2007 年第 4 期。

② 唐微微：《欧洲高等教育质量保障体系研究（2008—2016）》，硕士学位论文，广西大学，2017 年。

筹有力、权责分明的教育管理体制，赋予高校更大的办学自主权，鼓励并推动高校建立和发展内部质量文化，促进高校开展自身教育教学的自我评估和自我提升活动，增强高校促进自身质量保证的主体意识，发挥主动性、积极性和创造性。随着中国高等教育规模的不断扩大和体制改革的不断深化，高校内涵建设和质量保证的主体地位进一步强化，构建高校内部质量保证机制和加强"质量文化"建设显得更加重要。

4. 增强质量保证工作的独立性，建立"管办评分离"的高等教育质量保证体系

目前中国高等教育质量保证呈现以教学质量管理和评价为核心，以政府为主导、高校为主体，社会协同参与的基本格局。其中，专业组织或行业协会性质的评估机构发展较晚，社会性评估机构严重缺失。一方面，缺乏独立的、国家层面的质量保证机构，已有的外部质量保证机构主要为国家或省级教育行政部门下属的官方或半官方事业单位；另一方面，质量保证机构的专业独立性相对较弱，职能定位不清晰，难以充分履行质量保证职责。总体而言，中国高等教育质量评估工作更多地体现为以政府为主导，社会机构参与度较低，质量保证方法和程序的独立性、客观性不够强。因此，应从中国实际情况出发，加强高等教育质量保证机构的独立性，建立中央、地方两级外部质量评估机构，明确质量保证机构的功能及职责，依据相关法律法规监管质量评估机构的运行和质量保证活动。此外，借鉴欧盟国家的认证机制发展经验，赋权有关行业协会承担起外部评价主体的角色，由专业的第三方认证机构对高等教育机构进行认证，鼓励社会组织或个人成立独立的认证机构，使高校接受由认证机构组织的认证评估。通过增强质量评估机构的独立性，完善以评估和认证为主要手段的质量保证机制，构建第三方评估机构广泛参与、"管、办、评分离"的高等教育质量保证体系。当前，中国大多数第三方评估机构为半官方性质或学术性质，民间性的第三方评估机构较少。中国高等教育质量评估机构处于发展过程中，教育评估开始从行政主导的

相对单一评估进入社会参与的多元评估时代,① 应增强第三方评估机构的自主性、独立性,鼓励有资质的第三方评估机构按照质量保证标准和程序开展评估工作,加强评估的专业性、科学性和客观性,提升质量保证结果的信度和效度。

5. 建立"多元参与"的高等教育质量保证体系

高等教育质量评估本质上反映了不同利益主体对高校所提供教育的诉求和期望,其有效性、合理性有赖于各利益相关方的评估参与和价值判断。评估人员构成的多元化反映出各方的价值判断和声音,保证了评估结果的客观性、公正性和合理性。当前,中国高等教育质量评估专家主要包括教育行政人员、高等教育研究领域的专家以及高校学科专家,很少有学生、其他利益相关者如行业人员、雇主等以及外国专家的参与,评估专家构成单一。此外,欧洲国家高等教育机构评估报告主要由专家撰写、由评估机构公布,中国的评估(鉴定)委员会仅负责提出评估意见及评估结论的建议,评估结论由评估领导小组及有关教育管理部门作出。② 中国的高等教育质量评估人员以教育管理者和高校、研究领域的专家为主,应注重参与主体的多元化,扩大学生、雇主、行业人员、外国专家等的参与,逐步形成参与主体多元化的高等教育质量保证格局。要调动除管理者、研究者以外的利益相关者参与,政府必须转变职能,把高校质量改进和高等教育质量监督的部分职能下放给高校和外部质量保证机构,使高校和质量保证机构在内部和外部质量保证活动中吸收广泛的利益相关者。随着高等教育质量保证主体多元化的发展,以及学生主体地位的上升和"消费者"地位的确立,应将学生作为高等教育质量保证的重要主体之一。为此,需要建立和完善学生参与质量保证的法律法规,明确学生参与质量保证的权利,加强学生参与质量保证的制度建设,

---

① 董西露:《欧洲高等教育外部质量保障机构发展及其借鉴研究》,博士学位论文,武汉大学,2020 年。

② 余源晶、许明:《欧洲高等教育质量评估类型、过程及启示》,《当代教育论坛》2004 年第 9 期。

提升学生参与的意识和能力，为学生参与开辟多种渠道，建立学生参与学校自我评价、外部质量评估和后续整改落实的机制和有效方式，实现学生在质量保证中的全面、充分参与。

6. 开展质量保证机构和活动的"元评估"

元评估是对高等教育外部质量保证机构本身的合规性及其专业性的评估，即对质量保证机构自身的质量的评估。当前中国的高等教育评估机构大多为官方或半官方性质，真正独立于高校和政府的评估机构很少，现有的独立评估机构质量参差不齐，第三方评估结果的专业性和权威性备受质疑。目前中国尚没有建立对质量保证机构的统一认证标准、行业规范和对外部质量保证机构进行统一管理的认证机构，也未制定高等教育外部质量保证机构的设立和准入机制、注册和审批规定、购买服务标准、项目委托流程及监管机制。① 随着中国第三方独立评估机构的发展，为了确保评估机构的合规性和评估结果的认可度、信任度，加强对质量保证机构的合规性审查和监管十分必要：制定相关标准，开展质量保证机构的认证和周期性外部审核；对外部质量保证活动进行评估；规范信息公开和评估报告定期公布制度；完善外部质量保证的投诉和申诉程序；建立对外部质量保证机构的问责机制，等等。此外，建立高等教育质量保证机构认可和注册制度，成立国家级质量保证机构监管中心（类似EQAR）对质量保证机构进行认证和周期性审查，对符合标准的质量保证机构实行注册制度，对达不到标准的质量保证机构命其限期整改，对不合格的质量保证机构取消其运营资质。高校可以自主选择注册名单中的质量保证机构对学校开展外部评估，评估结果应得到政府、高校等利益相关方的认可。同时，建立政府主管部门、高等院校与质量保证机构交流、合作的平台，加强对外部质量保证工作的组织协调，通过协同合作推动高等教育外部质量保证的发展。

---

① 董西露：《欧洲高等教育外部质量保障机构发展及其借鉴研究》，博士学位论文，武汉大学，2020年。

三 职业教育与培训质量保证的分析与借鉴

质量保证是欧盟职业教育与培训政策的重要关注点之一，哥本哈根进程对于加强欧洲职业教育与培训质量和质量保证发挥了重要作用。欧盟不仅加强成员国之间在质量保证方面的合作，注重模式和方法的交流，而且制定职业教育与培训质量的共同标准和原则，建立了共同质量保证框架和职业教育与培训质量保证参考框架。同时，加强欧洲资格框架、欧洲职业教育与培训学分系统、欧洲职业教育与培训质量保证框架、欧洲通行证等政策工具的协同，加强欧洲职业教育与培训质量保证，推进欧洲职业教育一体化。职业教育与培训质量保证参考框架通过内部评价机制和外部监控机制相结合的方式对整个职业教育与培训实施过程进行监督和评价，以更有效地加强职业教育与培训的质量保证并促进质量文化。

（一）职业教育与培训质量保证的特征

职业教育与培训质量保证在欧盟相关机构参与以及欧洲国家和社会伙伴之间自愿合作的推动下，开发出一种全面的欧洲职业教育与培训质量体系和质量保证方法：制定共同的质量保证框架，作为欧洲层面质量保证的通用工具，同时充分尊重成员国开发自己的质量保证系统的责任和自主权；加强多种政策工具的协同，将质量保证与促进资格互认和学生流动等联系起来；将构建内部质量管理系统和培育内部质量文化作为职业教育与培训机构质量保证的重要途径，强调完善内部管理机制；许多国家将认证作为外部质量保证的一种重要方式和评估工具，大多数欧洲国家建立了职业教育与培训机构或职业教育与培训计划的外部认可体系。

1. 建立共同质量保证框架为欧洲国家职业教育与培训系统质量保证提供参考工具和指南，发挥质量保证工具的协同作用

与高等教育领域博洛尼亚进程下"制定一套商定的质量保证标准、程序和指南"相类似，作为《哥本哈根宣言》后续行动的共同质量保证

框架成为职业教育与培训质量保证的首要方法和政策工具。欧盟开发了共同质量保证框架作为欧洲层面质量保证的通用工具，共同质量保证框架建立在相关质量保证模型的关键原则之上，其基本原理构成了一种系统的质量保证方法，支持从业人员和决策者提高职业教育与培训提供的质量。在共同质量保证框架的基础上，欧盟委员会开发了职业教育与培训质量保证参考框架，通过使用定性和定量相结合的数据和指标，来评估各国职业教育与培训的实施情况，并通过内部评价机制和外部监控机制相结合的方式对整个职业教育与培训实施过程进行监督和评价，以更有效地保证职业教育与培训的质量。职业教育与培训质量保证参考框架描述了职业教育与培训质量保证和改进周期的 4 个阶段（规划、实施、评价/评估、审查/修订），由通用质量标准、指示性描述和指标构成，为欧盟国家职业教育与培训质量保证提供了一个参考工具，各成员国可以利用共同框架、原则、质量标准和参考指标作为进一步改进、改革和发展国家职业教育与培训质量保证体系的工具，有助于提升职业教育与培训的质量保证并促进质量文化。该框架还支持其他欧洲政策工具的实施，如欧洲终身学习资格框架、欧洲职业教育与培训学分制度、欧洲通行证以及鉴定和验证非正规与非正式学习的欧洲共同原则，这些欧洲职业教育与培训质量保证工具和原则相互联系、相互补充，从而确保教育质量，提高欧盟各国职业教育与培训体系的透明度、加强相互信任，使欧洲范围内职业能力和资格证书得到更好的互认，促进欧洲公民和学生流动，共同致力于职业教育与培训一体化的推进和一体化劳动力市场的形成。

2. 构建欧洲职业教育与培训质量标准和指标体系，加强内部评估和外部评估、定量监测和定性分析的结合

在质量管理中，如何衡量和评估教育系统质量是一项重大挑战。共同质量保证框架包含质量保证模型、评估方法、监测系统和测量工具等要素：质量保证模型针对职业教育与培训系统质量保证和改进周期的 4 个阶段确定了核心质量标准；评估方法强调自我评估，同时结合外部评估；自我评估需要与国家、区域或部门各级独立和适当的第三方机构的

定期外部监测相结合，以确保职业教育与培训结果评价的可信度、合法性和认可度；测量工具包括一套衡量和评估职业教育与培训质量的参考指标。这些指标基于量化数据，可以与明确界定的目标联系起来，并且可以支持实现这些目标。在共同质量保证框架的基础上，职业教育与培训质量保证参考框架制定了职业教育与培训质量保证 4 个阶段共同的质量标准，提出了一套全面的质量指标，用于支持职业教育与培训系统和职业教育与培训机构的评估和质量改进。质量指标由 10 个一级指标和 14 个二级指标组成，涉及定性信息以及与投入、过程、产出和结果有关的数据，同时涵盖了职业教育与培训过程的整个周期，它们相互关联、相互衔接，与质量保证和改进的过程一致。① 该框架提供了一种系统的质量方法，通过结合内部和外部评估、审查和改进过程，并以测量和定性分析为支持，加强质量监测和改进质量。

3. 强调构建职业教育与培训机构内部质量管理模式，培育内部质量文化

欧盟将建立内部质量管理系统作为职业教育与培训机构有效保证和持续提升质量的重要途径，强调构建内部质量管理模式，完善管理机制，加强与利益相关者的合作，积极培育内部质量文化。加强内部质量管理和培育质量文化作为内部质量保证的两个方面，两者既相互联系又相互补充。内部质量管理体系的基本方法基于 PDCA 循环（戴明环），形成一个包含规划、实施、评估和修正 4 个步骤的质量周期或"质量之旅"，该循环应用于特定环境构成了职业教育与培训机构内部质量管理和质量文化的基本要素。内部质量管理涉及机构管理、机构发展、人员和资源管理、外部合作、教学设施、绩效评估等领域，通过使用可靠和有效的工具收集数据，监测、评估其对组织内服务质量影响的输入、输出和结果，是一个基于事实、数据和组织内部测量的"硬"概念；质量文化则是一个"软"概念，它反映职业教育与培训机构中个人的普遍态度和行为。

---

① 尹翠萍、周谊、李洁：《欧盟职业教育与培训质量保障参考框架述评》，《中国职业技术教育》2012 年第 30 期。

质量文化建立在质量管理的基础上，体现为运作良好的专业质量管理体系和敬业的员工之间的相互作用。在构建内部质量文化过程中，自我评估是不可分割的一部分。自我评估通过确定职业教育与培训机构的优势和需要改进的领域，制定改进计划并实施具体的措施，从而提高其质量。一些欧盟国家不仅规定职业教育与培训机构有法律义务定期进行自我评估，而且为自我评估提供了指导方针和标准，其目的是在职业教育与培训机构中发展长期的质量管理系统和可持续的质量文化，从而获得持续的质量发展。

4. 将职业教育与培训机构或方案认证作为外部质量保证的重要方式，以促进职业教育与培训质量和问责制

教育与培训机构的认证是一个质量保证过程，通过该过程向机构授予认证地位，表明其已通过满足预定标准而得到相关立法或专业当局的批准。欧洲在职业教育与培训质量保证上主要采取对相关机构进行资格认证的方式，[①] 大多数欧洲国家建立了职业教育与培训机构或职业教育与培训计划的外部认可体系。认证作为一种外部评估工具，由政府部门、准公共机构或认可的私人组织负责实施，其共同点是包含根据职业教育与培训的预定要求（目标、基准、质量标准）进行的外部评估，根据评估作出合理的判断，旨在进一步提高质量。欧盟国家职业教育与培训认证既呈现多样性，又具有共同特征：认证涉及职业教育与培训机构或方案的质量两个层面；认证遵循透明的标准、规定和规则；认证是一个外部质量审查过程；认证产生明确界定的后果。许多国家将认证作为职业教育与培训机构的一项要求，特别对于公共资助机构，其目的是证明职业教育与培训机构或计划符合公开或专业规定的要求、预先确定的质量标准和某些政策目标。越来越多的欧盟国家将认证作为一种治理工具，以促进职业教育与培训质量和问责制，包括捷克、希腊、意大利、卢森

---

① 曾绍玮：《欧洲职业教育与培训质量保障的先进举措及本土化借鉴》，《当代教育论坛》2018 年第 6 期。

堡、葡萄牙、罗马尼亚、斯洛文尼亚和芬兰等在内的国家都建立了认证制度。在欧洲的行业层面，认证由职业教育与培训机构的专业组织和部门机构开展，这些部门和分支机构中的职业教育与培训机构合作建立了自己的伞式组织，作为职业教育与培训机构的认证机构，并且制定了自己的认证系统和程序，创建自己的质量标签。国家认证和行业认证均通过建立专门的独立机构并采用必要的质量工具来评估和提高职业教育与培训质量，是外部质量保证的重要方式。

5. 试行职业教育与培训质量同行评议，增强评估的专业性和质量保证的透明度与一致性

同行评议是欧盟职业教育与培训外部评估的一种有效方式，由同行组成的专家团队对职业教育机构的质量进行评估，促进职业教育的质量保证。自 2004 年以来，欧洲职业教育质量同行评议历经初始职业教育与培训同行评议、同行评议拓展、同行评议拓展Ⅱ、同行评议效果等试点阶段，运行模式渐趋成熟，众多欧盟国家将它作为职业教育质量保证的重要方式。① 同行评议是在职业教育与培训同行之间的一种专业评估，在评议过程中，专家团队评议职业教育机构不同领域的培训质量。例如，在初始职业教育阶段，同行评议的质量领域包括课程、教学和学习、评估、学习成果、管理和行政、战略规划、基础设施和财政资源、工作人员、对外关系和国际化、社会参与、质量管理和评价等 14 个方面。② 针对 EQAVET2009 实施中质量保证安排透明度不高的问题，《欧盟理事会关于职业教育与培训促进可持续竞争力、社会公平和复原力的建议》明确提出："为了改善相互学习，提高职业教育与培训的质量保证安排的透明度和一致性，并加强欧盟成员国之间的相互信任，应在国家之间引入欧盟层面的质量保证同行评议。"《职业教育与培训质量保证网络的系统级同行评议方法的建议》规定，同行评议主要包括准备阶段、同行访问、

---

① 吴雪萍、张义民：《欧盟职业教育质量同行评估探析》，《比较教育研究》2015 年第 6 期。
② 李作章：《同行评价：欧盟职业教育质量评价的重要方式》，《职业技术教育》2012 年第 13 期。

同行反馈和后续阶段 4 个步骤。① 同行评议可以提供一种新的职业教育与培训外部评估方式，被评议的职业教育与培训机构从同行那里获得关于其所提供的教育质量的批判性反馈意见，发现自身盲点和弱点，接受同行提供的有益建议，在一个平等、开放和相互信任的氛围下实现质量评估的专业化、民主化和跨国界，提高了质量保证的透明度和可比性，有助于促进职业教育与培训质量的持续改进。

（二）对中国职业教育质量保证的启示

近年来，中国高度重视职业教育改革和发展，2014 年《国务院关于加快发展现代职业教育的决定》和《现代职业教育体系建设规划（2014—2020 年）》的出台标志着现代职业教育体系建设进入了新阶段，构建现代职业教育体系对质量保证提出了新的更高要求。中国职业教育质量保证以评估为主要手段且由政府主导（如职业院校评估），评估的重点往往在于办学条件与过程，对学生的发展关注不够；职业学校缺乏完善的内部评价制度和相应的评价技术与方法，学校自我评估能力参差不齐，职业学校作为质量保证主体的核心作用没有得到充分发挥。此外，职业教育的社会评价体系尚不成熟和完善，缺乏独立于政府、学校的第三方评估机构，行业企业在职教评估中的参与不足。② 总体上，目前中国基于多元主体、内外结合、第三方参与的职业教育质量保证机制尚未确立，职业教育质量标准和指标体系有待改进和完善。借鉴欧盟职业教育与培训质量保证框架思想和实施举措，中国应加强现代职业教育体系下的职业教育质量保证框架构建，完善评估机制，转变评估范式，加强质量保证的多元主体参与。

1. 建立健全职业教育质量评估体系

建立质量保证框架和科学合理的评估体系是保证职业教育与培训质

---

① 刘丹丹、韩玉：《欧盟职业教育和培训质量保障参考框架的修订及其启示》，《中国职业技术教育》2022 年第 6 期。

② 赵志群等：《中国现代职业教育质量保障体系研究》，经济科学出版社 2020 年版，第131 页。

量的有效方法和手段。在质量保证方面，当前中国尚未建立起一套完善的职业教育与培训质量评估制度，职业教育质量评估还停留在各自为政的状态，虽然教育部组织全国性的院校验收评估，但参与院校呈现分散性特征，加之职业教育的办学主体是地方政府，由于重视程度的差异，各地职业教育评估带有明显的地方特色。① 由于中国对于职业教育与培训机构办学缺乏系统的监督手段，其提供的职业教育质量参差不齐。因此，需要建立健全职业教育与培训的质量评估体系，建立起由国家法律、行政法规、地方政策和部门规章组成的职业教育质量评估体系，将法律权威、行政力量、同行评议及舆论影响相结合，共同保证职业教育与培训的质量。② 应构建统一的职业教育质量保证框架，明确职业教育质量保证的主体、内容、方法、手段，建立由政府、相关机构、专家、行业企业和职业教育与培训机构等多方协同、共同参与的质量保证工作机制，明晰各方主体的职责范畴，构建外部专业机构质量评估与内部质量管理相结合的质量保证模式，发挥评估结果对质量的优化功能，促进职业教育与培训质量的不断提升。

2. 制定并完善职业教育质量标准和指标体系

中国在职业教育与培训质量标准制定上存在缺乏统一标准以及标准难以保证质量等问题。③ 中国的职业教育与培训质量标准建设以教育行政部门为主导，已有评估职业教育发展水平的指标多为就业率、工资水平、满意度等劳动力市场指标，缺乏反映职业教育长期影响趋势的指标以及反映学校培养过程的质量指标，目前尚未建立统一的、操作性强的国家层面的质量指标体系。④ 建立科学、统一、可操作的质量标准和指标是职

---

① 赵志群等：《中国现代职业教育质量保障体系研究》，经济科学出版社 2020 年版，第 135 页。

② 曾绍玮：《欧洲职业教育与培训质量保障的先进举措及本土化借鉴》，《当代教育论坛》 2018 年第 6 期。

③ 吴雪萍、郝人缘：《欧盟职业教育和培训质量保障政策评析》，《高等教育研究》2015 年第 2 期。

④ 赵志群等：《中国现代职业教育质量保障体系研究》，经济科学出版社 2020 年版，第 129 页。

业教育质量保证的基础与前提。在制定质量标准时，要促进各利益相关方的参与，标准制定者不仅包括政府部门，而且包括有关专家、职业院校和培训机构、专业评估机构和行业组织、雇主或企业代表等，体现系统性、完整性、层次性。质量指标不仅包括职业教育与培训机构的办学条件和办学水平、经费投入、学生和雇主满意度等基本指标，而且涵盖学生学业完成度和学习质量、学生就业能力和就业质量等衡量职业教育与培训质量的指标。为提高质量标准的有效性和可操作性，在制定职业教育与培训质量指标体系时应注意指标的可量化性和可观测性，便于将评估结果转化为具体的数据，从而更好地对职业教育质量进行分析和监测。

3. 重视"自评"，建设职业教育机构内部质量管理体系和质量文化

由于经济社会的快速发展对职业教育与培训的需求日益增长，职业教育与培训机构必须适应商业世界的迅速变化，以及劳动力市场不断改变对新技能和能力的需求。职业教育与培训机构需要在对自身优势、劣势、机会和挑战深入分析的基础上，对影响组织发展的内部和外部因素进行有效评估，为质量改进制定未来愿景和持续发展战略。应在职业院校评估的基础上，进一步完善内部与外部评估相结合的职业教育质量保证体系，推动职业院校质量内部质量管理体系和质量文化的形成。应从国家层面制定职业教育质量保证政策，将定期开展自我评估作为职业教育与培训机构的法定义务；为职业院校开展自我评估提供指南和标准，促进职业院校自我评估的规范化、制度化、普及化，提高实效性；在评估职业教育与培训机构时，将自我评估报告和质量文化建设作为重要参考指标。通过构建长期、稳定的质量管理体系和可持续的质量文化，促进职业教育与培训机构树立正确的质量观，制定明确的质量目标，加强质量建设的过程管理，构建连贯的质量发展战略，从而实现持续的质量发展。

4. 强化"他评"，引入第三方评估和外部认证制度

中国职业教育质量评估以政府为主导，第三方评估机构还处于发展

的初期，2014 年出台的《国务院关于加快发展现代职业教育的决定》强调发挥行业、用人单位作用，积极支持第三方机构开展评估。在目前已经颁布的职业教育领域法律法规中，尚没有对第三方评估机构及其活动作出明确的规定，① 积极引入第三方评估、完善外部认证制度需要政府的大力支持。第一，制定有关职业教育评估的法规和政策，明确第三方评估机构的法律地位、职权范畴和责任等，以法律形式确立其在职业教育评估中的合法性和权威性，赋予其独立开展评估业务的职能并获得社会的广泛认可。第二，建立第三方评估机构准入与退出机制，对其组织构成、权利与义务、资质与要求作出明确规定，制定第三方评估机构白名单，对申请进入名单的评估机构建立审批制度，定期对名单中的评估机构开展元评估，对不合格的机构实行退出制度。第三，政府和相关部门加强对第三方评估活动的监督，规范其行为，对其做出的评估结论进行复查或抽查，保证职业教育第三方机构评估工作的公正性和科学性。第四，在职业教育与培训质量评估中，政府逐渐将权力让渡给第三方机构和市场，支持并鼓励第三方评估机构的发展，认可合格第三方评估机构的评估结果和认证决定，积极培育第三方评估市场，促进第三方评估的健康发展。

5. 尝试"互评"，探索建立职业院校同行评议机制

中国职业教育质量保证体现政府主导的特征，应在引入第三方评估和加强职业院校内部自我评估的基础上，进一步推进职业院校之间的相互评估，鼓励院校之间就教育质量开展同行评议，探索建立同行评议的有效机制。第一，明确同行评议的功能和价值导向。同行评议作为职业院校同行之间的专业评价，其作用在于通过同行审视的视角发现问题，为质量提升提供改进意见和建议，有效弥补第三方评估和职业院校自我评估的不足，其价值取向更强调发展导向而非行政问责导向。第二，确立同行评议在职业教育质量保证中的应有地位。发挥行政引导作用，鼓

---

① 王启龙：《欧盟职业教育质量同行评议模式及本土化应用》，博士学位论文，华东师范大学，2017 年。

励并推动职业院校之间广泛开展同行评议，在行政部门组织的职业院校质量评价和第三方评估中，将自我评估和同行评议结果作为基础条件和考虑因素，要求院校除了提供自我评估报告，还将提供同行评议报告作为硬性条件或加分项。第三，提高同行评议的规范性、权威性和可信度。应进一步明确实施同行评议制度的目的，规范其方法、程序。同行评议是独立于自我评价和"他评"的职业院校质量保证的有效方式，以"互评"为基本特征，为此应明确职业院校作为评价者和被评价者的双重身份。有关部门应研究设计同行评议的程序并规范具体实施方法，明确同行评议的基本过程和各个阶段的主要任务；① 职业院校需要提高开展质量评估的能力，提高评议结果的公信力，同时通过对其他院校的质量评价进一步增强质量意识，更好地促进自身质量的提升。最终实现同行评议的规范化、普及化和制度化，确保同行评议的信度，提高同行评议促进职业教育质量保证的成效。

四 教师教育质量保证的分析与借鉴

欧盟认为教师的知识、技能和素质是实现高质量教育的最重要因素，因此需要提高教师教育的质量，将初始教师教育、早期职业支持（入职培训）和持续专业发展视为连贯的整体。自里斯本战略实施以来，欧盟将提高教师教育质量纳入教育与培训战略目标，制定了欧洲教师能力和资格共同原则，加强教师教育的质量保证。教师教育体系是人才培养体系的上游体系，建设高质量教师教育体系是高质量教育体系建设的关键发力点。② 打造高素质教师队伍离不开高质量的教师教育体系，构建中国特色的教师教育质量保证体系是建设高质量教师队伍的核心和关键。

（一）教师教育质量保证的特征

由于初始教师教育通常是各国高等教育体系的一部分，欧盟对教师

① 唐锋：《欧盟职业教育与培训质量同行评议机制及其经验借鉴》，《职教论坛》2021年第9期。

② 周洪宇：《建设具有中国特色的高质量教师教育体系之路》，《河北师范大学学报》（教育科学版）2023年第3期。

教育质量保证的关注与高等教育领域博洛尼亚进程的后续行动这一更广泛的背景密切相关。教师教育质量保证包括初始教师教育和继续（在职）教师教育两个领域，通常涉及教师教育机构或计划的评估和认证，大多数国家的教师教育评估适用高等教育评估的一般规定。几乎所有国家都有评估初始教师教育的规范体系，尽管各国对初始教师教育评估程序的监管程度以及评估适用的法规有所不同，而大多数国家的在职教师教育机构都遵守认证或评估条例。总体而言，教师教育质量保证具有以下特征。

第一，质量保证的重点是对教师教育机构的评估，评估体现为外部评估与内部评估的结合。欧洲教师教育机构或计划的评估过程包括外部评估和内部或自我评估，外部和内部评估相互联系且密切相关，一种评估依赖于或借鉴另一种评估的结果。外部评估和内部评估在大多数国家是强制性的，在少数国家为建议性的或自愿开展。几乎所有国家的法规都规定，外部评估必须考虑内部评估的结果，或者建议这样做。在一些国家，内部评估和外部评估相当于一个单一的过程，外部评估的范围包含内部评估的结果，而内部评估的内容和范围在很大程度上取决于外部评估的需要。

第二，评估机构体现为代表公共当局的评估机构与独立机构的结合。所有对外部评估有正式要求的国家都对负责外部评估的机构作出了相关规定。在大多数情况下，初始教师教育的外部评估由代表公共当局的评估机构、委员会或独立机构进行；在职教师教育机构的外部认证或评估机构则包括教育部、相关评估机构或委员会、教育督察机构、代表公共当局的独立机构（如审计机构）等，大多数国家由评估机构或委员会或教育部负责在职教师教育机构的认证和评估。

第三，评估标准体现为高等教育的普遍标准与教师教育的特殊标准的结合。教师教育机构外部评估的标准主要来自各种官方文件，包括高等教育的一般立法以及初始教师教育的条例或准则、未来教师的资格标准等一系列评价标准或具体国家指标。其中，高等教育法规和评估标准是教师教育外部评估中最常用的标准来源。此外，大多数国家有专门涉及教师教育的文件、规章或准则，其中包含评估标准。与此类似，教师教育机构内部评估的标准主要来自高等教育的立法以及初始教师教育条例、未来教师的资格标准、评估标准清单或可用于制定内部评估标准的国家指标。几乎所有国家都利用关于高等教育立法来建立内部评估的标准，同时结合教师教育领域的其他文件。此外，一些国家将外部评估标准用于内部评估。

第四，评估结果的作用体现为问责与质量改进的结合。教师教育机构或计划评估的结果可以对机构或计划产生直接或间接的影响。例如，质量不达标的教师教育机构必须制订和实施改进计划，并可能接受后续评估，甚至有相应的处罚措施。相反，高绩效表现的教师教育机构则可能带来更多的资金投入。其中绝大多数国家规定外部评估结果对教师教育计划或机构的影响涉及其（重新）认证、获得资金或后续评估行动，评估结果用于就机构及其提供教师教育和授予相应资格以及获得公共资金的权利做出重大决定。在职教师教育的认证和评估结果通常用于改进教师教育供给的质量，负面的评估结果可能导致撤销对某一机构或计划的认证。

（二）对中国教师教育质量保证的启示

教师教育是教育事业的工作母机，是提升教育质量的动力源泉。随着中国教育进入高质量发展时期，只有提高教师教育质量、培养高素质教师队伍，才能为加快教育现代化、建设教育强国提供有力支撑。为此，不仅要加强对教师队伍建设的支持，还要建立完善的教师教育质量保证体系。2017 年 10 月，教育部印发《普通高等学校师范类专业认证实施办法（暂行）》，提出建立健全教师教育质量保障体系。2018 年 2 月，教育部等五部门印发《教师教育振兴行动计划（2018—2022 年）》，提出实施教师教育质量保障体系构建行动，措施包括：建设全国教师教育基本状态数据库，建立教师培养培训质量监测机制，发布《中国教师教育质量年度报告》；出台《普通高等学校师范类专业认证标准》，启动开展师范类专业认证；建立高校教师教育质量自我评估制度；建立健全教师培训质量评估制度，等等。完善的教师教育质量保证体系涵盖标准、投入、监管、评估等环节，涉及教师教育机构质量认证标准、师范类专业质量认证和评估制度、教师教育课程和教学标准制度、教师资格和国家统一考试制度等方面。借鉴欧洲教师教育质量保证的经验，需要进一步加强质量保证体系的整体设计，推进落实相关制度，构建有中国特色的教师教育质量保证模式、方法、机制，提升质量保证能力和水平。

第一，完善教师教育评估机制，建立内部评估与外部评估相结合的评估体系。评估是教师教育质量保证的重要方式，2012 年 9 月发布的《教育部国家发展改革委财政部关于深化教师教育改革的意见》中要求"开展教师教育质量评估"：开展师范类专业认证及评估工作；进行新建本科师范院校教学合格评估和其他本科师范院校审核评估；建立高校教师教育自我评估制度；开展教师培训机构资质认证工作；采取学员评估、专家评估和第三方评估等多种方式，加强教师培训过程监控和绩效评估，等等。目前，中国的教师教育评估和认证主要关注师范类专业认证和教师职业能力标准建设，教师教育机构层面的评估较少；教师教育评估多注重外部评估机制，高校教师教育自我评估制度还没有普遍建立。因此，应建立内部评估与外部评估相结合的教师教育质量保证机制，加强内、外部评估之间的协调与联系，推进教师教育评估的制度化、规范化，引导学校建立完善的质量保证机制，建设质量文化。

第二，建立专门的教师教育质量管理机构，鼓励第三方评估机构参与评估工作，形成国家、省市级高等教育教学评估机构与教师教育第三方专业评估机构相结合的评估机制。目前，中国教师教育质量评估主要由教育部和各省市教育质量评估中心负责并组织开展，归属高等教育院校评估范畴；外部评估以教育行政部门开展的评估为主，学员评估、独立的第三方评估机构参与较少。政府部门作为高等教育的举办者和评估者，评估结论的客观性受到一定程度制约；教育行政部门开展的评估囿于专业、课程等微观层面，缺乏对教师教育机构整体质量及办学资质的评估。要实现管、办、评分离，必须改变政府主导教师教育评估的局面，鼓励和支持独立的第三方评估机构对师范院校开展评估，积极培育第三方评估市场。应促进评估主体的多元化，除教育行政部门和专家外，吸纳院校学员、用人单位、公众代表等广泛群体参与教师教育评价。设立专业的认证机构对教师教育机构的资质进行评估和认证，并以此为依据对机构和项目的效能进行反馈和问责。此外，应加强教师教育评估能力建设，支持有条件的高校设立教育评价、教育测量等相关学科专业，培养教育评价专门人才，提高教师教育评估机构的专业水平。

第三，加强教师教育标准体系建设，完善教师教育机构质量认证标准和质量评估标准。质量认证和评估标准是保证教师教育质量的重要参考指标和衡量依据，2012 年，《教育部国家发展改革委财政部关于深化教师教育改革的意见》中提出健全教师教育标准体系，全面提高教师教育专业化水平。2018 年，《中共中央 国务院全面深化新时代教师队伍建设改革的意见》中指出，要研究制定师范院校建设标准和师范类专业办学标准。虽然中国已经出台师范类专业认证标准（涵盖中学教育、小学教育、学前教育、职业教育、特殊教育）和高等学校办学质量评估标准，但是教师教育机构质量认证标准体系和教师教育质量评估标准还未形成。[1] 目前承担教师职前培养的机构较多，除了师范院校，还包括综合大学以及其他高等教育机构。缺乏与教师专业化一致的教师培养机构资质标准，教师培养质量得不到保证，机构办学水平差异较大；缺乏教师教育质量评估标准，实际评估中主要通过本科教学质量评估和高职高专人才培养工作评估来对承担本科层次教师教育的院校教学质量进行监控，难以兼顾教师教育的特殊性。[2] 因此需要借鉴欧盟国家经验，逐步完善教师教育机构（含职前和在职培训）认证标准和质量评估标准，依据相关

---

[1] 欧阳修俊、曾雪：《教师教育机构质量认证：内涵、价值与路径》，《教师教育学报》2022 年第 6 期。

[2] 宋萑、周深几：《教师教育质量保障体系现状与问题探讨——基于 12 省（市）的调查分析》，《中国高等教育》2015 年第 24 期。

标准对教师教育院校的培养质量进行监测和评估，加强教师教育机构质量评估与认证的专业性、权威性。

五　幼儿教育和保育质量保证的分析与借鉴

欧盟高度重视幼儿教育和保育的作用，认为幼儿教育和保育是成功的终身学习、社会融合、个人发展和日后就业能力的重要基础。欧盟对幼儿教育和保育的关注从机会普及向提高幼儿教育和保育质量的方向转变，学前教育的高回报率是促进幼儿教育和保育政策的重要因素，而高质量的幼儿教育和保育是无论个人或社会获得高回报率的先决条件。在欧盟成员国整体面临机会普及的背景下，扩大可获得性和提高质量是欧盟高质量幼儿教育和保育系统的两个基本特征。

（一）幼儿教育和保育质量保证的特征

第一，制定幼儿教育和保育质量框架，为构建高质量的幼儿教育和保育系统提供关键原则和方法。欧盟基于实证研究文献和欧盟委员会、欧洲议会确定的政策优先事项，开发了幼儿教育和保育质量的分析框架，涵盖5个质量要素获取/参与；政治、法律和金融体系；员工；课程；家长参与等。同时提出了幼儿教育和保育质量框架的关键原则，作为发展并保持高质量幼儿教育和保育的基础：高质量的幼儿教育和保育服务对于促进儿童的发展和学习至关重要；家长作为高质量幼儿教育和保育服务的合作伙伴的参与至关重要；幼儿教育和保育服务需要以儿童为中心。在此基础上，欧盟提出了高质量的幼儿教育和保育质量框架的10项行动声明，为成员国制定幼儿教育和保育政策、进一步提高幼儿教育和保育的质量提供行动指南，支持并促进了成员国幼儿教育和保育的改革。欧盟委员会还与欧洲幼儿教育和保育专家合作，确定了幼儿教育和保育质量指标，用于评估幼儿教育和保育体系在各成员国的有效性以及促进幼儿教育和保育质量与实践的能力，支持各成员国对幼儿教育和保育系统的质量进行自我反思和改进。欧盟通过开发欧洲幼儿教育和保育质量框架，加强对成员国的指导和政策支持，以此作为保证并提升幼儿教育和保育质量的重要工具。

第二，以评估和监测作为保证高质量幼儿教育和保育的重要方面，加强对幼儿教育和保育环境的评估，在具体实施中存在一定差异。评估和监测作为欧盟旨在确保幼儿教育和保育质量的常用措施，其工作主要集中在服务质量、工作人员质量、课程实施情况以及儿童发展和成果方面。评估既可以由幼儿教育和保育机构自己在内部进行，也可以由外部评估者实施。其中，约三分之一的欧洲国家建立了幼儿教育和保育评估系统，幼儿教育和保育环境的外部评估通常关注结构质量和过程质量，外部评估范围的差异则取决于负责外部评估的机构类型。在幼儿教育和保育环境的内部评估方面，各国的要求存在差异，并非所有欧洲国家都出台了相关法规或建议，特别是对于幼儿教育和保育两个年龄组分开设置的国家，各国对于幼儿教育和保育环境内部评估的规定可分为松散型、中间型、强力型3种类型。其中大多数教育系统的内部评估框架属于强力型，内部评估是强制性的，必须定期进行；松散型教育系统的内部评估是推荐性的而非强制性。在评估结果的使用上，对幼儿教育和保育机构的评估结果不仅用于帮助这些机构改进自身的实践、提高幼儿教育和保育质量，同时用于监测和评估整个幼儿教育和保育系统。

第三，在幼儿环境的评估中，欧洲国家重视各利益相关方的参与，对外部和内部环境的评估均为家长和孩子的参与提供机会，大多数国家制定了让家长参与幼儿教育和保育环境评估的指南。考虑到以儿童为中心的观点，部分欧洲国家强调赋予儿童参与评估过程的机会的重要性。

(二) 对中国幼儿教育和保育质量保证的启示

高质量的幼儿教育和保育能有效促进儿童的身心发展、提高日后学业成就与生活质量，为个人和整个社会带来广泛的长期利益。中国学前教育事业快速发展，学前教育普及水平大幅提高，但发展不平衡不充分问题仍较为突出，表现为学前教育资源尤其是普惠性资源不足、幼儿教育和保育质量有待提高。近年来，中国一方面加大学前教育资源供给，提高普惠性幼儿园覆盖率；另一方面构建学前教育质量评估监测体系，大力提升幼儿园保教质量。2018 年印发的《中共中央 国务院关于学前教育深化改革规范发展的若干意见》中提出推进学前教育普及普惠安全优质发展，健全质量评估监测体系。质量评估作为保证和提高学前教育质量的重要手段，体现注重过程评估、强化自我评估等特点。应进一步完善幼儿教育和保育质量标准，构建更加科学、面向全体、内外结合、广泛参与的幼儿教育和保育质量评估与监测体系。

1. 在评估对象上，实现各级各类学前教育机构的全覆盖

目前，中国学前教育机构类型多样，既有教育行政部门办园、企事业单位办园、街道办园等具有公办性质的幼儿园，也有数量超过半数的民办幼儿园，还有大量未经注册批准的家庭式托儿所等。不同区域之间和城乡之间、不同办园体制的学前教育机构之间在办园条件和质量方面存在较大差异。而现有的由地方教育行政部门组织的幼儿园分级分类验收和评估督导主要面向公办幼儿园，较少涉及民办幼儿园。① 大多数民办园未被纳入教育行政部门构建的质量监测体系，成为学前教育质量监测的盲区和死角。② 此外，当前中国学前教育质量评估监测主要面向 3—6 岁儿童的学前教育机构，尚未将面向 0—3 岁儿童提供保育和教育服务的机构纳入质量监测的范畴。随着"全面二孩"政策的实施和学前教育服务需求的增长，面向各个年龄段学龄前儿童包括 0—3 岁幼儿的学前教育机构规模和数量正在快速增加。在大幅提高学前教育普及水平、丰富学前教育资源、满足不断增长的幼儿学前教育需求的背景下，学前教育质量保证的问题日益凸显。鉴于高质量学前教育可以为幼儿带来广泛的个人和公共利益，当前不仅要加强 3—6 岁公办幼儿园质量的评估监测，同时要将民办幼儿园以及未获注册的家庭式托儿所纳入质量评估监测的范围，并根据机构所提供的服务类型和面向的幼儿年龄进行分类评估和监测。应明确各级各类学前教育机构质量保证的主体责任，构建教育行政

---

① 潘月娟：《国外学前教育质量评价与监测进展及启示》，《中国教育学刊》2014 年第 3 期。
② 杨大伟：《我国学前教育质量监测的现实困境及发展对策》，《现代教育管理》2018 年第 8 期。

部门主导、专业评估机构参与的质量保证机制，将0—6岁阶段各种不同办园性质的学前教育机构全部纳入学前教育质量监测的范畴，实现学前教育机构质量保证的全覆盖。

2. 在评估方法上，重点关注结构质量和过程质量

中国的学前教育质量评估监测刚刚起步，评估方法、方式、手段仍在探索中。在中小学教育阶段，教育质量监测通常运用考试、测验以及问卷调查等方式，监测学生的学习水平、学习成果及影响学生学业成绩的各种因素，对教育质量作出分析与评价。从欧盟关于教育质量的分析框架看，幼儿教育和保育的质量包含结构质量、过程质量和结果质量3个方面。当前中国中小学教育质量监测偏重于对作为结果质量的学生学业成就的监测。然而，学前教育与中小学教育比较，在教育对象、教育方式和教育目标等方面均存在显著差异，因而需要更新学前教育质量监测理念，改变学前教育质量监测目标和方式。学前教育质量监测应聚焦影响学前儿童学习与发展的结构质量和过程质量，采用与不同要素质量特征相适应的监测方法和手段。[①] 2022年印发的《幼儿园保育教育质量评估指南》中提出，重点关注保育教育过程质量，禁止用直接测查幼儿能力和发展水平的方式评估幼儿园保教质量。除了关注过程质量，涉及学前教育机构的办学资质、师资、课程设计、资金来源、师幼比、健康和安全保障等方面的结构质量也应该成为学前教育质量监测的重要内容，对于年龄更小（0—3岁）的幼儿教育机构，更应该重点关注其结构质量，检查幼儿教育机构遵守规范和标准的情况。总之，学前教育机构由于教育目标和方式不同，不能采用与中小学教育相同的质量监测方法，而应重点关注教育环境达标的情况（即关注结构质量）以及环境在多大程度上支持了学习过程（即关注过程质量），并采取与此目标相适应的监测手段和方法，包括观察等定性方式而非定量评价方式。

---

① 杨大伟：《我国学前教育质量监测的现实困境及发展对策》，《现代教育管理》2018年第8期。

3. 在评估依据上，基于评估指标和质量标准开展科学监测

当前，中国学前教育评估与监测包括中央和地方两级政府部门的教育督导，以及地方教育行政部门主导的分级分类考核验收。教育督导主要监督检查政府各部门贯彻落实国家教育法律法规和方针政策情况，2017 年教育部印发《幼儿园办园行为督导评估办法》，从办园条件、安全卫生、保育教育、教职工队伍、内部管理等方面对幼儿园加强督导评估，推动幼儿园提高保育与教育质量。在学前教育机构质量评估方面，2022 年教育部印发《幼儿园保育教育质量评估指南》，提出聚焦幼儿园保育教育过程质量，构建包含办园方向、保育与安全、教育过程、环境创设、教师队伍 5 个方面共 15 项关键指标、48 个考查要点的学前教育质量评估体系。学前教育质量评估与监测是基于一定标准对学前教育质量作出的价值判断，评估指标及相应的标准是学前教育质量评估与监测的核心，是确保监测科学性、有效性的关键。[1]《幼儿园办园行为督导评估办法》和《幼儿园保育教育质量评估指南》虽然构建了幼儿园办园行为督导评估指标和幼儿园保育教育质量评估指标，并明确了各项指标的考查要点，但缺乏具体的质量标准。因此应确立评估学前教育质量的核心指标，对各项指标制定相应的标准，涵盖幼儿园办学标准、课程标准、教师标准、经费投入标准等方面，为学前教育质量监测提供国家标准和评价依据。构建完善的学前教育质量标准体系，基于真实有效的数据和监测基准开展实证评估，以提高学前教育质量评估的科学性。评估指标和标准不仅为外部评估提供依据，也为学前教育机构开展自我评估和质量改进提供政策支持与引导。

---

① 潘月娟：《国外学前教育质量评价与监测进展及启示》，《中国教育学刊》2014 年第 3 期。

参考文献

中文文献

（一）著作

陈时见、冉源懋等：《欧盟教育政策的历史变迁与发展趋势》，高等教育
　　出版社 2016 年版。

窦现金、卢海弘、马凯：《欧盟教育政策》，高等教育出版社 2011 年版。

阚阅：《多样与统一——欧洲高等教育一体化研究》，浙江大学出版社
　　2016 年版。

李化树：《建设欧洲高等教育区（EHEA）——聚焦博洛尼亚进程》，人
　　民出版社 2014 年版。

刘宝存主编：《国际基础教育质量评价标准与政策》，上海教育出版社
　　2020 年版。

马健生等：《高等教育质量保证体系的国际比较研究》，北京师范大学出
　　版社 2014 年版。

欧洲共同体官方出版局编：《欧洲联盟条约》，苏明忠译，国际文化出版
　　公司 1999 年版。

《欧洲联盟基础条约：经〈里斯本条约〉修订》，程卫东、李靖堃译，社
　　会科学文献出版社 2010 年版。

沈洪波：《欧洲一体化进程：在理论与实证之间》，中国社会科学出版社

2015 年版。

吴岩主编：《国际高等教育质量保障体系新视野》，教育科学出版社 2014
年版。

赵志群等：《中国现代职业教育质量保障体系研究》，经济科学出版社
2020 年版。

（二）期刊论文

白玫：《欧洲高等教育质量保证标准和指南：新理念与新进展》，《黑龙江
高教研究》2017 年第 12 期。

陈寒：《欧洲高等教育区质量保障标准：发展与启示》，《中国高教研究》
2018 年第 6 期。

陈慧娟、辛涛：《我国基础教育质量监测与评价体系的演进与未来走向》，
《华东师范大学学报》（教育科学版）2021 年第 4 期。

邓国民：《欧洲高等教育区高等教育质量保证体系及启示》，《广东广播电
视大学学报》2013 年第 3 期。

董西露：《欧洲高等教育外部质量保障机构发展及其借鉴研究》，博士学
位论文，武汉大学，2020 年。

核心素养研究课题组：《中国学生发展核心素养》，《中国教育学刊》2016
年第 10 期。

侯新华、闫志利：《欧盟职业教育质量评估制度及其借鉴意义》，《教育与
职业》2014 年第 15 期。

姜丽娟、刘义兵：《“欧洲教育区”背景下欧盟教师教育政策的新动向及
其启示》，《全球教育展望》2021 年第 5 期。

蒋立文、经贵宝：《高等教育的质量和质量保证》，《江苏高教》2006 年
第 5 期。

贾雪姣：《欧盟教师数字能力框架的主要内容及特点》，《教师教育学报》
2022 年第 5 期。

阚阅：《欧洲高等教育质量保障探析》，《高等农业教育》2005 年第 8 期。

孔令帅、赵芸：《新世纪以来欧盟教师教育政策的演变、现状及启示》，

《徐州工程学院学报》（社会科学版）2015 年第 3 期。

李传江、张义宾、周兢：《国际视阈下的学前教育质量监控体系——基于
　　"经合组织"和"世界银行"学前教育新政策的述评》，《外国教育研
　　究》2017 年第 1 期。

李建忠：《欧盟教育质量监测的指标和基准》，《比较教育研究》2009 年
　　第 10 期。

李建忠：《欧盟职业教育和培训质量保障参照框架评析》，《外国教育研
　　究》2010 年第 4 期。

林海亮：《欧盟基础教育政策的主要内容、实施路径及影响》，《基础教
　　育》2013 年第 6 期。

刘丹丹、韩玉：《欧盟职业教育和培训质量保障参考框架的修订及其启
　　示》，《中国职业技术教育》2022 年第 6 期。

刘晖、孟卫青、汤晓蒙：《欧洲高等教育质量保证 25 年（1990—2015）：
　　政策、研究与实践》，《教育研究》2016 年第 7 期。

刘萌然、刘华：《国际学前教育质量监测的经验与启示》，《福建教育》
　　2020 年第 51 期。

刘松林、谢利民：《欧盟职业教育与培训质量指标主要内容与特点探析》，
　　《外国教育研究》2010 年第 4 期。

刘学东、汪霞：《基于风险的督导：荷兰教育督导的理念与实践》，《比较
　　教育研究》2018 年第 6 期。

刘学伟、隋立国：《欧盟职业教育与培训内部质量保障策略研究》，《成人
　　教育》2020 年第 2 期。

刘云华、段世飞：《德国基础教育质量监测：结构、实施与功用》，《比较
　　教育学报》2021 年第 2 期。

刘志林：《博洛尼亚进程下欧洲高等教育质量保障体系的研究与反思》，
　　《现代教育管理》2018 年第 9 期。

李志涛：《国际学前教育发展政策趋向及启示》，《基础教育参考》2019
　　年第 14 期。

李志涛、曲垠姣：《后疫情时代英国国际教育战略走向及启示》，《黑龙江高教研究》2023 年第 2 期。

李作章：《同行评价：欧盟职业教育质量评价的重要方式》，《职业技术教育》2012 年第 13 期。

欧阳静文：《欧盟高等教育外部质量保障机制研究》，硕士学位论文，湖南大学，2016 年。

欧阳修俊、曾雪：《教师教育机构质量认证：内涵、价值与路径》，《教师教育学报》2022 年第 6 期。

潘月娟：《国外学前教育质量评价与监测进展及启示》，《中国教育学刊》2014 年第 3 期。

覃丽君、陈时见：《欧盟教师教育政策及其发展走向》，《比较教育研究》2013 年第 12 期。

覃玉荣：《博洛尼亚进程中欧洲高等教育质量保障框架》，《黑龙江高教研究》2009 年第 2 期。

宋萑、周深几：《教师教育质量保障体系现状与问题探讨——基于 12 省（市）的调查分析》，《中国高等教育》2015 年第 24 期。

唐锋：《欧盟职业教育与培训质量同行评议机制及其经验借鉴》，《职教论坛》2021 年第 9 期。

唐微微：《欧洲高等教育质量保障体系研究（2008—2016）》，硕士学位论文，广西大学，2017 年。

田腾飞：《芬兰基础教育的质量标准及其评估机制探析》，《比较教育研究》2013 年第 4 期。

王启龙：《欧盟职业教育质量同行评议模式及本土化应用》，博士学位论文，华东师范大学，2017 年。

王声平、杨晓萍：《构建学前教育质量保障体系的国际经验及其对我国的启示》，《外国中小学教育》2017 年第 5 期。

王新凤：《欧洲高等教育质量保障区域整合的进展及启示》，《比较教育研究》2009 年第 10 期。

魏署光:《欧洲高等教育质量保障研究》,硕士学位论文,华中科技大学,
    2009 年。

吴雪萍、郝人缘:《欧盟职业教育和培训质量保障政策评析》,《高等教育
    研究》2015 年第 2 期。

吴雪萍、郝人缘:《欧盟职业教育和培训机构内部质量管理工具解析》,
    《比较教育研究》2016 年第 3 期。

吴雪萍、张科丽:《欧洲职业教育与培训质量保证参考框架分析》,《教育
    研究》2011 年第 3 期。

吴雪萍、张义民:《欧盟职业教育质量同行评估探析》,《比较教育研究》
    2015 年第 6 期。

许立新:《博洛尼亚进程下欧盟教师教育的探索与创新》,《比较教育研
    究》2011 年第 7 期。

杨大伟:《我国学前教育质量监测的现实困境及发展对策》,《现代教育管
    理》2018 年第 8 期。

杨涛、辛涛:《欧盟国家教育质量的框架、进展及其启示》,《比较教育研
    究》2011 年第 7 期。

杨涛、辛涛、董奇:《法国基础教育质量测评体系探析》,《比较教育研
    究》2013 年第 4 期。

尹翠萍:《欧盟职业教育与培训质量保障参考框架研究》,硕士学位论文,
    西南大学,2012 年。

尹翠萍、周谊、李洁:《欧盟职业教育与培训质量保障参考框架述评》,
    《中国职业技术教育》2012 年第 30 期。

尤铮:《质量保障视野下荷兰基础教育评价体系研究》,《比较教育研究》
    2018 年第 9 期。

俞可、陈丹、赵帅:《循证:欧盟教育实证研究新趋向》,《华东师范大学
    学报》(教育科学版)2017 年第 3 期。

余源晶、许明:《欧洲高等教育质量评估类型、过程及启示》,《当代教育
    论坛》2004 年第 9 期。

曾绍玮：《欧洲职业教育与培训质量保障的先进举措及本土化借鉴》，《当代教育论坛》2018 年第 6 期。

张培、刘兰玲：《欧盟学校教育质量指标及对我国的启示》，《外国教育研究》2004 年第 6 期。

张爽、曾又其、李辉：《欧盟国家高等教育质量保障探析》，《中国大学教学》2008 年第 3 期。

张志勇：《素质教育的提出、内涵、发展及其实施环境》，《人民教育》2021 年第 11 期。

赵昕：《欧盟的职业教育与培训质量保证框架浅析》，《职教论坛》2007 年第 13 期。

郑淳：《全球化背景下欧洲高等教育质量保障体系建构与启示——基于对博洛尼亚进程 20 年的回顾》，《现代教育论丛》2020 年第 1 期。

郑旭东、马云飞、岳婷燕：《欧盟教师数字胜任力框架：技术创新教师发展的新指南》，《电化教育研究》2021 年第 2 期。

周洪宇：《建设具有中国特色的高质量教师教育体系之路》，《河北师范大学学报》（教育科学版）2023 年第 3 期。

周满生、褚艾晶：《成就、挑战与展望——欧洲高等教育区质量保证十年发展回顾》，《北京大学教育评论》2011 年第 2 期。

英文文献

Cedefop, *Accreditation and Quality Assurance in Vocational Education and Training: Selected European Approaches*, Luxembourg: Publications Office of the European Union, 2009.

Cedefop, *Assuring Quality in Vocational Education and Training: The Role of Accrediting VET Providers*, Luxembourg: Publications Office of the European Union, 2011.

Cedefop, *Fundamentals of a Common Quality Assurance Framework (CQAF) for VET in Europe*, Luxembourg: Office for Official Publications of the European Communities，2007.

Cedefop，*Handbook for VET Providers*：*Supporting Internal Quality Management and Quality Culture*，Luxembourg：Publications Office of the European Union，2015.

Cedefop，W. Van den Berghe，*Indicators in Perspective*：*The Use of Quality Indicators in Vocational Education and Training*，Publications Office，1998.

Directorate‒General for Education，Youth，Sport and Culture（European Commission），European Expert Network on Economics of Education（EENEE），*Quality of School Life and Student Outcomes in Europe*，Luxembourg：Publications Office of the European Union，2021.

ENQA，ESU，EUA，EURASHE，*Standards and Guidelines for Quality Assurance in the European Higher Education Area（ESG）*，Brussels，2015.

ENQA，ESU，EUA，EURASHE，EQAR，*Key Considerations for Cross‒Border Quality Assurance in the European Higher Education Area*，Brussels，2017.

EQAVET Secretariat，*Supporting the Implementation of the European Quality Assurance Reference Framework*：*Draft Results of EQAVET Secretariat Survey 2018*，Dublin：European Quality Assurance in Vocational Education and Training，2018.

Erwin Seyfried，*Indicators for Quality in VET*：*To Enhance European Cooperation*，Luxembourg：Office for Official Publications of the European Communities，2007.

Esther Huertas，Ivan Biscan，Charlotte Ejsing，LindseyKerber，Liza Kozlowska，Sandra Marcos Ortega，Liia LaurI，Monika Risse，Kerstin Schörg，Georg Seppmann，*Considerations for Quality Assurance of e‒Learning Provision*：*Report from the ENQA Working Group Ⅷ on Quality Assurance and e‒Learning*，Brussels：European Association for Quality Assurance in Higher Education，2018.

European Association for Quality Assurance in Higher Education（ENQA），

Standards and Guidelines for Quality Assurance in the European Higher Education Area, Helsinki: ENQA, 2005.

European Association for Quality Assurance in Higher Education, *Annual Report 2020*, Brussels: ENQA, 2021.

European Centre for the Development of Vocational Training (Cedefop), *A Bridge to the Future: European Policy for Vocational Education and Training 2002 - 2010*, Luxembourg: Publications Office of the European Union, 2010.

European Commission, *Erasmus + Teacher Academies*, Luxembourg: Publications Office of the European Union, 2022.

European Commission Directorate-General for Education and Culture, *European Report on the Quality of School Education: Sixteen Quality Indicators*, Luxembourg: Office for Official Publications of the European Communities, 2001.

European Commission, Directorate-General for Education, Youth, Sport and Culture, *Input Study to the Report from the European Commission on Progress in the Development of Quality Assurance Systems in the Various Member States and on Cooperation Activities at European Level: Final Report*, Publications Office, 2016.

European Commission, Directorate-General for Education, Youth, Sport and Culture, *Monitoring the Quality of Early Childhood Education and Care: Complementing the 2014 ECEC Quality Framework Proposal with Indicators: Recommendations from ECEC Experts*, Publications Office, 2018.

European Commission, Directorate-General for Education, Youth, Sport and Culture, *Study to Evaluate the Progress on Quality Assurance Systems in the Area of Higher Education in the Member States and on Cooperation Activities at European Level: Final Report*, Publications Office, 2019.

European Commission/EACEA/Eurydice, *Assuring Quality in Education: Policies and Approaches to School Evaluation in Europe*, Luxembourg: Publications Office of the European Union, 2015.

European Commission/EACEA/Eurydice, *Digital Education at School in Europe*, *Eurydice Report*, Luxembourg: Publications Office of the European Union, 2019.

European Commission/EACEA/Eurydice, *The European Higher Education Area in 2015: Bologna Process Implementation Report*, Luxembourg: Publications Office of the European Union, 2015.

European Commission/EACEA/Eurydice, *The European Higher Education Area in 2018: Bologna Process Implementation Report*, Luxembourg: Publications Office of the European Union, 2018.

European Commission/EACEA/Eurydice, *The European Higher Education Area in 2020: Bologna Process Implementation Report*, Luxembourg: Publications Office of the European Union, 2020.

European Commission, European Education and Culture Executive Agency, *Key Competencies: A Developing Concept in General Compulsory Education*, Brussels: Eurydice, 2002.

European Commission, European Education and Culture Executive Agency, Directorate-General for Education, Youth, Sport and Culture, Eurydice, *Quality Assurance in Teacher Education in Europe*, Brussels: Eurydice, 2006.

European Commission, European Education and Culture Executive Agency, Eurydice, *Evaluation of Schools Providing Compulsory Education in Europe*, Eurydice, 2012.

European Commission, Joint Research Centre, L. Brande, S. Carretero, R. Vuorikari, et al. , *DigComp 2. 0: The Digital Competence Framework for Citizens*, Publications Office, 2017.

European Commission, Joint Research Centre, S. Carretero, R. Vuorikari, Y. Punie, *DigComp 2. 1: The Digital Competence Framework for Citizens with Eight Proficiency Levels and Examples of Use*, Publications Office,2018.

European Commission, Joint Research Centre, C. Redecker, Y. Punie, *European Framework for the Digital Competence of Educators: DigCompEdu*, Publications Office, 2017.

European Commission, Joint Research Centre, R. Vuorikari, S. Kluzer, Y. Punie, *DigComp 2.2, The Digital Competence Framework for Citizens: With New Examples of Knowledge, Skills and Attitudes*, Publications Office of the European Union, 2022.

European Education and Culture Executive Agency, Eurydice, *The European Higher Education Area in 2020: Bologna Process Implementation Report*, Publications Office, 2020.

European Education and Culture Executive Agency, Eurydice, *Key Data on Early Childhood Education and Care in Europe: 2019 Edition*, Publications Office of the European Union, 2019.

European Education and Culture Executive Agency, Eurydice, A. Delhaxhe, P. Birch, S. Piedrafita Tremosa, et al., *Teaching Careers in Europe: Access, Progression and Support*, Publications Office, 2019.

European Quality Assurance Register for Higher Education, *Recognising International Quality Assurance Activity in the European Higher Education Area (RIQAA): Final Project Report*, Brussels: EQAR, 2014.

European Training Foundation, E. Seyfried, *Quality and Quality Assurance in Technical and Vocational Education and Training: Thematic Studies*, Publications Office, 2010.

Gilleran, A., *eTwinning in an Era of Change-Impact on Teachers' Practice, Skills and Professional Development Opportunities, as Reported by eTwinners-Full Report*, Brussels: Central Support Service of eTwinning - European Schoolnet, 2019.

Josep Grifoll, Esther Huertas, Anna Prades, Sebastián Rodríguez, Yuri Rubin, Fred Mulder, Ebba Ossiannilsson, *Quality Assurance of e-Learning*, Helsinki: European Association for Quality Assurance in Higher Education, 2010.

Maria Kelo, Maciej Markowski, Ronny Heintze, Eva Fernandez de Labastida, *The European Approach for Quality Assurance of Joint Programmes in 2020*, Brussels: European Commission, 2020.

Mark Frederiks, Josep Grifoll, Kirsi Hiltunen, Achim Hopbach, *Quality Assurance of Joint Programmes*, Brussels: European Association for Quality Assurance in Higher Education, 2012.

Michael Gaebel, Veronika Kupriyanova, Rita Morais, Elizabeth Colucci, *e-Learning in European Higher Education Institutions: Results of a Mapping Survey Conducted in October-December 2013*, Brussels: European University Association, 2014.

Nathalie Costes, Fiona Crozier, Peter Cullen, Josep Grifoll, Nick Harris, Emmi Helle, Achim Hopbach, Helka Kekäläinen, Bozana Knezevic, Tanel Sits, Kurt Sohm, *Quality Procedures in the European Higher Education Area and Beyond-Second ENQA Survey*, Helsinki: ENQA, 2008.

Nikolaos Mouratoglou, Irene Pateraki and Santi Scimeca, *The Impact of eTwinning on Initial Teacher Education: Placing Teacher Educators and Student Teachers in the Spotlight-Full Monitoring Report*, Luxembourg: Publications Office of the European Union, 2023.

OECD, *Guidelines for Quality Provision in Cross-Border Higher Education*, Paris: OECD Publishing, 2005.

OECD, *Starting Strong Ⅲ: Early Childhood Education and Care*, Paris: OECD, 2012.

The Danish Evaluation Institute, *Quality Procedures in European Higher Education: An ENQA Survey*, Helsinki: ENQA, 2003.

The World Bank, *Investing in Young Children: An Early Childhood Develop-*

ment Guide for Policy Dialogue and Project Preparation, Washington D C: The World Bank, 2011.

Tia Loukkola, Thérèse Zhang, *Examining Quality Culture: Part 1 – Quality Assurance Processes in Higher Education Institutions*, Brussels: EUA, 2010.